Verschmelzung und Spaltung von Kapitalgesellschaften in Deutschland und Frankreich

AF733731

Europäische Hochschulschriften
Publications Universitaires Européennes
European University Studies

Reihe II
Rechtswissenschaft

Série II Series II
Droit
Law

Bd./Vol. 2621

PETER LANG
Frankfurt am Main · Berlin · Bern · New York · Paris · Wien

Martina Tauchert-Nosko

Verschmelzung und Spaltung von Kapitalgesellschaften in Deutschland und Frankreich

PETER LANG
Europäischer Verlag der Wissenschaften

Die Deutsche Bibliothek - CIP-Einheitsaufnahme

Tauchert-Nosko, Martina:

Verschmelzung und Spaltung von Kapitalgesellschaften in Deutschland und Frankreich / Martina Tauchert-Nosko. - Frankfurt am Main ; Berlin ; Bern ; New York ; Paris ; Wien : Lang, 1999
(Europäische Hochschulschriften : Reihe 2, Rechtswissenschaft ; Bd. 2621)
Zugl.: Freiburg (Breisgau), Univ., Diss., 1998
ISBN 3-631-34606-9

D 25
ISSN 0531-7312
ISBN 3-631-34606-9

© Peter Lang GmbH
Europäischer Verlag der Wissenschaften
Frankfurt am Main 1999
Alle Rechte vorbehalten.

Das Werk einschließlich aller seiner Teile ist urheberrechtlich geschützt. Jede Verwertung außerhalb der engen Grenzen des Urheberrechtsgesetzes ist ohne Zustimmung des Verlages unzulässig und strafbar. Das gilt insbesondere für Vervielfältigungen, Übersetzungen, Mikroverfilmungen und die Einspeicherung und Verarbeitung in elektronischen Systemen.

Vorwort

Diese Arbeit hat im Wintersemester 1998/99 der Juristischen Fakultät der Albert-Ludwigs-Universität Freiburg als Dissertation vorgelegen. Rechtsprechung und Literatur sowie Gesetzesänderungen sind bis Dezember 1998 berücksichtigt.

Mein herzlicher Dank gilt Herrn Prof. Dr. Uwe Blaurock, der die Arbeit betreut hat. Zu Dank verpflichtet bin ich weiterhin Herrn Prof. Dr. Manfred Löwisch für die überaus rasche Erstellung des Zweitgutachtens. Außerdem danke ich meiner Familie und den Freunden, die mich bei der Fertigstellung dieser Arbeit unterstützt haben.

Oberkirch, Januar 1999 Martina Tauchert-Nosko

Inhaltsverzeichnis

Abkürzungen

Das folgende Verzeichnis enthält die deutschsprachigen Abkürzungen, die nicht in dem „Abkürzungsverzeichnis der Rechtssprache“ von *Hildebert Kirchner*, 4. Aufl. Berlin / New York 1993 geführt werden.

Außerdem enthält das Verzeichnis alle im Text verwendeten französischsprachigen Abkürzungen. Es ist jedoch darauf hinzuweisen, daß die Abkürzungsweise in Frankreich uneinheitlich ist und sich für denselben Begriff mehrere verschiedene Abkürzungen finden.

ANSA	Association Nationale des Sociétés par Actions
Art. / Artt	Artikel (Einzahl / Mehrzahl)
BALO	Bulletin des annonces légales obligatoires
BODACC	Bulletin officiel des annonces civiles et commerciales
BR-Drs.	Bundesrats-Drucksachen
BT-Drs.	Bundestags-Drucksachen
Bull. civ.	Bulletin des arrêts de la Cour de cassation (chambre civile)
Bull. Joly	Bulletin Joly (Zeitschrift)
bzw.	beziehungsweise
ca.	circa
CA.	Cour d'appel
Cass. civ.	Cour de Cassation, chambre civile
Cass. com.	Cour de Cassation, chambre commerciale
Cass. com. fin. et éco.	Cour de Cassation, chambre financière et économique
Cass. crim.	Cour de Cassation, chambre criminelle
Cass. soc.	Cour de Cassation, chambre sociale
c. ci.	(italienischer) codice civile
C. civ.	Code civil
C. T.	Code du travail
C.G.I.	Code général des impôts
Chron.	Chronique
COB	Commission des opérations de bourse
ch.	chambre
D.	Dekret (décret); Recueil Dalloz (Zeitschrift)
Dr. Social	Droit Social (Zeitschrift)
DiskE	Diskussionsentwurf des Gesetzes zur Bereinigung des Umwandlungsrechts
doct.	doctrine
éd.	édition

EGInsO	Einführungsgesetz zur Insolvenzordnung
etc.	et cetera
EWiV	Europäische Wirtschaftliche Interessenvereinigung
EzA	Entscheidungen zum Arbeitsrecht
Fasc.	Fascicule
FAZ	Frankfurter Allgemeine Zeitung
FN, Fn.	Fußnote
Gaz. Pal.	Gazette du Palais (Zeitschrift)
gem.	gemäß
g. h. M.	ganz herrschende Meinung
ggf.	gegebenenfalls
HFA	Hauptfachausschuß
HRefG	Handelsrechtsreformgesetz
HS	Halbsatz
i. E.	im Ergebnis
insb.	insbesondere
I.R.	informations rapides
JCP éd. C. I.	Juris-Classeur Périodique - La Semaine Juridique - édition commerce et industrie (bis 1983) (Zeitschrift)
JCP éd. E	Juris-Classeur Périodique - La Semaine Juridique - édition entreprises (seit 1984) (Zeitschrift)
JCP éd. G	Juris-Classeur Périodique - La Semaine Juridique - édition générale (Zeitschrift)
Journ. Soc.	Journal des Sociétés (Zeitschrift)
JuMiG	Justizmitteilungsgesetz
jur.	jurisprudence
Jur. Cl. Int.	Juris-Classeur, Traité de droit international
Jur. Cl. Soc.	Juris-Classeur, Traité des Sociétés
L.	loi
LAG	Landwirtschaftsanpassungsgesetz
Lit.	Literatur
n°	Nummer
NZG	Neue Zeitschrift für Gesellschaftsrecht
Pan.	Panorama
PartG	Partnerschaftsgesellschaft
obs.	observation
öRdW	österreichisches Recht der Wirtschaft (Zeitschrift)
RefE	Referentenentwurf eines Gesetzes zur Bereinigung des Umwandlungsrechts
RegE	Gesetzentwurf der Bundesregierung
RegEBegr.	Regierungsentwurfsbegründung
req.	chambre des requêtes

Rev. crit. DIP	Revue critique de droit international privé (Zeitschrift)
Rev. Dr. Banc.	Revue de droit bancaire (Zeitschrift)
Rev. Soc.	Revue des Sociétés (Zeitschrift)
RL / RL'en	Richtlinie / Richtlinien
RIDC	Revue international de droit comparé (Zeitschrift)
RJDA	Revue de jurisprudence de droit des affaires (Zeitschrift)
RJS	Revue de jurisprudence sociale
RN / Rn.	Randnummer
RTD com.	Revue trimestrielle de droit commercial (Zeitschrift)
S.A.	société anonyme
S.A.R.L.	société à responsabilité limitée
Slg.	Sammlung
soc.	société
SpTrUG	Gesetz über die Spaltung der von der Treuhandanstalt verwalteten Unternehmen
sect.	section
Trib. com.	Tribunal de commerce
t. v. A.	teilweise vertretene Ansicht
UmwBerG	Gesetz zur Bereinigung des Umwandlungsrechts
UmwG	Umwandlungsgesetz
UmwR	Umwandlungsrecht
UmwStG	Umwandlungssteuergesetz
WiB	Wirtschaftsrechtliche Beratung (Zeitschrift)
z. B.	zum Beispiel
Ziff.	Ziffer

Einleitung

A. Der Weg zum Umwandlungsgesetz 1995

Am 1. Januar 1995 traten in Deutschland das neue Umwandlungsgesetz (UmwG) und das Umwandlungssteuergesetz in Kraft. Damit fand ein Gesetzgebungsverfahren seinen Abschluß, das vom Rechtsausschuß des Deutschen Bundestages schon anläßlich der GmbH-Novelle 1980 als Ergebnis der Beratungen über die Verschmelzungsvorschriften dieses Entwurfs einstimmig angeregt worden war[1]. Das BMJ hatte im Auftrag der Bundesregierung im Jahr 1988 einen Diskussionsentwurf (DiskE) eines neuen Umwandlungsgesetzes erstellt[2], 1992 folgte ein Referentenentwurf (RefE)[3]. Das Gesetzgebungsverfahren war im Februar 1994 durch einen gemeinsamen Entwurf der Bundesregierung und der Regierungskoalition im Bundestag eingeleitet worden[4]. Am 16.6.1994 nahm der Bundestag die Gesetze an[5], sie scheiterten jedoch am Widerspruch des Bundesrates. Erst nach Einfügung einer mitbestimmungsrechtlichen Regelung im Vermittlungsausschuß[6] wurden das UmwG und das UmwStG am 6.9.1994 verabschiedet[7]. Die Zustimmung des Bundesrates erfolgte am 23.9.1994[8], am 8.11.1994 wurde das Gesetz zur Bereinigung des Umwandlungsrechts verkündet[9].

Insgesamt dauerte die Reform des Umwandlungsrechts somit 14 Jahre. Diese lange Entstehungsdauer begründet die Erwartung einer wohldurchdachten gesetzgeberischen Arbeit[10], zumal Wissenschaft und Praxis umfassend in das Gesetzgebungsverfahren einbezogen wurden[11].

---

1 vgl. BT-Drs. 8/3908, S. 77 zu Art. 1 Nr. 27 sowie *Sagasser/Bula*, Umwandlungen RN A 2 und *Ganske*, WM 1993, 1117/1118

2 vgl. *Neye*, ZIP 1994, 1655 ff.; *Dehmer*, UmwG, Einf. RN 7

3 dazu ausführlich *Ganske*, WM 1993, 1117

4 BT-Drs. 12/6699; 12/6885

5 vgl. BR-Drs. 599/94

6 vgl. BT-Drs. 12/8415; 12/8431

7 vgl. BR-Drs. 599/94

8 BR-Drs. 599/94

9 BGBl. 1994 I, S. 3210

10 *Sagasser/Bula*, Umwandlungen RN A 3

11 vgl. insb. das 7. Symposium der ZGR vom 19./20.1.1990 in Glashütten/Taunus, ZGR 1990, 391 und den Arbeitskreis Umwandlungsrecht, ZGR 1993, 321 ff.

Ziel der Gesetzgebung war zunächst, das Recht des Zusammenschlusses, der realen Teilung, der Vermögensübertragung und des Wechsels der Rechtsform zu systematisieren und fortzuentwickeln[12]. Zuvor waren die entsprechenden Regeln auf fünf Gesetze verteilt, nämlich das UmwG 1969, das AktG, das KapErhG, das GenG und das VAG. Hinzu traten nach dem Beitritt der fünf neuen Bundesländer die Sonderregeln für die Umwandlung landwirtschaftlicher Produktionsgemeinschaften im LAG und die Möglichkeit der Spaltung der von der Treuhand verwalteten Gesellschaften nach dem SpTrUG. Durch die Zusammenfassung der Umwandlungsregelungen in einem Gesetz wurden Unstimmigkeiten und Zweifel in der Gesetzesanwendung beseitigt und die verschiedenen Umwandlungsvorgänge konnten allgemeinen Rechtsgrundsätzen unterstellt werden[13].

Hauptziel der Reform war der Versuch, die Lücken in den Möglichkeiten der Umwandlung weitgehend zu schließen, indem die Unternehmen neben den bis dahin bestehenden 44 Fällen der Umstrukturierung 75 weitere zur Verfügung gestellt wurden[14]. „Filetstück" war dabei die allgemeine Einführung des Rechtsinstituts der Spaltung mittels Gesamtrechtsnachfolge[15].

Schließlich sollte der Schutz der Anteilsinhaber, insbesondere der Minderheitsgesellschafter, der Gläubiger und der Arbeitnehmer verbessert werden[16].

Das UmwG 1995 ist im Schrifttum mit hoher Wertschätzung aufgenommen worden[17]. Diese Einschätzung wird durch das Interesse an dem neuen Gesetzeswerk bestätigt, das an die wirtschaftsberatende Praxis herangetragen wird[18].

---

12 *Neye*, ZIP 1994, 165

13 *Sagasser/Bula*, Umwandlungen RN B 2; kritisch *Kallmeyer*, ZIP 1994, 1746, der meint, das Ziel, die Umstrukturierungsmöglichkeiten zusammenzufassen sei „bei weitem verfehlt" worden, weil die rechtlichen Möglichkeiten der Strukturveränderung von Unternehmen vielfältig seien und weit über den Regelungsgegenstand des UmwG hinausgingen. Es war jedoch nicht Ziel des Gesetzes, auch Unternehmensverträge, die nicht die Änderung der dinglichen Vermögenszuordnung mittels Gesamtrechtsnachfolge bezwekken, wie Eingliederungsverträge, mitzuregeln; insoweit liegt ein anderer Regelungsgegenstand vor.

14 *Ganske*, WM 1993, 1117; *Neye*, ZIP 1994, 165/166

15 *Ganske*, WM 1993, 1117

16 RegEBegr. zum UmwG, Allgemeines, Ziff. I. 3., bei *Ganske* S. 13

17 *Sagasser/Bula*, Umwandlungen RN A 2; *Lutter*, UmwG, Vorwort; *Lüttge*, NJW 1995, 417; insg. positiv auch *Bayer*, ZIP 1997, 1613/1626, wenn auch mit einiger Kritik; eher kritisch *Kallmeyer*, ZIP 1994, 1746

18 *Meyer-Landrut/Kiem*, WM 1997, 1661 meinen, es müsse ein regelrechter „Umstrukturierungsstau" bestanden haben.

Mittlerweile liegen erste Erfahrungen mit dem neuen Gesetz vor[19]. Auch die Gerichte haben sich verstärkt damit zu befassen, was zeigt, daß die Unternehmen davon regen Gebrauch machen.

B. Europarechtliche Vorgaben

Bei der Gesetzgebung waren die Vorgaben der Dritten gesellschaftsrechtlichen Richtlinie des Rates der EG vom 9.10.1978 betreffend die innerstaatliche Verschmelzung von Aktiengesellschaften[20] und die der Sechsten gesellschaftsrechtliche Richtlinie des Rates der EG vom 17.12.1982 betreffend die innerstaatliche Spaltung von Aktiengesellschaften[21] zu beachten. Beide Richtlinien beruhen auf Art. 54 III lit. g des EWG-Vertrages und sollen die Gesellschafter- und Gläubigerschutzbestimmungen der nationalen Rechte, welche die Verschmelzung und Spaltung von Aktiengesellschaften regeln, koordinieren. Dabei war die 3. RL verpflichtend, Art. 2 schreibt die Einführung des Instituts der Verschmelzung als Rechtsinstitution in den Mitgliedstaaten vor. Die 6. RL verpflichtet die Mitgliedsstaaten hingegen nicht, die Spaltung im nationalen Recht zu regeln. Wenn sie die Spaltung von Aktiengesellschaften jedoch gestatten, sind nach Art. 1 die Vorgaben der RL zu beachten.

Die 3. RL war in Deutschland bereits mit dem Verschmelzungsrichtlinie-Gesetz[22] mit Wirkung vom 1.1.1983 in nationales Recht umgesetzt worden[23]. Die Regelungen beschränkten sich allerdings entsprechend den Vorgaben der RL auf die Verschmelzung von Aktiengesellschaften und fanden sich im AktG. Im UmwG 1995 wurden diese Regelungen teilweise übernommen, teilweise modifiziert[24]; außerdem wurde erstmals die 6. RL umgesetzt.

C. Historische Entwicklung

Die Spaltung mit Gesamtrechtsnachfolge wurde durch das UmwG 1995 neu ins deutsche Recht eingeführt. Zuvor waren Unternehmensspaltungen nur mittels Einzelübertragung möglich. Es mußte also in einer komplizierten Prozedur die

---

19 vgl. *Bayer*, ZIP 1997, 1613

20 RL 78/855/EWG vom 9.10.1978, ABl.EG 1978 Nr. L 295 S. 36 ff., künftig VerschmelzungsRL oder 3. RL

21 RL 82/891/EWG vom 17.12.1982, ABl.EG 1982 Nr. L 378, S. 47 ff., künftig SpaltungsRL oder 6. RL

22 BGBl. 1982 I, S. 1425

23 dazu *Priester*, NJW 1983, 1459

24 *Lutter*-Lutter, UmwG, Einl. RN 9 spricht von einer erneuten Umsetzung.

Einzelzustimmung der Gläubiger eingeholt werden[25]. Dem immer stärker werdenden Bedürfnis nach Unternehmensspaltungen in der Praxis trug wenigstens das deutsche Steuerrecht Rechnung, indem es die Steuerneutralität der Auf- und Abspaltung von Kapitalgesellschaften anerkannte[26].

Die Verschmelzung von Aktiengesellschaften hingegen hat in Deutschland eine lange Tradition[27]: Sie wurde erstmals in Artt. 215 II, 247 ADHGB von 1861 geregelt[28]. Allerdings war das Verschmelzungsverfahren zunächst als vereinfachtes Liquidationsverfahren ausgestaltet, bei dem das Vermögen der übertragenden Gesellschaft vorübergehend getrennt verwaltet werden mußte (Art. 247 ADHGB, § 306 HGB 1897). Das änderte sich erst mit dem AktG 1937, das in §§ 233 ff. ein modernes Verschmelzungsrecht enthielt, in dem der Schutz der Anteilsinhaber der übertragenden Gesellschaft verbessert und das Sperrjahr durch einen Anspruch der Gläubiger auf Sicherheitsleistung ersetzt wurde. Der Gesetzgeber von 1965 behielt diese Regelungen im wesentlichen bei, weil er sie als bewährt ansah[29].

D. Motive für Verschmelzung und Spaltung, Abgrenzung zu anderen Formen des strategischen Strukturwandels

Ende der 80er Jahre hatte eine regelrechte Verschmelzungswelle eingesetzt[30]: Während in den Jahren 1978 fünf und 1983 60 Kapitalgesellschaften an Verschmelzungen teilnahmen, waren es 1988 schon 135 und 365 im Jahr 1992[31].

---

25 ausführlich zur Unternehmensspaltung nach früherem Recht *Gäbelein*, BB 1989, 1420; *K. Schmidt*, GesR 2. Aufl. S. 328

26 Schreiben des BMF vom 9.1.1992, BStBl. 1992 I, S. 47

27 eingehend hierzu *Hügel*, Verschmelzung und Einbringung S. 33 ff.; auch *K. Schmidt*, GesR 3. Aufl. S. 352 f.

28 Die Verschmelzung ist allerdings keine Schöpfung des Gesetzgebers, vielmehr wurden schon vor Inkrafttreten des ADHGB Fusionen auf vertraglicher Ebene durchgeführt; vgl. *Wiener*, ZHR 27 (1882), 333/365.

29 *Hügel*, Verschmelzung und Einbringung S. 40 f.; *K. Schmidt*, GesR 3. Aufl. S. 353

30 vgl. *Heckschen*, WM 1990, 377

31 Quelle: Statistisches Bundesamt, die Statistik wurde 1992 abgebrochen.

Mittlerweile hat sich die Zahl der Unternehmenszusammenschlüsse in Deutschland auf hohem Niveau stabilisiert[32].

Diese Verschmelzungswelle hing unter anderem mit der Strategie der Diversifizierung zusammen, die bis zu Beginn der 80er Jahre verfolgt wurde[33] : Durch breite Streuung der Unternehmensaktivitäten auf unterschiedliche Geschäftsfelder sollten die Marktrisiken des Unternehmens reduziert werden. In der Folge formierten sich durch Beteiligungszukäufe, Kooperationsbeziehungen sowie Fusionen riesige Konglomerate mit Hunderten von Beteiligungsunternehmen, die in den verschiedensten Märkten produzierten und tätig waren. Die erhofften Synergieeffekte traten jedoch in vielen Unternehmen aus verschiedenen Gründen nicht ein[34]. Dies veranlaßte viele von ihnen, sich wieder auf ihr Kerngeschäft zu konzentrieren. Unrentable oder nicht zum Kerngeschäft passende Ak-

---

32 So der Präsident des Bundeskartellamtes, Dieter Wolf, Ende 1996 in FAZ Nr. 299 vom 23.12.1996 S. 13: „Zahl der Unternehmensfusionen auf hohem Niveau stabilisert"; bei den dort genannten 1.233 Fusionen 1996 sind aber auch Übernahmen mitgezählt, die keine Verschmelzung im hier gebrauchten Sinne, also mit Gesamtrechtsnachfolge darstellen. Ebenso verhält es sich mit den 1.446 im Jahr 1997 angezeigten Fusionen, vgl. die dpa.-Meldung in FAZ Nr. 300 vom 27.12.1997 S. 15. Auch in anderen europäischen Ländern dreht sich das Übernahmekarussell; so gaben britische Unternehmen 1997 soviel wie nie zuvor für Akquisitionen aus; vgl. FAZ Nr. 12 vom 15.1.1998 S. 12: „Rekordübernahmen durch britische Unternehmen in Europa". Die größten Zusammenschlüsse des Jahres 1997 in Europa werden zusammenfassend dargestellt in FAZ Nr. 300 vom 27.12.1997 S. 15: „Preussag bietet Pauschalreisen an und Hochtief betreibt Flughäfen". 1998 wurde gar als „Das Jahr der Fusionen" betitelt, vgl. FAZ Nr. 300 vom 28.12.1998 S. 13, Überblick über die größten Fusionen dieses Jahres ebenda S. 18: „Große Fusionen lassen neue Unternehmen in Deutschland entstehen".

33 vgl. zum folgenden *Goutier/Knopf/Tulloch*-Bermel, UmwG, Einf. RN 5 ff. sowie *Becht*, Fusion und Spaltung von Kapitalgesellschaften S. 326

34 Zu dem Ergebnis, daß Fusionen nicht immer wertsteigernd sind, kommt auch eine Studie der Unternehmensberatung A.T. Kearney, die 115 Firmenzusammenschlüsse untersucht hat, vgl. FAZ Nr. 230 vom 5.10.1998 S. 32: „Fusionen sind nicht immer wertsteigernd", FAZ Nr. 231 vom 6.10.1998 S. 20: „Kaum Mehrwert durch Fusionen" sowie ausführlich FAZ Nr. 296 vom 21.12.1998 S. 29: „Was trotz des Übernahmefiebers nie außer acht gelassen werden sollte". Danach wird bei nur 42 % aller Unternehmenszusammenschlüsse der Unternehmenswert gesteigert.

tivitäten werden abgestoßen[35]. Mit den freien Mitteln werden neue Märkte erschlossen, auch auf europäischem und globalem Terrain. Dies wird durch eine Welle strategischer Fusions- und Akqusitionstätigkeiten begleitet, die dazu dienen, auf neuen Märkten Fuß zu fassen oder in Wachstumsbranchen eigene Marktanteile zu sichern und auszubauen[36].

Auch kleinere und mittlere Unternehmen treten dabei vermehrt auf: Von den 365 Gesellschaften, die sich 1992 an Verschmelzungen beteiligt hatten, waren 351 Gesellschaften mit beschränkter Haftung. Diese sind angesichts der Entwicklung des europäischen Binnenmarktes gezwungen, ihre Konzentration auf lokale Märkte aufzugeben und gehen dabei verstärkt Fusionen, Beteiligungen und Kooperationen ein.

Die Verschmelzung weist dabei gegenüber anderen Formen des strategischen Profilwandels erhebliche Vorteile auf[37]. Bei einer Verschmelzung werden lediglich Gesellschafteranteile getauscht, so daß keine Zahlungsmittel abfließen. Daher ist der Kapitalbedarf für den Übernehmer bei einer Verschmelzung wesentlich geringer als bei einer Akquisition. Zudem ist die Gefahr geringer, daß Liquiditätsschwierigkeiten entstehen. Auch tragen bei einer Verschmelzung alle Partner das Risiko eines eventuellen Mißerfolges der Operation, während bei einer Akquisition der Unternehmenskäufer alleine das Investitionsrisiko trägt. Aus Sicht des übertragenden Partners ist die Verschmelzung gegenüber der

---

35 So hat beispielsweise die Unilever im Juni 1997 den gesamten Bereich Chemische Spezialprodukte (National Starch, Quest, Unichema und Crosfield) an den britischen Chemiekonzern ICI verkauft; Quelle: Pressemitteilung der Unilever. Die Daimler-Benz AG hat seit Mitte 1995 die Zahl der Geschäftsfelder durch den Verkauf von Bereichen, die keine Verbindung zum Kerngeschäft haben, von 35 auf 23 reduziert und konzentriert sich dadurch nunmehr weitgehend auf die Bereiche Transport, Verkehr und Dienstleistungen; vgl. FAZ Nr. 11 vom 14.1.1997 S. 15: „Daimler verkauft AEG Electrocom an Siemens". Die Hoechst AG bereitet derzeit die Abspaltung der verbliebenen Geschäfte in der industriellen Chemie vor, wodurch sie sich wieder auf ihren Kernbereich Life Sciences konzentrieren kann, vgl. FAZ Nr. 268 vom 18.11.1998 S. 17: „Der Hoechst Konzern spaltet sich in zwei Teile". Dieser Kernbereich soll dann mit Rhone Poulenc fusionieren, vgl. FAZ Nr. 275 vom 26.11.1998 S. 19: Hoechst und Rhone Poulenc vor einer Fusion".

36 vgl. auch FAZ Nr. 291 vom 15.12.1997 S. 21: „Das Tempo der Umstrukturierungen muß durchgehalten werden"

37 vgl. *Ossadnik/Maus*, DB 1995, 105/107

Akquisition vorzugswürdig, da die Gesellschafter ihren Status behalten[38]. Gegenüber einer strategischen Allianz hat die Verschmelzung den Vorteil, daß das gesamte Know-How transferiert wird, während die Partner bei einer bloßen Allianz nur begrenztes Wissen in die Zusammenarbeit einbringen.

Diese Entwicklung zeigt, daß Änderungen der Marktbedingungen eine ständige Anpassung des Unternehmens erforderlich machen. Deshalb besteht ein großes praktisches Bedürfnis, Unternehmen die Möglichkeit zu eröffnen, sich zu reorganisieren, ohne die Nachteile der Liquidation und Einzelübertragung in Kauf nehmen zu müssen.

Abgesehen davon kann eine Verschmelzung beispielsweise auch erfolgen, um eine übersichtlichere und kostengünstigere Organisation zu erhalten, um einen Börsengang vorzubereiten oder um die Finanzkraft des Unternehmens durch zusätzliches Eigenkapital und verbreiterte Kreditunterlage zu stärken[39].

Gründe für eine Spaltung können neben der oben dargestellten Entflechtung eines Großkonzerns unter anderem die Trennung von Gesellschafterstämmen bei Differenzen oder Erbauseinandersetzung[40], die Errichtung von Profit-Centern, die Isolierung von Haftungsrisiken, insbesondere von Risiken bei der Entwicklung neuer Produkte[41], die Vermeidung der Publizitätspflicht nach dem Bilanzrichtliniengesetz durch Veränderung der Größenklasse[42] oder die Rückabwicklung von Verschmelzungen, deren erwarteter Erfolg nicht eingetreten ist[43], sein.

E. Verschmelzung und Spaltung in Frankreich

In Frankreich existiert schon seit 1966 ein modernes Verschmelzungs- und Spaltungsrecht: Mit dem Gesetz Nr. 66-537 über die Handelsgesellschaften vom 24.7.1966 (L.1966) wurde die Verschmelzung *(fusion)* und die Spaltung

---

38 Bei der Krupp-Thyssen-Fusion wollte Krupp ursprünglich durch ein Übernahmeangebot mindestens 75 % der Thyssen-Aktien erwerben, was daran scheiterte, daß die Banken den Kaufpreis von 10 Milliarden DM nicht finanzierten, vgl. FAZ Nr. 65 vom 18.3.1998 S. 24: „Von der Wildwest-Attacke zur friedlichen Fusionsverhandlung"; dann war eine Übernahme von Krupp durch Thyssen im Gespräch, wogegen Krupp sich wehrte, vgl. FAZ Nr. 279 vom 1.12.1997 S. 23: „Offene Steuerfrage schränkt die Handlungsfähigkeit vorläufig ein".

39 *Heckschen*, WM; 1990, 377; *Kallmeyer*, ZIP 1994, 1746/1747

40 eingehend *Fritz*, Spaltung S. 13 ff.

41 RegEBegr. zum UmwG, Allgemeines III Ziff. 2 b), bei *Ganske* S. 16 f.

42 *Fritz*, Spaltung S. 15 f. m.w.N.

43 RegEBegr. zum UmwG, Allgemeines III Ziff. 2 b), bei *Ganske* S. 16 f.

(scission) von Handelsgesellschaften umfassend geregelt. Für die *fusion* gab es jedoch zuvor schon vereinzelte Regelungen[44], in der Praxis wurden *fusions* schon zu Beginn dieses Jahrhunderts verstärkt durchgeführt[45]. Die Rechtsprechung hatte sich im Jahr 1946 der von der Literatur herausgebildeten Definition der *fusion* angeschlossen[46], diese wurde 1966 kodifiziert.

Die Regelungen von 1966 mußten bei Umsetzung der 3. und 6. RL mit Gesetz Nr. 88-17 vom 5.1.1988[47] nur geringfügig geändert werden, weil sie diesen Vorgaben schon weitgehend entsprachen[48]. Denn anders als die Erste und die Zweite gesellschaftsrechtliche RL[49], die sich stark an deutschen Regelungen anlehnen, orientieren sich die Dritte und die Sechste gesellschaftsrechtliche RL stark am französischen Recht[50].

F. Grundlagen des Rechtsvergleichs

Bei einer Untersuchung des neuen deutschen Umwandlungsrechts bietet sich ein Rechtsvergleich mit dem französischen Recht aus verschiedenen Gründen an:

Grundsätzlich kann der Blick auf eine andere Rechtsordnung helfen, Unklarheiten im eigenen Recht zu beseitigen oder praktikable Lösungen im fremden Recht zu finden, das mit dieser Materie schon über einen längeren Zeitraum Erfahrung gesammelt hat. Dies trifft auf das französische Umwandlungsrecht zu.

Auch die räumliche Nähe der beiden Rechtsordnungen macht einen Vergleich praktisch interessant. Im Bereich Oberrhein / Elsaß produzieren viele Unternehmen auf beiden Seiten des Rheins oder arbeiten eng mit Partnern aus dem Nachbarland zusammen: Allein im Kammerbezirk der IHK Südlicher Oberrhein haben 505 Firmen Niederlassungen, Zweigniederlassungen oder Tochtergesell-

---

44 so in Art. 3 VI des Gesetzes über Aktiengesellschaften vom 24.7.1867 hinsichtlich der Übertragbarkeit von Aktien

45 vgl. *Auger*, Rev. Soc. 1925, 49 ff.; *Houpin*, Journ. Soc. 1910, 290 ff.

46 Cass. com., 28.1.1946, D. 1946, 168

47 JCP 1988, III, n°61039; dazu *Le Fèvre*, Rev. Soc. 1988, 207; *Jeantin*, JCP éd. E 1988, II, n°15169

48 *Jeantin*, JCP éd. E 1988, II, n°15169

49 Erste gesellschaftsrechtliche RL des Rates vom 9.3.1968 (68/151/EWG), ABl.EG 1968 Nr. L 65 - Publizitätsrichtlinie; Zweite gesellschaftsrechtliche RL des Rates vom 13.12.1976 (77/91/EWG), ABl.EG 1977 Nr. L 26 - Kapitalschutzrichtlinie

50 RegEBegr. zum VerschmelzungsRL-Gesetz, BT-Drs. 9/1065 S. 13

schaften in Frankreich[51]. Rechtsgeschäfte über die Grenze sind ebenso an der Tagesordnung wie Arbeitnehmer, die über die Grenze pendeln: Derzeit arbeiten 32.890 elsässische Grenzgänger in Unternehmen in Deutschland[52].

Außerdem versuchen in letzter Zeit größere deutsche Unternehmen, sich vor Einführung des Euro durch Zusammenschlüsse in den Euroländern eine gute Ausgangsposition zu verschaffen, so auch im Verhältnis Deutschland / Frankreich. Dies zeigt die Vereinbarung zwischen den Versicherungskonzernen Allianz, AGF und Generali, eine der bedeutendsten Übernahmen des Jahres 1997 mit deutscher Beteiligung[53].

Nicht zuletzt aus diesen vielfältigen Formen der grenzüberschreitenden Zusammenarbeit kann letztendlich das Bedürfnis nach einer grenzüberschreitenden Umstrukturierung entstehen.

G. Untersuchungsgegenstand und Gang der Darstellung

Untersucht werden soll zunächst das jeweilige nationale Recht der Verschmelzung und Spaltung in Deutschland und Frankreich, um festzustellen, inwieweit eine Rechtsangleichung erfolgt ist. Die Untersuchung beschränkt sich dabei auf Kapitalgesellschaften. Eine Beschränkung nur auf Aktiengesellschaften, wie in den Richtlinien, erschien nicht ergiebig, da diese in Deutschland eher selten sind[54] und sich schon deshalb seltener an Umwandlungen beteiligen als Gesellschaften mit beschränkter Haftung[55]; zudem ist es gerade eine der wesentlichen Neuerungen des UmwG 1995, daß Umwandlungen allen Rechtsträgern ermöglicht werden. Eine Behandlung auch der anderen Rechtsträger hätte den Rahmen dieser Arbeit jedoch gesprengt. Aus demselben Grund wird die Fusionskontrolle nicht behandelt. Auf steuerliche Aspekte wird nur eingegangen, soweit sie für das Gesellschaftsrecht unmittelbar von Bedeutung sind.

Im ersten Teil der Arbeit werden die Grundlagen der Verschmelzung und Spaltung dargestellt und verglichen. Dazu gehört neben den Voraussetzungen und Wirkungen von Verschmelzung und Spaltung insbesondere ein Überblick über

---

51 Quelle: Auskunft der IHK Südlicher Oberrhein vom 24.6.1998

52 Quelle: Auskunft der IHK Südlicher Oberrhein vom 24.6.1998

53 vgl. FAZ Nr. 300 vom 27.12.1997 S. 15: „Preussag bietet Pauschalreisen an und Hochtief betreibt Flughäfen"

54 Am 31.12.1993 gab es nur 2.934 Aktiengesellschaften, hingegen 543.444 Gesellschaften mit beschränkter Haftung; Quelle: Statistisches Bundesamt, die Statistik wird nicht weitergführt.

55 vgl. oben unter D.

das zu beachtende Verfahren im chronologischen Ablauf. Dieser ist wichtig, um später problematisierte Punkte einordnen zu können.

Im zweiten Teil wird untersucht, inwieweit die jeweilige nationale Regelung die Anteilsinhaber, Gläubiger und Arbeitnehmer einer an einer Verschmelzung oder Spaltung beteiligten Gesellschaft schützt. Für Operationen zwischen Aktiengesellschaften war der Schutz dieser Personengruppen der wesentliche Auftrag der 3. und der 6. RL[56]. Daher ist zu prüfen, ob das deutsche und das französische Recht diesen Auftrag erfüllt haben und wie der Schutz außerhalb der Verschmelzung oder Spaltung unter ausschließlicher Beteiligung von Aktiengesellschaften ausgestaltet ist.

Der dritte Teil der Arbeit untersucht die Möglichkeit von grenzüberschreitenden Verschmelzungen und Spaltungen. Die 3. RL ist vor dem Hintergrund von Art. 220 III EWGV zu sehen. Dieser schreibt unter anderem den Abschluß eines Übereinkommens über die grenzüberschreitende Verschmelzung vor. Als Grundlage dafür sollte über die Umsetzung der 3. RL ein einheitliches Verschmelzungsrecht in der Gemeinschaft geschaffen werden[57]. Eine gemeinschaftsweite Regelung grenzüberschreitender Umstrukturierungen existiert noch nicht. Die diesbezüglichen Vorhaben werden vorgestellt. Soweit die Richtlinien umgesetzt wurden, müßten die nationalen Rechte allerdings soweit angeglichen sein, daß grenzüberschreitende Verschmelzungen und Spaltungen möglich sind. Die dabei auftretenden kollisions- und materiellrechtlichen Probleme werden zuerst allgemein aufgezeigt, dann wird am konkreten Beispiel einer Verschmelzung und Spaltung unter Beteiligung von deutschen und französischen Gesellschaften nach Lösungen gesucht.

Französiche Fachtermini werden in der Regel nicht übersetzt, da eine Übersetzung die Gefahr in sich birgt, daß der Sinn verfälscht wird. Im deutschen Recht wird der Begriff „Umwandlung“ als Oberbegriff verwendet, unter den sowohl

---

56 vgl. Abs. 3 ff. der Begründungserwägungen zur 3. RL und Abs. 5 ff. der Begründungserwägungen zur 6. RL

57 vgl. *Ganske*, DB 1981, 1551

die Verschmelzung als auch die Spaltung fallen. Dies entspricht der Terminologie des UmwG 1995[58].

58 Nach dem UmwG 1969 hingegen entsprach die Umwandlung nur dem heutigen Rechtsformwechsel.

Teil 1: Grundlagen der Verschmelzung und Spaltung

A. Einleitung und europarechtliche Vorgaben

I. Möglichkeiten der Verschmelzung und Spaltung

Die Verschmelzungs- und die Spaltungsrichtlinie sehen für Aktiengesellschaften vier verschiedene Möglichkeiten von Verschmelzung und Spaltung vor.

Nach Art. 2 der 3. RL müssen die Mitgliedsstaaten die Verschmelzung durch Aufnahme einer oder mehrerer Gesellschaften durch eine andere und die Verschmelzung durch Gründung einer neuen Gesellschaft regeln. Bei einer Verschmelzung durch Aufnahme im Sinne der Richtlinie übertragen eine oder mehrere Gesellschaften ihr gesamtes Aktiv- und Passivvermögen im Wege der Auflösung ohne Abwicklung auf eine andere Gesellschaft, und zwar gegen Gewährung von Aktien an der übernehmenden Gesellschaft, Art. 3 I der 3. RL. Bei einer Verschmelzung durch Gründung einer neuen Gesellschaft, Art. 4 I der 3. RL, erfolgt die Vermögensübertragung von mehreren Gesellschaften auf eine zu diesem Zwecke gegründete Gesellschaft.

Die SpaltungsRL regelt die Spaltung durch Übernahme und die Spaltung durch Gründung neuer Gesellschaften. Die Spaltung durch Übernahme ist nach Art. 2 I der 6. RL der Vorgang, durch den eine Gesellschaft ihr gesamtes Aktiv- und Passivvermögen im Wege der Auflösung ohne Abwicklung auf mehrere Gesellschaften überträgt, und zwar gegen Gewährung von Aktien der begünstigten Gesellschaften an die Aktionäre der gespaltenen Gesellschaft. Erfolgt die Übertragung auf zu diesem Zweck neugegründete Gesellschaften, liegt nach Art. 21 der 6. RL eine Spaltung durch Gründung neuer Gesellschaften vor. Die SpaltungsRL ist nach Art. 25 auch anwendbar, wenn ein Mitgliedsstaat einen dieser Vorgänge gestattet, ohne daß die gespaltene Gesellschaft aufhört zu bestehen.

II. Verfahren

Hinsichtlich des Verfahrens enthalten die Richtlinien insbesondere Vorgaben, die die Vorbereitung der Hauptversammlung betreffen. Die Leitungsorgane der beteiligten Gesellschaften müssen einen Verschmelzungs- oder Spaltungsplan aufstellen (Art. 5 der 3. RL, Art. 3 der 6. RL), der mindestens einen Monat vor der Hauptversammlung, die über den Vorgang beschließen soll, nach den auf den Publizitätsvorschriften der Ersten gesellschaftsrechtlichen RL[1] beruhenden nationalen Vorschriften offenzulegen ist (Art. 6 der 3. RL, Art. 4 der 6. RL)[2]. Außerdem müssen die beteiligten Gesellschaften ihren Aktionäre, die über die Operation entscheiden, mindestens einen Monat vor der Hauptversammlung am Sitz der Gesellschaft den Verschmelzungs- oder Spaltungsplan, die Jahresabschlüsse und Geschäftsberichte der letzten drei Geschäftsjahre und gegebenenfalls eine Zwischenbilanz sowie die Vorstands- und Sachverständigenberichte zur Einsicht auslegen und kostenlose Abschriften erteilen (Art. 11 der 3. RL, Art. 9 der 6. RL).

Einen einheitlichen Wirksamkeitszeitpunkt bestimmen die RL'en nicht. Art. 17 der 3. RL und Art. 15 der 6. RL überlassen es dem Recht der Mitgliedsstaaten, den Zeitpunkt festzulegen, in dem die Operation wirksam wird. Die hierzu gehörenden Publizitätsbestimmungen enthalten Art. 18 der 3. RL und Art. 16 der 6. RL. Deren Absatz 1 verweist für die Offenlegung der Verschmelzung oder Spaltung wiederum auf das nationale Verfahren, das dem Art. 3 der Ersten gesellschaftsrechtlichen RL entspricht[3].

III. Wirkungen der Verschmelzung und Spaltung

Nach Art. 19 I der 3. RL und Art. 17 I der 6. RL bewirken Verschmelzung bzw. Spaltung „ipso iure gleichzeitig" den Übergang des gesamten Aktiv- und Passivvermögens im Verhältnis zwischen den beteiligten Gesellschaften und gegenüber Dritten, bei der Spaltung entsprechend der im Spaltungsplan vorgesehenen Aufteilung, den Wechsel der Aktionäre von der übertragenden zur übernehmenden Gesellschaft und das Erlöschen der übertragenden Gesellschaft.

B. Die Rechtslage in Deutschland

I. Möglichkeiten der Verschmelzung und Spaltung

1. Begriffe

a) Verschmelzung

Eine Verschmelzung nach § 2 UmwG liegt vor, wenn ein oder mehrere Rechtsträger ihr gesamtes Vermögen auf einen anderen Rechtsträger im Wege der Ge-

---

1 Art. 3 der RL 68/151/EWG vom 9.3.1968, Abl.EG 1968 Nr. L 65/1; vgl. dazu das Gesetz vom 15.8.1969, BGBl. I, S. 1146.

2 vgl. *Ganske*, DB 1981, 1551/1553

3 vgl. *Ganske*, DB 1981, 1551/1555

samtrechtsnachfolge unter Auflösung ohne Abwicklung übertragen, wobei den Anteilsinhabern der übertragenden und erlöschenden Rechtsträger mittels Anteilstausch eine Beteiligung an dem übernehmenden Rechtsträger gewährt wird. Sie kann durch Aufnahme oder durch Neugründung erfolgen. Bei einer Verschmelzung durch Aufnahme überträgt ein Rechtsträger sein gesamtes Vermögen auf einen anderen bestehenden Rechtsträger, § 2 Nr.1 UmwG. Durch das VerschmelzungsRL-Gesetz von 1983 war aufgrund der Vorgaben von Art. 3 I der 3. RL auch die Aufnahme mehrerer Gesellschaften durch eine bestehende ins AktG aufgenommen worden, nicht jedoch ins KapErhG. Nach h.M.[4] war daher die Aufnahme mehrerer Gesellschaften mit beschränkter Haftung unzulässig. Jetzt steht diese Möglichkeit allen Rechtsträgern jedweder Rechtsform offen. Bei einer Verschmelzung durch Neugründung wird das Vermögen von mindestens zwei Rechtsträgern als Ganzes auf einen neuen Rechtsträger übertragen, § 2 Nr.2 UmwG. Der übernehmende Rechtsträger wird während der Verschmelzung und durch diese neu gegründet. Der Vorteil dieser Vorgehensweise ist der, daß bei mehreren etwa gleichwertigen Gesellschaften ein Streit darüber vermieden wird, welche die übernehmende sein soll[5]. Andererseits macht die erforderliche Neugründung des übernehmenden Rechtsträgers diese

---

4 *Lutter/Hommelhoff*, GmbHG, 13. Aufl., § 19 KapErhG RN 9; *Scholz*-Priester, GmbHG, 7. Aufl., § 19 KapErhG RN 3; a.A. LG München, Beschl. v. 22.2.1988, GmbHR 1989,165; mit zustimmender Anm. Roellenbleg in DNotZ 1988, 642; nach Angabe von *Heckschen*, WM 1990, 377/379 folgte die Praxis der Registergerichte i.d.R. dem LG München; andernfalls blieb nur die Möglichkeit einer Mehrfachverschmelzung durch Neugründung, *Lutter*-Lutter, UmwG, § 2 Rn 18 FN 36 oder die weitgehende zeitliche Zusammenfassung mehrerer Verschmelzungen durch Aufnahme und deren schuldrechtlicher Koordinierung, *Scholz*-Priester, a.a.O.

5 *KK*-Kraft, § 339 AktG RN 10; so bei der Großfusion der Thyssen AG mit der Krupp Hoesch AG, die nach dem Versuch einer feindlichen Übernahme von Thyssen durch Krupp im März 1997 zunächst durch eine Verschmelzung von Krupp auf Thyssen bewirkt werden sollte (vgl. die Chronologie in FAZ Nr. 65 vom 18.3.1998 S. 24: „Von der Wildwest-Attacke zur friedlichen Fusionsverhandlung"), mangels Einigung aber nun doch als Neugründung geplant wird (vgl. FAZ Nr. 11 vom 14.1.1998 S. 22 „Die Neuordnung der Stahllandschaft bewegt die Aktienkurse"); das damit bisher zusammenhängende Problem, daß die Firma des übertragenden Rechtsträgers untergeht, besteht jetzt wegen § 18 UmwG, wonach der übernehmende Rechtsträger diese fortführen darf, allerdings nicht mehr; *Sagasser/Bula*, Umwandlungen, Rn. F 6.

Verschmelzungsart umständlich und teuer[6]. In der Praxis wird daher zumeist der Weg der Aufnahme gewählt[7].

b) Spaltung

Das UmwG kennt drei Formen der Spaltung: Die Aufspaltung (§ 123 I UmwG), die Abspaltung (§ 123 II UmwG) und die Ausgliederung (§ 123 III UmwG). Jede Spaltung kann sowohl zur Aufnahme als auch zur Neugründung erfolgen.

aa) Aufspaltung

Nach § 123 I UmwG kann ein Rechtsträger (übertragender Rechtsträger) unter Auflösung ohne Abwicklung sein gesamtes Vermögen aufteilen und die Vermögensteile jeweils als Gesamtheit auf andere bestehende oder neu gegründete Rechtsträger übertragen. Wie bei der Verschmelzung erfolgt die Übertragung gegen Gewährung von Anteilen der übernehmenden oder neuen Rechtsträger an die Anteilsinhaber des übertragenden Rechtsträgers. Die Aufspaltung entspricht der in Artt. 2, 21 der 6. RL vorgesehenen Spaltung.

bb) Abspaltung

Bei der Abspaltung nach § 123 II UmwG bleibt der übertragende Rechtsträger bestehen und überträgt nur einen Teil seines Vermögens auf einen oder mehrere bereits bestehende oder neue Rechtsträger, und zwar gegen Gewährung von Anteilen der übernehmenden oder neuen Rechtsträger an die Anteilsinhaber des übertragenden Rechtsträgers. In der Regel wird ein Betrieb oder Teilbetrieb übertragen, jedoch können auch einzelne Gegenstände abgespalten werden[8].

---

6 *Kallmeyer*/Marsch-Barner, UmwG, § 2 RN 7; *KK-Kraft*, § 339 AktG RN 10

7 *Kallmeyer*/Marsch-Barner, UmwG, § 2 RN 7; Beispiele hierfür aus der neueren Zeit sind die Verschmelzung der Bayerischen Hypotheken- und Wechsel-Bank AG auf die Bayerische Vereinsbank AG (Verschmelzungsvertrag veröffentlicht in FAZ Nr. 83 vom 8.4.1998 S. 21 f.); die Fusion der beiden zur Schickedanz-Gruppe gehörenden Modehäuser Leffers AG und Sinn AG (FAZ Nr. 120 vom 27.5.1997 S. 29: „Zur Fusion werden für drei Leffers- zwei Sinn-Aktien angeboten"); die Verschmelzung der Linotype Hell AG auf die Heidelberger Druckmaschinen AG (FAZ Nr. 150 vom 2.7.1997 S. 18: „Linotype wird auf Heideldruck verschmolzen") sowie die Verschmelzung der Degussa AG auf die Hüls AG (FAZ Nr. 54 vom 5.3.1998 S. 21: „Die Chemie-Fusion von Hüls und Degussa bekommt Konturen").

8 Nach § 123 V RefE vom 15.4.1992 sollte die Spaltung ausgeschlossen werden, wenn „im wesentlichen nur ein einzelner Gegenstand übertragen oder eine einzelne Verbindlichkeit übergeleitet werden" soll; diese Regelung, die in Praxis und Wissenschaft auf Kritik gestoßen ist (vgl. RegEBegr. zu § 123 UmwG, bei *Ganske* S. 131), wurde nicht ins UmwG aufgenommen.

Allerdings gewährt § 15 I UmwStG den Vorteil der Steuerneutralität nur bei Übertragung zumindest eines Teilbetriebes[9]. Die Abspaltung entspricht der in Art. 25 der 6. RL vorgesehenen Spaltung, bei der die übertragende Gesellschaft nicht aufhört zu bestehen.

cc) Ausgliederung

Bei einer Ausgliederung geht ebenso wie bei der Abspaltung nur ein Teil oder gehen Teile des Vermögens - in der Regel ein Betrieb oder Teilbetrieb[10] - eines Rechtsträgers jeweils als Gesamtheit auf einen oder mehrere andere Rechtsträger über. Die als Gegenwert gewährten Anteile der übernehmenden oder neuen Rechtsträger gelangen bei der Ausgliederung jedoch in das Vermögen des übertragenden Rechtsträgers selbst und gehen nicht unmittelbar an dessen Anteilsinhaber über. Für die Ausgliederung gibt es kein Vorbild in der 6. RL.

dd) Mischformen

Nach § 123 IV UmwG sind auch Mischformen zwischen diesen einzelnen Umwandlungsarten zugelassen, um den Unternehmensträgern möglichst viel Spielraum zu gewähren[11]. So können alle Spaltungsvorgänge auch durch gleichzeitige Übertragung auf bestehende und neue Rechtsträger erfolgen[12].

---

9 Nach der Rechtsprechung des BFH ist ein Teilbetrieb ein mit gewisser Selbständigkeit ausgestatteter, organisch geschlossener Teil des Gesamtbetriebes, der für sich allein überlebensfähig ist; Urt. v. 23.11.1988, BStBl. 1989 II, 376/378; 12.4.1989, BStBl. 1989 II, 653; bedeutsam für die Steuerneutralität ist, daß die für den Teilbetrieb wesentlichen Betriebsgrundlagen übergehen; BFH, Urt. v. 16.2.1996, BStBl. 1996 II, 342. Kritisch zu den Anforderungen, die die Finanzverwaltung an das Vorliegen von Teilbetrieben stellt *Krebs*, BB 1998, 2082.

10 Auch § 20 UmwStG gewährt den Vorteil der Steuerneutralität einer Ausgliederung nur bei Übertragung eines Betriebes oder Teilbetriebes.

11 RegEBegr. zu § 123 UmwG, bei *Ganske* S. 131

12 § 123 IV RefE sah noch weitere Kombinationsmöglichkeiten vor, wie die gleichzeitige Verschmelzung mit mehreren Rechtsträgern und die Beteiligung mehrerer übertragender Rechtsträger. Daß diese Vielfalt von Mischformen nicht Gesetz geworden ist, wurde in der Literatur teilweise bedauert (*Engelmeyer*, Spaltung von Aktiengesellschaften S. 17; *Goutier/Knopf/Tulloch*-Bermel, UmwG, § 123 RN 11; a.A. *Lutter*-Teichmann, UmwG, § 123 RN 18); das Vorhandensein mehrerer übertragender Rechtsträger hätte jedoch wegen § 130 I UmwG zu Schwierigkeiten bei der Eintragung geführt (*Lutter*-Teichmann, UmwG, § 123 RN 18).

c) *numerus clausus der Umwandlungsformen*

§ 1 II UmwG ordnet an, daß eine Umwandlung im Sinne des Absatzes 1, also mit Identitätswahrung oder Gesamtrechtsnachfolge, nur in den ausdrücklich im Gesetz geregelten Fällen zulässig ist. Es gilt somit ein numerus clausus der Umwandlungsfälle[13]. Die schon bisher nach allgemeinem Zivil- und Handelsrecht bestehenden Möglichkeiten der Umstrukturierung eines Unternehmensträgers mit Einzelrechtsnachfolge bleiben jedoch daneben erhalten[14]. Eine „Quasi-Fusion“ durch Einbringung aller Aktiva und Passiva in einen anderen Rechtsträger gegen Anteile an diesem, die der übertragenden Gesellschaft gewährt werden[15], ist also nach wie vor ebenso möglich wie die „klassische“ Ausgliederung mittels Einzelrechtsnachfolge durch Sachgründung oder Sachkapitalerhöhung, bei der in der Regel ein Betrieb oder Teilbetrieb oder Grundbesitz als Sacheinlage gegen Gewährung von Anteilen eingebracht werden[16]. § 1 II UmwG schließt derartige Umstrukturierungen nicht aus[17]. Das UmwG ist insoweit nur ein Angebot des Gesetzgebers[18]. Wenn eine dieser außerhalb des UmwG liegenden Umstrukturierungsmöglichkeiten gewählt wird, sind die Vorschriften des UmwG nicht anwendbar[19].

Insbesondere die klassische Ausgliederung durch Einzelrechtsnachfolge wird in der Praxis noch vielfach genutzt[20], kann doch die Einzelübertragung in kleineren Ausgliederungsfällen weniger aufwendig sein als die Förmlichkeiten und

---

13 RegEBegr. zu § 1 UmwG, bei *Ganske* S. 34

14 RegEBegr. zu § 1 UmwG, bei *Ganske* S. 34 f.

15 *Lutter*-Lutter, UmwG, § 1 RN 21; *Kallmeyer*, ZIP 1994, 1746/1747

16 *Lutter*-Lutter, UmwG, § 1 RN 21

17 *Lutter*-Lutter, UmwG, § 1 RN 21; *Kallmeyer*-Kallmeyer, UmwG, § 1 RN 21; RegE-Begr. zu § 1 UmwG, bei *Ganske* S. 34 f.; *Heckschen*, DB 1998, 1385

18 Neye in *Lutter*, Kölner Umwandlungsrechtstage S. 1/7

19 RegEBegr. zu § 1 UmwG, bei *Ganske* S. 35; *Lutter*-Lutter, UmwG, § 1 RN 21; *Kallmeyer*, ZIP 1994, 1746/1749; H. Schmidt in *Lutter*, Kölner Umwandlungsrechtstage S. 59/65

20 *Aha*, AG 1997, 345; anders die nach dem Schreiben des BMF vom 9.1.1992, BStBl. I 1992, 47, Nr. 2 ff. betreffend die ertragsteuerliche Behandlung der Spaltung von Körperschaften mögliche Auf- und Abspaltung durch Sacheinlage mit Einzelübertragung in Verbindung mit der Liquidation der übertragenden Gesellschaft oder - bei der Abspaltung - Anteilstausch oder Kapitalherabsetzung; diese Operationen sind nunmehr nach § 1 I UmwStG nicht mehr steuerneutral möglich, so daß sie wohl nicht mehr gewählt werden, außer es sind keine nennenswerten stillen Reserven vorhanden; *Kallmeyer*, ZIP 1994, 1746/1749.

Beurkundungspflichten nach dem UmwG[21]. Umstritten ist, ob und inwieweit das UmwG auf die bisherige Regelung ausstrahlt und diese überlagert, vor allem hinsichtlich des Schutzes der Anteilsinhaber[22]. Dieser Schutz ist bisher nicht allzu hoch, da es sich bei Ausgliederungen grundsätzlich um Geschäftsführungsmaßnahmen handelt, bei denen die Leitungsorgane die Anteilsinhaber zwar mitwirken lassen können, aber nicht müssen (§ 119 II AktG)[23]. Von diesem Grundsatz hat der BGH in seiner „Holzmüller-Entscheidung"[24] eine Ausnahme für den Fall gemacht, daß eine Aktiengesellschaft den bedeutendsten Teil ihres Betriebsvermögens auslagert. Zumindest in diesem Fall sei eine Zustimmung der Hauptversammlung erforderlich, weil die Strukturänderung die Rechtsstellung der Aktionäre schwäche. Insoweit kommt eine Ausstrahlungswirkung des UmwG in Betracht, weil die beiden Umstrukturierungsmöglichkeiten sich nur durch die Gesamtrechtsnachfolge bei der Ausgliederung nach dem UmwG unterscheiden. Dieser Vorteil liegt jedoch nur auf Seiten des Unternehmens, das nicht auf die Mitwirkung der Gläubiger angewiesen ist[25]. Aus Sicht der Anteilsinhaber stellen sich beide Vorgänge gleich dar, ihr Schutzbedürfnis ist identisch[26]. Zudem werden steuerlich beide Fälle gleichbehandelt[27], denn § 20 UmwStG verwendet den Begriff „Einbringung", der sowohl die Ausgliederung mittels Gesamtrechtsnachfolge als auch die mittels Einzelrechtsnachfolge umfaßt. Beide Operationen können somit steuerneutral durchgeführt werden, wenn ein Betrieb oder Teilbetrieb gegen Gewährung von Anteilen übertragen wird. Diese Tatsache, die erst gegen Ende der Beratungen zum UmwStG in dieses aufgenommen wurde[28], war dem Gesetzgeber des UmwG zur Zeit der Fas-

---

21 *Lutter*-Lutter, UmwG, § 1 RN 21

22 aus der Literatur: *Feddersen/Kiem*, ZIP 1994, 1078/1086; *Aha*, AG 1997, 345/349; *Bayer*, ZIP 1997, 1613/1625; *Veil*, ZIP 1998, 361/366 ff.; aus der Rspr.: LG Karlsruhe, Beschl. v. 6.11.1997, AG 1998, 99 (entsprechende Anwendung des UmwG auf Ausgliederung durch Einzelrechtsnachfolge) = DZWir 1998, 207 m. abl. Anm. *Mutter*; Kritik auch bei *Bungert*, NZG 1998, 367 ff.; LG Hamburg, Urt. v. 21.1.1997, DB 1997, 516 (kein Erfordernis der Einhaltung der zwingenden Vorschriften des UmwG bei Spaltung im Wege der Einzelrechtsnachfolge)

23 Dasselbe gilt im Kern auch für die GmbH; *Veil*, ZIP 1998, 361/366.

24 Urt. v. 25.2.1982, BGHZ 83,122 ff.

25 Diese müssen sich bei der Einzelrechtsnachfolge mit dem Übergang der Verbindlichkeiten nach §§ 414, 415 BGB einverstanden erklären.

26 So auch das LG Karlsruhe, Beschl. v. 6.11.1997, AG 1998, 99/101 f., das die Gleichbehandlung auf Art. 3 I GG stützt.

27 *Lutter*-Schaumburg, UmwG, Einl. RN 51; *Aha*, AG 1997, 345

28 Vgl. § 1 I UmwStG E, BT-Drs. 12/6858; Begr. a.a.O., S. 16; dazu *Feddersen/Kiem*, ZIP 1994, 1078/1086 mit Kritik an der zu diesem Zeitpunkt noch vorgesehenen Ausgrenzung der Einzelrechtsnachfolge.

sung der Begründung des Regierungsentwurfs nicht bekannt. Nach dieser müssen „die zwingenden Vorschriften des Umwandlungsgesetzes (...) nur beachtet werden, wenn sich die beteiligten Rechtsträger der Vorteile bedienen wollen, die das Gesetz *und die mit ihm verbundenen steuerrechtlichen Regelungen* mit sich bringen“[29]. Ein Unternehmen, das im Wege der Einzelrechtsnachfolge einen Betrieb oder Teilbetrieb ausgliedert, profitiert daher von denselben steuerlichen Vorteilen wie ein Unternehmen, das die Ausgliederung nach dem UmwG vornimmt. Soweit nach der „Holzmüller-Rechtsprechung“ für die klassische Ausgliederung ein Hauptversammlungsbeschluß erforderlich ist, weil ein wesentlicher Teil des Vermögens des Unternehmens betroffen ist, weisen die beiden Wege keine signifikanten Unterschiede auf. Daher ist in diesem Bereich eine Gleichbehandlung hinsichtlich des Schutzes der Anteilsinhaber geboten[30]. Insoweit wird das alte Recht durch die Vorschriften des UmwG überlagert.

Die Entscheidung über die Ausgliederung eines wichtigen Vermögensteils mittels Einzelrechtsnachfolge fällt daher in die Kompetenz der Anteilsinhaber. Die Leitungsorgane müssen zur Vorbereitung der Beschlußfassung dieselben Informationen zur Verfügung stellen wie bei einer Ausgliederung nach dem UmwG[31]. Ansonsten bestünde die Gefahr der Umgehung dieser Schutzvorschriften[32].

2. Beteiligungsfähigkeit

a) Beteiligungsfähige Rechtsträger[33]

An einer Verschmelzung oder Spaltung können nach §§ 3 I, 124 I UmwG folgende Rechtsträger beteiligt sein: Personenhandelsgesellschaften (OHG, KG)[34],

---

29 Hervorhebung durch die Verfasserin

30 So auch *Veil*, ZIP 1998, 361/368; LG Karlsruhe, Beschl. v. 6.11.1997, AG 1998, 99; nach *Feddersen/Kiem*, ZIP 1994, 1078/1086 liegt eine Überlagerung des alten Rechts durch das neue zumindest nahe; a.A. LG Hamburg, Urt. v. 21.1.1997, DB 1997, 516; *Aha*, AG 1997, 345/356, der sich jedoch vordringlich auf den in der RegEBegr zu § 1 UmwG zum Ausdruck gekommenen Willen des Gesetzgebers stützt, der aber, wie ausgeführt, noch von anderen steuerrechtlichen Voraussetzungen ausging.

31 LG Karlsruhe, Beschl. v. 6.11.1997, AG 1998, 99

32 Die Ausgliederung mittels Einzelrechtsnachfolge kann gleichwohl interessant sein, weil so die gesamtschuldnerische Haftung nach § 133 I,1 UmwG vermieden wird; *Kallmeyer*, ZIP 1994, 1746/1750.

33 Das UmwG verwendet - im Gegensatz zum DiskE - nicht den Begriff „Unternehmen“, sondern „Rechtsträger“, weil es in nahezu allen Fällen der Umwandlung nicht darauf ankommt, ob ein Rechtsträger ein Unternehmen im betriebswirtschaftlichen und rechtlichen Sinne betreibt; RegEBegr., Allgemeines Ziff. II, bei *Ganske* S. 11.

Kapitalgesellschaften (GmbH, AG, KGaA), eingetragene Vereine (§ 21 BGB), genossenschaftliche Prüfungsverbände und Versicherungsvereine auf Gegenseitigkeit. Als übertragende Rechtsträger können zudem wirtschaftliche Vereine (§ 22 BGB) teilnehmen (aktive Beteiligungsfähigkeit), §§ 3 II Nr.1, 124 I UmwG.

An einer Verschmelzung können außerdem natürliche Personen beteiligt sein, die als Alleingesellschafter einer Kapitalgesellschaft[35] deren Vermögen übernehmen, § 3 II Nr.2 UmwG. Die umstrittene Frage, ob diese „natürliche Person" eingetragener Kaufmann sein muß oder ob das Vermögen einer Kapitalgesellschaft auch auf einen Nichtkaufmann[36] verschmolzen werden kann[37], wurde durch das HandelsrechtsreformG geklärt: Nach dem neu eingefügten § 122 II UmwG ist nunmehr klargestellt, daß dann, wenn eine Eintragung beim übernehmenden Rechtsträger nicht möglich ist, die Wirkungen des § 20 UmwG durch Eintragung der Verschmelzung in das Register der übertragenden Kapitalgesellschaft eintreten[38]. Dies ist zu begrüßen, da ansonsten die Umwandlungsmöglichkeiten gegenüber der vor dem UmwG 1995 geltenden Rechtslage

---

34 Auch die Europäische Wirtschaftliche Interessenvereinigung - EWiV - wird dadurch erfaßt, weil aufgrund von § 1 des EWiV-Ausführungsgesetzes vom 14.4.1988, BGBl. 1988 I, 514 ff., „im übrigen" auf diese die für eine OHG geltenden Vorschriften anwendbar sind; *Lutter*-Lutter, UmwG, § 1 RN 5; *Kallmeyer*/Marsch-Barner, UmwG, § 3 RN 4.

35 In der Regel wird es sich dabei um eine GmbH handeln, vgl. LG Koblenz, Beschl. v. 7.11.1995, DB 1996, 267; OLG Zweibrücken, Beschl. v. 27.12.1995, ZIP 1996, 460; LG Berlin, Beschl. v. 7.3.1997, GmbHR 1997, 552; LG Frankfurt, Beschl. v. 19.12.1997, GmbHR 1998, 380 ff.; BayObLG, Beschl. v. 4.2.1998, DB 1998, 715; sowie *Priester*, DB 1996, 413.

36 Die Differenzierung zwischen Voll- und Minderkaufmann, um die es in dem Streit vorwiegend ging, wurde durch das HandelsrechtsreformG vom 22.7.1998, BGBl. I, 1474, aufgegeben.

37 Die Rspr. war überwigend der Auffassung, es müsse sich um einen Vollkaufmann handeln, da nur dieser im Handelsregister eingetragen sei, was für die Wirksamkeit der Verschmelzung nach §§ 122, 79, 20 UmwG von essentieller Bedeutung sei, vgl. LG Koblenz, Beschl. v. 7.11.1995, GmbHR 1996, 127; OLG Zweibrücken, Beschl. v. 27.12.1995, ZIP 1996, 460; ähnlich *Dehmer/Stratz*, DB 1996, 1071. Die Literatur lehnte diese Entscheidungen fast einhellig mit dem Hinweis ab, daß an anderer Stelle des UmwG (§§ 171, 235) die Eintragung bei einem Rechtsträger für die Wirksamkeit ausreiche, vgl. *Priester*, DB 1996, 413; *Heckschen*, ZIP 1996, 450; *Bärwaldt/Schabacker*, NJW 1997, 93.

38 So schon im Vorgriff auf diese Gesetzesänderung BGH, Beschl. v. 4.5.1998, ZIP 1998, 1225 = NJW 1998, 2436.

eingeschränkt wären[39], was nicht Wille des Gesetzgebers gewesen ist: Dieser wollte die Umwandlungsmöglichkeiten erweitern wollte[40].

An einer Ausgliederung können nach § 124 I UmwG als übertragende Rechtsträger auch wirtschaftliche Vereine, Einzelkaufleute, Stiftungen, Gebietskörperschaften oder Zusammenschlüsse von Gebietskörperschaften, die nicht Gebietskörperschaften sind, beteiligt sein.

Durch das Gesetz zur Änderung des UmwG[41] sind nunmehr auch Partnerschaftsgesellschaften[42] in den Kreis umwandlungsfähiger Rechtsträger aufgenommen worden[43]. Angesichts der zunehmenden Beliebtheit, derer sich diese Rechtsform erfreut[44], ist die Einbeziehung zu begrüßen[45].

b) Aufgelöste Rechtsträger

Nach §§ 3 III, 124 II UmwG können sich auch aufgelöste Rechtsträger als übertragende Rechtsträger an einer Verschmelzung oder Spaltung beteiligen, wenn ihre Fortsetzung beschlossen werden könnte. Mit dieser Möglichkeit, die fakultativ in Artt. 3 II und 4 II der 3. RL sowie in Artt. 2 II und 21 II der 6. RL

---

39 Nach §§ 15, 24 UmwG a.F. war die Verschmelzung einer Kapitalgesellschaft auf einen Nicht- oder Minderkaufmann möglich.

40 RegEBegr. zum UmwG, Allgemeines I.2., bei *Ganske* S 11; wie hier *Heckschen*, ZIP 1996, 450/452 f.

41 vom 22.7.1998, BGBl. I, 1878

42 Die neue Rechtsform der Partnerschaftsgesellschaft wurde durch das Gesetz über Partnerschaftsgesellschaften Angehöriger Freier Berufe (Partnerschaftsgesellschaftsgesetz - PartGG) vom 25.7.1994, BGBl. 1994 I, 1744, das zum 1.7.1995 inkraftgetreten ist, in das deutsche Recht eingeführt.

43 BR-Drs. 609/97; zum Referentenentwurf, der in diesem Punkt vollständig übernommen wurde, *Neye*, ZIP 1997, 722. Daß die Partnerschaftsgesellschaft ursprünglich nicht im UmwG berücksichtigt wurde, lag an dem parallelen Gesetzgebungsverfahren (*Seibert*, DB 1994, 2381/2382; *Neye*, ZIP 1997, 722) und auch daran, daß der Gesetzgeber eine Berücksichtigung der Partnerschaft bei dem Gesetzgebungsverfahren zum UmwBerG nicht für nötig erachtet hatte (RegEBegr. zu § 1 PartGG, BT-Drs. 12/6152, S. 9). vgl. dazu auch *Neye*, DB 1998, 1649. Die Nichtberücksichtigung war in der Literatur kritisiert worden (*Lutter*-Lutter, UmwG, § 1 RN 5; *K. Schmidt*, NJW 1995, 1/7; *Bösert*, Leitfaden zur PartG, S. 60 f., insb. S. 62, FN 233), *Wertenbruch*, ZIP 1995, 712/715 hielt sie sogar für verfassungswidrig (dagegen die wohl h.M.: *Neye*, ZIP 1997, 722; *Kallmeyer*/Marsch-Barner, UmwG, § 3 RN 6).

44 Am 1.7.1997 waren bereits über 1150 PartG ins Partnerschaftsregister eingetragen; ZIP aktuell 1997, Nr. 211.

45 vgl. auch *Neye*, ZIP 1997, 722

vorgesehen ist[46], sollen vor allem Umstrukturierungen im Rahmen einer Sanierung erleichtert werden[47]. Ein Fortsetzungsbeschluß muß nicht gefaßt werden, dieser ist im Umwandlungsbeschluß enthalten[48]. Bei Kapitalgesellschaften darf jedoch noch nicht mit der Verteilung des Vermögens unter den Gesellschaftern begonnen worden sein. Dies ist zwar nicht im UmwG kodifiziert, ergibt sich aber aus Art. 3 II der 3. RL und mittelbar aus § 274 I,1, III,2 AktG[49], der für die GmbH entsprechend gilt[50]. Damit soll das Verbot der Einlagenrückgewähr in §§ 57 AktG, 30 GmbHG gegen Umgehungen geschützt werden, weil die aufgelöste Gesellschaft wieder zur werbenden wird, ohne den vom Registergericht kontrollierten Gründungsanforderungen genügen zu müssen[51]. Diese Regel ist daher strikt zu beachten[52]. Sobald Vermögen verteilt wurde, kann die Beteiligungsfähigkeit auch durch Rückgewähr der betroffenen Leistung nicht wiederhergestellt werden[53]. Liegt aber ein besonderer Auflösungsgrund vor, der einer Fortsetzung entgegensteht, insbesondere Überschuldung oder Zahlungsunfähigkeit, muß dieser Auflösungsgrund erst beseitigt werden, bevor eine Fortsetzung möglich ist[54].

Mit der Formulierung in § 3 III UmwG hat der Gesetzgeber den Streit, ob eine aufgelöste Gesellschaft sich auch als übernehmender Rechtsträger an einer Ver-

---

46 Die Vorschrift geht jedoch zurück auf § 339 II AktG 1965, wo die Beteiligungsfähigkeit von Liquidationsgesellschaften erstmals kodifiziert worden war, zuvor war sie auch schon anerkannt, vgl. RG, Urt. v. 13.5.1929, RGZ 124, 297/300; § 19 II KapErhG und § 2 II,III UmwG a.F. enthielten Parallelvorschriften.

47 RegEBegr. zu § 3 III UmwG, bei *Ganske* S. 38

48 *Goutier/Knopf/Tulloch*-Bermel, UmwG, § 3 RN 17; *Dehmer*, UmwG, § 3 RN 38; *Lutter*-Lutter, UmwG, § 3 RN 12; eine Ausnahme ist für den Fall zu machen, daß die Satzung für einen Fortsetzungsbeschluß eine höhere Mehrheit vorsieht als für den Umwandlungsbeschluß; *Goutier/Knopf/ Tulloch*-Bermel a.a.O.

49 *Lutter*-Lutter, UmwG, § 3 RN 12; *Dehmer*, UmwG, § 3 RN 35

50 OLG Düsseldorf, Beschl. v. 13.7.1979, GmbHR 1979, 276/277

51 *G/H/E/K*-Hüffer, § 274 AktG RN 2.

52 *Lutter*-Lutter, UmwG, § 3 RN 12

53 *Dehmer*, UmwG, § 3 RN 37; *Hüffer*, AktG, § 274 RN 4; das RG sah es noch als ausreichend an, daß das Stammkapital, soweit es ausgeteilt worden war, wieder eingebracht wurde, Beschl. v. 25.10.1927, RGZ 118, 337/340, diese Rspr. ist aber seit Inkrafttreten des AktG 1937 obsolet, vgl. *G/H/E/K*-Hüffer, § 274 AktG RN 21+2.

54 *Lutter*-Lutter, UmwG, § 3 RN 12; *Dehmer*, UmwG, § 3 RN 42; *Kallmeyer*/Marsch-Barner, UmwG, § 3 RN 19; zur GmbH *Lutter/Hommelhoff*, GmbHG, § 60 RN 29 ff.; BayObLG, Beschl. v. 4.2.1998, DB 1998, 715.

schmelzung zur Aufnahme beteiligen kann[55], nicht gelöst. Die Tatsache, daß der Gesetzgeber in Kenntnis des Meinungsstreits keine diesbezügliche Regelung getroffen hat, spricht dafür, daß aufgelöste Gesellschaften nicht als übernehmende Rechtsträger fungieren sollen[56]. Diese Auslegung entspricht auch Art. 3 II der 3. RL, wonach die Mitgliedsstaaten die Verschmelzung durch Aufnahme auch dann vorsehen können, wenn sich eine oder mehrere *der übertragenden Gesellschaften* in Abwicklung befinden[57]. Für die übernehmende Gesellschaft ist diese Möglichkeit in der RL nicht vorgesehen. In der Praxis dürfte dieser Streit jedoch von geringer Bedeutung sein, da die aufgelöste Gesellschaft die Auflösung durch einen vor der Verschmelzung liegenden Fortsetzungsbeschluß rückgängig machen kann, der in derselben Gesellschafterversammlung getroffen werden kann wie der Verschmelzungsbeschluß[58].

c) Mischverschmelzung / -spaltung

Nach §§ 3 IV, 124 II UmwG sind Verschmelzungen und Spaltungen sowohl unter gleichzeitiger Beteiligung von Rechtsträgern derselben Rechtsform als auch von Rechtsträgern unterschiedlicher Rechtsform möglich. Dadurch sollen die Unternehmen, die eine Umstrukturierung planen, eine größtmögliche Bewegungsfreiheit haben[59]. Während die Möglichkeit einer Mischverschmelzung bisher nur in § 358 a AktG a.F. für die Verschmelzung einer oder mehrerer Aktiengesellschaften, Kommanditgesellschaften auf Aktien, Gesellschaften mit beschränkter Haftung oder bergrechtlichen Gewerkschaften auf eine bestehende oder neue Aktiengesellschaft oder Kommanditgesellschaft auf Aktien vorgesehen war, sind nunmehr grundsätzlich alle Kombinationsmöglichkeiten zulässig, bei einzelnen Rechtsträgern allerdings eingeschränkt (§§ 79, 99, 105, 109, 120 UmwG)[60]. Daher können zum Beispiel mehrere Personengesellschaften und / oder Gesellschaften mit beschränkter Haftung auf eine bestehende oder neu gegründete GmbH verschmolzen oder eine Aktiengesellschaft kann aufgespalten

---

55 zum Streitstand: *Baumbach/Hueck*, AktG, 13. Aufl., § 339 RN 5; *Lutter/Hommelhoff*, GmbHG, 13. Aufl., § 19 KapErhG RN 12; *KK*-Kraft, § 339 AktG RN 34; *Lutter*-Lutter, UmwG, § 3 RN 16; *Dehmer*, UmwG, § 3 RN 34; *Heckschen*, DB 1998, 1385/1387

56 so auch AG Erfurt, Beschl. v. 25.10.1995, Rpfleger 1996, 163; *Lutter*-Lutter, UmwG, § 3 RN 16; a.A. *Dehmer*, UmwG, § 3 RN 34; *Heckschen*, DB 1998, 1385/1387

57 Hervorhebung durch die Verfasserin

58 *Widmann/Mayer*-Schwarz, UmwR, § 3 UmwG RN 41; auch Autoren, die die Verschmelzung auf einen aufgelösten Rechtsträger für zulässig erachten, wie *Goutier/Knopf/Tulloch*-Bermel, UmwG, § 3 RN 20 und *KK*-Kraft, AktG, § 339 RN 34, raten dazu, einen separaten Fortsetzungsbeschluß zu fassen.

59 RegEBegr. zu § 3 UmwG, bei *Ganske* S. 39

60 *Lutter*-Lutter, UmwG, § 3 RN 19

und auf eine andere Aktiengesellschaft und ein Gesellschaft mit beschränkter Haftung oder Personenhandelsgesellschaft übertragen werden. Dabei sind neben den für alle Rechtsformen geltenden allgemeinen Vorschriften (§§ 2-38, 123-137 UmwG) auf jeden beteiligten Rechtsträger jeweils die für seine Rechtsform geltenden besonderen Vorschriften des UmwG anzuwenden[61], beispielsweise auf eine beteiligte Aktiengesellschaft immer die besonderen Vorschriften in §§ 60-77, 141-146 UmwG und auf eine GmbH die §§ 46-59, 138-140 UmwG, gleich welche Rechtsform die anderen beteiligten Rechtsträger haben.

d) numerus clausus der beteiligungsfähigen Rechtsträger

Die Aufzählung der beteiligungsfähigen Rechtsträger in §§ 3 I, II, 124 UmwG ist abschließend, da nach § 1 II UmwG Verschmelzungen nur in den gesetzlich genannten Fällen zulässig sind[62]. Alle anderen Rechtsträger können somit nicht an einer Verschmelzung oder Spaltung nach dem UmwG teilnehmen[63]. Nicht beteiligungsfähig sind damit insbesondere die BGB-Gesellschaft[64], die Vorge-

---

61 *Lutter*-Lutter, UmwG, § 3 RN 25; *Dehmer*, UmwG, § 3 RN 46; *Widmann/Mayer*-Heckschen, UmwR, Verschmelzung RN 90

62 RegEBegr. zu § 3 UmwG, bei *Ganske* S. 38; *Kallmeyer*, ZIP 1994, 1746/1751; so schon die überwiegende ältere Rspr., vgl. BayObLG, Beschl. v. 26.11.1927, BayObLGZ 27, A 262; RG, Beschl. v. 19.6.1931, RGZ 133, 102.

63 *Lutter*-Lutter, UmwG, § 3 RN 5; *Mertens*, Umwandlung und Universalsukzession S. 245 ff., 277 ff.

64 Kritisch hierzu *K. Schmidt*, ZGR 1990, 580/591 und *Lutter*, ZGR 1990, 392/399 unter Hinweis auf die Regelung des französischen Rechts in Art. 1844-4 C. civ.; vgl. auch *Dehmer*, UmwG, § 3 RN 13 und *de Weerth*, WiB 1995, 625 f.

sellschaft[65], die Erbengemeinschaft[66], die stille Gesellschaft[67] sowie Stiftungen.[68]

II. Das Verfahren bei Verschmelzung und Spaltung von Kapitalgesellschaften

Bei der Darstellung des Verfahrens wird von der Verschmelzung durch Aufnahme als Grundtypus ausgegangen, auf Besonderheiten bei Neugründungen und Spaltungen wird an entsprechender Stelle hingewiesen. Dieser Aufbau wurde wegen der Gesetzestechnik gewählt: Die Verschmelzung durch Aufnahme ist ausführlich geregelt in §§ 4 bis 35 UmwG, für die Neugründung gibt es nur einige Sonderregeln in §§ 36 bis 38 UmwG. Für Spaltungen bestehen wenige eigene Regeln, im übrigen wird auf die Verschmelzungsvorschriften verwiesen (Generalverweisung in § 125 S.1 UmwG). Obwohl dieses Verfahrensschema also für vier unterschiedliche Vorgänge (Verschmelzung durch Aufnahme, Verschmelzung durch Neugründung, Spaltung zur Aufnahme, Spaltung zur Neugründung) unter Beteiligung sowohl von Aktiengesellschaften als auch von Gesellschaften mit beschränkter Haftung gilt, wurde versucht, es so übersichtlich als möglich zu gestalten. Die Alternative, den Verfahrensablauf für jede der vier Operationen separat darzustellen, wäre mit unnötig vielen Wiederholungen verbunden gewesen, da das Verfahren im wesentlichen gleich ist.

---

65 Diese kann zwar einen Umwandlungsvertrag abschließen, die Verschmelzung oder Spaltung der Vorgesellschaft kann jedoch erst nach deren Eintragung als Kapitalgesellschaft vollzogen werden; *Goutier/Knopf/Tulloch*-Bermel, UmwG, § 3 RN 12 f.; *Dehmer*, UmwG, § 3 RN 16; *Heckschen*, ZIP 1996, 450/452.

66 Kritisch hierzu *K. Schmidt*, ZGR 1990, 580/592

67 Diese ist nicht beteiligungsfähig, weil sie eine reine Innengesellschaft ist (*Blaurock*, Hdb. Stille Gesellschaft, RN 1180+1189); andererseits kann sich das Handelsgewerbe, an dem der Stille sich beteiligt hat, i.d.R. an einer Verschmelzung oder Spaltung beteiligen, da es sich hierbei nach § 230 HGB um ein kaufmännisches Unternehmen handeln muß (*Blaurock*, a.a.O., RN 187), also u.a. um einen Einzelkaufmann (der nur eingeschränkt umwandlungsfähig ist), eine Personenhandelsgesellschaft oder eine Kapitalgesellschaft (*Blaurock*, a.a.O., RN 194 ff.); eingehend zur Stillen Gesellschaft in der Spaltung *Jung*, ZIP 1996, 1734.

68 Dies schließt nicht aus, daß auch solche Rechtsträger an Umstrukturierungen teilnehmen, die wirtschaftlich einer Verschmelzung oder Spaltung gleichkommen (*Kallmeyer*/Marsch-Barner, UmwG, § 3 RN 2), aber nicht nach dem UmwG zu beurteilen sind (vgl. *de Weerth*, WiB 1995, 625 f.). So können beispielsweise alle Gesellschaftsanteile einer OHG auf eine GbR übertragen werden; durch Anwachsung erwirbt die GbR dann im Wege der Gesamtrechtsnachfolge das Vermögen der OHG (vgl. BGH, Urt. v. 19.2.1990, WM 1990, 586; *Kallmeyer*, ZIP 1994, 1746/1748).

1. Zunächst ist eine Schlußbilanz des übertragenden Rechtsträgers zu erstellen und gegebenenfalls prüfen zu lassen, § 17 II,2 UmwG.

Der Sinn und Zweck dieser Schlußbilanz ist folgender: Die in der Schlußbilanz angesetzten Werte können gemäß § 24 UmwG in der Jahresbilanz des übernehmenden Rechtsträgers als Anschaffungskosten angesetzt werden (Bilanzkontinuität). Die Gläubiger können anhand der Schlußbilanz prüfen, ob sie Sicherheit verlangen wollen (§ 22 UmwG, Gläubigerschutz)[69]. Zudem kann so der Wert der Sacheinlage bei einer Kapitalerhöhung nach § 69 I,1, 2.HS UmwG kontrolliert werden (Kapitalerhöhungskontrolle). Somit stellt die Schlußbilanz einen Ersatz für die Sacheinlagenprüfung dar, die nach § 69 I UmwG in den meisten Fällen entbehrlich ist[70].

Die Schlußbilanz ist nach den Grundsätzen der Jahresbilanz aufzustellen (§§ 242 ff., 264 ff. HGB)[71], es kann auch die Bilanz des letzten Geschäftsjahres verwendet werden.

Die Aufstellung der Schlußbilanz darf bei der Anmeldung der Verschmelzung / Spaltung zur Eintragung nur acht Monate zurückliegen, andernfalls muß die Eintragung gemäß § 17 II,4 UmwG abgelehnt werden. Nach der Aufstellung dieser Schlußbilanz richtet sich daher der weitere Zeitablauf der Operation. Bei einer Verschmelzung oder Spaltung zur Aufnahme sollte deshalb parallel schon der Abschluß des übernehmenden Rechtsträgers erstellt und geprüft werden, damit die anschließende Unternehmensbewertung (Punkt 2) zügig vorangeht. Gleichzeitig können die Vorstände der beteiligten Gesellschaften den Vertrag (Punkt 3) vorbereiten.

Soweit sich der letzte Jahresabschluß auf ein Geschäftsjahr bezieht, das mehr als sechs Monate vor dem Vertragsschluß oder der Aufstellung eines entsprechenden Entwurfs liegt, ist eine Zwischenbilanz aufzustellen, um den Anteilsinhabern einen möglichst zeitnahen Einblick in die Vermögensverhältnisse zu ermöglichen[72]. Diese Zwischenbilanz darf maximal drei Monate vor dem Vertragsschluß bzw. der Aufstellung des Entwurfs datieren.

---

69 dazu eingehend in Teil 2, Kapitel 3 unter B. I. 1. a)

70 RegEBegr. zu § 340 d AktG, BT-Drs. 9/1065 S. 17/18; a.A. LG Frankfurt, Beschl. v. 19.12.1997, GmbHR 1998, 380/381 mit Hinweis auf LG Dresden, Beschl. v. 21.2.1997, 42 T 85/96: nur Gläubigerschutz

71 Bei Aktiengesellschaften ist die nach § 325 AktG erforderliche Bekanntmachung nach § 17 II,3 UmwG entbehrlich.

72 RegEBegr. zu § 340 d AktG, BT-Drs. 9/1065, S. 17 ff.

2. Auf der Basis der Schlußbilanz ist eine konkrete Unternehmensbewertung der beteiligten Rechtsträger durchzuführen.

3. Die geschäftsführenden Organe[73] der beteiligten Gesellschaften schließen gemäß § 4 UmwG den Verschmelzungs- oder Spaltungsvertrag. Fehlt ein Vertragspartner, wie bei der Entstehung neuer Rechtsträger anläßlich einer Spaltung, so ist nach § 136 UmwG ein entsprechender Plan aufzustellen.

a) Dieser Vertrag ist gemäß § 6 UmwG notariell zu beurkunden. Dieser Beurkundungszwang brachte bis zur Änderung der Kostenordnung im Rahmen des Justizmitteilungsgesetzes[74] hohe Beurkundungskosten mit sich; denn der Geschäftswert bei Umwandlungen bestimmt sich gemäß § 18 KostO nach den übertragenen Aktiva ohne Abzug der Passiva[75], so daß dieser häufig sehr hoch lag und hohe Notargebühren auslöste: Bei einem Geschäftwert von 100 Mio. DM fielen Notargebühren von mehr als 103.000 DM an[76].

Diese Situation führte dazu, daß Unternehmen zunehmend die Beurkundung im Ausland, insbesondere in der Schweiz vornehmen ließen[77]. Fraglich ist, ob eine solche Beurkundung eines Verschmelzungs- oder Spaltungsvertrages im Ausland ausreicht, um der notariellen Form zu genügen[78]. Einigkeit besteht darüber, daß eine Auslandsbeurkundung dann ausreichend ist, wenn sie der deutschen gleichwertig ist[79]. Das ist der Fall, wenn die ausländische Urkundsperson nach Vorbildung und Stellung im Rechtsleben eine der Tätigkeit des deutschen Notars entsprechende Funktion ausübt und für die Errichtung der Urkunde ein Verfahrensrecht zu beachten hat, das den tragenden Grundsätzen des deutschen Beurkundungsrechts entspricht[80]. Davon ausgehend wird vielfach angenom-

---

73 Bei der GmbH sind dies die Geschäftsführer, § 35 I GmbHG, bei der AG der Vorstand als Vertretungsorgan, § 78 AktG; diese können auch Dritte bevollmächtigen, so *Engelmeyer*, AG 1996, 193/194.

74 JuMiG v. 18.6.1997, BGBl. I, 1997, 1430 ff./1443

75 Dies ist auch durch das JuMiG in die KostO eingeführt worden, war aber zuvor schon allgemeine Meinung, vgl. *Heidenhain*, NJW 1995, 2873/2874.

76 *Neye*, GmbHR 1997, R 153; nach § 36 II KostO verursacht die Beurkundung den Ansatz der 20/10 Gebühr gemäß § 32 KostO.

77 Vgl. *Neye*, GmbHR 1997, R 153; LG Augsburg, Beschl. v. 4.6.1996, MDR 1996, 1025; im Ausland lassen sich die Notargebühren in der Regel vereinbaren, vgl. *Reuter*, BB 1998, 116/117.

78 umfassend zum Streitstand *Goette*, MittRhNotK1997, 1 ff. und *Sick/Schwarz*, NZG 1998, 540

79 BGH, Urt. v. 16.2.1981, BGHZ 80, 76

80 BGH a.a.O., S. 78

men, daß eine Beurkundung in einigen schweizer Kantonen, insbesondere in Zürich[81], sowie in den Niederlanden[82] den deutschen Formerfordernissen genüge. Allerdings ist zu berücksichtigen, daß die notarielle Beurkundung strukturändernder gesellschaftsrechtlicher Verträge wie Umwandlungsverträge nicht nur Warnfunktion hat[83], sondern auch die materielle Richtigkeit des Vertrages gewährleisten soll[84]. Diese materielle Richtigkeitsgewähr kann ein ausländischer Notar vielleicht im Einzelfall[85], nicht aber generell leisten[86]. In der Regel will er dies auch gar nicht, wie die Haftungsfreizeichnungen in der Schweiz zeigen[87]. Eine Auslandsbeurkundung eines Umwandlungsvertrages ersetzt daher eine Beurkundung durch einen deutschen Notar nur dann, wenn die inhaltliche Überprüfung durch den Notar gewährleistet ist. Dies ist jedenfalls dann nicht der Fall, wenn dieser sich von seiner Haftung freistellen läßt[88].

---

81 BGH, a.a.O; Beschl. v. 16.2.1991, NJW 1981, 1160; LG Köln, Beschl. v. 13.10.1989, DB 1989, 2214; *Goutier/Knopf/Tulloch*-Bermel, UmwG, § 6 RN 6; *Baumbach*-Zöllner, GmbHG, § 53 RN 40

82 OLG Düsseldorf, Beschl. v. 25.1.1989, WM 1989, 643

83 Anders beispielsweise die notarielle Abtretung von GmbH-Anteilen nach § 15 III GmbHG, die deshalb grundsätzlich im Ausland beurkundet werden kann; ähnlich *Goette*, MittRhNotK 1997, 1/5.

84 grundlegend BGH, Beschl. v. 24.10.1988, BGHZ 105, 324/338; *Lutter*-Lutter, UmwG, § 6 RN 8; *Kallmeyer*-Zimmermann, UmwG, § 6 RN 11; *Ebenroth/Wilken*, JZ 1991,1061/1066; *Goette*, FS Boujong S. 131/141 ff.; *ders*., MittRhNotK 1997, 1/4; *Heckschen*, Rpfleger. 1990, 122 (Anm. zu LG Köln, Beschl. v. 13.10.1989); *ders*., DB 1998, 1385/1388

85 *MüKo*-Spellenberg, IPR 3. Aufl., Art. 11 EGBGB RN 53, insb. FN 182, weist darauf hin, daß die Londoner Scrivener Notare in einem ausländischen Recht ausgebildet werden und im Ausland gearbeitet haben sollen.

86 *Goette*, FS Boujong S. 131/142; *Kallmeyer*-Zimmermann, UmwG, § 6 RN 11; *Ebenroth/Wilken*, JZ 1991, 1061/1066; *Widmann/Mayer*-Heckschen, UmwR, § 6 UmwG RN 54; LG Augsburg, Beschl. v. 4.6.1996, MittRhNotK 1996, 371 ff. = MDR 1996, 1025; a.A. *Reuter*, BB 1998, 116/118 f. Nach Angaben von *Heckschen*, DB 1998, 1385/1389 sollen einige Registergerichte bereits gegenüber den örtlichen Notarkammern darauf hingewiesen haben, daß sie Umwandlungsvorgänge nicht mehr eintragen würden, wenn diese im Ausland beurkundet wurden.

87 *Goette*, FS Boujong S. 131/142; *Lutter*-Lutter, UmwG, § 6 RN 8; *Heckschen*, Rpfleger 1990, 122/123 gibt das Muster einer solchen Enthaftungserklärung aus dem Kanton Zürich wieder.

88 *Goette*, FS Boujong S. 131/142; *Kallmeyer*-Zimmermann, UmwG, § 6 RN 11; *Ebenroth/Wilken*, JZ 1991, 1061/1066; *Widmann/Mayer*-Heckschen, UmwR, § 6 UmwG RN 54; LG Augsburg, Beschl. v. 4.6.1996, MittRhNotK 1996, 371 ff. = MDR 1996, 1025; a.A. *Reuter*, BB 1998, 116/118 f.; *Schaffland*, DB 1997, 863 f.

Die „Beurkundungsflucht“ dürfte aber aufgrund der geänderten Kostenordnung nunmehr weniger interessant sein[89], da die zuvor schon für die Beurkundung von Gesellschaftsverträgen geltende Wertgrenze von 10 Mio. DM auf Umwandlungsverträge ausgedehnt wurde (§ 39 IV KostO)[90], so daß jetzt eine Gebühr von maximal 30.220 DM entstehen kann[91].

b) Es ist möglich und aufgrund der Beurkundungskosten sinnvoll, zunächst nur einen Vertragsentwurf aufzustellen und darüber beschließen zu lassen und die Beurkundung nach der Beschlußfassung nachzuholen, § 4 II UmwG. So lassen sich insbesondere bei unsicherem Ergebnis hinsichtlich der Beschlußfassung unnötige Notarkosten vermeiden, die dadurch entstehen, daß der Vertrag geändert und neu beurkundet werden muß. In diesem Fall tritt mit der Beschlußfassung noch keine Bindungswirkung gegenüber dem Verschmelzungs- oder Spaltungspartner ein, diese entsteht erst mit Abschluß des endgültigen Vertrages. Gegenüber den Anteilsinhabern ist die Geschäftsleitung jedoch verpflichtet, für den Abschluß des Vertrages zu sorgen. Will sie dies nicht, muß sie einen entsprechenden neuen Beschluß herbeiführen[92].

c) Der Mindestinhalt des Vertrages ist von § 5 I UmwG für die Verschmelzung, von § 126 I UmwG für die Spaltung vorgegeben. Diese Mindestangaben entsprechen den Vorgaben, die die 3. und 6. RL für Aktiengesellschaften treffen und sind diesen größtenteils wörtlich entnommen. Der deutsche Gesetzgeber ist nur in wenigen Punkten darüber hinaus gegangen und hat diese Vorgaben auf Rechtsträger jedweder Rechtsform ausgedehnt. Vor Umsetzung der 3. RL war der Vertragsinhalt gesetzlich nicht vorgeschrieben, die Praxis regelte jedoch bereits die meisten der jetzt zwingenden Punkte, die teilweise selbstverständlich sind (wie die Angabe der Firma der beteiligten Gesellschaften), teilweise zum konstitutiven Vertragsinhalt gehören (wie die Vereinbarung über die Übertragung des gesamten Vermögens)[93].

- Firma und Sitz der beteiligten Rechtsträger müssen gemäß Nr.1 zur Identifizierung der Vertragsparteien aufgenommen werden[94].

---

89 so auch *Heckschen*, DB 1998, 1385/1389, der darauf hinweist, daß durch die Auslandsbeurkundung allenfalls noch die Mitteilungspflichten des deutschen Notars unterlaufen werden könnten; a.A. *Reuter*, BB 1998, 116/117

90 Art. 33 VI JuMiG

91 *Neye*, GmbHR 1997, R 153

92 *G/H/E/K*-Grunewald, § 340 c AktG RN 23 ff.

93 vgl. *Priester*, NJW 1983, 1459/1461

94 *Lutter*-Lutter, UmwG, § 5 RN 5

- Der Vertrag muß klarstellen, daß es sich um eine Verschmelzung bzw. Spaltung nach dem UmwG handelt; daher müssen die Wesensmerkmale dieser Operationen festgelegt werden, Nr.2.[95]

- Außer bei der Ausgliederung, wo kein Anteilsumtausch stattfindet, müssen das Umtauschverhältnis und, soweit erforderlich, die bare Zuzahlung festgelegt werden, Nr.3.

- Der Vertrag muß (außer bei der Ausgliederung) die Einzelheiten der Anteilsübertragung festlegen, Nr.4. Dazu gehört eine Festlegung der mit dem Umtausch verbundenen Kosten und wer diese zu tragen hat[96] sowie die Bestimmung eines Treuhänders, wenn der übernehmende Rechtsträger eine Aktiengesellschaft ist[97].

- Nr.5 verpflichtet zu der Angabe des Zeitpunktes, von dem an die für die Verschmelzung oder Spaltung zu gewährenden Anteile gewinnanspruchsberechtigt sind. Die Parteien können diesen Zeitpunkt im Innenverhältnis frei festlegen.

- Nr.6 definiert zunächst (in Übereinstimmung mit den Richtlinien) den Verschmelzungs- / Spaltungsstichtag als den Zeitpunkt, von dem an die Handlungen der übertragenden Rechtsträger als für Rechnung der übernehmenden Rechtsträger vorgenommen gelten. Auch diesen Zeitpunkt, der das Innenverhältnis der beteiligten Rechtsträger betrifft, dürfen diese frei wählen. Mit diesem Stichtag ist, wie aus Art. 5 II lit. e der 3. RL und Art. 3 II der 6. RL deutlich wird, der Zeitpunkt des Wechsels der Rechnungslegung gemeint[98]. Ihm kommt daher für die handels- und damit auch für die steuerrechtliche Gewinnermittlung entscheidende Bedeutung zu[99].

- Nach Nr.7 muß der Vertrag alle Sonderrechte offenlegen, die die übernehmenden Rechtsträger bestimmten Personen gewähren. Hierzu zählen unter anderem die Inhaber von stimmrechtslosen Aktien, Vorzugsaktien, Obligationsanleihen, Wandelschuldverschreibungen, Genußrechten und Gewinnschuldverschreibungen.

- Außerdem hat der Vertrag nach Nr.8 jeden besonderen Vorteil anzugeben, der einem Mitglied des Vertretungs- oder Aufsichtsorgans der an der Operation

---

95 In den RL'en ist dieser Punkt nicht enthalten, wohl weil er selbstverständlich ist, wenn eine Verschmelzung oder Spaltung beschlossen wird.

96 *Lutter*-Lutter, UmwG, § 5 RN 26

97 *Kallmeyer*/Marsch-Barner, UmwG, § 5 RN 24; *Engelmeyer*, AG 1996, 193/195

98 a.A. *Kallmeyer*/Müller, UmwG, § 5 RN 33: Zeitpunkt der Schlußbilanz

99 *Lutter*-Lutter, UmwG, § 5 RN 31

beteiligten Gesellschaften, einem Abschlußprüfer oder einem Verschmelzungs-/ Spaltungsprüfer gewährt wird. Die Anteilsinhaber sollen beurteilen können, inwieweit diese Personen von dem Vorgang profitieren und daher unter Umständen voreingenommen sind[100].

- § 5 I Nr.9 UmwG schreibt wie auch § 126 I Nr.11 UmwG vor, daß der Vertrag Angaben zu den Folgen der Operation für die Arbeitnehmer und ihre Vertretungen sowie die insoweit vorgesehenen Maßnahmen enthalten muß. Mit dieser Regelung, die im einzelnen im Kapitel „Schutz der Arbeitnehmer"[101] behandelt werden soll, ist der deutsche Gesetzgeber über den Auftrag der Richtlinien hinausgegangen.

- Bei einer Spaltung muß der Vertrag zudem gemäß § 126 I Nr.9 UmwG eine genaue Bezeichnung und Aufteilung der zu übertragenden Gegenstände enthalten. Diese Zuordnung der Vermögensgegenstände ist der zentrale Teil des Spaltungsvertrages[102], da diese Gegenstände mit dem Wirksamwerden der Spaltung auf den Rechtsträger, dem sie zugewiesen wurden, im Rahmen der partiellen Gesamtrechtsnachfolge übergehen[103].

- Gemäß § 126 I Nr.10 UmwG muß bei einer Auf- und Abspaltung im Vertrag außerdem eine Bestimmung über die Aufteilung der Anteile an jedem der übernehmenden Rechtsträger auf die Anteilsinhaber des übertragenden Rechtsträgers enthalten sein. Diese Angaben sind notwendig, da die Spaltung - anders als die Verschmelzung - unter Veränderung der bisherigen Beteiligungsverhältnisse erfolgen kann[104]. Bei einer Ausgliederung sind sie nicht nötig, weil die Anteile der übertragenden Gesellschaft selbst gewährt werden.

d) Bei einer Verschmelzung oder Spaltung zur Neugründung muß nach § 37 UmwG die Satzung oder der Gesellschaftsvertrag der neuen Gesellschaft im Umwandlungsvertrag oder dessen Entwurf enthalten sein und mit ihm beurkundet werden[105]. Diese Vorschrift ist neu, die Frage war früher streitig; die Praxis

---

100 *Dehmer*, UmwG, § 5 RN 43

101 Teil 2, Kapitel 4 B. II. 1.

102 *Engelmeyer*, AG 1996, 193/196

103 im einzelnen hierzu unten III. 2. a) bb) (1)

104 *Dehmer*, UmwG, § 126 RN 99

105 Soweit der Wortlaut kritisiert wurde, weil danach nicht klar sei, ob das Statut auch als Anlage dem Vertrag beigefügt werden kann, ist dem entgegenzuhalten, daß § 37 UmwG auslegungsfähig ist und danach zuläßt, die Satzung in den Vertrag aufzunehmen oder sie als Bestandteil beizufügen; so auch *Lutter*-Grunewald, UmwG, § 37 RN 5; RegEBegr. zu § 37 UmwG, bei *Ganske* S. 75.

verfuhr jedoch zumeist bereits entsprechend dieser Regelung[106]. Zusätzlich zu § 23 AktG muß bei Gründung einer neuen AG zur Verschmelzung oder Spaltung § 74 UmwG beachtet werden.

4. Bei Neugründungen zur Verschmelzung oder Spaltung sind die übertragenden Gesellschaften Gründerinnen der neuen Gesellschaft. Für Aktiengesellschaften wird damit von der allgemeinen Regel des § 28 AktG abgewichen, wonach die ersten Aktionäre die Gründer sind. Bei der Spaltung zur Neugründung ist nur eine Gründerin vorhanden. § 36 II,3 UmwG, wonach Vorschriften über die Mindestanzahl der Gründer nicht zu beachten sind, ist wegen der Einführung der „Kleinen AG“ für die Verschmelzung oder Spaltung von Aktiengesellschaften nicht von Bedeutung, da § 2 AktG, der eine Gründerzahl von mindestens fünf Personen vorsah, durch Gesetz vom 2.8.1994[107] geändert wurde und nunmehr die Einmann-Gründung zuläßt.

Bei der Verschmelzung oder Spaltung durch Neugründung einer Aktiengesellschaft müssen die Gründerinnen den ersten Aufsichtsrat der neuen Aktiengesellschaft und den ersten Abschlußprüfer bestellen, §§ 36 II / 135 II UmwG i.V.m. §§ 30, 31 AktG. Die Bestellung bedarf der notariellen Beurkundung, die Bestellung des Aufsichtsrats bedarf zusätzlich der Zustimmung der Hauptversammlung. Gründungsbericht und Gründungsprüfung nach §§ 32, 33 AktG sind gemäß § 75 II UmwG bei einer Verschmelzung, bei der ein übertragender Rechtsträger eine Kapitalgesellschaft oder eine eingetragene Genossenschaft ist, nicht erforderlich, weil die Kapitalsicherung durch das entsprechende Organisationsrecht gewährleistet wird[108]. Bei einer Spaltung zur Neugründung sind schriftlicher Gründungsbericht und -prüfung jedoch stets erforderlich, denn die 6. RL gestattet - anders als die 3. RL - insoweit keine Erleichterung bei der Gründung[109].

Auch bei einer Verschmelzung durch Neugründung einer GmbH ist ein Sachgründungsbericht nach § 58 II UmwG entbehrlich, soweit eine Kapitalgesellschaft oder eine eingetragene Genossenschaft übertragender Rechtsträger ist.

---

106 *Lutter*-Grunewald, UmwG, § 37 RN 5; RegEBegr. zu § 37 UmwG, bei *Ganske* S. 75

107 BGBl. I 1994, S.1961

108 *Dehmer*, UmwG § 75 RN 1; diese Regelung wird kritisiert, vgl. *Ihrig*, GmbHR 1995, 622/629; wegen des eindeutigen Gesetzeswortlautes kann das Registergericht jedoch die Eintragung nicht wegen fehlenden Gründungsberichtes ablehnen.

109 vgl. Art. 22 IV der 6. RL, Art. 23 IV der 3. RL

5. Die Leitungsorgane aller beteiligten Gesellschaften müssen einen schriftlichen Verschmelzungs- / Spaltungsbericht erstellen, §§ 8, 125 S.1 UmwG[110].

a) In diesem schriftlichen Bericht, der auch für alle beteiligten Unternehmen gemeinsam erstellt werden kann, ist die Operation zu erläutern und insbesondere das Umtauschverhältnis sowie eventuelle Barabfindungen rechtlich und wirtschaftlich zu begründen.

b) Dieser Bericht ist nicht erforderlich, wenn alle Anteilsinhaber darauf verzichten oder wenn die aufzunehmende Gesellschaft eine 100 %ige Tochter der aufnehmenden Gesellschaft ist, § 8 III UmwG.

6. Soweit für die Durchführung der Verschmelzung oder Spaltung bei einer aufnehmenden Gesellschaft eine Kapitalerhöhung erforderlich ist, kann und sollte diese parallel vorbereitet werden, insbesondere wenn eine Prüfung der Sacheinlagen nach § 183 III AktG erforderlich ist. Denn die Eintragung der Kapitalerhöhung ist gemäß §§ 53, 66 UmwG Voraussetzung für die Eintragung der Verschmelzung oder Spaltung. Bei Verschmelzungen ist eine derartige Prüfung für Aktiengesellschaften nach § 69 I UmwG nur ausnahmsweise erforderlich, nach § 142 UmwG stets jedoch bei Spaltungen. Für die Aufspaltung verlangt Art. 7 II,2 der 6. RL eine obligatorische Prüfung, diese Anforderungen wurden auch für die Abspaltung und Augliederung als sinnvoll erachtet[111]. Im Spaltungsbericht ist auf die Sacheinlagenprüfung hinzuweisen sowie auf das Register, bei dem der Prüfungsbericht hinterlegt ist[112].

7. Soweit nach der Form der beteiligten Rechtsträger erforderlich, ist nun nach §§ 9-12 UmwG bei Verschmelzungen, Ab- und Aufspaltungen der Umwandlungsvertrag oder sein Entwurf zwingend durch unabhängige Sachverständige zu prüfen[113] (Verschmelzungs- / Spaltungsprüfung). Bei einer Aktiengesellschaft ist die Prüfung gemäß §§ 60 I, 125 S.1 UmwG stets durchzuführen, außer bei Verzicht aller Aktionäre[114] oder bei Aufnahme einer 100 %igen Tochter,

---

110 eingehend hierzu in Teil 2, Kapitel 1 B. III. 1.

111 RefE UmwR, bei *Ganske* S. 185

112 Handelsregister des übernehmenden Rechtsträgers, der die Kapitalerhöhung vornimmt, § 184 AktG; diese Hinweispflicht entspricht Art. 7 II der 6. RL.

113 Eingehend hierzu in Teil 2, Kapitel 1 B. IV; Ausgliederungen sind hiervon ausgenommen, da das Erfordernis der Prüfung auf EG-Recht beruht, welches die Ausgliederung nicht regelt. Bei einer Ausgliederung findet aber auch kein Anteilsumtausch statt, so daß eine Prüfung auch sachlich nicht erforderlich ist.

114 Bedenken wegen dieser Regelung äußert *Engelmeyer*, BB 1998, 330/332; es ist allerdings nicht ersichtlich, weshalb die Aktionäre auf die Prüfung, die alleine in ihrem Interesse und zu ihrem Schutz erfolgt, nicht verzichten sollten.

soweit diese betroffen ist, §§ 9 II, III, 8 III UmwG. Bei einer GmbH muß der Vertrag nur auf Verlangen eines Gesellschafters durch Sachverständige geprüft werden, § 48 UmwG[115].

Wenn eine Prüfung durchzuführen ist, muß die Geschäftsleitung jeder beteiligten Gesellschaft mindestens einen Verschmelzungsprüfer bestellen. Es kann aber auch für mehrere oder alle beteiligten Rechtsträger ein gemeinsamer Prüfer bestellt werden, § 10 I,2 UmwG. Sind mehrere Aktiengesellschaften beteiligt, kann ein gemeinsamer Prüfer nur auf gemeinsamen Antrag der Vorstände aller beteiligten Gesellschaften vom Gericht bestellt werden, § 60 III UmwG[116].

Die Prüfer erstellen einen schriftlichen Prüfbericht, § 12 UmwG (der wiederum bei Verzicht oder 100 %iger Beteiligung entbehrlich ist, § 12 III i.V.m. § 8 III UmwG), wobei insbesondere auf die Angemessenheit des Umtauschverhältnisses einzugehen ist.

Aufgrund der Prüfung sind gegebenenfalls die Umtauschverhältnisse und Barabfindungen zu korrigieren.

8. Wird der Verschmelzungsvertrag innerhalb der ersten zwei Jahre seit Eintragung einer übernehmenden Aktiengesellschaft geschlossen, sind die Nachgründungsvorschriften zu beachten, wenn die von der übernehmenden Gesellschaft zu gewährenden Aktien mehr als 10 % ihres Grundkapitals ausmachen (§ 67 UmwG). Damit soll verhindert werden, daß die Verschmelzung dazu benutzt wird, die Regeln über die Nachgründung zu umgehen[117]. Der Aufsichtsrat hat daher einen Nachgründungsbericht zu erstatten (§ 52 III AktG) und es ist eine Nachgründungsprüfung durch vom Gericht bestellte Prüfer durchzuführen, §§ 52 IV, 33 III AktG. Mit dieser Nachgründungsprüfung können auch die Verschmelzungsprüfer beauftragt werden[118]. Es empfiehlt sich, diese zu bestellen, da sie sich bereits ein Bild von der Vermögenslage der beteiligten Rechtsträger gemacht haben[119]. Daher bietet es sich an, diese Prüfungen parallel durchführen zu lassen.

Die Spaltung einer Aktiengesellschaft, die noch keine zwei Jahre ins Handelsregister eingetragen ist, ist hingegen nach § 141 UmwG unzulässig. Andernfalls bestünde die Gefahr, daß noch innerhalb der sogenannten Nachgründungsperi-

---

115 vgl. Teil 2, Kapitel 2 B. II. 4. b)

116 Zuständig ist gem. § 10 II UmwG jedes Landgericht, in dessen Bezirk ein übertragender Rechtsträger seinen Sitz hat.

117 *Lutter*-Grunewald, UmwG § 67 RN 1

118 *Dehmer*, UmwG, § 67 RN 12

119 *G/H/E/K*- Grunewald, § 342 AktG RN 10; *Lutter*-Grunewald, UmwG, § 67 RN 12

ode das im Vermögen der zu spaltenden AG eingelagerte Kapital im Wege der Spaltung aus der übertragenden Gesellschaft in die übernehmenden Rechtsträger verdeckt zum Nachteil der Gläubiger oder bestimmter Aktionäre abgezogen wird[120].

9. Bei Beteiligung einer Aktiengesellschaft ist der Verschmelzungs-/ Spaltungsvertrag oder dessen Entwurf zum Register einzureichen und bekanntzumachen, § 61 UmwG[121], gegebenenfalls einschließlich der Satzung der neuen Aktiengesellschaft bei einer Verschmelzung oder Spaltung zur Neugründung. Der Zeitpunkt der Einreichung ist nicht näher konkretisiert, das Gesetz schreibt nur vor, daß diese vor Einberufung der Hauptversammlung, die beschließen soll, zu erfolgen hat. Da die Einberufungsfrist gemäß § 123 I AktG einen Monat beträgt, richtet sich die Bekanntmachung des Vertrages nach dieser Frist. Durch diese frühzeitige Einreichung zum Handelsregister, die auf Art. 6 der 3. RL beruht, soll die Informationsmöglichkeit für die Aktionäre, Gläubiger und interessierte Öffentlichkeit sichergestellt werden.

10. Mindestens einen Monat vor der beschließenden Hauptversammlung ist der Vertrag oder dessen Entwurf an den zuständigen Betriebsrat der beteiligten Aktiengesellschaften zu übersenden, §§ 5 III, 126 III UmwG. Dieser soll frühzeitig über die Folgen der Operation für die betroffenen Arbeitnehmer informiert werden. Der Nachweis über die rechtzeitige Zuleitung ist nach § 17 I UmwG Eintragungsvoraussetzung.

11. An nächster Stelle steht die Vorbereitung der Haupt- oder Gesellschafterversammlung.

a) Bei einer beteiligten Aktiengesellschaft muß die Hauptversammlung nach den allgemeinen Regeln , § 123 I AktG, mindestens einen Monat vor der Versammlung einberufen werden; die Einberufung muß nach § 121 II AktG bekanntgemacht werden, ab diesem Zeitpunkt läuft die Monatsfrist. Die Tagesordnung muß bekanntgemacht werden, § 124 AktG; da der Vertrag gemäß § 13 UmwG nur mit Zustimmung der Hauptversammlung wirksam wird, ist bei der Bekanntmachung auch der wesentliche Inhalt des Vertrages bekanntzumachen,

---

120 *Lutter*-Hommelhoff, UmwG, § 141 RN 6; entgegen der ursprünglichen Absicht des Gesetzgebers gilt dies jetzt auch für Ausgliederungen, RegEBegr. zu § 141 UmwG, bei *Ganske* S. 156.

121 Die Bekanntmachung hat gemäß § 25 AktG mindestens im Bundesanzeiger zu erfolgen; bekanntgemacht wird nur ein Hinweis auf die Einreichung, nicht der Vertrag oder Entwurf als solcher.

§ 124 II,2 AktG[122]. Von der Einberufung der Hauptversammlung an sind entsprechend den Vorgaben der Richtlinien[123] der Verschmelzungs- / Spaltungsvertrag, die Jahresabschlüsse aller beteiligten Rechtsträger nebst der Lageberichte, die Vorstands- und Prüfungsberichte sowie gegebenenfalls die Zwischenberichte zur Einsicht der Aktionäre in den Geschäftsräumen der Aktiengesellschaft auszulegen, § 63 UmwG. Auf Verlangen ist jedem Aktionär kostenlos eine Abschrift zu erteilen.

b) Für eine beteiligte GmbH trifft das UmwG keine besondere Regelung hinsichtlich der Einberufungsfrist und des Verfahrens. Sieht die Satzung keine Regelung vor, gilt die Wochenfrist des § 51 GmbHG[124]. Spätestens mit der Einladung zur Gesellschafterversammlung ist den Gesellschaftern der Verschmelzungs- / Spaltungsvertrag oder dessen Entwurf zu übersenden und bei der Einladung ist die Verschmelzung oder Spaltung ausdrücklich als Beschlußgegenstand anzukündigen, §§ 47, 49 UmwG[125]. Von der Einberufung an sind sämtliche Jahresabschlüsse und Lageberichte der letzten drei Jahre aller beteiligten Gesellschaften auszulegen, § 49 II UmwG. Das Recht auf kostenlose Abschriften steht GmbH-Gesellschaftern nicht zu[126].

12. Bei der Durchführung der Hauptversammlung sind einige Besonderheiten des Umwandlungsgesetzes zu beachten.

a) Bei einer Aktiengesellschaft sind nach § 64 UmwG die oben unter Ziff. 11 a) aufgeführten Unterlagen während der Hauptversammlung weiterhin auszulegen, § 64 I,1 UmwG. Der Vorstand hat den Vertrag oder dessen Entwurf mündlich zu erläutern, § 64 I,2 UmwG. Bei einer Spaltung ist darüber hinaus eine besondere Unterrichtung über Vermögensveränderungen erforderlich, die zwischen Vertragsschluß oder Entwurferstellung und Beschlußfassung eingetreten sind, § 143 UmwG. Das nach § 131 AktG jedem Aktionär hinsichtlich der eigenen Gesellschaft zustehende Auskunftsrecht wird durch § 64 II UmwG auch auf die wesentlichen Angelegenheiten der anderen beteiligten Rechtsträger ausgeweitet[127]. Dies entspricht einem legitimen Interesse der Aktionäre, die ihre Ent-

---

122 Üblich und zweckmäßig ist es daher, die Bekanntmachung der Einberufung der Hauptversammlung und der Tagesordnung sowie des Vertragstextes in einem Text zusammenzufassen; *Hüffer*, AktG, § 124 RN 5.

123 vgl. oben A. II.

124 *Widmann/Mayer*-Heckschen, UmwR, Verschmelzung RN 109

125 *Widmann/Mayer*-Heckschen, UmwR, Verschmelzung RN 107

126 vgl. *Kallmeyer*-Zimmermann, UmwG, § 49 RN 2

127 eingehend zum Auskunftsrecht in Teil 2, Kapitel 1 B. III. 3.

scheidung sachgerecht nur in Kenntnis der Verhältnisse bei allen beteiligten Rechtsträgern treffen können[128].

b) Für Gesellschafter einer GmbH erweitert § 49 III UmwG das Auskunftsrecht nach § 51 a GmbHG auf die für die Verschmelzung oder Spaltung wesentlichen Angelegenheiten der anderen beteiligten Rechtsträger.

13. So informiert müssen die Gesellschafter einen Beschluß über die Verschmelzung oder Spaltung fassen, die nur mit ihrer Zustimmung wirksam wird, § 13 I UmwG.

a) Für seine Wirksamkeit bedarf der Verschmelzungs- / Spaltungsvertrag grundsätzlich bei einer AG der Dreiviertelmehrheit des bei der Beschlußfassung vertretenen Grundkapitals, § 65 I UmwG; bei verschiedenen Aktiengattungen sind nach § 65 II UmwG Sonderbeschlüsse der Aktionäre jeder Gattung erforderlich. Bei einer GmbH müssen drei Viertel der abgegebenen Stimmen die Operation befürworten, § 50 I UmwG.

b) Bei der nicht-verhältniswahrenden Spaltung ist ein einstimmiger Beschluß erforderlich, § 128 S.1 UmwG.

c) Bei einer Verschmelzung oder Spaltung zur Neugründung enthält die Zustimmung zum Vertrag auch die Zustimmung zur Satzung oder dem Gesellschaftsvertrag als Bestandteil des Verschmelzungs- oder Spaltungsvertrages.

Bei Neugründung einer AG muß zudem der Bestellung des ersten Aufsichtsrats der neuen AG zugestimmt werden, § 76 II,2 UmwG[129]. Nach Aufstellung des Verschmelzungs- / Spaltungsplans einschließlich der Feststellung der Satzung und der Zustimmung der Hauptversammlung der übertragenden AG zum Plan und der Satzung sind alle Anteile durch die übertragende AG (Gründerin) für ihre Aktionäre (bei Ausgliederung für sie selbst) übernommen; damit ist die neue Aktiengesellschaft errichtet (§§ 36 II,1, 135 II,1 UmwG i.V.m. § 29 AktG).

d) Der Verschmelzungs- / Spaltungsbeschluß sowie die erforderlichen Zustimmungserklärungen müssen nach § 13 III,1 UmwG notariell beurkundet werden[130]. Dies dient der Rechtssicherheit durch die Kontrolle des Notars, der die

---

128 *Dehmer*, UmwG, § 64 RN 5

129 Dieser Zustimmungsbeschluß kann zusammen mit dem Verschmelzungs-/ Spaltungsbeschluß gefaßt werden.

130 Hinsichtlich der Gebühren bestimmt nach § 27 II KostO, eingeführt durch das JuMiG von 1997, das übergehende Aktivvermögen den Geschäftswert. Insoweit schreibt § 47 S. 2 KostO eine Höchstgebühr von 10.000. DM vor.

Verantwortung dafür übernimmt, daß die Versammlung der Anteilsinhaber ordnungsgemäß abgewickelt wird[131].

14. Soweit bei einer Verschmelzung oder Spaltung zur Aufnahme eine Kapitalerhöhung in der aufnehmenden Gesellschaft durchgeführt wird[132], muß die Haupt- oder Gesellschafterversammlung der übernehmenden Gesellschaft zudem einen Kapitalerhöhungsbeschluß fassen, §§ 69 I UmwG, 182 AktG oder §§ 55 UmwG, 53 GmbHG. Dieser Beschluß wird zweckmäßigerweise in derselben Hauptversammlung gefaßt, die über die Verschmelzung oder Spaltung beschließt. Der Kapitalerhöhungsbeschluß einer AG und die Durchführung der Kapitalerhöhung sind zur Eintragung ins Handelsregister anzumelden und bekanntzumachen, § 69 I,1 UmwG i.V.m. §§ 184 I,1, 188 AktG; diese Anmeldung kann mit der Anmeldung der Verschmelzung / Spaltung verbunden werden[133]. Die Kapitalerhöhung einer GmbH ist nach § 55 II UmwG i.V.m. § 57 GmbHG zur Eintragung anzumelden.

15. Bei einer Abspaltung oder Ausgliederung kann bei der übertragenden Gesellschaft eine Kapitalherabsetzung erforderlich sein[134]. Diese ist nach §§ 145 S.1, 139 UmwG in vereinfachter Form möglich, also ohne Einhaltung der sonst erforderlichen Sperrfrist (§§ 229 AktG ff., §§ 58 a ff. GmbHG). Die Hauptversmmlung muß den Kapitalherabsetzungsbeschluß mit Dreiviertelmehrheit fassen, §§ 229 III, 222 I AktG[135], § 53 II GmbHG. Auch hier ist es anzuraten, den Beschluß in derselben Haupt- oder Gesellschafterversammlung zu fassen wie den Spaltungsbeschluß. Der Beschluß und die Durchführung der Kapitalherabsetzung sind zur Eintragung ins Handelsregister anzumelden und bei der AG bekanntzumachen, §§ 229 III, 223, 227 AktG[136], §§ 58 a V, 54 GmbHG.

16. Bei einer Verschmelzung oder Spaltung zur Neugründung einer AG bestellt der Aufsichtsrat den ersten Vorstand, § 36 II / 135 II UmwG i.V.m. § 30 IV AktG[137].

---

[131] RegEBegr. zu § 13 III,1 UmwG, bei *Ganske* S. 49

[132] Dies wird außerhalb der Konzernverschmelzung, wo die Kapitalerhöhung nach § 68 UmwG ausgeschlossen ist, wohl i.d.R. der Fall sein, da selten genügend Rücklagen vorhanden sind, um die neuen Aktien ausgeben zu können.

[133] *Engelmeyer*, AG 1996, 193/203

[134] Bei der Aufspaltung hingegen nie, weil hier die übertragende AG insgesamt erlischt.

[135] Gegebenenfalls sind Sonderbeschlüsse verschiedener Aktiengattungen zu fassen.

[136] Dies kann zusammen mit der Spaltung geschehen.

[137] Dies ist Eintragungsvoraussetzung.

17. Wenn der übernehmende Rechtsträger eine AG ist, ist nun von den übertragenden Gesellschaften ein Treuhänder für den Empfang der zu gewährenden Aktien und gegebenenfalls der baren Zuzahlung zu bestellen, § 71 I,1 UmwG. Dieser hat die Aktien und bare Zuzahlung in Empfang zu nehmen und dies dem Registergericht anzuzeigen[138].

18. Jetzt können die Leitungsorgane der beteiligten Gesellschaften die Verschmelzung oder Spaltung zur Eintragung in das Handelsregister des Sitzes ihrer jeweiligen Gesellschaft anmelden, § 16 I,1 UmwG. Gleichzeitig müssen sie eine Erklärung abgeben, daß eine Klage gegen die Wirksamkeit des Verschmelzungs- / Spaltungsbeschlusses nicht anhängig ist, § 16 III UmwG[139]. Daher ist eine Anmeldung vor Ablauf der Anfechtungsfrist nicht ratsam[140].

Bei Neugründungen haben die Vertretungsorgane aller beteiligten Rechtsträger die neue Gesellschaft bei dem Gericht, in dessen Bezirk sie ihren Sitz haben soll, zur Eintragung ins Handelsregister anzumelden.

19. Die Eintragungen sind in folgender Reihenfolge vorzunehmen:

a) Bei der Spaltung ist zuerst eine neu gegründete Gesellschaft einzutragen, da die Spaltung nach § 130 I,1 UmwG zuerst ins Register der übernehmenden Gesellschaft eingetragen wird. Die Spaltung wird aber erst mit Eintragung ins Register der übertragenden Gesellschaft wirksam, so daß auch die neue Gesellschaft erst mit Eintragung der Spaltung im Register am Sitz der übertragenden Gesellschaft entsteht.

b) Dann wird ein etwaiger Kapitalerhöhungsbeschluß und die Durchführung der Kapitalerhöhung eingetragen, §§ 53, 66 UmwG. Die Kapitalerhöhung muß vor der Verschmelzung eingetragen werden, denn die Verschmelzungsfolgen können nur eintreten, wenn das Kapital, das für die Gewährung von Anteilen an die Gesellschafter der übertragenden Gesellschaft benötigt wird, zuvor geschaffen wurde[141].

c) Auch eine Kapitalherabsetzung ist vorab einzutragen, §§ 139, 145 UmwG.

d) Nach diesen Voreintragungen erfolgt die Eintragung der Verschmelzung oder Spaltung in das jeweilige Handelsregister:

---

138 eingehend in Teil 2, Kapitel 1 B. V. 1.

139 Weitere Anlagen ergeben sich aus §§ 17, 52 UmwG.

140 *Hoffmann-Becking*, FS Fleck S. 105/118

141 *Engelmeyer*, Spaltung von Aktiengesellschaften S. 224

Bei der Verschmelzung zuerst in das Register der übertragenden Rechtsträger mit dem Vermerk, daß die Verschmelzung erst wirksam wird, wenn sie bei der aufnehmenden Gesellschaft eingetragen ist, dann in das Register des übernehmenden Rechtsträgers, § 19 I UmwG.

Bei der Verschmelzung durch Neugründung muß nach der Eintragung der Verschmelzung in das Register der übertragenden Rechtsträger die neu gegründete Gesellschaft eingetragen werden.

Die Spaltung wird zuerst im Register am Sitz der übernehmenden Gesellschaft eingetragen[142], dann bei der übertragenden, § 130 I,1 UmwG[143].

Die Eintragung der Verschmelzung oder Spaltung ist nach § 19 III UmwG bekanntzumachen.

III. Wirksamwerden und Wirkungen der Verschmelzung / Spaltung

Mit der jeweils letzten Eintragung treten die Wirkungen der Verschmelzung bzw. Spaltung ein.

1. Wirksamkeitszeitpunkt

a) Verschmelzung

Die Verschmelzung durch Neugründung wird durch Eintragung der neuen Aktiengesellschaft ins Handelsregister wirksam, weil diese als juristische Person erst mit der Eintragung entsteht.

Die Verschmelzung durch Aufnahme wird mit der Eintragung ins Register am Sitz der übernehmenden Gesellschaft wirksam, § 19 I,2 UmwG. Vor der Umsetzung der 3. RL traten die Wirkungen bereits mit Eintragung in das Register des Sitzes der übertragenden Gesellschaft ein[144]. Die Änderung war notwendig, weil aufgrund der europarechtlichen Vorgaben erstmals eine Verschmelzung durch Aufnahme mehrerer Gesellschaften zulässig ist[145].

---

[142] Auch hier ist die Eintragung mit dem Vermerk zu versehen, daß die Spaltung erst mit der Eintragung im Register am Sitz des übertragenden Rechtsträgers wirksam wird, § 130 I,2 UmwG.

[143] Die Reihenfolge der Eintragungen bei der Spaltung ist also spiegelbildlich zur Verschmelzung; *Engelmeyer*, AG 1996, 193/205.

[144] § 346 AktG 1965

[145] vgl. oben I. 1. a)

Durch diese Neubestimmung des Wirksamkeitszeitpunktes wurde erreicht, daß Verschmelzungen durch Aufnahme und durch Neugründung jetzt übereinstimmend mit der Eintragung bei der übernehmenden Gesellschaft wirksam werden.

b) Spaltung

Die Spaltung wird mit Eintragung in das Handelsregister am Sitz der übertragenden Gesellschaft wirksam, § 130 I,2 UmwG.

Daher entsteht bei einer Spaltung zur Neugründung die neu gegründete Gesellschaft erst mit Eintragung der Spaltung im Register am Sitz des übertragenden Rechtsträgers. Dies ist eine Abweichung von der allgemeinen Regelungen der §§ 41 I,1 AktG, 11 I GmbHG, wonach eine Kapitalgesellschaft mit ihrer Eintragung im Handelsregister wirksam wird. So wird für die Spaltung ein einheitlicher Zeitpunkt des Wirksamwerdens für die Spaltung als solche und für die neue Gesellschaft festgelegt[146].

2. Wirkungen der Verschmelzung / Spaltung

Die jeweils letzte Eintragung hat zur Folge, daß die übertragenden Rechtsträger liquidationslos erlöschen, die übernehmenden Rechtsträger im Wege der Gesamtrechtsnachfolge in deren Rechte und Pflichten eintreten und die Anteilsinhaber der übertragenden Gesellschaften Anteilsinhaber der übernehmenden Gesellschaften werden.

Das Vermögen (bei Abspaltung und Ausgliederung der betroffene Vermögensteil) der übertragenden Gesellschaften geht insgesamt und auf einmal auf die übernehmenden Gesellschaften über, §§ 20 I Nr.1, 131 I Nr.1 UmwG.[147] Bei einer Verschmelzung oder Aufspaltung erlischt der übertragende Rechtsträger ohne besondere Liquidation, §§ 20 I Nr.2, 131 I Nr.2 UmwG. Anders als bei der Auflösung mit anschließender Liquidation lebt die übertragende Gesellschaft nicht als Abwicklungsgesellschaft weiter, sondern ist sofort ganz beendet[148]. Nur für die Geltendmachung von Schadensersatzansprüchen gegen ihre Leitungsorgane gilt die erloschene Gesellschaft gemäß § 25 II,1 UmwG als fortbestehend[149]. Gleichzeitig werden die ehemaligen Anteilseigner der übertragenden Gesellschaft Anteilsinhaber der übernehmenden Gesellschaft entsprechend der im Verschmelzungs- / Spaltungsvertrag vorgesehenen Aufteilung; sie er-

---

146 RegEBegr. zu § 137 III UmwG, bei *Ganske* S. 150

147 dazu sogleich unter a) ausführlich

148 so schon *Großkomm.*-Schilling, § 346 AktG Anm.31

149 sog. Fiktion des Fortbestehens der übertragenden AG, *Engelmeyer*, Spaltung von Aktiengesellschaften S. 365

werben die Mitgliedschaft kraft Gesetzes[150]. Eine Ausnahme stellt die Ausgliederung dar, bei der an die Stelle der ehemaligen Anteilseigner die übertragende Gesellschaft selbst tritt.

Diese Folgen der Fusion - Universalsukzession, Auflösung ohne Abwicklung und Anteilsübergang - waren schon zur Zeit des ADHGB anerkannt[151] und wurden in § 306 HGB 1897 erstmals kodifiziert. Dieser ordnete allerdings trotz des Liquidationsausschlusses und der Vermögensvereinigung noch die getrennte Verwaltung des übertragenen Vermögens für die Dauer von einem Jahr und den dreimaligen Gläubigeraufruf wie bei der Liquidation an. Erst das AktG 1937 brachte insoweit eine weitere Klarstellung[152].

a) Die Gesamtrechtsnachfolge

aa) Gesamtrechtsnachfolge bei Verschmelzung

Die Eintragung der Verschmelzung im Handelsregister der übernehmenden Gesellschaft bewirkt nach § 20 I Nr.1 UmwG, daß das Vermögen des übertragenden Rechtsträgers insgesamt kraft Gesetzes auf den übernehmenden Rechtsträger übergeht[153], ohne daß besondere Übertragungsakte erforderlich sind. Es ist nicht möglich, einzelne Gegenstände durch rechtsgeschäftliche Vereinbarung vom Übergang auszunehmen; derartige Vereinbarungen im Verschmelzungsvertrag sind unwirksam[154]. Um dieses zu erreichen, müssen die Gegenstände vielmehr vor dem Wirksamwerden der Verschmelzung mit dinglicher Wirkung aus dem Vermögen des übertragenden Rechtsträgers ausgeschieden sein[155] (mit erheblichen steuerlichen Belastungen![156]).

Da keine Einzelübertragungen erfolgen, bedarf es insbesondere bei der Übertragung von Grundstücken keiner Auflassung und Grundbuch-Eintragung, sondern

---

150 *Engelmeyer*, Spaltung von Aktiengesellschaften S. 366

151 RG, Urt. v. 17.10.1882, RGZ 9, 11/18 (Liquidationsausschluß), dazu auch *Breit*, ZHR 95 (1930), 1/4; RG, Urt. v. 9.1.1892, RGZ 28, 358; *Staub*, ADHGB 3.+4. Aufl., Art. 247 § 6; *Wiener*, ZHR 27 (1882), 333/372; *Breit*, ZHR 94 (1929), 356/415 (Gesamtrechtsnachfolge)

152 Eingehend zur Entwicklung des Verschmelzungsrechts *Hügel*, Verschmelzung und Einbringung S. 33 ff.

153 Vgl. *K. Schmidt*, AcP 191 (1991), 495/501, der darauf hinweist, daß das deutsche Recht das Entstehen subjektlosen Vermögens zu vermeiden sucht.

154 *Widmann/Mayer*-Vossius, UmwR, § 20 UmwG RN 32; *Dehmer*, UmwG, § 20 RN 21

155 *Lutter*-Grunewald, UmwG, § 20 RN 8

156 *Dehmer*, UmwG, § 20 RN 19

lediglich der Grundbuch-Berichtigung. Forderungen gehen über, wobei pacta de non cedendo nicht gelten[157]. Die Forderung geht allerdings mit dem Abtretungsverbot über, so daß eine weitere Singularzession nach wie vor nicht möglich ist. Auch die Verbindlichkeiten gehen über, wobei §§ 414, 415 UmwG keine Anwendung finden[158], so daß es keiner Mitwirkung des jeweiligen Vertragspartners bedarf. Schwebende Verträge gehen auf den Übernehmer über, ohne daß der Vertragspartner zustimmen muß[159]. Allerdings ist nach § 21 UmwG beim Zusammentreffen von noch nicht vollständig erfüllten, miteinander unvereinbaren Verpflichtungen eine Anpassung nach Billigkeit möglich, soweit die Verpflichtungen auf gegenseitigen Verträgen beruhen und Abnahme-, Lieferungs- oder ähnliche Pflichten betreffen. Hierfür seien als Beispiel Alleinvertriebsverträge jedes beteiligten Unternehmens mit konkurrierenden Unternehmen für dasselbe Gebiet genannt[160]. Ausnahmsweise kann der Vertragspartner das Vertragsverhältnis aus wichtigem Grund kündigen, wenn ihm die Fortsetzung des Vertrages mit dem neuen Partner unzumutbar ist[161].

Bei höchstpersönlichen Rechten ist durch Auslegung des Vertrages mit persönlichem Einschlag zu ermitteln, ob der Übergang auf einen Rechtsnachfolger gewollt ist oder nicht. Bei der Übertragung derartiger Rechte oder Pflichten auf eine Kapitalgesellschaft steht eine persönliche Beziehung in der Regel nicht im Vordergrund, so daß sie auf die übernehmende Kapitalgesellschaft übergehen[162]. So gehen insbesondere beschränkte dingliche Rechte (Nießbrauch, beschränkt persönliche Dienstbarkeit), wenn der Inhaber juristische Person ist, gemäß §§ 1059 a, 1092 II BGB auf den Erwerber über, soweit der Übergang nicht ausgeschlossen wurde[163].

---

157 h.M., *Dehmer*, UmwG, § 20 RN 57; *Hennrichs*, Formwechsel und Gesamtrechtsnachfolge S. 45

158 *Dehmer*, UmwG, § 20 RN 1

159 *Rieble*, ZIP 1997, 301/305

160 Die Erfüllung des einen Vertrages durch die Übernehmerin bedeutet gleichzeitig die Verletzung des anderen Vertrages.

161 *Rieble*, ZIP 1997, 301/305; *Dehmer*, UmwG, § 20 RN 27; *Lutter*-Grunewald, UmwG, § 20 RN 47 ff; dies kann z. B. der Fall sein, wenn der Dritte bereits früher vertragliche Beziehungen zu dem neuen Vertragspartner hatte und dieser damals seine Vertragspflichten schwer verletzt hat.

162 *Mertens*, Umwandlung und Universalsukzession S. 155; *Dehmer*, UmwG, § 20 RN 66

163 Diese Regelung wurde ins BGB eingefügt, um Umwandlungen zu erleichtern, da Kapitalgesellschaften zuvor von der Operation vielfach absahen, weil mit ihr erhebliche Vermögenswerte erloschen; *Hennrichs*, Formwechsel und Gesamtrechtsnachfolge S. 80.

Aktien oder GmbH-Anteile, die die übertragende Gesellschaft in ihrem Vermögen hält, gehen ungeachtet etwaiger Zustimmungserfordernisse oder Abtretungsbeschränkungen auf die übernehmende Gesellschaft über[164]. Es ist auch nicht möglich, durch vertragliche Vereinbarung Vinkulierungsklauseln auf den Fall der Gesamtrechtsnachfolge zu erstrecken[165]. Dies brächte die Gefahr mit sich, daß bei Verweigerung der Zustimmung zur Abtretung der Anteile diese ohne Inhaber blieben und daher Kapitalaufbringung und -erhaltung gefährdet wären.

bb) Gesamtrechtsnachfolge bei der Spaltung

(1) Grundsatz der partiellen Gesamtrechtsnachfolge

Bei der Verschmelzung geht die Gesamtrechtsnachfolge zwingend mit dem Untergang des übertragenden Rechtsträgers einher. Mit der Einführung der Spaltung in Form nicht nur der Aufspaltung, sondern auch der Abspaltung und Ausgliederung, fiel das Erfordernis des Erlöschens des übertragenden Rechtsträgers weg. Außerdem kann es nun mehrere übernehmende Rechtsträger geben, während bislang ein Erwerber insgesamt in die Rechtsstellung des übertragenden Rechtsträgers einrückte. Trotzdem beinhaltet auch die Spaltung begrifflich die Übertragung, allerdings nur der betroffenen Vermögensteile als Gesamtheit auf den jeweiligen Übernehmer (§ 131 I Nr.1 UmwG).

Der Vermögensübergang vollzieht sich durch „partielle" Gesamtrechtsnachfolge[166,167]. Anders als bei der „klassischen" Gesamtrechtsnachfolge, bei der ein Rechtsträger insgesamt in die Stellung eines untergegangenen Rechtsträgers eintritt[168], findet bei der partiellen Gesamtrechtsnachfolge nur ein Einrücken in Teile des untergegangenen Rechtsträgers statt. Sie ist aber gleichwohl Gesamt-

---

164 allgemeine Ansicht, vgl. *Kallmeyer*/Marsch-Barner, UmwG, § 20 RN 7; *Dehmer*, UmwG, § 20 RN 49; *Lutter*-Grunewald, UmwG, § 20 RN 15; *Goutier/Knopf/Tulloch*-Bermel, UmwG, § 20 RN 15; *Hennrichs*, Formwechsel und Gesamtrechtsnachfolge S. 57

165 *Lutter*-Grunewald, UmwG, § 20 RN 15; a.A. *Mertens*, AG 1994, 66/72

166 Dieser Begriff hat sich wohl mittlerweile durchgesetzt; vgl. *Engelmeyer*, Spaltung von Aktiengesellschaften S. 333; *Lutter*-Teichmann, UmwG, § 123 RN 9

167 Diese partielle Gesamtrechtnachfolge ist keine Erfindung des Gesetzgebers des UmwG 95, sondern war vorher schon im deutschen Recht verankert, nämlich in §§ 55 I,2; 56 f I,2 UmwG a.F. für die Umwandlung eines einzelkaufmännischen Unternehmens in eine AG, KGaA oder GmbH; dazu *Dehmer*, UmwR, § 50 UmwG Anm.1. Auch das SpTrUG und das LAG enthielten für Teilbereiche eine entsprechende Regelung; hierzu *Engelmeyer*, Spaltung von Aktiengesellschaften S. 336.

168 so bei Verschmelzung oder Erbfall, § 1922 BGB

rechtsnachfolge, weil dieser Vermögensteil uno actu und als Gesamtheit auf die übernehmende Gesellschaft übergeht, also Einzelübertragungsakte nicht erforderlich sind. Damit wird eine gegenständlich beschränkte Gesamtrechtsnachfolge kraft parteiautonomer Gestaltung möglich[169]. Die Parteien haben es weitgehend in der Hand, welchen Gegenstand aus dem Vermögen des zu spaltenden Rechtsträgers sie auf welchen Erwerber übertragen wollen[170]. Es kann sogar ein Einzelgegenstand im Wege der Gesamtrechtsnachfolge übertragen werden, was bei Ausgliederungen interessant sein kann[171]. Wenn jedoch kein Betrieb oder Teilbetrieb übertragen wird, erlaubt § 20 UmwStG die Buchwertfortführung nicht, so daß stille Reserven aufgedeckt werden[172].

Diese partielle Gesamtrechtsnachfolge, die für alle Spaltungsformen (Auf- und Abspaltung sowie Ausgliederung) gleichermaßen gilt (§§ 123, 131 I Nr.1 UmwG), ist ein wesentlicher Vorteil des neuen UmwG, da so die vormals erforderlichen umständlichen, langwierigen und kostenaufwendigen Einzelübertragungen von Vermögensgegenständen einschließlich Verbindlichkeiten entfallen[173].

Allerdings ist nach § 126 II,1 UmwG der sachenrechtliche Bestimmtheitsgrundsatz zu beachten: Das Aktiv- und Passivvermögen wird entsprechend der Zuweisung der Gegenstände im Spaltungsplan (vgl. § 126 I Nr.9 UmwG) mit Wirksamwerden der Spaltung auf die übernehmenden Rechtsträger übertragen. Damit entfällt für die beteiligten Rechtsträger der sonst bei der Gesamtrechtsnachfolge gegenüber der Einzelrechtsnachfolge bestehende Vorteil, daß Gegenstände nicht einzeln bezeichnet werden müssen. In diesem Zusammenhang kann jedoch für Sachgesamtheiten, insbesondere für Warenlager, auf die zur

---

169 Teichmann in *Lutter*, Kölner Umwandlungsrechtstage S. 90/97

170 Nach *K. Schmidt* , AcP 191 (1991), 495/511 geht daher nicht ein Gesamtvermögen, sondern ein rechtsgeschäftlich zu definierender Vermögensbestand im Wege der Universalsukzession über.

171 Teichmann in *Lutter*, Kölner Umwandlungsrechtstage S. 97; in § 123 V RefE war noch vorgesehen, daß durch die Spaltung „nicht im wesentlichen nur ein einzelner Gegenstand übertragen oder eine einzelne Verbindlichkeit übergeleitet werden kann". Dies wurde nach heftiger Kritik, insb. von *Teichmann*, ZGR 1993, 396/401 fallengelassen.

172 *Schwedhelm/Streck/Mack*, GmbHR 1995, 7/9; vgl. auch oben I. 1. b) bb) + cc).

173 *Mertens*, Umwandlung und Universalsukzession S. 69; *Engelmeyer*, Spaltung von Aktiengesellschaften S. 335

Sicherungsübereignung entwickelten Grundsätze zurückgegriffen werden[174]. Darüber hinaus sind, wie bei der „klassischen“ Universalsukzession, keine Einzelübertragungsakte erforderlich[175].

Verbindlichkeiten gehen automatisch entsprechend den Bestimmungen des Spaltungsvertrages über, die bei der Singularzession erforderliche Mitwirkung der Gläubiger nach §§ 414, 415 BGB entfällt auch bei partieller Gesamtrechtsnachfolge.

Forderungen der übertragenden Gesellschaft gehen bei der Aufspaltung ohne weiteres auf die übernehmende Gesellschaft über. Da der übertragende Rechtsträger bei der Aufspaltung wie bei der Verschmelzung erlischt, können Abtretungsverbote auch hier nicht gelten, § 132 S.2 UmwG[176]. Dagegen gelten Abtretungsverbote nach § 132 S.1 UmwG bei Abspaltung und Ausgliederung. Forderungen der übertragenden Gesellschaft, die mit einem Abtretungsverbot nach § 399 BGB behaftet sind, gehen daher nicht auf die übernehmende Gesellschaft über, sondern verbleiben nach § 131 I Nr.2 S.2 UmwG bei der übertragenden Gesellschaft[177]. Diese Vorschrift wurde in der Literatur kritisiert; insbesondere wurde vorgebracht, daß die Einführung der partiellen Gesamtrechtsnachfolge durch die Geltung von Abtretungsverboten keine nennenswerte Erleichterung gegenüber der Singularsukzession gebracht habe, weil eine Abspaltung oder Ausgliederung komplexer Vermögenseinheiten aufgrund der Regelung des § 132 S.1 UmwG faktisch unmöglich sei[178]. Allerdings wird man bei der - steuerlich interessanten - Ausgliederung oder Abspaltung von Betrieben oder Teilbetrieben[179] häufig im Wege der ergänzenden Vertragsauslegung zu

---

174 RegEBegr. zu § 126, bei *Ganske* S. 138; *Kallmeyer*, GmbHR 1996, 242; bei Sachgesamtheiten genügt daher eine Sammelbezeichnung, die die gemeinten Einzelsachen erkennen läßt, BGH, Urt. v. 31.1.1979, BGHZ 73, 253/254; Urt. v. 13.1.1992, NJW 1992, 1161; so reicht es aus, pauschal alle Sachen in einem vertraglich festgelegten Raum zu übertragen, BGH, Urt. v. 3.6.1996, NJW 1996, 2654/2655; s. auch *Palandt*-Bassenge, § 930 BGB RN 3 ff. sowie ausführlich *Staudinger*-Wiegand, Anh. zu §§ 929-931 BGB RN 95 ff.

175 vgl. oben B. III. 2. a) aa)

176 RegEBegr. zu § 132, bei *Ganske* S. 144

177 *Engelmeyer*, Spaltung von Aktiengesellschaften S. 339

178 *Heidenhain*, ZIP 1995, 801/802 f.; *ders.*, EuZW 1995, 327/328 f.; *Mertens*, Umwandlung und Universalsukzession S. 144 ff.; *Goutier/Knopf/Tulloch*-Goutier, UmwG, § 131 RN 8; *Lutter*-Teichmann, UmwG, § 132 RN 12; *Feddersen/Kiem*, ZIP 1994, 1078/1085; *Hennrichs*, ZIP 1995, 794/797 und *Mayer*, GmbHR 1996, 403/406 wollen § 132 S. 1 UmwG teleologisch reduzieren, so daß er nur bei Umgehungsfällen gilt, was kaum haltbar ist.

179 vgl. oben B. I. 1. b) bb) und cc)

dem Ergebnis kommen, daß Verträge, die sich auf diese Unternehmenseinheit beziehen, ungeachtet des Abtretungsverbotes auf den Übernehmer übergehen; insoweit kann angenommen werden, daß die Parteien in der Regel eine Befreiung vom Abtretungsverbot vereinbart hätten, wenn sie den Fall bedacht hätten[180]. Außerdem ist § 354 a HGB zu beachten, wonach Abtretungsverbote im kaufmännischen Verkehr einem Forderungsübergang häufig nicht entgegenstehen[181].

(2) „Vergessene" Gegenstände

Da bei der partiellen Gesamtrechtsnachfolge nach § 131 I Nr.1 S.1 UmwG die Vermögensgegenstände so, wie sie im Spaltungs- und Übernahmevertrag bezeichnet wurden, auf die übernehmenden Gesellschaften übergehen, stellt sich die Frage, was mit Gegenständen geschieht, die im Vertrag nicht erwähnt sind, die sich aber zum Zeitpunkt der Eintragung im Eigentum oder in der Inhaberschaft des übertragenden Rechtsträgers befinden. Dies kann vorkommen, weil Gegenstände schlichtweg vergessen oder aber absichtlich nicht erwähnt wurden, aufgrund einer Änderung des Vermögensbestandes zwischen Aufstellung des Spaltungsplans und der Eintragung der Spaltung oder weil sich eine Rechtsposition erst nach der Eintragung konkretisiert[182]. Hinsichtlich der vergessenen Aktiva enthält § 131 III UmwG eine Regelung, zu den vergessenen Passiva schweigt das Gesetz, weshalb zwischen beiden zu differenzieren ist.

Hinsichtlich der vergessenen Aktiva ist bei einer Aufspaltung nach § 131 III UmwG zunächst anhand des Spaltungsvertrages zu prüfen, ob der vergessene Gegenstand sich eindeutig einer der übernehmenden Gesellschaften zuordnen läßt[183]. In der Praxis werden wegen der steuerlichen Privilegien häufig Betriebe oder Teilbetriebe übertragen[184]. Man wird vergesse Aktiva oft einem dieser Betriebe zuordnen können, da sie aus dessen Geschäftsbereich resultieren. Wenn die Auslegung zu keinem Ergebnis führt, geht der Gegenstand auf alle übernehmenden Rechtsträger in dem Verhältnis über, das sich aus dem Vertrag für die Aufteilung des Überschusses der Aktivseite der Schlußbilanz über deren

---

180 *Kallmeyer*-Kallmeyer, UmwG, § 132 RN 4; *ders.*, GmbHR 1996, 242/244; *Rieble*, ZIP 1997, 301/305

181 vgl. auch *Dehmer*, UmwG, § 132 RN 20

182 Z.B. ein Schadensersatzanspruch wegen Bezugs einer fehlerhaften Sache oder eine Schadensersatzverpflichtung aus Produkthaftung.

183 *Dehmer*, UmwG, § 131 RN 95; *Lutter*-Teichmann, UmwG, § 131 RN 13

184 vgl. oben I. 1. b) bb) + cc)

Passivseite ergibt[185]. Bei Sachen werden die übernehmenden Rechtsträger somit Miteigentümer nach Bruchteilen, § 741 BGB, bei Forderungen Gesamtgläubiger, § 428 BGB. Soweit auch eine Zuteilung auf mehrere Rechtsträger nicht möglich ist, ist der Gegenwert zu verteilen, das heißt der Gegenstand ist zu veräußern und der Erlös zu verteilen.

Bei einer Ausgliederung oder Abspaltung können vergessene Vermögensgegenstände beim übertragenden Rechtsträger, der ja - anders als bei der Aufspaltung - nicht untergeht, verbleiben[186]. Allerdings darf nicht übersehen werden, daß der Spaltungsvertrag auslegungsfähig im Sinne von §§ 133, 157 BGB ist. Daher sollte auch in diesen Fällen der Gegenstand erst dann der „Rumpfgesellschaft"[187] zugewiesen werden, wenn die Auslegung kein eindeutiges Ergebnis gebracht hat[188].

§ 131 III UmwG betrifft nach Ansicht des Gesetzgebers nur die vergessenen Aktiva. Eine besondere Regelung für vergessene oder nachträglich hinzugekommene Passiva hielt er für entbehrlich, da § 133 I,1 UmwG insgesamt für alle Verbindlichkeiten die gesamtschuldnerische Haftung vorsehe[189], wie Art. 3 III lit.b der 6. RL dies für vergessene Passiva anordne. Die Gläubiger stünden nach der deutschen Regelung sogar besser, weil von der Ermächtigung in Art. 3 III lit.b S.2 der 6. RL kein Gebrauch gemacht wurde; danach kann die gesamtschuldnerische Haftung jeder übernehmenden Gesellschaft auf das übernommene Nettoaktivvermögen beschränkt werden.

Dem ist allerdings entgegenzuhalten, daß § 133 III UmwG eine Nachhaftungsbegrenzung der Gesellschaften, denen der Gegenstand im Spaltungsvertrag nicht zugewiesen wurde, auf fünf Jahre vorsieht[190]. Nach Ablauf von fünf Jahren können sie sich auf die Nachhaftungsbegrenzung berufen. Anders als im Regelfall des § 133 III UmwG gibt es mangels ausdrücklicher Zuweisung der Verbindlichkeit keinen Hauptschuldner, der primär haften würde, so daß die Nachhaftungsbegrenzung für alle beteiligten Gesellschaften gilt. So könnten

---

185 Die Gesamtrechtsnachfolge ist dann nicht nur partiell, sondern auch quotal; *Dehmer*, UmwG, § 131 RN 97.

186 *Dehmer*, UmwG, § 131 RN 94; *Engelmeyer*, Spaltung von Aktiengesellschaften S. 337; vgl. auch RegEBegr. zu § 131 UmwG, bei *Ganske* S. 143

187 so *Engelmeyer*, Spaltung von Aktiengesellschaften S. 337

188 Nach *Lutter*-Teichmann, UmwG, § 131 RN 11 enthält § 131 III UmwG insoweit einen allgemeinen Rechtsgrundsatz, der auch auf Abspaltungen und Ausgliederungen übertragen werden kann.

189 RegEBegr. zu § 131 UmwG, bei *Ganske* S. 143

190 Einzelheiten später in Teil 2, Kapitel 3 B. I. 2. a) bb)

unliebsame Verbindlichkeiten sogar absichtlich in der Hoffnung „vergessen" werden, daß sie vor Ablauf von fünf Jahren nicht geltend gemacht würden[191].

Da dies nicht gewünscht sein kann, ist eine angemessene Lösung zu finden, die gleichzeitig den europarechtlichen Vorgaben entspricht: Diese verlangen zunächst den Versuch einer Zuordnung durch Auslegung, bei dessen Fehlschlagen eine gesamtschuldnerische Haftung aller begünstigten Gesellschaften. Daher sollte auch bei vergessenen Passiva in allen Spaltungsfällen der Vertrag zuerst nach §§ 133, 157 BGB ausgelegt werden. Ist danach keine eindeutige Zuordnung möglich, so verbleibt die Verbindlichkeit bei einer Abspaltung oder Ausgliederung bei der „Rumpfgesellschaft"[192]; diese muß dann aber als Hauptschuldnerin angesehen werden, die sich nicht auf die Haftungsbegrenzung nach § 133 III UmwG berufen kann. Bei einer Aufspaltung haften alle beteiligten Rechtsträger nach § 133 I UmwG als Hauptschuldner gesamtschuldnerisch für die vergessene Verbindlichkeit[193]. Dabei kann sich keiner auf die Nachhaftungsbegrenzung des § 133 III UmwG berufen, denn ein schlichtes Nichterwähnen der Verbindlichkeit im Spaltungsvertrag ist kein „Nichtzuweisen" im Sinne des § 133 III UmwG[194].

Auch hinsichtlich der vergessenen Passiva sollte der Gesetzgeber eine eindeutige Regelung treffen.

b) Heilung von Beurkundungs- und sonstigen Mängeln

aa) Beurkundungsmängel

Mängel der notariellen Beurkundung des Vertrages und etwaiger Zustimmungs- oder Verzichtserklärungen werden durch die jeweils letzte Handelsregistereintragung geheilt, §§ 20 I Nr. 4, 131 I Nr. 4 UmwG. Nach der Eintragung können also aus der Tatsache, daß der Verschmelzungs- oder Spaltungsvertrag gar nicht, nicht vollständig oder fehlerhaft beurkundet wurde, keine Einwendungen hergeleitet werden[195]. Der Vertrag wird mit dem Inhalt wirksam, der der Beschlußfassung der Anteilsinhaber zugrunde lag[196]. Nebenabreden oder Ände-

---

[191] Dies ist vor allem denkbar bei kostenintensiven Altlasten.

[192] *Sagasser/Bula*, Umwandlungen RN K 68; *Dehmer*, UmwG, § 131 RN 107

[193] *Lutter*-Hommelhoff, UmwG, § 133 RN 37

[194] *Widmann/Mayer*-Vossius, UmwR, § 131 UmwG RN 220

[195] *Lutter*-Grunewald, UmwG, § 20 RN 60

[196] *Lutter*-Grunewald, UmwG, § 20 RN 61

rungen des Vertrages werden demnach trotz fehlender Beurkundung wirksam, soweit sie Gegenstand der zustimmenden Beschlüsse waren[197].

bb) Mängel der Verschmelzung oder Spaltung

Nach §§ 20 II, 131 II UmwG lassen überdies Mängel der Verschmelzung oder Spaltung die Wirkungen der Eintragung unberührt. Nach dem Willen des Gesetzgebers soll es keine Rückgängigmachung des Vorgangs geben, egal welcher Art der Mangel ist und welche Rechtshandlung mit dem Mangel behaftet ist[198]. Hintergrund dieser Regelung ist, daß die Rückgängigmachung eines derartig weitreichenden gesellschaftsrechtlichen Vorgangs äußerst schwierig ist, nicht nur in rechtlicher, sondern auch und vor allem in praktischer Hinsicht.

Fraglich ist jedoch, ob damit nur die Rückabwicklung „ex tunc“ verhindert wird, eine „Entschmelzung“ oder „Entspaltung“ mit Wirkung für die Zukunft also möglich und zulässig ist, oder ob umfassender Bestandsschutz auch für die Zukunft gewährt wird. Die Richtlinien lassen es zu, daß Verschmelzungen oder Spaltungen nachträglich für nichtig erklärt werden, allerdings nur unter engen Voraussetzungen (Art. 22 der 3. RL; Art. 19 der 6. RL).

Nachdem nach Einführung des § 352 a AktG a.F. durch das Verschmelzungsrichtlinie-Gesetz zunächst das allgemeine Verständnis dahin ging, daß die Fehlerhaftigkeit einer Verschmelzung nach deren Eintragung keine Bedeutung mehr für deren Wirksamkeit habe[199], entbrannte bereits kurze Zeit später in der Literatur ein Streit zu diesem Punkt[200]. Gegen die - nach wie vor - herrschende Meinung, daß § 352 a AktG (heute § 20 II UmwG und für die Spaltung entsprechend § 131 II AktG) umfassenden Bestandsschutz gewähre[201], wurde vorgebracht, daß der Gesetzgeber selbst keine umfassende materielle Heilung habe anordnen wollen[202]. Zudem sei die Situation vergleichbar mit der bei einer fehlerhaften Gesellschaft[203]; diese wird jedoch nur bis zur gerichtlichen Feststellung ihrer Nichtigkeit als wirksam behandelt, da es keine weitere Perpetuierung des rechtswidrigen Zustandes durch Bestandsschutz geben dürfe. Außer-

---

197 *Goutier/Knopf/Tulloch*-Bermel, UmwG, § 20 RN 55

198 RegEBegr. zu § 352 a AktG, BT-Drs. 9/1065 S. 20

199 *Priester*, NJW 1983, 1459/1465; *Dehmer*, UmwR, § 352 a AktG Anm.2

200 angefangen mit *Martens*, AG 1986, 57/63; weiter *K. Schmidt*, AG 1991, 131; *ders.*, ZGR 1991, 373/391; *Kiem*, Eintragung der angefochtenen Verschmelzung S. 159 ff.

201 Nachweise bei *Lutter*-Grunewald, UmwG, § 20 RN 64; siehe auch *Paschke*, ZHR 155 (1991) 1/13 ff. allerdings mit rechtspolitischer Kritik.

202 *Kiem*, Eintragung der angefochtenen Verschmelzung S. 160 ff.

203 *Kiem*, Eintragung der angefochtenen Verschmelzung S. 164

dem müsse der erreichte Standard des Aktionärsschutzes insgesamt betrachtet werden; eine Beschränkung auf Schadensersatzansprüche für diesen Fall entspreche dem nicht[204].

Der Gesetzgeber hat sich nicht um Klärung dieser Frage bemüht. Der Wortlaut des § 20 II UmwG schweigt hinsichtlich der Möglichkeit einer Entschmelzung für die Zukunft. In der Begründung zu § 20 II UmwG wird lediglich auf die Begründung zu § 352 a AktG verwiesen und auf die allgemeine Tendenz hingewiesen, gesellschaftsrechtliche Akte möglichst zu erhalten[205]. Mit dem weiteren Hinweis, daß „als Möglichkeit für die *wirtschaftliche Rückabwicklung*[206] einer Fusion, die sich nachträglich als unzweckmäßig erweist, (...) die Spaltung zur Verfügung" stehe, hat der Gesetzgeber zusätzlich Öl ins Feuer der Kritiker gegossen: Wenn eine Rückabwicklung durch Spaltung bei wirtschaftlichem Fehlschlagen möglich ist, warum dann nicht auch bei rechtlicher Fehlerhaftigkeit?

Letztlich kann jedoch nur eine umfassende Bestandskraft überzeugen, die eine Rückgängigmachung der Verschmelzung oder Spaltung auch für die Zukunft ausschließt:

Zum einen herrscht selbst bei den Kritikern dieser Ansicht Uneinigkeit darüber, ob eine Rückgängigmachung „ex nunc" bei allen Mängeln zugelassen werden soll oder nur bei schwerwiegenden Fehlern[207], wobei die Abgrenzung problematisch wird. Vor allem aber ist ein Rückgängigmachen, insbesondere als „Entschmelzung", durch Einführung des Instituts der Spaltung zwar nunmehr gesetzestechnisch möglich, aber praktisch kaum durchzuführen[208]: Ein erneuter Beschluß setzt wiederum Übereinstimmung voraus. Diese ist bei wirtschaftlichem Fehlschlagen der Operation wohl zu erreichen, weil ein Rückgängigmachen dann im allgemeinen Interesse liegt, jedoch wohl kaum bei einer Anfechtung der Operation durch einzelne Gesellschafter, da sie dem Interesse der übrigen Anteilsinhaber regelmäßig zuwiderlaufen dürfte[209]. Eine Entschmelzung „ex nunc" wäre auch in der Regel praktisch kaum durchführbar, weil nach eini-

---

204 *Kiem*, Eintragung der angefochtenen Verschmelzung S. 164

205 RegEBegr. zu § 20 UmwG, bei *Ganske* S. 62

206 Hervorhebung durch die Verfasserin

207 so *Martens*, AG 1986, 57/63

208 so auch *Lutter*-Grunewald, UmwG, § 20 RN 64; *Goutier/Knopf/Tulloch*-Bermel, UmwG, § 20 RN 62; i. E. auch *K. Schmidt*, AG 1991, 131/137; aus der Rspr. LG Mannheim, Urt. v. 23.6.1990, ZIP 1990, 992/997

209 so die RegEBegr zu § 16 III,6 UmwG, bei *Ganske* S. 57; vgl. auch Grunewald in *Lutter*, Kölner Umwandlungsrechtstage S. 56

ger Zeit die Zuteilung des ursprünglichen Vermögens an einen der Rechtsträger wohl kaum möglich ist. Außerdem wurde die Stellung der Anteilsinhaber im Vorfeld des Wirksamwerdens der Operation durch verbesserte Information zum Ausgleich dafür gestärkt, daß ihnen nur kurze Zeit für die Geltendmachung von Mängeln bleibt. Zudem verbleiben ihnen die Schadensersatzansprüche nach §§ 16 III, IV 1.HS und 25 UmwG, so daß sie insgesamt ausreichend geschützt sind.

Wenn die Verschmelzung allerdings trotz eventueller Mängel durchgeführt werden soll, ist insbesondere bei Fehlern des Verschmelzungs- oder Spaltungsvertrages zu prüfen, zu welchen Bedingungen dies geschehen soll. Hierzu ist der Vertrag unter Berücksichtigung des Parteiwillens auszulegen, soweit dieser nicht die Operation als solche in Frage stellt[210].

In diesem Zusammenhang ist auch noch fraglich, ob Beschlüsse, die der Verschmelzung oder Spaltung vorgegangen sind, nach deren Eintragung anfechtbar sind mit der Folge, daß sie rückgängig gemacht werden müßten. Explizit soll dies an einem eventuell zu fassenden Kapitalerhöhungsbeschluß untersucht werden. Dieser Kapitalerhöhungsbeschluß ist, soweit er erforderlich ist, Grundlage der Verschmelzung oder Spaltung durch Aufnahme. Ohne diese Kapitalerhöhung können keine Anteile an die Gesellschafter der aufgenommenen Gesellschaft ausgegeben werden. Würde dieser Beschluß aufgrund einer Anfechtung für nichtig erklärt, fehlte eine der unabdingbaren Voraussetzungen der Verschmelzung oder Spaltung, weil keine Anteile gewährt werden könnten; die Operation müßte rückgängig gemacht werden. Da dies durch §§ 20 II, 131 II UmwG ausgeschlossen werden soll, ist auch die Rückabwicklung eines Kapitalerhöhungsbeschlusses abzulehnen[211]. Daher muß gegebenenfalls sogar ein komplett fehlender Kapitalerhöhungsbeschluß nachgeholt werden; ansonsten stünden die Anteilsinhaber der übertragenden Gesellschaft wegen der Wirksamkeit der Operation im übrigen ohne Gegenleistung für den Verlust ihrer Rechte.

Insgesamt ist festzuhalten, daß eine einmal eingetragene Verschmelzung oder Spaltung nicht mehr rückgängig zu machen ist. Dasselbe gilt für die notwendigen Verfahrensschritte, die vor der eigentlichen Verschmelzung oder Spaltung liegen, für diese aber die Grundlage darstellen und ihr beim Wegfall den Boden entziehen würden.

---

210 *Dehmer*, UmwG, § 20 RN 100

211 Bildlich Grunewald in *G/H/E/K* § 352 a AktG RN 11 sowie in *Lutter*, UmwG, § 20 RN 73, die sagt, daß kein Glied aus der Kette herausgebrochen werden dürfe, auf der die Operation beruht; vgl. auch *Dehmer*, UmwG, § 20 RN 102.

C. Rechtslage in Frankreich

I. Möglichkeiten der Verschmelzung und Spaltung

1. Begriffe

a) fusion

Bei der *fusion* (Verschmelzung) übertragen eine oder mehrere Gesellschaften im Wege der Gesamtrechtsnachfolge unter Auflösung ohne Abwicklung der übertragenden Gesellschaften (Art. 372-1 des Gesetzes Nr. 66-537 über die Handelsgesellschaften vom 24.7.1966 - L.1966) ihr Vermögen auf eine andere Gesellschaft (Art. 371 I L.1966), die Anteilsinhaber der übertragenden Gesellschaften werden Anteilsinhaber der übernehmenden Gesellschaft, Art. 371 IV L.1966[212]. Durch das Gesetz n°88-17 vom 5.1.1988 wurde aufgrund der Vorgaben der 3. RL klargestellt, daß es mehrere übertragende Gesellschaften geben kann, die Praxis hatte allerdings auch zuvor schon diese Möglichkeit genutzt[213]. Die *fusion* kann zur Aufnahme erfolgen (*fusion-absorption*)[214] oder zur Neugründung (*fusion par création de sociétés nouvelles*). Letztere ist auch in Frankreich eher selten[215], was unter anderem an dem aufwendigeren Verfahren bei Neugründungen liegt[216], aber auch an der höheren Steuerbelastung dieser Variante[217].

b) scission

Bei der *scission* überträgt eine Gesellschaft unter Auflösung ohne Abwicklung ihr Vermögen im Wege der Gesamtrechtsnachfolge gegen Gewährung von Anteilen an die Gesellschafter der übertragenden Gesellschaft auf mehrere Gesellschaften, Artt. 371 II, IV, 372-1 I L.1966. Wie bei der *fusion* kann das Vermögen bei der *scission* auf bereits bestehende Gesellschaften übertragen werden (*scission au profit de sociétés existantes*) oder auf neu gegründete (*scission au profit de sociétés nouvelles*)[218]. Als aufnehmende Gesellschaften können auch

---

212 *Bolze* in Dalloz n°10,11

213 *Jeantin*, JCP éd. E 1988, II, n°15169 (S. 318)

214 auch *fusion-annexion* genannt, *Lamy Soc. Com.* n°1654

215 *Jeantin* n°707; *ders.*, Jur. Cl. Soc., Fasc. 164-A n°34; *Cozian/Viandier* n°1706; *Bolze* in Dalloz n°28; *Mercadal/Janin* n°3432; *Lamy Soc. Com.* n°1654

216 *Widmann/Mayer*-Tillmanns, UmwR, Anh. 3 zum UmwStG RN F 50

217 *Jeantin*, Jur. Cl. Soc., Fasc. 164-A n°34; *Lamy Soc. Com.* n°1654

218 *Jeantin* n°708

gleichzeitig neue und bereits bestehende Gesellschaften fungieren[219]. Die früher nach Art. 371 II a.F. bestehende Möglichkeit der „*fusion-scission*" ist aufgrund der Regelungen der 6. RL aufgegeben und wird jetzt als *scission au profit de sociétés existantes* behandelt[220].

c) apport partiel d'actif

Neben der *fusion* und der *scission* bietet das französische Recht für Umstrukturierungen den *apport partiel d'actif* an. Bei dieser Teileinbringung überträgt eine Gesellschaft einen Teil ihres Vermögens auf eine andere - bestehende oder neu gegründete - Gesellschaft und erhält dafür Geld oder Anteile der übernehmenden Gesellschaft. Dabei löst sich die übertragende Gesellschaft nicht auf, sondern bleibt mit dem restlichen Vermögen bestehen[221]. Die Einbringung erfolgt grundsätzlich als Kapitalerhöhung im Wege der Sacheinlage[222]. Die Teileinbringung kann sich auf einzelne Wirtschaftsgüter oder auf einen Teil der Aktiva (und Passiva) beziehen, die zusammen eine „*branche complète d'activité*" ausmachen[223], was etwa dem Betrieb oder Teilbetrieb im deutschen Recht entspricht. Wenn eine „*branche complète d'activité*" übertragen wird und im Gegenzug hierfür die übertragende Gesellschaft Anteile der übernehmenden erhält, ist der Vorgang einer *scission* vergleichbar, weshalb Art. 387 L.1966 den Beteiligten erlaubt, ihn den Regeln der *scission* zu unterwerfen[224]. Diese Möglichkeit haben sie allerdings nur, wenn an der Operation ausschließlich *sociétés anonymes* und / oder *sociétés à responsabilité limitée* beteiligt sind, Artt. 387,

---

219 *Lamy Soc. Com.* n°1747

220 *Jeantin*, JCP éd. E 1988, II, n°15169 (S. 318); *ders.*, Jur. Cl. Soc., Fasc. 164-A n°31+37; überholt sind daher insoweit die Ausführungen von *Widmann/Mayer*-Tillmanns, UmwR, Anh. 3 zum UmwStG RN F 51.

221 *Lamy Soc. Com.* n°1781

222 *Bolze* in Dalloz n°39; *Coquelet*, Joly Soc. n°167; *Widmann/Mayer*-Tillmanns, UmwR, Anh. 3 zum UmwStG RN F 96

223 Unklar ist allerdings in der gesellschaftsrechtlichen Literatur, wann eine „*branche complète d'activité*" vorliegt; *Coquelet*, Joly Soc. n°136; nach *Mercadal/Janin* n°3525 soll dies von den Gegebenheiten des Einzelfalles abhängen; im Steuerrecht wird der Begriff seit 1993 (instruction 4 I-1-93, bei *Mercadal/Janin* n°3567), zurückgehend auf Art. 2 i der FusionsbesteuerungsRL (90/434 vom 23.7.1990, Abl.EG 1990 Nr. L 225), auch im nationalen Bereich definiert als Gesamtheit der in einem Unternehmensteil einer Gesellschaft vorhandenen aktiven und passiven Wirtschaftsgüter, die in organisatorischer Hinsicht einen selbständigen Betrieb, das heißt eine aus eigenen Mitteln funktionsfähige Einheit darstellen. Eingehend zu diesem Begriff im Steuerrecht *Lamy Soc. Com.* n°1790; aus der neueren Rspr. Cass. com., 4.3.1997, JCP éd. E 1997, II, n°971.

224 *Widmann/Mayer*-Tillmanns, UmwR, Anh. 3 zum UmwStG RN F 96; *Cozian/Viandier* n°1710

388-1 L.1966. Vor der Gesetzesänderung durch das Gesetz n°88-17 vom 5.1.1988 stand diese Option nur Aktiengesellschaften offen, jetzt auch Gesellschaften mit beschränkter Haftung (Art. 388-1 L.1966). Die Neuerung ist von erheblicher praktischer Bedeutung und wurde daher in Frankreich sehr begrüßt[225]. Wenn die aufnehmende Gesellschaft eine *S.A.R.L.* sein soll, muß diese jedoch vorher schon bestanden haben; eine Teileinbringung zugunsten einer neugegründeten *S.A.R.L.* ist nur als Kapitalerhöhung gegen Sacheinlage mit Einzelrechtsnachfolge möglich[226].

Steuerlich wird die Übertragung einer *branche complète d'activité* immer gleich behandelt, ob die Parteien die Geltung der *scission*-Regeln vereinbaren oder nicht[227]; in beiden Fällen greifen dieselben Steuerbegünstigungen wie bei der *scission*[228]. Es steht den Beteiligten auch völlig frei, ob sie überhaupt von der Möglichkeit der Artt. 387, 388-1 L.1966 Gebrauch machen und die Teileinbringung wie eine *scission* behandeln wollen. Die *COB* rät allerdings dazu, diese Möglichkeit zu nutzen, wenn die Operation einen wesentlichen Teil des Gesellschaftsvermögens betrifft, weil dann alle Beteiligten optimal geschützt sind[229].

2. Beteiligungsfähigkeit

a) Beteiligungsfähige Rechtsträger

Nach der Generalvorschrift des Art. 1844-4 C. civ. können sich an *fusions* und *scissions* alle Gesellschaften beteiligen, seien es zivil- oder handelsrechtliche, Ein- oder Mehrpersonengesellschaften; einzige Voraussetzung ist, daß sie rechtsfähig sind[230]. Beteiligungsfähig sind damit insbesondere die *société anonyme* (*S.A.*, Aktiengesellschaft), die *société à responsabilité limitée* (*S.A.R.L.*, Gesellschaft mit beschränkter Haftung), die *EURL* (*entreprise unipersonelle à responsabilité limitée*, Ein-Personen-GmbH), die *société par actions simpli-*

---

225 *Mercadal/Janin* n°3525; *Jeantin*, JCP éd. E 1988, II, n°15169 (S. 322); *Le Fèvre*, Rev. Soc. 1988, 207/220

226 *Widmann/Mayer*-Tillmanns, UmwR, Anh. 3 zum UmwStG RN F 96

227 *Mercadal/Janin* n°3525

228 *Mercadal/Janin* n°3525; *Cozian/Viandier* n°1710; wenn keine *branche complète d'activité* übertragen wird, kann die steuerliche Begünstigung nur durch ministerielle Genehmigung erreicht werden, *Lamy Soc. Com.* n°1789.

229 Recommendations COB 1977, JCP éd. C.I. 1978, II, n°12633 annexe; recommendations COB déc. 1972, JCP éd. C.I. 1973, II, n°11134

230 *Coquelet*, Joly Soc. n°3

fiée[231], die *société en nom collectif* (offene Handelsgesellschaft), die *société en commandite simple* (Kommanditgesellschaft) und auch die *société civile*, die Gesellschaft bürgerlichen Rechts.

Eingeschränkt beteiligungsfähig ist die *société coopérative* (Genossenschaft); sie kann nur aufnehmende Gesellschaft sein, da es diesen Gesellschaften durch Art. 25 des Gesetzes n°47-1775 vom 10.9.1947 ausdrücklich verboten ist, ihre Rechtsform zu ändern, auch nicht im Wege der Aufnahme durch eine Gesellschaft anderer Rechtsform[232].

Nicht an einer *fusion* oder *scission* teilnehmen können mangels *personalité morale* insbesondere die *société en participation* (stille Gesellschaft) und die *société créée de fait* (faktische Gesellschaft)[233].

b) Liquidationsgesellschaften

Auch eine Liquidationsgesellschaft kann sich an einer *fusion* oder *scission* beteiligen, solange noch nicht mit der Verteilung des Vermögens unter den Anteilsinhabern begonnen wurde. Bereits in Art. 371 I a.F. L.1966 war vorgesehen, daß eine Liquidationsgesellschaft ihr Vermögen auf eine andere, bereits bestehende oder neue Gesellschaft, im Wege der *fusion* übertragen kann, dies war zuvor schon von der Rechtsprechung anerkannt[234]. Nur die Einschränkung hinsichtlich der Vermögensverteilung wurde aufgrund von Art. 3 der 3. RL durch das Reformgesetz n°88-17 vom 5.1.1988 in Art. 371 III L.1966 neu gesetzlich verankert. Die Beteiligung einer Liquidationsgesellschaft als aufnehmende Gesellschaft wird und wurde in Frankreich kaum diskutiert; früher erfaßte die gesetzliche Formulierung explizit nur die aufgelöste übertragende Gesellschaft, heute wird es als selbstverständlich angesehen, daß eine Liquidationsgesellschaft nicht die Rolle der aufnehmenden Gesellschaft spielen kann[235].

---

231 Diese Gesellschaftsform, kurz SAS, wurde durch Gesetz n°94-1 vom 3.1.1994 neu in das Gesetz über die Handelsgesellschaften eingeführt, die entsprechenden Regelungen finden sich in Artt. 262-1 bis 262-19 und 464-1 bis 464-4 L.1966; bei der *fusion* oder *scission* einer SAS sind einige Besonderheiten zu beachten, vgl. *Mercadal/Janin* n°3441/2.

232 *„Aucune modification entraînant la perte de la qualité de coopérative ne peut être apportée aux statuts"*; dazu *Jeantin*, Jur. Cl. Soc., Fasc. 164-A n°41+48.

233 *Coquelet*, Joly Soc. n°3

234 CA Paris, 17.4.1933, Gaz. Pal. 1933, II, 141 = Journ. Soc. 1934, 660; *Krause*, Verschmelzung von Kapitalgesellschaften S. 79 m.w.N.

235 *Jeantin*, Jur. Cl. Soc., Fasc. 164-A n°50; *Lamy Soc. Com.* n°1425 + 1680

c) Mischformen

Nach Art. 1844-4 III C. civ., Art. 372 I L.1966 kann eine *fusion* oder *scission* auch unter Beteiligung von Rechtsträgern unterschiedlicher Rechtsform durchgeführt werden. Der früher bestehende Streit darüber, ob eine zivil- und eine handelsrechtliche Gesellschaft gleichzeitig an einer *fusion* oder *scission* beteiligt sein können, hat sich durch diese Formulierung erledigt[236]. Daher kann beispielsweise eine *société en nom collectif* auf eine *S.A.R.L.* verschmolzen werden oder eine *S.A.* kann sich spalten und ihr Vermögen auf eine neue *S.A.* und eine bereits bestehende *S.A.R.L.* übertragen. Wenn eine *S.A.R.L.* übernehmende Gesellschaft sein soll, ist allerdings zu beachten, daß diese nach Art. 36 L.1966 maximal 50 Mitglieder haben darf. Wird diese Grenze überschritten, muß sie sich innerhalb von zwei Jahren auflösen oder wird kraft Gesetzes gelöscht.

Die allgemeinen Vorschriften der Artt. 371-374 L.1966 gelten für die *fusion* und *scission* von Handelsgesellschaften. Die Artt. 375-387 L.1966, die spezielle Schutzvorschriften zugunsten der Anteilsinhaber und der Gläubiger der beteiligten Gesellschaften enthalten, gelten hingegen nur bei ausschließlicher Beteiligung von *sociétés anonymes* und über die Verweisung in Art. 388 L.1966 bei *fusion* und *scission* zwischen *sociétés à responsabilité limitée* und bei Operationen unter gleichzeitiger Beteiligung von *S.A.* und *S.A.R.L.*; wenn sich hingegen eine *S.A.* und eine *société en nom collectif* an einer *fusion* beteiligen oder eine *S.A.* sich spaltet und ihr Vermögen auf eine *S.A.* und eine *société en commandite simple* überträgt, sind nur die allgemeinen Vorschriften anwendbar. Die Aktionäre und die Gläubiger der *S.A.* genießen in diesem Fall keinen besonderen Schutz.

II. Verfahren bei *fusion* und *scission* von Kapitalgesellschaften

1. Zunächst sind die beteiligten Rechtsträger zu bewerten und es ist auf dieser Grundlage ein *protocole de fusion / scission*, eine Art Absichtserklärung zu erarbeiten, die die Gesellschaften noch nicht bindet[237].

2. Der Betriebsrat ist noch vor der Erstellung des endgültigen Vertrages zu konsultieren, Art. L. 432-1 III C. trav. [238].

3. Nunmehr ist durch den *conseil d'administration* oder das *directoire* der beteiligten Gesellschaften[239], bei einer *S.A.R.L.* durch die Geschäftsführer, der

---

236 *Jeantin*, Jur. Cl. Soc., Fasc. 164-A n°40

237 *Lamy Soc. Com.* n°1695

238 *Lamy Soc. Com.* n°1695; eingehend hierzu in Teil 2, Kapitel 4 C. III. 2.

endgültige *projet de fusion / scission* zu erstellen und zu unterschreiben, Art. 374 I L.1966[240]. Bei Neugründungen werden die Leitungsorgane der übertragenden Gesellschaften tätig[241]. Der notwendige Mindestinhalt des *projet* ergibt sich aus Art. 254 D.1967 und entspricht weitgehend dem deutschen Recht, da insoweit die zwingenden Vorgaben von Art. 5 II der 3. RL und 3 II der 6. RL zu beachten sind[242]. Allerdings sind in Frankreich keine Angaben zu den Folgen der Operation für die Arbeitnehmer erforderlich. Formerfordernisse sind grundsätzlich nicht zu beachten, der *projet* kann notariell oder privatschriftlich (*sous seing-privé*) geschlossen werden[243]. Wenn mit dem Vermögen der übertragenden Gesellschaft allerdings Grundstücke übergehen sollen, ist der *projet* in notarieller Urkunde zu erstellen, um diesbezüglich die Offenlegungspflicht zu erfüllen[244].

4. Erfolgt die *fusion* oder *scission* zur Neugründung, ist die Satzung der neuen Gesellschaft privatschriftlich oder notariell aufzustellen, Artt. 20, 54 L.1966. Abweichend von den allgemeinen Regeln, wonach zur Gründung einer *S.A.* mindestens sieben Gründer erforderlich sind (Art. 73 L.1966), kann eine Neugründung im Rahmen einer *fusion* oder *scission* durch die übertragenden Gesellschaften erfolgen, ohne daß die Hinzuziehung von (bis zu fünf) weiteren Aktionären erforderlich ist, Artt. 379, 383 L.1966[245]. Dies gilt aber nur, wenn ausschließlich *S.A.* an der Operation beteiligt sind, ansonsten ist das normale Gründungsverfahren zu beachten[246]. Auch bei ausschließlicher Beteiligung von *S.A.R.L.* können die übertragenden Gesellschaften als einzige Gründer auftreten, Art. 388 L.1966.

---

239 Wer Geschäftsführungsorgan der *S.A.* ist, hängt davon ab, ob diese nach dem klassischem System einen Verwaltungsrat - *conseil d'administration* - mit einem *Président Directeur Général (PDG)* an der Spitze hat (Artt. 89 ff. L.1966), oder nach dem neuem System nach deutschem Vorbild einen Vorstand - *directoire* - als Geschäftsführung und einen Aufsichtsrat - *conseil de surveillance* - als Kontrollorgan (Artt. 118 ff. L.1966); dazu *Mercadal/Janin* n°1240.

240 In der Praxis wird vom *conseil d'administration* i.d.R. einem Mitglied Vollmacht zur Unterschrift erteilt, *Mercadal/Janin* n°3470.

241 *Mercadal/Janin* n°3470

242 vgl. daher insoweit oben B. II. Ziff. 3 c)

243 *Lamy Soc. Com.* n°1746 + 1696

244 *Jeantin* n°721; *Lamy Soc. Com.* n°1696

245 *Mercadal/Janin* n°3503

246 *Coquelet*, Joly Soc. n°54; es werden dann aus purer Förmlichkeit 5 Strohmänner hinzugezogen; Kritik bei *Mercadal/Janin* n°3503.

5. Sind an der *fusion* oder *scission* ausschließlich Aktiengesellschaften beteiligt, erstellen die Leitungsorgane aller beteiligten Gesellschaften einen schriftlichen Bericht, in dem sie die Operation rechtlich und wirtschaftlich erläutern, insbesondere hinsichtlich des Umtauschverhältnisses, Artt. 376 IV L.1966, 256 D.1967. Wie im deutschen Recht ist der Bericht entbehrlich, wenn die aufnehmende Gesellschaft 100 % der Anteile der übertragenden Gesellschaft hält, Art. 378-1 L.1966.

6. Bei *fusion* oder *scission* unter ausschließlicher Beteiligung von *S.A.* und / oder *S.A.R.L.* ist nunmehr eine Sachverständigenprüfung durchzuführen, Artt. 377, 382, 388, 389 L.1966. Der *projet* ist daher an den oder die *commissaires à la fusion / scission* zu übersenden[247]. Diese werden vom Gericht bestellt (Artt. 377 L.1966, 257 D.1967); wenn ein gemeinsamer Bericht erstellt werden soll, ist ein gemeinsamer Antrag aller beteiligten Rechtsträger erforderlich, Artt. 257, 64 D.1967.

Die Prüfung findet nicht statt, wenn die aufnehmende Gesellschaft alle Anteile der übertragenden Gesellschaft hält, Art. 378-1 L.1966, sowie wenn bei einer *scission* durch Neugründung unter ausschließlicher Beteiligung von *S.A.* und / oder *S.A.R.L.* die Anteile unter Wahrung der Beteiligungsverhältnisse ausgegeben werden, Artt. 383 II, 388 II L.1966.

7. Wenn bei der aufnehmenden Gesellschaft eine Kapitalerhöhung erforderlich ist, ist diese parallel vorzubereiten. Eine Sacheinlagenprüfung durch den *commissaire aux apports* ist jedoch nur bei der Übertragung einer 100 %igen Tochtergesellschaft auf ihre Mutter durchzuführen, Artt. 378-1, 193 L.1966[248]. Ansonsten wird seit dem *Loi Madelin* von 1994[249] die Sachverständigenprüfung nach Art. 377 L.1966 für ausreichend erachtet[250]. Der *commissaire à la fusion / scission* erstellt einen Sacheinlagenbericht, dieser dient aber nur der In-

---

247 Die nach früherem Recht zwingend vorgeschriebene Frist von 45 Tagen vor der Generalversammlung (Art. 256 D.1967 a. F.) gilt nicht mehr; sie sollte als Richtschnur aber trotzdem beachtet werden, weil die Sachverständigen ansonsten weniger als 15 Tage für die Erstellung ihres Berichts haben, da dieser einen Monat vor der Generalversammlung ausgelegt werden muß (dazu sogleich unter Ziff. 10 a); *Lamy Soc. Com.* n°1707.

248 In diesem Fall wird der *commissaire à la fusion / scission* nicht tätig; *Coquelet*, Joly Soc. n°42.

249 Gesetz n°94-126 vom 11.2.1994, Art. 15-I

250 *Cozian/Viandier* n°1725; *Coquelet*, Joly Soc. n°41

formation der Aktionäre[251]. Außerdem muß die Sacheinlage bei Neugründungen geprüft werden[252].

8. Ist eine börsennotierte *S.A.* an der Operation beteiligt, muß mindestens zwei Monate vor der Generalversammlung das sogenannte Dokument E bei der *COB* eingereicht werden, mit dem die Öffentlichkeit über das geplante Vorhaben informiert wird[253]. Dieses Dokument wird der Öffentlichkeit durch Veröffentlichung in einer Wirtschaftszeitung mit landesweiter Verbreitung oder kostenloser Zurverfügungstellung an jeden, der danach fragt, zugänglich gemacht[254]. Die Art der Verbreitung muß durch Inserat im *BALO* bekanntgemacht werden[255].

9. Mindestens einen Monat vor der Generalversammlung ist der *projet de fusion / scission* entsprechend den Vorgaben der RL'en[256] beim Handelsregister einzureichen und die geplante Operation durch einen Hinweis in den gesetzlichen Mitteilungsblättern bekanntzumachen, Artt. 374 II L.1966, 255 I D.1967[257]. Ab dieser Veröffentlichung läuft die 30-tägige Widerspruchsfrist für die Gläubiger nach Artt. 381 *bis* L.1966, 261, 262 D.1967[258]. Fehler bei der Veröffentlichung verhindern den Fristbeginn[259].

10. Nun sind die außerordentlichen Generalversammlungen vorzubereiten.

a) Eine an einer *fusion* oder *scission* beteiligte *S.A.* muß mindestens einen Monat vor der Generalversammmlung in den Geschäftsräumen den *projet de fusion / scission*, die Berichte der Leitungsorgane und der Sachverständigen, die Jahresabschlüsse sowie die Geschäftsberichte der letzten drei Jahre aller beteiligten Gesellschaften und gegebenenfalls einen Zwischenbericht auslegen, Art. 258

---

251 Communication ANSA n°2 708, Mai-Juin 1994, S. 7

252 *Mercadal/Janin* n°3502 f., die insoweit Kritik üben, weil das Verfahren erschwert wird; allerdings kann ein Sachverständiger beide Prüfungen durchführen; Communication ANSA n°2451, Septembre-Octobre 1988, S. 2.

253 *Mercadal/Janin* n°3473; eingehend *Lamy Soc. Com.* n°1715

254 *Mercadal/Janin* n°3473

255 Eingehend zu dieser Informationspflicht börsennotierter Gesellschaften ANSA, Communication n°2588, Mars-Avril 1992 (insb. S. 5 ff.).

256 vgl. oben A. II.

257 Die Monatsfrist gilt sowohl für die Einreichung beim Register, als auch für die Veröffentlichung des Hinweises, *Coquelet*, Joly Soc. n°35.

258 Einzelheiten in Teil 2, Kapitel 3 C. I. 1. a)

259 Cass. com., 4.6.1996, RJDA 10/1996 n°1201; *Mercadal/Janin* n°3472

D.1967[260]. Die Aktionäre können hiervon kostenlose Kopien erhalten, Art. 258 III D.1967. Eine *S.A.R.L.* muß in derselben Weise den Sachverständigenbericht auslegen, Art. 258 IV D.1967.

b) Die Generalversammlungen sind mit einer Mindestfrist von 15 Tagen einzuberufen[261], bei der *S.A.* durch Hinweis in einem gesetzlichen Mitteilungsblatt, bei Börsennotierung im *BALO*, Art. 126 D.1967, bei der *S.A.R.L.* durch eingeschriebenen Brief, Art. 38 D.1967.

c) Spätestens mit der Einberufung der Generalversammlungen sind die *commissaires aux comptes* einzuladen, Art. 192 L.1966.

d) Der Bericht des *commissaire aux apports* oder des *commissaire à la fusion / scission* über die Prüfung der Sacheinlagen (vgl. Ziff. 7) ist acht Tage vor der Generalversammlung auszulegen, Art. 169 D.1967 und beim Register einzureichen (Art. 51 III D. n°84-406 vom 30.5.1984)[262].

11. Die *assemblées générales extraordinaires* und gegebenenfalls die *assemblées spéciales* müssen nach Art. 372 II L.1966 über die *fusion* oder *scission* beschließen[263].

a) Damit die Generalversammlung der *S.A.* beschlußfähig ist, muß ein Präsenzquorum von einem Drittel der stimmberechtigten Aktien vertreten sein[264]. Der Beschluß muß nach Art. 153 III L.1966 mit einer Mehrheit von zwei Dritteln der vertretenen Stimmen gefaßt werden. Wenn verschiedene Aktiengattungen vorhanden sind, sind Sonderbeschlüsse zu fassen. Bei der *S.A.R.L.* ist eine Mehrheit von drei Vierteln der Anteile erforderlich, Art. 60 II L.1966.

---

260 Dies gilt wiederum nur, wenn ausschließlich *S.A.* und / oder *S.A.R.L.* beteiligt sind, ansonsten werden diese Berichte gar nicht erstellt.

261 Die Satzung kann eine längere Einberufungsfrist vorsehen.

262 ANSA, Communication n°2 708, Mai-Juin 1994, S. 9

263 Diese Generalversammlungen sollten frühestens 30 Tage nach der Veröffentlichung der geplanten Operation stattfinden, damit eventuelle Einwände der Gläubiger berücksichtigt werden können, *H/T/M* III n°846; weitergehend in Teil 2, Kapitel 3 C. I. 1. a), insb. bb).

264 Wird dieses Quorum nicht erreicht, ist die Versammlung ein zweites Mal einzuberufen, wobei nur 25 % der stimmberechtigten Anteile vertreten sein müssen, Art. 153 II L.1966.

In der Regel beschließen zuerst die Anteilsinhaber der übertragenden Gesellschaft die Auflösung derselben unter der aufschiebenden Bedingung der Zustimmung der Generalversammlung der aufnehmenden Gesellschaft[265].

b) Ausnahmsweise ist ein einstimmiger Beschluß erforderlich, wenn durch die Operation die Sozialbeiträge der Gesellschafter erhöht werden (Art. 373 L.1966) sowie bei einer nicht-verhältniswahrenden Spaltung[266].

c) Wenn *certificats d'investissement* ausgegeben wurden, müssen deren Inhaber über die Operation beschließen, wenn nicht die Gesellschaft ein Rückkaufangebot unterbreitet hat, Art. 376 III L.1966. Außerdem müssen die *obligataires* der übertragenden Gesellschaft über die Operation beschließen, wenn die Gesellschaft ihnen nicht die vorzeitige Rückzahlung der *obligation* angeboten hat, Artt. 380, 384 L.1966[267].

12. Bei einer *fusion* oder *scission* zur Neugründung einer *S.A.* muß die Satzung von den Aktionären bestätigt werden, Art. 79 II L.1966. Wenn ausschließlich *S.A.* beteiligt sind, erfolgt die Bestätigung durch die Generalversammlungen der übertragenden Gesellschaften zusammen mit dem Beschluß über den *projet de fusion / scission*[268]; die Satzung muß daher die Mitglieder des ersten *conseil d'administration* oder *de surveillance* der neuen Gesellschaft bestimmen. Die Generalversammlungen der übertragenden Gesellschaften beschließen auch über die Angemessenheit der Sacheinlage auf Grundlage des Berichts des *commissaire aux apports*, der Bestandteil der Satzung ist[269]. Nehmen Gesellschaften anderer Rechtsform teil, wird die Satzung durch die Generalversammlung der neuen Gesellschaft bestätigt. Die Neugründung einer *S.A.R.L.* erfolgt durch Unterschrift aller beteiligten Gesellschafter unter die Satzung[270], Art. 43 L.1966. Diese müssen auch über die Sacheinlage beschließen.

13. Auch über eine erforderliche Kapitalerhöhung oder -herabsetzung muß die *assemblée générale extraordinaire* beschließen, Artt. 180, 215 L.1966 für die *S.A.*, Artt. 60 II, 63 L.1966 für die *S.A.R.L.*; ein Beschluß über die Angemes-

---

265 *Lamy Soc. Com.* n°1712

266 eingehend hierzu unten Teil 2, Kapitel 1 C. I. 2. b)

267 eingehend zur Situation der Sonderrechtsinhaber in Teil 2, Kapitel 3 C. II.

268 *Jeantin*, Jur. Cl. Soc., Fasc. 164-C n°22; *Lamy Soc. Com.* n°1714

269 *Coquelet*, Joly Soc. n°54; Kritik hieran bei *Mercadal/Janin* n°3503, die vorschlagen, auch bei Neugründungen unter ausschließlicher Beteiligung von Aktiengesellschaften auf die Sacheinlagenprüfung und den entsprechenden Beschluß zu verzichten und das Verfahren so zu erleichtern.

270 *Coquelet*, Joly Soc. n°66

senheit der Sacheinlage ist, seit Art. 378 L. 1966 im Rahmen der Gesetzesänderung durch das *Loi Madelin* von 1994 abgeschafft wurde, bei einer *fusion / scission* durch Aufnahme nicht mehr erforderlich[271].

14. Spezielle Publizitätspflichten für die *fusion* oder *scission* gibt es nicht, daher sind die allgemeinen Regeln zu beachten[272].

a) Da die übertragenden Gesellschaften sich auflösen, müssen sie die für die Auflösung geltenden Publizitätspflichten erfüllen, mit Ausnahme derer, die mit der Liquidation zusammenhängen. Die aufnehmenden Gesellschaften müssen wie bei einer Satzungsänderung verfahren[273]:

- Der Auflösungs- oder satzungsändernde Beschluß ist in einem gesetzlichen Mitteilungsblatt am Ort des Sitzes der Gesellschaft bekanntzumachen, Art. 287 D.1967; bei Börsennotierung muß diese Bekanntmachung auch im *BALO* erfolgen.

- Die Dokumente oder Niederschriften, aus denen der Beschluß hervorgeht, sind beim Register zu hinterlegen[274].

- Der Beschluß ist beim Handelsregister am Ort des Sitzes der Gesellschaft zur Eintragung anzumelden. Die Eintragung muß innerhalb eines Monats ab der Beschlußfassung erfolgen, Artt. 22, 23 D. n°84-406 v. 30.5.1994[275]. Der Änderungseintrag muß den Grund der Auflösung oder Satzungsänderung (*fusion* oder *scission*) sowie Firma, Rechtsform und Sitz der Rechtsträger, die an der Operation beteiligt sind enthalten[276]. Nur wenn diese Eintragung fristgemäß erfolgt, kann der Beschluß Dritten entgegengehalten werden, Art. 391 III L.1966[277], außer die Gesellschaft weist nach, daß der Dritte auch ohne Eintragung positive Kenntnis von der Auflösung hatte, Art. 66 III D. n°84-406.

- Der Registerbeamte veröffentlicht den Beschluß im *Bulletin officiel des annonces civiles et commerciales (BODACC)*.

b) Eine neu gegründete Gesellschaft muß zudem ins Handelsregister eingetragen werden, Art. 5 L.1966.

---

271 *Lamy Soc. Com.* n°1712

272 *Coquelet*, Joly Soc. n°69

273 *Mercadal/Janin* n°3509

274 *Mercadal/Janin* n°365

275 Dekret betreffend das Handels- und Gesellschaftsregister

276 *Lamy Soc. Com.* n°1701

277 Cass. soc., 27.4.1977, Bull. civ. 1977 V n°274

15. Zusammen mit dem Antrag auf Änderung der Eintragung müssen alle beteiligten Gesellschaften eine *déclaration de conformité* beim Register einreichen, Artt. 374 III L.1966, 265 I D.1967. In dieser Urkunde erklären sie, daß die *fusion* oder *scission* ordnungsgemäß durchgeführt wurde. Der Registerbeamte überprüft die ordnungsgemäße Durchführung des Verfahrens oder die Wahrheit der Angaben nicht, er prüft nur, ob die Erklärung alle Verfahrensschritte aufführt und die Versicherung enthält, daß die Operation entsprechend den gesetzlichen Vorgaben ausgeführt wurde[278].

III. Wirksamwerden und Wirkungen der *fusion / scission*

1. Zeitpunkt des Wirksamwerdens

a) Fusion / scission durch Aufnahme

Die *fusion* oder *scission* durch Aufnahme wird nach Art. 372-2 n°2 L.1966 am Tag der letzten Generalversammlung, die der Operation zustimmt, wirksam, wenn der Vertrag keinen anderen Wirksamkeitszeitpunkt vorsieht. Eine Eintragung ins Handelsregister ist in Frankreich auch bei grundlegenden Gesellschafterbeschlüssen nicht erforderlich[279]. Daher kann der Vertrag auch einen anderen Zeitpunkt vorsehen, zu dem die Operation wirksam wird. Diese kann sowohl rückwirkend als auch auf einen späteren Zeitpunkt beschlossen werden[280]. Diese Vertragsfreiheit wird durch Art. 372-2 n°2 L.1966 nur insoweit eingeschränkt, als der Wirksamkeitszeitpunkt weder vor Beginn noch nach Ende des laufenden Geschäftsjahres liegen darf.

b) Fusion / scission durch Neugründung

Die *fusion* oder *scission* durch Neugründung wird nach Art. 372-2 n°1 L.1966 mit der Eintragung der neuen Gesellschaft im Register wirksam, bei mehreren neuen Gesellschaften (*scission* durch Neugründung mehrerer Gesellschaften) mit der Eintragung der letzten Gesellschaft. Dieser im Verhältnis zur *fusion* oder *scission* durch Aufnahme abweichende Wirksamkeitszeitpunkt beruht auf Art. 5 L.1966, wonach Handelsgesellschaften erst mit Eintragung ins Handels-

---

278 *Le Fèvre*, Rev. Soc. 1988, 207/213; *Jeantin*, JCP éd. E 1988, II, n°15169 (p. 318); *Lamy Soc. Com.* n°1699

279 Die Eintragung und Bekanntmachung der Beschlüsse ist allerdings Voraussetzung dafür, daß die Operation Dritten entgegengehalten werden kann - *opposabilité aux tiers*; *Jeantin*, Jur. Cl. Soc. Fasc. 164-D n°18 ff.

280 *Mercadal/Janin* n°3534/1

register rechtsfähig werden[281]. Aufgrund dieser Beschränkung ist diese Variante in Frankreich relativ uninteressant[282]. Zur Umgehung werden vielfach Mantelgesellschaften gegründet, die dann als aufnehmende Gesellschaft fungieren können[283].

2. Wirkungen der *fusion / scission*

Eine *fusion* oder *scission* hat nach Art. 372-1 L.1966 zur Folge, daß die übertragenden Gesellschaften sich ohne Liquidation auflösen und erlöschen, ihr gesamtes Vermögen auf die übernehmenden Rechtsträger übergeht und ihre Anteilsinhaber automatisch Anteilsinhaber der übernehmenden Gesellschaften werden[284].

a) Auflösung ohne Abwicklung

Infolge der *fusion* oder *scission* lösen die übertragenden Rechtsträger sich auf und erlöschen liquidationslos. Bis zum Inkrafttreten des Gesetzes über die Handelsgesellschaften vom 24.7.1966, war man allerdings in Frankreich davon ausgegangen, daß die übertragende Gesellschaft zu liquidieren sei. Daher wurde ein Liquidator bestellt, der das Liquidationsverfahren durchführte. Anstatt den Überschuß an die Gesellschafter der aufgelösten Gesellschaft zu verteilen, übertrug er es auf die aufnehmende Gesellschaft und erhielt im Gegenzug Anteile derselben[285]. Der Liquidationsausschluß wurde erst aufgrund der Umsetzung der 3. RL gesetzlich festgeschrieben. Art. 372-1 L.1966 bestätigt nunmehr

---

281 Diese Regelung wurde bei der Gesetzesreform 1966 unter dem Eindruck des Vorschlages der EG-PublikationsRL (1. gesellschaftsrechtliche RL v. 9.3.1968, 68/151/EWG, ABl.EG 1968 Nr. L 65) neu aufgenommen, *Hamiaut*; Réforme des sociétés commerciales, III S. 21. Zuvor war eine Gesellschaft rechtsfähig, sobald sie in der Lage war, ihre Rechte auszuüben, die Rechtsfähigkeit war unabhängig von der Eintragung, *Hamiaut*, a.a.O. S. 48.

282 Die vor Inkrafttreten dieser Regelung gängige Praxis, die *fusion* rückwirkend zu beschließen, geht so nicht mehr; *Coquelet*, Joly Soc. n°72; *Lamy Soc. Com.* n°1687.

283 *Coquelet*, Joly Soc. n°72

284 Cass. civ., 28.1.1946, D. 1946, 168; *Dalsace/Bernard* in Dalloz n°6; *Lamy Soc. Com.* n°1668; *Mercadal/Janin* n°3435 ff.

285 *Krause*, Verschmelzung von Kapitalgesellschaften S. 204 f.; *Siméon*, Fusions et scissions S. 2; *Thaller/Percerou*, Traité, 8. éd. n°703 bis; *Houpin*, Journ. Soc. 1910, 290/296: „*La fusion entraîne la dissolution et la liquidation de la société absorbée.*"; von der Rechtsprechung wurde der Liquidationsausschluß erstmals ausdrücklich mit Urteil vom 11.2.1986, Bull. civ. 1986, IV, 13 anerkannt, die früheren Urteile waren noch weniger eindeutig, vgl. Cass. civ., 6.10.1977, D. 1978, IR 104.

die von der Rechtsprechung vertretene Auffassung[286], daß die *fusion* und *scission* die sofortige Auflösung der übertragenden Gesellschaft bewirken, eine Fortsetzung derselben zum Zwecke der Liquidation nicht (mehr) zulässig ist[287]: Da das Vermögen insgesamt übertragen wird, gibt es nichts zu liqudieren[288].

Die Auflösung muß ins Handelsregister eingetragen und durch eine Annonce im *Bulletin officiel des annonces civiles es commerciales (BODACC)* bekanntgemacht werden[289], ansonsten kann sich die Gesellschaft Dritten gegenüber nicht auf ihr Erlöschen berufen (Art. 391 III L.1966)[290], und von diesen in Anspruch genommen werden[291].

b) Gesamtrechtsnachfolge

aa) Allgemeine Grundsätze

Durch das Änderungsgesetz n°88-17 vom 5.1.1988 wurde in Art. 372-1 L.1966 erstmals gesetzlich festgeschrieben, daß *fusion* und *scission* Gesamtrechtsnachfolge bewirken; es war aber zuvor schon allgemeine Auffassung, daß die Universalsukzession eines der Kernelemente dieser Operationen ist[292]. Alle Gegenstände oder Rechte, die zum Aktiv- oder Passivvermögen des übertragenden Rechtsträgers gehören, gehen auf den übernehmenden Rechtsträger über, ohne daß die bei der Einzelrechtsnachfolge zu beachtenden Regeln einzuhalten sind[293].

Insbesondere die bei einer Forderungsabtretung nach Art. 1690 C. civ. erforderliche Anzeige an den Schuldner ist entbehrlich[294], sie wird quasi ersetzt

---

286 Cass. com., 11.2.1986, Rev. Soc. 1986, Pan., 626, obs. Guyon = Bull. civ. 1986, IV, 13

287 *Jeantin*, JCP éd. E 1988, II, 15169 (S. 319)

288 *Lamy Soc. Com.* n°1666

289 Artt. 23, 74 Dekret n°84-406 vom 30.5.1984

290 CA Versailles, 1er ch. sect. 1, 9.11.1995, RJDA 1996, n°226 (S. 165)

291 Cass. soc., 27.4.1977, Bull. civ., V, n°274, S. 217; dazu *Coquelet*, Joly Soc. n°98

292 *Jeantin*, Jur. Cl. Soc., Fasc. 164-A n°9; *Hamel/Lagarde* Rn. 767; *Houpin*, Journ. Soc. 1933, 449/460; *Dalsace* in Dalloz, n°26; Paris, 23.1.1912, D. 1913. 2. 217; Cass. com., 26.10.1930, Journ. Soc. 1931, 96; Cass. com, 13.2.1963, Bull. civ. 1963 III n°104; CA Paris, 11.6.1969, D. 1969 S. 611

293 Cass. com., 4.2.1997, RJDA 7/97, n°908; *Jeantin*, Jur. Cl. Soc., Fasc. 164-A n°11

294 Cass. com fin et éco., 1.6.1993, Bull. Joly 1993, 892; Cass. civ. I, 7.3.1972, JCP éd. G 1972, II, n°17270 = JCP éd. C.I. 1973, II, 10916, note Guyon = RTD com. 1972, 654, obs. Houin = Bull. civ. 1972, I, n°71; Cass. com., 1.6.1993, Bull. civ. 1993 IV, n°214 (S. 153) = JCP éd. E 1994, I, n°363 S. 271, obs. Viandier et Caussain.

durch die für die *fusion* oder *scission* zu erfüllenden Publizitätsvorschriften[295]. Ebenso gehen Verbindlichkeiten auf den Rechtsnachfolger über, ohne daß die sonst bei einer Schuldübernahme erforderliche Zustimmung des Gläubigers nach Artt. 1275, 1276 C. civ. eingeholt werden müßte. Vertragsverhältnisse gehen über, außer sie sind höchstpersönlicher Natur[296]. Die ansonsten bei der Abtretung eines *fonds de commerce* zu beachtenden Publizitätsregeln (Artt. 3+7 des Gesetzes vom 17.3.1909 über den Verkauf eines *fonds de commerce*) sind bei einer *fusion* oder *scission* unbeachtlich[297]; diese sind nicht erforderlich, weil auch die Schulden der übertragenden Gesellschaft kraft Gesamtrechtsnachfolge übergehen und die Gläubiger Widerspruch einlegen können[298]. Diese Erleichterung gilt daher auch nur, wenn an der Operation auschließlich *S.A.* und / oder *S.A.R.L.* beteiligt sind[299], bei Beteiligung anderer Gesellschaften haben die Gläubiger kein Widerspruchsrecht[300].

Damit die Gesamtrechtsnachfolge Dritten entgegengehalten werden kann - sogenannte *opposabilité aux tiers* - müssen jedoch die entsprechenden Publizitätsvorschriften eingehalten werden: Neben den oben unter II. Ziff. 14 aufgeführten notwendigen Eintragungen ins *registre des sociétés* ist beispielsweise die Übertragung von Grundeigentum im *conservatoire des hypothèques* einzutragen, die Übertragung von Warenzeichen oder Marken im entsprechenden Register beim *Institut national de la propriété industrielle (INPI)*.

Gegenstände, die nach gesetzlichen Vorschriften nicht übertragen werden können, gehen auch im Rahmen der Universalsukzession bei einer *fusion* oder *scission* nicht auf den Rechtsnachfolger über, so ein *bail rural*, der höchstpersönlichen Charakter hat[301]. Dasselbe soll nach Ansicht einzelner Autoren gel-

---

295 *Coquelet*, Joly Soc. n°108; dazu auch Cass. civ. 3, 19.2.1997, RJDA 4/1997 n°518 (S. 326)

296 *Houin*, RTD com. 1975, 136; CA Aix, 4e ch. A, 12.6.1997, JCP éd. E 1997, I, n°710, S. 503, obs. *Viandier/Caussain*

297 CA Paris, 10.4.1986, Rev. Soc. 1986, 428, note J.-J. Daigre; durch Gesetz n°94-126 vom 11.2.1994 wurde Art. 7 I des Gesetzes vom 17.3.1909 entsprechend geändert und schließt nun die Publizitätsvorschriften bei der Übertragung eines *fonds de commerce* im Rahmen einer *fusion* oder *scission* ausdrücklich aus.

298 *Coquelet*, Joly Soc. n°109; zum Widerspruchsrecht der Gläubiger eingehend in Teil 2, Kapitel 3 C. I. 1. a)

299 *Mercadal/Janin* n°3532

300 eingehend zum *fonds de commerce* in der *fusion:* Communication ANSA n°2796, Novembre-Décembre 1995

301 Cass. civ. III, 23.4.1976, Rev. Soc. 1977, 69/74, note Guyon; *Jeantin*, Jur. Cl. Soc., Fasc. 164-A n°15; *Mercadal/Janin* n°3530

ten, wenn die Übertragbarkeit vertraglich ausgeschlossen wurde[302] (pactum de non cedendo); die Fortführung eines Vertrages mit der aufnehmenden Gesellschaft hängt dann von der Zustimmung des Vertragspartners ab[303]. Auch öffentlich-rechtliche Verträge, die nur mit Zustimmung der Verwaltungsstelle abgetreten werden können, bedürfen der Zustimmung der Behörde, damit sie im Rahmen der Gesamtrechtsnachfolge bei einer *fusion* oder *scission* auf den Rechtsnachfolger übergehen[304].

Anteile an Kapitalgesellschaften, die sich im Vermögen der übertragenden Gesellschaft befinden, gehen grundsätzlich im Rahmen der Geamtrechtsnachfolge auf die übernehmende Gesellschaft über[305]. Umstritten ist in Frankreich jedoch in neuerer Zeit, ob ein Zustimmungsvorbehalt für den Fall der Abtretung der Anteile diesen Übergang verhindert[306]. Während die Abtretung von Anteilen an einer *S.A.R.L.* an Dritte nach Art. 45 L.1966 immer der Zustimmung der Gesellschaft bedarf[307], können Aktien in Frankreich generell frei übertragen werden. Es ist aber nach Art. 274 I L.1966 zulässig, die Abtretung an Dritte von der Zustimmung der Gesellschaft abhängig zu machen. Das Gesetz verbietet solche *clauses d'agrément* nur für die Fälle der Erbfolge, der Übertragung im Rahmen einer ehelichen Gütergemeinschaft sowie der Abtretung an einen Ehegatten oder einen Abkömmling oder Verwandten in aufsteigender Linie. In einer ersten Entscheidung hatte die *cour de cassation* ein Zustimmungserfordernis für den Fall der *fusion* als nicht einschlägig erachtet[308], weil eine Zustimmung nach dem gesetzlichen Regelfall für die Abtretung von Anteilen erforderlich sei, bei einer *fusion* aber eine Gesamtrechtsnachfolge stattfinde[309]. Diese sei mit der Abtretung nicht gleichzusetzen[310]. Diese Rechtsprechung fand in der Literatur insgesamt Zustimmung, weil darin das Prinzip der Gesamtrechtsnachfolge klar

---

302 *Mercadal/Janin* n°3530

303 *Mercadal/Janin* n°3530

304 *Mercadal/Janin* n°3530

305 *Coquelet*, Joly Soc. n°114

306 Cass. com., 19.4.1972, D. 1972, jur. 538; 3.6.1986, D. 1987, jur. 95

307 Es bedarf es eines Zustimmungsbeschlusses der Gesellschafterversammlung mit ¾-Mehrheit.

308 Cass. com., 19.4.1972, D. 1972, jur. 538, note D. Schmidt = Rev. Soc. 1973, 105, note J. H.

309 Es ging in dieser Entscheidung um Anteile an einer *S.A.R.L.*, sie wurde aber allgemein auf Zustimmungsvorbehalte in Satzungen einer S.A. ausgedehnt; D. Schmidt a.a.O.

310 Dies zeigt sich schon daran, daß bei einer *fusion* nicht die bei einer Abtretung erforderlichen Förmlichkeiten des Art. 1690 C. civ. einzuhalten sind; *Reinhard*, Rev. Soc. 1987, 54; dazu auch *Férid*, Bd. I RN 2 E 126 ff.

herausgearbeitet wurde[311]. Nach einer neueren Entscheidung soll es jedoch möglich sein, einen Zustimmungsvorbehalt ausdrücklich auf den Fall der *fusion* und *scission* auszuweiten und entsprechend zu formulieren[312]. Das Gericht war der Ansicht, für diesen Fall seien *clauses d'agrément* nach Art. 274 L.1966 nicht verboten, könnten daher wirksam vereinbart werden. Diese Entwicklung wurde in Frankreich stark kritisiert, weil *fusion* und *scission* Gesamtrechtsnachfolge bewirken, diese nicht mit einem Bündel an Abtretungen gleichgestellt werden könne[313]. Dies wäre aber die Vorgehensweise des Gerichts, wenn es das Problem über Art. 274 L.1966 löse. Überdies sei die aufnehmende Gesellschaft kein „Dritter" im Sinne von Art. 274 L.1966, weil die übertragende Gesellschaft quasi in ihr aufgehe[314]. Von anderer Seite wurden Zustimmungsklauseln im Zusammenhang mit *fusions* und *scissions* generell kritisiert, weil sie zu nahezu unlösbaren Problemen führen können[315]: Wird die Zustimmung verweigert, wird die übernehmende Gesellschaft insoweit nicht Aktionärin. Die übertragende Gesellschaft exisitiert aber nicht mehr, weil sie zwingend untergeht[316]. Diese Klauseln seien daher mit der Technik der *fusion* und *scission* unvereinbar, weshalb davon abzuraten sei, sie in die Satzung aufzunehmen[317,318].

Falls die Satzung der übertragenden Gesellschaft gleichwohl eine *clause d'agrément* enthält, sollte der insoweit erforderliche Zustimmungsbeschluß der Aktionäre nicht erst mit der Zustimmung zur *fusion* oder *scission* gefaßt werden, sondern sobald die Leitungsorgane den endgültigen *projet* ausgearbeitet haben[319]. Andernfalls sollte der Beschluß über die *fusion* oder *scission* nur un-

---

311 vgl. *H/T/M* III n°864 + 865 sowie die oben zitierten Urteilsanmerkungen

312 Cass. com, 3.6.1986, D. 1987, jur. 95, note Daigre; Rev. Soc. 1987, 52, note *Reinhard*

313 *Reinhard*, Rev. Soc. 1987, 54; *ders.*, RTD com. 1987, 209; *Routier*, Fusions de sociétés commerciales n°335; zustimmend aber *Lamy Soc. Com.* n°1661

314 *Routier*, Fusions de sociétés commerciales n°335:„*En fait la société absorbée ne cède pas son patrimoine, elle l'apporte.*"; *Reinhard*, Rev. Soc. 1987, 54; *ders.*, RTD com. 1987, 209

315 *Bertrel/Jeantin* n°923

316 eingehend zu dieser Problematik *Coquelet*, Joly Soc. n°114

317 *Bertrel/Jeantin* n°923

318 Problematisch ist insoweit auch der Fall der Aufnahme einer nicht börsennotierten *S.A.* durch eine börsennotierte, denn bei Börsennotierung müssen alle Anteile frei übertragbar sein, was der Abtretungsvorbehalt gerade verhindert. Dieses Dilemma kann man nur lösen, indem man in der Zustimmung zur *fusion* mit einer börsennotierten *S.A.* zugleich die Zustimmung zur Aufhebung des Zustimmungsvorbehaltes sieht; *Routier*, Fusions de sociétés commerciales n°336.

319 *Coquelet*, Joly Soc. n°114

ter der aufschiebenden Bedingung der Zustimmung zur Abtretung der Anteile gefaßt werden[320].

bb) Besonderheiten bei einer scission

Bei einer *scission* werden die Aktiva und Passiva im *projet de scission* den aufnehmenden Gesellschaften zugewiesen[321]. Bei der Aufteilung sind die beteiligten Gesellschaften grundsätzlich frei[322]. Die für die *fusion* geltenden Steuervorteile werden allerdings bei einer *scission* nur gewährt, wenn „*branches complètes d'activité*"[323] auf die aufnehmenden Gesellschaften übertragen werden[324]. Ansonsten ist die vorherige Zustimmung der Finanzverwaltung einzuholen.

Das Schicksal „vergessener Gegenstände" ist gesetzlich nicht geregelt[325]. Wenn zwei Teilbetriebe übertragen werden, ist vielfach die Zuordnung vergessener Gegenstände zu einer der Einheiten möglich[326]. Ansonsten haften nach der Rechtsprechung für vergessene Verbindlichkeiten alle Gesellschaften gesamtschuldnerisch[327]. In der Praxis wird in der Regel vereinbart, daß alle vergessenen Aktiva und Passiva einer Gesellschaft zugewiesen sind[328]. Alternativ werden einer Gesellschaft im einzelnen aufgeführte Gegenstände zugeteilt, einer anderen pauschal alle restlichen[329].

c) Rechtslage beim apport partiel d'actif

Bei einem *apport partiel d'actif* löst sich keine der beteiligten Gesellschaften auf, daher tritt normalerweise keine Gesamtrechtsnachfolge ein[330]. Es müssen daher alle Gegenstände einzeln übertragen werden, wobei insbesondere die Vorschriften des Art. 1275 C. civ., wonach der Gläubiger einer Schuldüber-

---

320 *Coquelet*, Joly Soc. n°114

321 *Mercadal/Janin* n°3435

322 *Baudeu/Bellargent*, Fasc. 164-G n°24; *Latscha*, N 1

323 zum Begriff oben I. c)

324 *Mercadal/Janin* n°3569; zu diesem Begriff oben C. I. 1. c)

325 *Micheler*, RIW 1993, 15/20

326 *Latscha*, N 2

327 Cass. com, 7.12.1966, Rev. Soc. 1967, 51 (obs. Dalsace); *Lamy Soc. Com.* n°1752

328 *Bärmann*, ZVglRWiss. 81 (1982), 251/256; *Latscha*, N 2; *Recordon*, Protection des actionnaires n°49, FN 88; *Baudeu/Bellargent*, Fasc. 164-G n°2 + 95

329 *Baudeu/Bellargent*, Fasc. 164-G n°95

330 *Coquelet*, Joly Soc. n°135+145

nahme zustimmen muß, und des Art. 1690 C. civ., wonach eine Forderungsabtretung dem Schuldner angezeigt werden muß, zu beachten sind.

Wenn der *apport partiel* allerdings nach Artt. 387, 388-1 L.1966 den Regeln der *scission* unterstellt wurde, tritt hinsichtlich des übertragenen Unternehmensteils Gesamtrechtsnachfolge ein[331,332]. Dann gehen automatisch alle Aktiva und Passiva, die mit dem übertragenen Unternehmensteil zusammenhängen, auf die begünstigte Gesellschaft über. Der Übergang einzelner Gegenstände kann vertraglich ausdrücklich ausgeschlossen werden, dann hängt die Steuerbegünstigung von der Zustimmung der Finanzbehörde ab[333]. Um spätere Streitigkeiten oder Unsicherheiten über die Zuordnung zu vermeiden, sollten alle Gegenstände im Einbringungsvertrag aufgelistet werden[334].

Die Anteilsinhaber der übertragenden Gesellschaft werden nicht automatisch Anteilsinhaber der begünstigten Gesellschaft. Die Einbringung kann entweder mit einer Geldsumme oder mit Anteilen vergütet werden, beides erhält die übertragende Gesellschaft. Wenn die Einbringung nach den *scission*-Regeln erfolgt, müssen Anteile gewährt werden[335]. Diese kann die übertragende Gesellschaft entweder im Portfolio behalten oder unter ihren Gesellschaftern verteilen[336]. Wenn sie die Anteile verteilt, muß sie ihr Kapital herabsetzen, soweit sie nicht über ausreichendes freies Kapital verfügt[337]. Dabei ist das bei einer nicht durch Verluste bedingten Kapitalherabsetzung nach Artt. 63 III, 216 L.1966 anwendbare Verfahren zu beachten[338]. Die Gläubiger haben ein Widerspruchsrecht; solange die Widerspruchsfrist noch nicht abgelaufen ist (30 Tage, Art. 180 D.1967) bzw. über einen eingelegten Widerspruch nicht entschieden

---

331 Cass. com., 16.2.1988, JCP éd. E 1988, II, n°15177 obs. Viandier et Caussain = Bull. Joly 1988, 271; vgl. dazu auch *Jeantin/Viandier*, Rev. Dr. Banc. 1988, 130; 5.3.1991, Rev. Soc. 1991, 545 (obs. Bolze); 15.3.1994, JCP éd. E 1994, I, n°363 S. 271 (obs. Viandier/Caussain); CA Versailles, 12e ch. 3.10.1996, RJDA 1997 n°60 (S.36); *Lamy Soc. Com.* n°1786

332 Kritik bei *Coquelet*, Joly Soc. n°169, die darauf hinweist, daß im französischen Recht Gesamtrechtsnachfolge nur eintreten kann, wenn der vorherige Rechtsinhaber untergeht, sei es, weil er stirbt, oder - wenn es sich um eine juristische Person handelt - sich auflöst; ebenso *Lamy Soc. Com.* n°1786.

333 *Mercadal/Janin* n°3530

334 *Mercadal/Janin* n°3530

335 *Coquelet*, Joly Soc. n°167

336 *Coquelet*, Joly Soc. n°144; a.A. *Lamy Soc. Com.* n°1787: In diesem Fall sei sie verpflichtet, die Anteile an die Gesellschafter auszgeben.

337 *Rétail*, Fusions et scissions S. 111

338 *Coquelet*, Joly Soc. n°144+168

ist, kann die Kapitalherabsetzung nicht wirksam werden, Art. 216 III L.1966. Dies kann die Operation blockieren. Auch aus steuerlichen Gründen ist davon abzuraten, die Anteile der aufnehmenden Gesellschaft unter den Anteilsinhabern der übertragenden Gesellschaft zu verteilen, weil die Einbringung dann nicht mehr steuerneutral durchgeführt werden kann[339].

D. Rechtsvergleich

I. Möglichkeiten der Verschmelzung und Spaltung

1. Formen der Verschmelzung und Spaltung

Hinsichtlich der Verschmelzungs- und Spaltungsmöglichkeiten haben Deutschland und Frankreich die Vorgaben der Verschmelzungs- und der SpaltungsRL umgesetzt. Übereinstimmend ist daher die nach der 3. RL zwingend einzuführende Verschmelzung durch Aufnahme und durch Neugründung geregelt, wobei auch mehrere Gesellschaften gleichzeitig ihr Vermögen auf eine übertragen können. Auch die Spaltung in Form der Aufspaltung ist entsprechend den Vorgaben der 6. RL gleichermaßen geregelt. Die Verschmelzung war allerdings in beiden Ländern auch vor der Richtlinien-Umsetzung schon bekannt[340], hier mußten nur geringe Anpassungen vorgenommen werden, insbesondere durch die europarechtliche Vorgabe, daß eine Verschmelzung durch Aufnahme mehrerer Gesellschaften geschehen kann, was in Deutschland zuvor nicht vorgesehen war[341]. Eine Rechtsangleichung ist vor allem durch die Umsetzung der SpaltungsRL erfolgt, da nunmehr auch in Deutschland Unternehmen die Möglichkeit der Spaltung mittels Gesamtrechtsnachfolge haben, was in Frankreich in der von der 6. RL vorgesehenen Form der Aufspaltung schon seit Inkrafttreten des Gesetzes über die Handelsgesellschaften von 1966 geregelt war. Auch insoweit mußte der französische Gesetzgeber nur geringe Änderungen vornehmen; so gilt die früher mögliche *fusion-scission* aufgrund der Vorgaben der 6. RL nun als *scission au profit de sociétés existantes*[342].

---

339 *Coquelet*, Joly Soc. n°168; um die Steuerbegünstigung entsprechend der *fusion*-Regelung zu erhalten, muß sich die Gesellschaft vielmehr verpflichten, die Anteile während der nächsten 5 Jahre zu behalten; *Lamy Soc. Com.* n°1789. Allerdings besteht die Möglichkeit, die Ausgabe der Anteile innerhalb eines Jahres nach Wirksamwerden der Operation durch die Finanzverwaltung genehmigen zu lassen, so daß diese nicht als steuerpflichtige Verteilung behandelt wird.

340 vgl. oben B. III. 2. am Anfang sowie C. III. 2. a)

341 vgl. oben B. I. 1. a) und III. 1. a)

342 vgl. oben C. I. 1. b)

Die Spaltung in Form der Abspaltung hingegen kennt man in Frankreich nicht, da die *scission* begrifflich zwingend das Erlöschen des übertragenden Rechtsträgers voraussetzt[343]. Die Möglichkeit der Abspaltung mit dem Fortbestehen eines Restes der übertragenden Gesellschaft und mit Anteilstausch, die fakultativ in Art. 25 der 6. RL vorgesehen ist, bietet sich jedoch als letzter logischer Schritt der Spaltung an[344]. Außerdem ist sie unter dem Aspekt sinnvoll, sich von einem Unternehmensteil lösen zu können. Eine derartige Umstrukturierung ist in Frankreich derzeit nur mittels *apport partiel d'actif* möglich, wobei allerdings in aller Regel die für die Sacheinlage gewährten Anteile beim einbringenden Unternehmen verbleiben, dessen Anteilsinhaber nicht Anteilsinhaber des aufnehmenden Unternehmens werden[345]. Die Anteile können zwar verteilt werden, doch zieht dies ein kompliziertes Verfahren nach sich und die Einbringung ist dann nicht steuerneutral möglich[346]. Um den Unternehmen möglichst umfassende Umstrukturierungsmöglichkeiten an die Hand zu geben, wie sie in Deutschland nunmehr bestehen, sollte der französische Gesetzgeber auch die Möglichkeit der Spaltung, bei der der übertragende Rechtsträger fortbesteht, vorsehen.

Diese Rechtsfigur böte auch den Anteilsinhabern einer französischen Gesellschaft mehr Schutz als sie derzeit genießen. Denn die Einbringung kann in Deutschland wie in Frankreich mittels Einzel- oder Gesamtrechtsnachfolge durchgeführt werden. Welcher Weg genommen werden soll, können die Unternehmen grundsätzlich frei entscheiden. Hier wie dort ist die Einbringung eines (Teil-)Betriebes in beiden Fällen steuerneutral möglich[347]. Aus Sicht der Anteilsinhaber stellen sich beide Vorgänge gleich dar: Ein Bereich „ihres" Unternehmens wird auf ein anderes übertragen, sie verlieren insoweit ihre Einflußmöglichkeit. Es ist daher nicht gerechtfertigt, daß sie, wenn der Weg der Gesamtrechtsnachfolge gewählt wird, besonderen Schutz genießen, im anderen Fall weitgehend schutzlos sind.

---

343 vgl. oben C. III. 2. a)

344 *Teichmann*, AG 1980, 85/87

345 vgl. oben C. I. 1. c) und C. III. 2. c)

346 *Coquelet*, Joly Soc. n°168; Einzelheiten oben C. III. 2. c)

347 In Frankreich muß eine *branche comlète d'activité* eingebracht werden, damit die *scission*-Regeln überhaupt angewendet werden können, die die Gesamtrechtsnachfolge mit sich bringen, vgl. oben C. I. 1. c). In Deutschland kann auch ein Einzelgegenstand ausgegliedert werden; damit die Operation steuerneutral durchgeführt werden kann, muß es sich jedoch auch hier um einen Betrieb oder Teilbetrieb handeln, vgl. oben B. I. 1. b) bb) + cc) sowie B. III. 2. a) bb) (1).

In Deutschland wurde dies erkannt: Nachdem die Ausgliederung eines wesentlichen Vermögensteils eines Unternehmens nach der „Holzmüller-Rechtsprechung" des BGH[348] schon vor Inkrafttreten des UmwG 1995 in die Entscheidungskompetenz der Anteilsinhaber fiel, muß man nunmehr aufgrund der vergleichbaren Sachlage in diesem Fall eine Ausstrahlungswirkung des UmwG annehmen. Die Anteilsinhaber genießen daher auch bei der klassischen Ausgliederung eines wesentlichen Vermögensteils mittels Einzelrechtsnachfolge den Schutz des UmwG, dessen Schutzvorschriften können nicht umgangen werden[349].

In Frankreich gibt es keine derartige Tendenz. Die *Commission des Opérations de la bourse (COB)*, das Börsenaufsichtsorgan, empfiehlt zwar, die Anwendung der *scission*-Regeln zu vereinbaren, wenn ein *apport partiel d'actif* einen wesentlichen Vermögensteil des Unternehmens betrifft[350]. Derartige Empfehlungen der *COB* sind eine Art Gewohnheitsrecht[351] und werden daher in der Praxis in der Regel befolgt[352]; sie richten sich allerdings nur an börsennotierte Aktiengesellschaften und sind auch für diese nicht verbindlich. Die Schutzvorschriften zugunsten der Anteilsinhaber können daher in Frankreich sanktionslos umgangen werden. Nicht zuletzt deshalb sollte der französische Gesetzgeber das Institut der Abspaltung als Form der *scission* mit allen für diese geltenden Schutzmechanismen einführen. Außerdem sollten wie in Deutschland beim *apport partiel* die speziellen Vorkehrungen zum Schutz der Aktionäre zwingend bei alle Gesellschaften gelten, wenn ein wesentlicher Vermögensteil betroffen ist.

2. Beteiligte Rechtsträger

a) Gesellschaft bürgerlichen Rechts

In Deutschland wie in Frankreich können sich alle Handelsgesellschaften an Verschmelzungs- und Spaltungsvorgängen beteiligen. In Frankreich sind darüber hinaus Gesellschaften des bürgerlichen Rechts in der Lage, an solchen Operationen mit Gesamtrechtsnachfolge teilzunehmen, wenn es sich nicht um bloße Innengesellschaften handelt[353]. Man ist dort allerdings der Meinung, die

---

348 Urt. v. 25.2.1982, BGHZ 83, 122

349 vgl. oben B I. 1. c)

350 Recommendations COB 1977, JCP éd. C.I. 1978, II, n°12633 annexe; recommendations COB déc. 1972, JCP éd. C.I. 1973, II, n°11134; dazu auch *Cozian/Viandier* n°1748; *Duden/Schilling*, AG 1974, 202/206

351 *Bézard* n°1304

352 *Neye*, DB 1982, 365/366

353 vgl. oben C. I. 2. a)

Möglichkeit der Verschmelzung einer Aktiengesellschaft mit einer Gesellschaft bürgerlichen Rechts sei von eher theoretischer Natur[354]. Anders als in Frankreich, wo die BGB-Gesellschaft rechtsfähig ist, wird sie in Deutschland nur als teilrechtsfähig angesehen und kann deshalb nicht an Verschmelzungen oder Spaltungen teilnehmen. Nachdem die Gerichte die Rechtsfähigkeit immer mehr erweitern[355], ist es wohl nur noch eine Frage der Zeit, bis sie in den Kreis verschmelzungsfähiger Gesellschaften aufgenommen wird[356].

b) Aufgelöste Rechtsträger

Entsprechend den Vorgaben der Richtlinien können sich auch Liquidationsgesellschaften an Verschmelzungen und Spaltungen beteiligen[357]. In Deutschland herrschte schon vor Inkrafttreten des UmwG 1995 ein Meinungsstreit darüber, ob eine aufgelöste Gesellschaft sich als aufnehmender Rechtsträger an einer Verschmelzung beteiligen kann[358]; das UmwG hat insoweit keine Klärung gebracht. Die Übertragung einer Gesellschaft auf einen aufgelösten Rechtsträger zum bloßen Zweck der gemeinsamen Liquidation macht jedoch keinen Sinn und ist auch nicht im Sinne des Gesetzgebers, der durch die Möglichkeit der Beteiligung von Liquidationsgesellschaften diesen die Sanierung erleichtern wollte. In Frankreich ist es aus diesem Grund eine Selbstverständlichkeit, daß eine aufgelöste Gesellschaft nicht die Rolle der aufnehmenden Gesellschaft spielen kann[359]. Da überdies allein dieses Verständnis den Vorgaben von Art. 3 II der 3. RL entspricht[360], wäre es wünschenswert, daß der deutsche Gesetzgeber insoweit ein Klarstellung vornimmt.

c) Mischverschmelzung / -spaltung

Mischverschmelzungen und -spaltungen sind in Deutschland wie in Frankreich nahezu unbeschränkt möglich[361]. In Deutschland sind bei Beteiligung von Rechtsträgern unterschiedlicher Rechtsform neben den allgemeinen Regeln

---

354 *Lamy Soc. Com.* n°1679

355 Zuletzt wurde die GbR als wechsel- und scheckfähig anerkannt, BGH, Urt. v. 15.7.1997, WM 1997, 1666.

356 zur Rechtsnatur der GbR allgemein *Berndt/Boin*, NJW 1998, 2854 und *Cordes*, JZ 1998, 545

357 vgl. oben B. I. 2. b) und C. I. 2. b)

358 vgl. oben B. I. 2. b)

359 vgl oben C. I. 2. b)

360 vgl. oben B. I. 2. b)

361 vgl. oben B. I. 2. c) und C. I. 2. c)

immer für jede Gesellschaft die für ihre Rechtsform geltenden besonderen Vorschriften anwendbar[362]. So sind insbesondere die Schutzvorschriften zugunsten der Anteilsinhaber einer AG immer anzuwenden, gleich welche Rechtsform die anderen beteiligten Rechtsträger haben. In Frankreich hingegen gelten die besonderen Vorschriften, die insbesondere die sich aus der 3. und der 6. RL ergebenden Schutzvorkehrungen für die Aktionäre beinhalten, nur, wenn ausschließlich *S.A.* und / oder *S.A.R.L.* an der Operation beteiligt sind[363]. Damit ist der französische Gesetzgeber zwar schon über die Richtlinienvorgaben hinausgegangen, die nur bei Operationen zwischen Aktiengesellschaften gelten; diese Einschränkung ist jedoch nicht sachgerecht, da die Aktionäre ebenso schutzbedürftig sind, wenn ihre Gesellschaft mit einer Personenhandelsgesellschaft fusioniert. Da in Frankreich Operationen unter Beteiligung von Gesellschaften unterschiedlicher Rechtsform zulässig sind, sollten die Vorschriften der Artt. 375 ff. L.1966 für jede *S.A.* oder *S.A.R.L.* anwendbar sein, unabhängig davon, welche Rechtsform die anderen beteiligten Rechtsträger haben.

II. Verfahren

Das bei Verschmelzungen und Spaltungen einzuhaltende Verfahren ist in Deutschland und Frankreich aufgrund der zwingenden Vorgaben der Richtlinien nunmehr in weiten Teilen übereinstimmend geregelt. So ist ein Vertrag mit weitgehend demselben Inhalt zu erstellen[364], dieser ist einen Monat vor der beschließenden Hauptversammlung beim Register einzureichen und bekanntzumachen. In Deutschland gilt dies nur für Aktiengesellschaften[365], in Frankreich muß bei jeder Verschmelzung oder Spaltung von Handelsgesellschaften der *projet* eingereicht werden[366]. Zumindest bei Beteiligung von *S.A.R.L.* ist die Einreichung hier von Bedeutung für die Rechte der Gläubiger[367].

Dieser Vertrag ist in Deutschland notariell zu beurkunden[368]. In Frankreich ist die Beurkundung von gesellschaftsrechtlichen Verträgen zwar möglich, aber unüblich; zwingend ist die notarielle Form nur, wenn der Vertrag die Übertra-

---

362 vgl. oben B. I. 2. c)

363 vgl. oben C. I. 2. c)

364 vgl. oben B. II. Ziff. 3 c)

365 vgl. oben B. II. Ziff. 9

366 vgl. oben C. II. Ziff. 9

367 vgl. oben C. II. Ziff. 9 sowie eingehend zum Gläubigerschutz in Teil 2, Kapitel 3 C. I. 1. a), insb. bb)

368 vgl. oben B. II. Ziff. 3 a)

gung von Grundstücken beinhaltet[369]. Diese Formfreiheit spart zwar Kosten; allerdings gewährleistet die notarielle Form die inhaltliche Richtigkeit des Vertrages, weshalb sie nur von Notaren vorgenommen werden sollte, die des nationalen Rechts, das den Vertrag regiert, kundig sind und insoweit ihre Haftung nicht ausschließen[370].

Die Leitungsorgane haben einen Bericht über die geplante Operation zu schreiben und der Vertrag ist von Sachverständigen zu prüfen, die ebenfalls einen Bericht erstellen[371]. Bei Aktiengesellschaften sind diese Berichte zusammen mit weiteren Unterlagen[372] mindestens einen Monat vor der beschließenden Versammlung den Aktionären zur Verfügung zu stellen. In Deutschland entspricht diese Frist der Einberufungsfrist für die Hauptversammlung, während man in Frankreich die Situation findet, daß die Unterlagen für die Aktionäre auszulegen sind, bevor diese überhaupt zur Generalversammlung geladen sind[373]. Die Monatsfrist erscheint in Frankreich daher übertrieben[374], sie ist aufgrund der Richtlinien allerdings verpflichtend.

Die Anteilsinhaber entscheiden über die Durchführung der Operation, wobei die Beschlußvoraussetzungen aufgrund der nationalen Unterschiede der Gesellschaftsrechte differieren.

Das Verfahren bei der Gründung von Aktiengesellschaften im Rahmen von Verschmelzungen wurde in Deutschland wesentlich vereinfacht. Die Möglichkeit, von einer Mindestgründerzahl abzusehen, ist zwar inzwischen unerheblich, da mit der „Kleinen AG" ohnehin die Ein-Personen-Gründung eingeführt wurde[375]; allerdings ist bei der Gründung einer Kapitalgesellschaft nunmehr der Sachgründungsbericht entbehrlich, wenn eine der übertragenden Gesellschaften eine Kapitalgesellschaft ist[376]. In Frankreich hingegen wird von dem Erfordernis, daß eine *S.A.* mindestens sieben Gründer braucht, nur bei ausschließlicher Beteiligung von *S.A.* an der *fusion* oder *scission* abgesehen. Sobald eine

---

369 vgl. oben C. II. Ziff. 3

370 vgl. oben B. II. Ziff. 3 a)

371 eingehend zum Schutz der Anteilsinhaber in Teil 2, Kapitel 1 B. III. 1. + IV. sowie C. II. 1. + III.

372 vgl. oben B. II. Ziff. 11 und C. II. Ziff. 10 a)

373 vgl. oben C. II. Ziff. 10 a) + b)

374 *Mercadal/Janin* n°3483

375 vgl. oben B. II. Ziff. 4

376 vgl. oben B. II. Ziff. 4

S.A.R.L. beteiligt ist, müssen fünf weitere Gründer hinzugezogen werden[377]. Außerdem ist in Frankreich immer ein Sachgründungsbericht zu erstellen. Von der Möglichkeit, gemäß Art. 23 IV der 3. RL von diesem Bericht abzusehen, hat der Gesetzgeber keinen Gebrauch gemacht. Hier wären weitere Verfahrenserleichterungen möglich und wünschenswert gewesen[378].

In Deutschland sind Verschmelzung und Spaltung beim Handelsregister anzumelden und einzutragen, damit sie wirksam werden[379]. Der Registerrichter überprüft vor der Eintragung die Rechtswirksamkeit des gesamten Verschmelzungs- oder Spaltungskomplexes in formeller und materieller Hinsicht[380]. In Frankreich ist die Eintragung zwar nicht Wirksamkeitsvoraussetzung, die Operation ist jedoch trotzdem beim Register anzumelden und einzutragen. Die Eintragung ist bekanntzumachen, was Voraussetzung dafür ist, daß die Operation Dritten entgegengehalten werden kann[381].

Mit der Anmeldung müssen die beteiligten Gesellschaften die *déclaration de conformité* einreichen[382]. Der Registerbeamte überprüft jedoch nicht die Wahrheit der Angaben, sondern nur, ob die Erklärung alle notwendigen Schritte aufführt und die Versicherung enthält, daß die Operation entsprechend den gesetzlichen Vorgaben ausgeführt wurde[383]. Daher ist dies keine gerichtliche Kontrolle der Gesetzmäßigkeit der Operation, wie sie die deutsche Prüfung des Registerrichters gewährleistet[384]. Nach Art. 16 der 3. RL, der über eine Verweisung auch für die Spaltung gilt, können die Mitgliedsstaaten von dem Erfordernis der öffentlichen oder notariellen Beurkundung der Niederschriften der Hauptversammlung und der Vertragsentwürfe nur absehen, wenn sie eine präventive behördliche oder gerichtliche Rechtmäßigkeitskontrolle hinsichtlich der bei einer Verschmelzung oder Spaltung notwendigen Handlungen vorsehen[385]. In Frankreich ist man immer davon ausgegangen, daß die *déclaration de conformité* einen wesentlichen Bestandteil der vorbeugenden behördlichen Rechtmäßigkeitskontrolle bei Gründungen und Satzungsänderungen darstellt, daher wurde sie

---

377 vgl. oben C. II. Ziff. 4

378 *Mercadal/Janin* n°3502 + 3503; *Coquelet*, Joly Soc. n°54

379 vgl. oben B. II. Ziff. 19 und III. 1.

380 *Kallmeyer*-Zimmermann, UmwG, § 19 RN 2 f.

381 vgl. oben C. III 2. b) aa)

382 vgl. oben C. II. Ziff. 15

383 vgl. oben C. II. Ziff. 15

384 *Ducouloux-Favard*, D. 1990, Chron., 242/244

385 *Le Fèvre*, Rev. Soc. 1988, 207/213

bei Umsetzung der Richtlinien auch für die *fusion* und *scission* eingeführt[386]. Angesichts der Tatsache, daß nur die Ordnungsgemäßheit der *déclaration*, nicht jedoch die des Verfahrens an sich überprüft wird, ist allerdings zweifelhaft, ob es sich hierbei um eine vorbeugende Kontrolle handelt, wie sie die Richtlinien fordern. Da das französische Recht zudem keine Beurkundungspflichten vorsieht, ist die Richtlinienkonformität insoweit fraglich.

III. Wirkungen und Wirksamkeit

1. Wirksamkeitszeitpunkt

In Deutschland wird bei Kapitalgesellschaften eine Verschmelzung oder Spaltung wie jede Satzungsänderung erst mit Eintragung ins Handelsregister wirksam. So besteht einerseits ein Gleichlauf bei Verschmelzung oder Spaltung durch Aufnahme und durch Neugründung; andererseits wird mit der Eintragung ein Zustand der Rechtssicherheit erreicht, da ab diesem Zeitpunkt Mängel unbeachtlich sind[387]. Eine einmal eingetragene Verschmelzung oder Spaltung wird daher trotz eventueller Mängel nicht mehr rückabgewickelt, was erhebliche Probleme erspart, die auftreten würden, wenn eine vollzogene Verschmelzung nach einiger Zeit rückgängig zu machen wäre[388].

In Frankreich wird die Operation bei Übertragung auf bestehende Gesellschaften bereits mit der letzten Beschlußfassung wirksam. Bei einer Neugründung wird die neue Gesellschaft allerdings - entsprechend den Vorgaben der Publizitätsrichtlinie[389] - erst mit Eintragung ins Register wirksam, so daß in diesem Fall auch die Operation insgesamt erst mit dieser Eintragung wirksam werden kann[390]. Bei der Verschmelzung oder Spaltung durch Aufnahme ermöglicht das französische Modell eine größere Flexibilität bei der Festlegung des Wirksamkeitszeitpunktes. Da man hier gewohnt ist, daß auch grundlegende satzungsändernde Beschlüsse bereits mit der Beschlußfassung wirksam werden, sind Verschmelzungen und Spaltungen mit Neugründungen, die mit Formalismen behaftet sind, unattraktiv[391]. Allerdings besteht so die Gefahr, daß eine fehlerhafte Operation infolge Anfechtung rückabzuwickeln ist. Diese Gefahr versucht man,

---

386 *Le Fèvre*, Rev. Soc. 1988, 207/213; für die Gründung und Satzungsänderung wurde sie allerdings mittlerweile abgeschafft, sie ist jetzt nur noch bei *fusion* und *scission* einzureichen; *Mercadal/Janin* n°3590.

387 vgl. oben B. III. 2. b)

388 vgl. oben B. III. 2. b) bb)

389 2. gesellschaftsrechtliche RL vom 13.12.1976 (77/91/EWG), ABl.EG 1977 Nr. L 26

390 vgl. oben C. III. 1

391 vgl. oben C. III. 1. b)

durch großzügige Nachbesserungsmöglichkeiten einzudämmen, indem man die Gesellschaften zwingt, angesichts der nahezu unmöglichen Rückabwicklung den Fehler zu beseitigen[392].

2. Wirkungen

Infolge einer Verschmelzung oder Aufspaltung, in Frankreich *scission*, erlöschen die übertragenden Rechtsträger liquidationslos, ihr gesamtes Vermögen geht im Wege der Gesamtrechtsnachfolge auf den oder die übernehmenden Rechtsträger über und die Anteilsinhaber werden automatisch Anteilsinhaber der übernehmenden Rechtsträger. Diese Folgen waren für die Verschmelzung in Deutschland schon seit Ende des letzten Jahrhunderts anerkannt[393], in Frankreich für *fusion* und *scission* ebenso, mit Ausnahme des Liquidationsausschlusses, der sich erst später durchgesetzt hat[394]. Bei der Abspaltung hingegen bleibt der übertragende Rechtsträger bestehen, ansonsten sind die Folgen dieselben. Bei der Ausgliederung entfällt auch das Erfordernis des automatischen Anteilserwerbs. Diese entspricht daher dem französischen *apport partiel d'actif*, soweit dieser den *scission*-Regeln unterstellt wurde[395].

Im Rahmen der Gesamtrechtsnachfolge gehen in Deutschland wie in Frankreich Forderungen, Verbindlichkeiten und Verträge, mit Ausnahme solcher, die höchstpersönlichen Charakter haben, auf die übernehmenden Rechtsträger über. Eine Mitwirkung der Gläubiger oder Schuldner ist nicht erforderlich[396]. Soweit der übertragende Rechtsträger erlischt, entfalten pacta de non cedendo in Deutschland keine Wirkung[397]; so wird verhindert, daß subjektloses Vermögen entsteht[398]. Dies wird wohl in Frankreich von Autoren, die neuerdings die Geltung von Abtretungsverboten für diese Fälle fordern[399], nicht bedacht. Die Tendenz, die Folgen der Gesamtrechtsnachfolge einzuschränken, zeigt sich in Frankreich allerdings auch in der neueren Rechtsprechung, die es zulassen will, Vinkulierungsklauseln auf den Fall der Übertragung von Anteilen im Rahmen einer *fusion* oder *scission* auszudehnen[400]. Damit wird jedoch verkannt, daß die

392 dazu ausführlich in Teil 2, Kapitel 1 C. V. 1. b) bb) +cc)

393 vgl. oben B. III. 2. am Anfang

394 vgl. oben C. III. 2. a)

395 vgl. oben C. III. 2. c)

396 vgl. oben B. III. 2. a) aa) und C. III. 2. b) aa)

397 vgl. oben B. III. 2. a) aa)

398 *K. Schmidt*, AcP 191 (1991), 495/501

399 *Mercadal/Janin* n°3530; siehe oben C. III. 2. b) aa)

400 vgl. oben C. III. 2. b) aa)

Gesamtrechtsnachfolge gerade nicht mit einem Bündel an Abtretungen gleichzustellen ist, Vinkulierungsklauseln aber nur für Abtretungen vereinbart werden können. Außerdem kann ein derartiger Zustimmungsvorbehalt dazu führen, daß Anteile ohne Inhaber entstehen, wenn die Zustimmung verweigert wird. Dann ist die Kapitalerhaltung gefährdet. Aus diesem Grund gehen in Deutschland Anteile an Kapitalgesellschaften, die sich im Vermögen der übertragenden Gesellschaft befinden, im Rahmen der Gesamtrechtsnachfolge ungeachtet etwaiger Abtretungsvorbehalte auf die übernehmende Gesellschaft über.

Bei der Spaltung gehen die Aktiva und Passiva der übertragenden Gesellschaft so, wie sie im Spaltungsvertrag bezeichnet wurden, auf die übernehmenden Gesellschaften über[401]. Daher stellt sich die Frage, wie mit Gegenständen zu verfahren ist, die im Vertrag nicht aufgeführt sind, insbesondere wer für vergessenen Passiva haftet. In Deutschland ist diese Frage gesetzlich ebenso wenig geregelt wie in Frankreich. Während in Deutschland jedoch bereits ein heftiger Meinungsstreit über dieses Problem entbrannt ist, weil die Lösung, die der Gesetzgeber ausweislich der Gesetzesbegründung vorgesehen hat, unbillig ist[402], hat man in Frankreich, wo *scissions* seit über 40 Jahren durchgeführt werden, damit keine Probleme: Nach der Rechtsprechung haften für vergessene Verbindlichkeiten alle beteiligten Gesellschaften als Gesamtschuldner. In der Praxis wird in der Regel vereinbart, daß einer der beteiligten Gesellschaften alle nicht explizit aufgeführten Gegenstände zugewiesen sind; alternativ werden einer Gesellschaft im einzelnen aufgeführte Aktiva und Passiva zugewiesen, der anderen Gesellschaft pauschal alle anderen[403]. Im Laufe der Zeit werden sich auch in Deutschland derart praktikable Lösungen entwickeln.

---

401 vgl. oben B. III. 2. a) bb) (2) und C. III. 2. b) bb)

402 vgl. oben B. III. 2. a) bb) (2)

403 vgl. oben C. III. 2. b) bb)

Teil 2: Schutz der Interessen von Gesellschaftern und Dritten bei Verschmelzung und Spaltung von Kapitalgesellschaften

1. Kapitel: Schutz der Anteilsinhaber bei Verschmelzung und Spaltung von Aktiengesellschaften

A. Einleitung und europarechtliche Vorgaben

Jede Verschmelzung oder Spaltung stellt einen sehr weitgehenden Eingriff in die Position der Anteilsinhaber der beteiligten Gesellschaften dar: Der Wert ihrer neuen Beteiligung ist unklar, der wirtschaftliche Nutzen der geplanten Operation ist nicht ohne weiteres erkennbar, bei einer Spaltung sollen sie vielleicht nur Anteile einer der neuen Gesellschaften erhalten. Daraus ergibt sich die Notwendigkeit, derartige Strukturänderungen der Entscheidungskompetenz der Anteilsinhaber zu unterstellen. Um aber eine Entscheidung treffen zu können, benötigen sie vorab die zur Beschlußfassung notwendigen Informationen.

Die Verschmelzungs-RL und die Spaltungs-RL schreiben daher zum Schutz der Gesellschafter insbesondere der übertragenden Aktiengesellschaft ins einzelne gehende Maßnahmen zur Vorbereitung und Durchführung der Verschmelzung oder Spaltung vor: Den Abschluß eines Vertrages mit vorgegebenem Mindestinhalt (Art.5, 3.RL / Art.3, 6.RL), der offenzulegen ist (Art.6, 3.RL / Art.4, 6.RL), einen Bericht der Leitungsorgane der beteiligten Gesellschaften (Art.9, 3.RL / Art.7, 6.RL), einen Prüfungsbericht unabhängiger Sachverständiger (Art.10, 3.RL / Art.8, 6.RL), sowie Offenlegung dieser Unterlagen mindestens einen Monat vor der Beschlußfassung (Art.11, 3.RL / Art.9, 6.RL). Die Verschmelzung oder Spaltung muß von den Aktionären mit Zweidrittelmehrheit beschlossen werden; sind mehrere Aktiengattungen vorhanden, sind Sonderbeschlüsse zu fassen, soweit in die Rechte der Aktionäre einer Gattung eingegriffen wird (Art.7, 3.RL / Art.5 I S.2, 6.RL). Bei der Spaltung sind darüber hinaus die Besonderheiten für die nicht-verhältniswahrende Spaltung zu beachten (Art.5 II, 6.RL), das heißt für den die Minderheit besonders beeinträchtigenden Fall, daß die Aktien der begünstigten Gesellschaften den Aktionären der gespaltenen Gesellschaft nicht im Verhältnis zu deren Beteiligung am Kapital gewährt werden.

Die angemessene und objektive Unterrichtung der Aktionäre und deren Schutz wird in den Richtlinien als besonders wichtiges Ziel der Koordinierung hervorgehoben[1]. Zu untersuchen ist daher, inwieweit der deutsche und der französische Gesetzgeber diesen Auftrag der Richtlinien erfüllt haben.

B. Aktionärsschutz in Deutschland

Während die Vorgaben der Richtlinien nur gelten, wenn an einer Verschmelzung oder Spaltung ausschließlich Aktiengesellschaften beteiligt sind, gelten die Vorschriften zum Aktionärsschutz nach dem Umwandlungsgesetz für jede an einer Verschmelzung oder Spaltung beteiligte Aktiengesellschaft, gleich welche Rechtsform die anderen an der Operation beteiligten Rechtträger haben[2].

I. Entscheidungszuständigkeit der Hauptversammlung

Nach § 13 I UmwG wird der Verschmelzungs- oder Spaltungsvertrag nur wirksam, wenn die Anteilsinhaber der beteiligten Rechtsträger ihm zustimmen. Für die Verschmelzung von Aktiengesellschaften war dies bereits in § 340 I AktG 1965 vorgesehen.

Die Verschmelzung oder Spaltung stellt für alle beteiligten Rechtsträger eine Grundlagenentscheidung von erheblicher Tragweite dar, daher ist das Erfordernis des Beschlusses der Hauptversammlung zwingend. Die Entscheidung kann weder per Satzung auf andere Organe übertragen werden, noch kann schriftlich abgestimmt werden[3].

1. Beschlußgegenstand

Der Hauptversammlung kann entweder der bereits abgeschlossene Vertrag oder aber ein Vertragsentwurf (vgl. § 4 II UmwG) zur Entscheidung vorgelegt werden[4]. Der Beschluß wird somit entweder als (nachträgliche) Genehmigung (§ 184 BGB) des Vertrages oder als (vorherige) Einwilligung (§ 183 BGB) in den Abschluß des beabsichtigten Vertrages gefaßt[5]. Im zweiten Fall muß der Inhalt des später abgeschlossenen Vertrages wörtlich mit dem Text überein-

---

1 Abs. 7 der Begründungserwägungen der 3. RL, Abs. 6 der Begründungserwägungen der 6. RL

2 vgl. schon oben Teil 1, B. I. 2. c)

3 Dies stellt § 13 I,2 UmwG klar.

4 vgl. oben Teil 1, B. II. Ziff. 2 b) sowie Ziff. 2 c) zum Vertragsinhalt

5 *Lutter*-Lutter, UmwG, § 13 RN 8

stimmen, dem die Hauptversammlung zugestimmt hat[6], da ansonsten die Alleinentscheidungsgewalt der Anteilsinhaber nicht gewahrt ist.

2. Erforderliche Mehrheit

a) Verschmelzung

Der Hauptversammlungsbeschluß bedarf nach § 65 I,1 UmwG einer Mehrheit, die mindestens drei Viertel des bei der Beschlußfassung vertretenen Grundkapitals umfaßt. Dieses Mehrheitserfordernis entspricht dem bei anderen strukturändernden Maßnahmen. Die Satzung kann die Anforderungen an den Beschluß nur verschärfen (§ 65 I,2 UmwG). Mit der Beibehaltung der schon vor der Umsetzung der 3. RL geltenden Regelung ging der deutsche Gesetzgeber über deren Vorgaben hinaus, die aber insoweit nur Mindestanforderungen darstellen.

b) Spaltung

aa) Beschlußkompetenz der Hauptversammlung

Nach §§ 125 S.1, 65, 13 UmwG ist nunmehr auch bei Spaltungen die Zustimmung der Anteilseigner zum Spaltungsvertrag mit Dreiviertelmehrheit erforderlich. Vor Inkrafttreten des UmwG 1995 waren diese Vorgänge nach § 76 I AktG Sache der Geschäftsleitung und unterlagen nur ausnahmsweise der Entscheidungszuständigkeit der Hauptversammlung. Ein Hauptversammlungsbeschluß kam bisher insbesondere nach folgenden allgemeinen Vorschriften in Betracht[7]:

- Nach §§ 119 I Nr.8, 262 AktG ist die Mitwirkung der Hauptversammlung zwingend vorgeschrieben bei der Auflösung einer Aktiengesellschaft, die bei einer Aufspaltung zu erfolgen hat.

- Nach § 222 AktG bedarf eine Kapitalherabsetzung der Zustimmung der Aktionäre. Eine Kapitalherabsetzung kann bei einer Abspaltung erforderlich sein[8], sobald das verbleibende Nettovermögen des übertragenden Rechtsträgers dessen Stammkapital nicht mehr deckt. Bei einer Ausgliederung hingegen ändert sich die Vermögenssituation der übertragenden Gesellschaft nicht, da lediglich ein Austausch der Vermögensgegenstände stattfindet: An die Stelle des übertra-

---

6 *Dehmer*, UmwG, § 13 RN 14; *G/H/E/K*-Grunewald, § 340 c AktG RN 4

7 vgl. auch *Lutter*, FS Fleck S. 169 ff.; *Hübner*, FS Stimpel S. 791/792 ff. m. w. N.

8 Bei einer Aufspaltung hingegen, bei der der übertragende Rechtsträger erlischt, kann eine Kapitalherabsetzung naturgemäß nicht erforderlich sein; *Dehmer*, UmwG, § 139 RN 3.

genen Nettovermögens tritt die Beteiligung am übernehmenden Rechtsträger, die in der Regel eine angemessene Gegenleistung darstellt, so daß keine Unterbilanz entsteht[9].

- Bei einer Spaltung zur Aufnahme kann bei der aufnehmenden Gesellschaft ein Kapitalerhöhungsbeschluß nach § 182 AktG erforderlich sein, da diese im Gegenzug für die Einbringung Aktien gewähren muß; wenn sie hierzu nicht genügend Rücklagen hat, muß sie sich mittels einer Kapitalerhöhung neues Kapital beschaffen.

- Außer in diesen gesetzlich geregelten Fällen konnte ein Hauptversammlungsbeschluß nach einer richterlichen Rechtsfortbildung bei einer Ausgliederung[10] nach § 119 II AktG erforderlich sein. Nach Ansicht des BGH[11] mußte zumindest dann, wenn mit der Ausgliederung ein wesentlicher Teil des Gesellschaftsvermögens übertragen werden sollte, die Hauptversammlung darüber entscheiden[12]: In diesem Fall liege ein schwerwiegender Eingriff in die Rechte und Interessen der Aktionäre vor, weil die Strukturänderung deren Rechtsstellung schwäche. Daher sollte der Vorstand verpflichtet sein, eine Entscheidung der Hauptversammlung herbeizuführen. Die Latte für dieses Erfordernis lag jedoch sehr hoch. Im übrigen war die Spaltung nach außen auch bei Verletzung dieser Pflicht wirksam[13], da der Vorstand im Außenverhältnis im Rahmen seiner Vertretungsmacht handelte.

Die Zuständigkeit der Hauptversammlung auch für Spaltungen nach § 13 UmwG stellt somit eine erhebliche Verbesserung der Rechte der Aktionäre dar.

bb) Nicht-verhältniswahrende Spaltung

§ 128 UmwG enthält ein besonderes Zustimmungserfordernis für die sogenannte nicht-verhältniswahrende Spaltung: Werden bei einer Auf- oder Abspaltung die Anteile der übernehmenden Rechtsträger nicht in dem Verhältnis zugeteilt, das ihrer Beteiligung an dem übertragenden Rechtsträger entspricht, müssen alle Anteilsinhaber des übertragenden Rechtsträgers dem Spaltungsvertrag zu-

---

9 *Dehmer*, UmwG, § 139 RN 6

10 Dasselbe galt wohl für die Abspaltung; *Raiser*, Recht der Kapitalgesellschaften S. 531.

11 BGH, Urt. v. 25.2.1982, BGHZ 83, 122 ff. -Holzmüller-

12 vgl. schon oben Teil 1, B. I. 1. c), auch zur heutigen Behandlung der Ausgliederung mit Einzelrechtsnachfolge

13 BGH, a.a.O., S. 132

stimmen.[14] Dies soll die Minderheitsgesellschafter schützen, die sonst Gefahr liefen, in ihrem Besitzstand beeinträchtigt zu werden[15].

Die nicht-verhältniswahrende Spaltung kann in der Form durchgeführt werden, daß die Beteiligungsverhältnisse verschoben werden: Bei einer Spaltung zur Neugründung vereinbaren die Gesellschafter, daß einer von ihnen an der einen neuen Gesellschaft prozentual geringer, an der anderen prozentual höher beteiligt ist und umgekehrt[16].

Vor allem aber kann auf diese Weise eine Trennung bzw. Auseinandersetzung von Anteilsinhabern, insbesondere eine Aufteilung einer Gesellschaft nach Familienstämmen[17] oder sonstigen homogenen Gesellschaftergruppen durchgeführt werden[18]: Eine Gruppe erhält nur Anteile der einen neu gegründeten Gesellschaft, die andere nur Anteile der zweiten neuen Gesellschaft. Auch eine Abspaltung „zu Null", bei der Gesellschaftern der übertragenden Gesellschaft keine neuen Anteile gewährt werden, ist so möglich[19].

Dabei besteht allerdings die Gefahr, daß per Mehrheitsbeschluß die Minderheit den „unternehmerischen Ladenhüter" erhält, die Mehrheit die „unternehmerische Zukunft"[20]. Abgesehen davon läßt sich bei einer derartigen Aufteilung nach Stämmen nie die wirtschaftliche Entwicklung der neuen Unternehmen voraussagen, die Anteilsinhaber des einen neuen Unternehmens können nach einiger Zeit schlechter stehen als die des anderen, obwohl dies nicht so beabsichtigt war. Daher sieht § 128 UmwG vor, daß in derartigen Fällen alle An teilsinhaber dem Vertrag zustimmen müssen.

---

14 Eine nicht-verhältniswahrende Ausgliederung ist hingegen nicht denkbar, da die neuen Anteile an dem übernehmenden Rechtsträger dem übertragenden Rechtsträger selbst gewährt werden, die Beteiligungsverhältnisse somit gar nicht berührt werden; *Pieroth*, Schutz von Minderheitsgesellschaftern S. 4.

15 RegEBegr. zu § 128 UmwG, bei *Ganske* S. 140

16 *Lutter*-Priester, UmwG, § 128 RN 9

17 Hierzu eingehend *Wirth*, AG 1997, 455 ff.

18 Diesen Fall hatte auch der Gesetzgeber vor Augen, wie sich aus der RegEBegr. zu § 128 UmwG ergibt, bei *Ganske* S. 140.

19 Vor der Änderung des UmwG durch das Gesetz vom 22.7.1998, BGBl. I, 1878, durch die in § 126 I Nr.10 und § 131 I Nr.3 die Worte „übernehmenden Rechtsträger" durch „beteiligten Rechtsträger" ersetzt wurden, war die Möglichkeit einer Abspaltung zu Null streitig, vgl. *Wirth*, AG 1997, 455/457, LG Konstanz, Beschl. v. 13.2.1998, ZIP 1998, 1226; abl. *Widmann/Mayer*-Mayer, UmwR, § 128 UmwG RN 34; zustimmend *Dehmer*, UmwG, § 128 RN 13 ff; *Kallmeyer*, UmwG, § 238 Rn 4; vgl. auch *Neye*, ZIP 1997, 722/725.

20 so *Lutter*, ZGR 90, 392/404

(1) Kritik am Einstimmigkeitserfordernis

Gegen das Einstimmigkeitserfordernis wird vor allem vorgebracht, daß so Anteilsinhabern mit einer nur unbedeutenden Stimmrechtsmacht ein erhebliches Erpressungspotential an die Hand gegeben wird[21]. Dieses ist bisher bekannt von den „erpresserischen Anfechtungsklagen“, wo vorwiegend strukturelle Hauptversammlungsbeschlüsse von Aktionären mit dem erklärten Ziel angefochten werden, die Klage gegen Zahlung von beträchtlichen Abfindungssummen wieder zurückzunehmen[22]. Das Pressionspotential des Einstimmigkeitserfordernisses könnte sogar noch höher sein als das der Anfechtungsklage, weil der die Zustimmung verweigernde Aktionär nicht einmal ein Kostenrisiko fürchten muß. Überdies findet bei der Stimmabgabe keine Inhaltskontrolle statt, während die Anfechtungsklage der richterlichen Mißbrauchskontrolle unterliegt[23]. Außerdem kann schon ein einziger Aktionär, der der Hauptversammlung fernbleibt, die Beschlußfassung verhindern, da nicht nur die Zustimmung aller anwesenden, sondern sämtlicher Aktionäre erforderlich ist[24].

Im Vorfeld der Gesetzgebung wurde vorgeschlagen, anstatt der Regelung des § 128 UmwG in Anlehnung an § 320 AktG einen gesteigert qualifizierten Mehrheitsentscheid einzuführen[25]. Dabei sollte nur einer 5 %igen Minderheit ein Vetorecht zukommen. Überstimmte Minderheitsaktionäre sollten gegen Barabfindung aus der Gesellschaft austreten können. Dieses Austritts- und Barabfindungsrecht kann jedoch die Gefahr der Verdrängung unliebsamer Aktionäre aus der Gesellschaft nicht ausschließen, vielmehr könnten die Bedingungen des Verbleibens von Minderheitsaktionären in der Gesellschaft so untragbar für diese gestaltet werden, daß sie zum Austritt gegen Barabfindung gedrängt werden[26].

Daher ist das Einstimmigkeitserfordernis trotz der nicht zu übersehenden damit verbundenen Gefahren und Schwierigkeiten vorzugswürdig[27]. Im Einzelfall

---

21 *Pieroth*, Schutz von Minderheitsgesellschaftern S. 102; *Teichmann*, AG 1980, 85/92; *Recordon*, La protection des actionnaires Nr.225; *Hommelhoff*, ZGR 1993, 452/460; *Arbeitskreis UmwR*, ZGR 1993, 321/326

22 vgl. *Hommelhoff*, ZGR 1990, 447/449; hierzu auch unten in diesem Kapitel IV. 1. d) bb)

23 *Pieroth*, Schutz von Minderheitsgesellschaftern S. 103

24 *Widmann/Mayer*-Mayer, UmwR, § 128 UmwG RN 13

25 *Arbeitskreis UmwR*, ZGR 1993, 321/326; *Hommelhoff*, ZGR 1993, 452/460; früher schon *Teichmann*, AG 1980, 85/92

26 *Pieroth*, Schutz von Minderheitsgesellschaftern S. 94

27 so auch *Engelmeyer*, Spaltung von Aktiengesellschaften S. 175

wird man eventuellen Erpressungsversuchen mit dem Institut der Verletzung der gesellschaftsrechtlichen Treuepflicht begegnen können[28].

(2) Richtlinienkonformität des § 128 UmwG

In der Literatur ist allerdings vorgebracht worden, die Vorschrift des § 128 UmwG sei nicht mit der 6. RL vereinbar[29]. Nach deren Art. 5 I,2 bedarf der von der Hauptversammlung einer übertragenden Aktiengesellschaft zu fassende Spaltungsbeschluß „mindestens" einer Mehrheit von zwei Dritteln des bei der Beschlußfassung vertretenen Grundkapitals. Die 6. RL sieht nicht vor, daß für verschiedene Arten der Spaltung verschiedene Mehrheitserfordernisse aufgestellt werden können. Für den Fall der nicht-verhältniswahrenden Spaltung wird in Art. 5 II vielmehr ein Barabfindungsverfahren vorgeschlagen. Daher wird vertreten, der deutsche Gesetzgeber könne keine unterschiedlichen Mehrheiten festlegen, ohne sich zur 6. RL in Widerspruch zu setzen. Überdies wäre die Regelung des Art. 5 II der 6. RL gegenstandslos, wenn die Mitgliedsstaaten es in der Hand hätten, für den hier geregelten Fall die Zustimmung sämtlicher Aktionäre zu verlangen[30].

Dieses letzte Argument ist jedoch nicht zwingend, wie man bei einer Auslegung der 6. RL sieht. Dabei ist zunächst vom Wortlaut des Art. 5 I auszugehen, wonach die Spaltung „zumindest" der Zustimmung von zwei Dritteln des bei der Hauptversammlung vertretenen Kapitals bedarf. Damit ist klar, daß strengere Regeln festgelegt werden können, wenn sie einen wirksameren Schutz gewährleisten[31]. Die Einführung eines Einstimmigkeitserfordernisses ist auch nicht durch die Regelung des Art. 5 II ausgeschlossen. Dieser erlaubt zwar den Mitgliedsstaaten für den Fall der nicht-verhältniswahrenden Spaltung die Regelung eines Barabfindungsverfahrens, verbietet aber nicht zwingend andere Regelun-

---

28 *Widmann/Mayer*-Mayer, UmwR, § 128 UmwG RN 19; *Engelmeyer*, Spaltung von Aktiengesellschaften S. 176; Einzelheiten bei *Pieroth*, Schutz von Minderheitsgesellschaftern S. 107 ff.

29 *Heidenhain*, EuZW 1995, 327/328; wohl auch *Widmann/Mayer*-Mayer, UmwR, § 128 UmwG RN 13 ff., insb. 18

30 *Widmann/Mayer*-Widmann, UmwR, § 128 UmwG RN 16

31 Zur Zulässigkeit von strengeren nationalen Anforderungen als durch Richtlinien vorgegeben im Zusammenhang mit dem Bezugsrechtsausschluß bei Kapitalerhöhung durch Sacheinlage vgl. EuGH, Urt. v. 19.11.96, ZIP 1996, 2015 auf Vorlagebeschluß des BGH v. 30.1.95, ZIP 1995, 372 sowie Schlußanträge des Generalanwalts Tesauro in ZIP 1996, 1822, insb. S. 1828: „Eine nationale Regelung, die einen wirksameren Schutz der Aktionäre gewährleistet, ..., steht daher meines Erachtens weder zum Wortlaut noch zur Ratio der 2. RL in Widerspruch; sie kann im Gegenteil dazu beitragen, daß deren Ziele besser erreicht werden."

gen, die einen weitergehenden Schutz gewähren. Im übrigen spricht auch die Auslegung der 6. RL nach ihrem Sinn und Zweck[32] für die Zulässigkeit eines Einstimmigkeitserfordernisses[33], denn ausweislich den der RL vorangestellten Erwägungen[34] bezweckt diese unter anderem den Schutz der Minderheitsaktionäre. Das Einstimmigkeitserfordernis aber verbessert diesen Schutz sogar noch gegenüber dem Mehrheitserfordernis.

Die Regelung des § 128 UmwG widerspricht somit auch nicht den europarechtlichen Vorgaben[35].

3. Zustimmung einzelner Anteilsinhaber

a) Vinkulierungsklauseln

Nach § 13 II UmwG bedarf der Verschmelzungs- oder Spaltungsbeschluß der Zustimmung bestimmter einzelner Anteilsinhaber des übertragenden Rechtsträgers, deren Zustimmung auch für die Abtretung der Anteile erforderlich ist. Die Regelung ist Ausdruck des allgemeinen Rechtsgedankens, daß Sonderrechte eines Anteilsinhabers nicht ohne dessen Zustimmung beeinträchtigt werden dürfen[36]. Dieses Sonderrecht steht jedoch nur bestimmten einzelnen Anteilsinhabern zu, nicht dem Rechtsträger selbst. Daher hat diese Regelung im Aktienrecht, das die Zustimmung von Aktionären zur Aktienübertragung nicht kennt (vgl. § 68 II AktG)[37], keine Bedeutung[38].

---

32 dazu *Lutter*, JZ 1992, 593 ff., insb. S. 600

33 *Pieroth*, Schutz von Minderheitsgesellschaftern S. 100

34 Diese Erwägungen sind bei der Interpretation einer RL vorrangig zu berücksichtigen; *Widmann/ Mayer*-Schwarz, UmwR, Einf. UmwG Rz. 9.3.

35 so auch *Lutter*-Priester, UmwG, § 128 RN.1; *Widmann/Mayer*-Rieger, UmwR, vor §§ 141-146 UmwG RN 20+21

36 vgl. § 35 BGB; RegEBegr. zu § 13 II UmwG, bei *Ganske* S. 49

37 dazu *Hüffer*, AktG, § 68 RN 10; *G/H/E/K*-Bungeroth, § 68 AktG RN 67; *KK*-Lutter, § 68 AktG RN 23

38 *Kallmeyer*-Zimmermann, UmwG, § 13 RN 23; vgl. auch RegEBegr. zu § 13 II UmwG, bei *Ganske* S. 49; eingehend hierzu bei der GmbH im Kapitel 2, B. II. 2. a)

b) Sonderzustimmungsrecht bei Leistungserhöhung?

Entgegen der h.M. zum früheren Recht[39] hat sich der Gesetzgeber ausdrücklich dagegen entschieden, die Gesellschafter des übertragenden Rechtsträgers vor der Auferlegung zusätzlicher Leistungspflichten, wie zum Beispiel Wettbewerbsverboten oder zusätzlicher, nicht in Geld bestehender Pflichten (§ 55 AktG), die sich aus dem Statut der übernehmenden Gesellschaft ergeben, zu schützen[40]. Ein Zustimmungserfordernis ist für diesen Fall nicht vorgesehen. Ein solches sei nicht zweckmäßig, „weil dadurch Verschmelzungen häufig verhindert würden"[41]. Ein Ausgleich für solche zusätzlichen Leistungspflichten solle im Rahmen des Umtauschverhältnisses erfolgen[42].

Damit ist dem betroffenen Gesellschafter in der Regel nicht gedient, denn im Gegenzug zu den Leistungspflichten erhält er zusätzliche Anteile, was die zusätzliche Leistungspflicht gegebenenfalls noch erhöht[43]. Er sollte daher die Möglichkeit haben, der Auferlegung solcher zusätzlicher Pflichten zu entgehen. Dies kann dadurch erreicht werden, daß er ein Sonderzustimmungsrecht wie in § 13 II UmwG hat, die Operation damit verhindern kann, oder daß ihm ein Austrittsrecht gegen Barabfindung gewährt wird, wie in § 29 UmwG vorgesehen[44]. Eine analoge Anwendung von § 13 II UmwG kommt dabei jedoch wegen des ausdrücklichen Willens des Gesetzgebers mangels planwidriger Gesetzeslücke[45] ebensowenig in Betracht[46] wie eine analoge Anwendung des § 29 UmwG[47], der eine enge Ausnahmevorschrift darstellt[48]. De lege lata ist ein Schutz der betroffenen Gesellschafter daher nicht möglich. De lege ferenda ist

---

39 Nach g.h.M. war auf reine GmbH-Verschmelzungen § 53 III GmbHG anzuwenden, der eine Zustimmung sämtlicher beteiligten Gesellschafter erfordert: *Hachenburg*/Schilling/Zutt, GmbHG 7. Aufl., § 20 KapErhG RN 18; *Lutter/Hommelhoff*, GmbHG, 13. Aufl., § 20 KapErhG RN 8. Bei Verschmelzung einer AG auf eine GmbH wurde eine Zustimmung jedes betroffenen Gesellschafters gem. § 376 II,3 AktG gefordert: *G/H/E/K*-Semmler/Grunewald, § 376 AktG RN 21; *Timm*, AG 1982, 93/105.

40 *Bayer*, ZIP 1997, 1613/1623

41 RegEBegr. zu § 13 UmwG, bei *Ganske* S. 49

42 RegEBegr. zu § 13 UmwG, bei *Ganske* S. 49

43 *Bayer*, ZIP 1997, 1613/1623

44 Zum Austrittsrecht gegen Barabfindung nach § 29 UmwG eingehend sogleich unter II.

45 dazu *Larenz*, Methodenlehre S. 354 f.

46 so aber *Lutter*-Lutter, UmwG, § 13 RN 30; wie hier *Widmann/Mayer*-Heckschen, UmwR, § 13 RN 185

47 so *Goutier/Knopf/Tulloch*-Bermel, UmwG, § 50 RN 33

48 Grunewald in *Lutter*, Kölner Umwandlungsrechtstage S. 24; *dies.*, FS Boujong S. 175/182

eine Änderung des Gesetzes unter Übernahme des Verschlechterungsverbots zu fordern[49]. Dabei könnte entweder § 13 II UmwG oder § 29 I,2 UmwG explizit auf den Fall statuarischer Nebenleistungspflichten erweitert werden[50]. Dabei ist allerdings zu beachten, daß Sonderzustimmungsrechte nur in Ausnahmefällen gewährt werden sollten, da sie besonderes Pressionspotential in sich tragen und notwendige Umwandlungen verhindern können. Zusätzliche Leistungspflichten im Statut des übernehmenden Rechtsträgers sind außerdem vergleichbar mit statuarischen Verfügungsbeschränkungen, für die § 29 I,2 UmwG ein Austrittsrecht gegen Barabfindung vorsieht. Daher sollte § 29 I,2 UmwG dahingehend ergänzt werden, daß ein Austrittsrecht auch bei zusätzlichen statuarischen Leistungspflichten gewährt wird[51].

4. Sonderbeschlüsse

Nach § 65 II UmwG bedarf der Beschluß der Hauptversammlung zu seiner Wirksamkeit der Zustimmung der stimmberechtigten Aktionäre jeder Gattung, soweit mehrere Aktiengattungen vorhanden sind, und zwar mit der für den Hauptversammlungsbeschluß erforderlichen Mehrheit.

Verschiedene Aktiengattungen sind solche, die unterschiedliche Rechte gewähren, namentlich bei der Verteilung von Gewinn und Gesellschaftsvermögen (§ 118 AktG)[52]. Eine Aktiengattung stellen auch die stimmrechtslosen Vorzugsaktien - im Gegensatz zu den Stammaktien - dar; den Inhabern solcher stimmrechtsloser Vorzugsaktien steht jedoch kein Beschlußrecht zu, wie § 65 II,1 UmwG klarstellt[53]. Die Vorzugsaktionäre werden abschließend durch § 23 UmwG geschützt[54]. Ihre Zustimmung ist daher nur nach § 141 AktG erforderlich, wenn im Rahmen der Verschmelzung oder Spaltung der Vorzug aufgehoben oder beschränkt wird.

---

49 so auch *Widmann/Mayer*-Heckschen, UmwR, § 13 RN 186

50 *Lutter*-Winter, UmwG, § 51 RN 13 spricht sich für eine Erweiterung von § 51 I UmwG auf diese Fälle aus; dies ist jedoch nicht zweckmäßig, da die Regelung dann zum einen nur die GmbH betreffen würde und zum anderen ein Einstimmigkeitserfordernis enthielte, welches nur in Ausnahmefällen gelten sollte.

51 Ähnlich H. Schmidt in *Lutter*, Kölner Umwandlungsrechtstage S. 84, der sich im Ergebnis aber für eine analoge Anwendung von § 29 UmwG ausspricht; wie hier *Widmann/Mayer*-Heckschen, UmwR, § 13 UmwG RN 186; *Neye/Limmer/Frenz*, Hdb. Unternehmensumwandlungen RN 447.

52 dazu *MünchHdb.AG*/Wiesner § 13 Rn. 7-11

53 Dies war bisher streitig, der Wortlaut wurde daher gegenüber § 340 c III AktG a.F. zur Klarstellung ergänzt.

54 zum Schutz der Sonderrechtsinhaber eingehend in Kapitel 2 B. II.

Das Erfordernis von Sonderbeschlüssen wurde aufgrund der 3. RL mit dem Verschmelzungsrichtlinie-Gesetz erstmals ins deutsche Recht eingeführt. Zuvor war streitig, ob und unter welchen Voraussetzungen bei Verschmelzungen derartige Beschlüsse erforderlich sind[55]. § 65 II UmwG verlangt diese Sonderbeschlüsse unabhängig von einem Eingriff in die Rechte der Aktionäre einer Gattung und geht damit über die europarechtlichen Vorgaben in Art. 7 II der 3. RL hinaus: Danach ist eine gesonderte Abstimmung „zumindest" in den Gattungen derjenigen Aktionäre erforderlich, deren Rechte durch die Maßnahme beeinträchtigt werden. Die RL enthält aber insoweit nur einen Mindestschutz, wie aus dem Wortlaut klar hervorgeht.

Mit dieser Regelung wird überdies die Parallele zur Regelung des § 182 II AktG hergestellt, der eine vergleichbare Interessenlage betrifft: Auch bei einer Kapitalerhöhung haben die Aktionäre jeder Gattung mit der für den Hauptversammlungsbeschluß erforderlichen Mehrheit einen Sonderbeschluß zu fassen.

5. Sachliche Rechtfertigung des Beschlusses

Fraglich ist, ob der Verschmelzungs- oder Spaltungsbeschluß neben dem formellen Mehrheitserfordernis einer sachlichen Rechtfertigung bedarf, wie sie der BGH im „Kali- und Salz-Urteil"[56] für den Bezugsrechtsausschluß bei einer Kapitalerhöhung gegen Sacheinlage entwickelt hat: Ein solcher Beschluß muß durch sachliche Gründe im Interesse der Gesellschaft gerechtfertigt, das heißt zur weiteren Verfolgung des Gesellschaftszwecks geeignet, erforderlich und im Hinblick auf den Eingriff in die Interessen der außenstehenden Gesellschafter auch angemessen sein[57].

Der Gesetzgeber hat diese Frage im UmwG 1995 bewußt offengelassen, weil es zum einen zweifelhaft sei, ob sich diese für die Kapitalerhöhung unter Bezugsrechtsausschluß entwickelten Grundsätze ohne weiteres auf den Verschmelzungs- bzw. Spaltungsbeschluß übertragen lassen; zum anderen sei eine isolierte Regelung der Problematik für die Verschmelzung - unter Aussparung anderer wichtiger Grundlagenbeschlüsse - nicht zu rechtfertigen[58]. Damit überläßt der Gesetzgeber die weitere Klärung der Problematik der materiellen Beschlußkontrolle der Rechtsprechung und Literatur und distanziert sich nicht etwa - wie

---

[55] *Priester*, NJW 1983, 1459/1462; *KK*-Kraft § 340 AktG RN 31 ff.; *Großkomm.*-Schilling § 340 AktG Anm.18

[56] BGH, Urt. v. 13.3.1978, BGHZ 71, 40 ff.

[57] BGH a.a.O.; dazu *Binnewies*, GmbHR 1997, 727/728; zur Vereinbarkeit dieser Inhaltskontrolle mit den europarechtlichen Vorgaben: EuGH, Urt. v. 19.11.1996, ZIP 1996, 2015 (Rs. C-42/95, Siemens AG/Henry Nold).

[58] RegEBegr. zu § 13 UmwG, bei *Ganske* S. 49

angesichts der mangelnden Klarheit der Gesetzesbegründung teilweise vertreten wird[59] - vom Erfordernis einer materiellen Rechtfertigung[60].

Der BGH traf bisher Einzelfallentscheidungen vor allem zum Bezugsrechtsausschluß bei Kapitalerhöhungen, zur Kapitalherabsetzung und zur Auflösung von Gesellschaften per Mehrheitsentscheid. In letzterem Fall hat er ausgeführt, daß ein mit der nötigen Mehrheit gefaßter Auflösungsbeschluß keiner sachlichen Rechtfertigung bedürfe, weil er seine Rechtfertigung in sich trage[61]. Dem ist zuzustimmen, da eine Auflösung eigentlich nie im Verbandsinteresse liegt, das Gesetz der Mehrheit aber dennoch die Möglichkeit einräumt, das in der Gesellschaft gebundene Kapital zu liqidieren[62]. Auch ein Kapitalherabsetzungsbeschluß bedarf nach Ansicht des BGH keiner sachlichen Rechtfertigung, weil diese bereits aus der gesetzlichen Regelung folge, die auf einer Abwägung der Aktionärsbelange und des Interesses der Gesellschaft an der Maßnahme beruhe[63].

In der Literatur sprechen sich einige Stimmen gleichwohl dafür aus, daß alle Mehrheitsbeschlüsse - also auch Umwandlungsbeschlüsse - einer sachlichen Rechtfertigung bedürften[64]. Dies würde jedoch eine vom Gesetzgeber nicht vorgesehene Überstrapazierung des Minderheitenschutzes zu Lasten des Selbstbestimmungsrechts der Gesellschafter darstellen und ist daher abzulehnen[65].

Andere Autoren differenzieren zwischen Beschlüssen, die einer sachlichen Rechtfertigung bedürfen und solchen, die durch eine qualifizierte Beschlußmehrheit und gegebenenfalls besondere Schutzmechanismen bereits hinreichend legitimiert sind[66]. Nach dieser differenzierenden Lösung, die tendenziell der BGH-Rechtsprechung entspricht, wäre eine materielle Rechtfertigung eines

---

59 *Heckschen*, Verschmelzung von Kapitalgesellschaften S. 30

60 ebenso: *Hommelhoff*, ZGR 1990, 447/461; *ders.*, ZGR 1993, 452/458; *Priester*, ZGR 1990, 420/427; *Lutter*, ZGR 1990, 392/414; *Engelmeyer*, Spaltung von Aktiengesellschaften S. 189; Winter in *Lutter*, Kölner Umwandlungsrechtstage S. 39 f.; *Lutter*-Lutter, UmwG, § 13 RN 31

61 BGH, Urt. v. 28.1.1980, BGHZ 76, 352; Urt. v. 1.2.1988, BGHZ 103, 184/189; dazu eingehend *Kreß*, Gerichtliche Beschlußkontrolle S. 25 ff.

62 vgl. *Lutter*, ZGR 1981, 171/177

63 BGH, Urt. v. 9.2.1998, AG 1998, 284

64 *Wiedemann*, Gesellschaftsrecht I S. 446; *ders.*, ZGR 1980, 147/157; *Mertens*, GmbHR 1984, 265/269; *Becker*, AG 1988, 223/227

65 so auch *Binnewies*, GmbHR 1997, 727/728

66 *Lutter*, ZGR 1981, 171/177 ff.; *Timm*, ZGR 1987, 403/421 ff.; *Hirte*, Bezugsrechtsausschluß und Konzernbildung S. 138 f.; *Lutter*-Lutter, UmwG, § 13 RN 32 m.w.N.

Umwandlungsbeschlusses nur dann erforderlich, wenn der Gesetzgeber die Interessenabwägung zwischen der Mehrheitsentscheidung und der betroffenen Minderheit nicht schon selbst abschließend vorgenommen hätte. Dies hat der Gesetzgeber aber getan, denn er hat dem Minderheitenschutz durch die zwingende Anteilsgewährungspflicht und die Begrenzung der Zuzahlung, so daß das Beteiligungsengagement weitgehend erhalten bleibt, Rechnung getragen. Zusätzlich hat er den Aktionären die Möglichkeit gegeben, die Angemessenheit des Umtauschverhältnisses gerichtlich nachprüfen zu lassen und gegebenenfalls sogar gegen Barabfindung aus der Gesellschaft auszuscheiden. Soweit sich trotz des relativen Erhalts des Einflußpotentials die Beteiligungsstruktur aufgrund der Umwandlung ändert, ist dies eine Folge der einer Verschmelzung oder Spaltung wesensimmanenten Anteilsgewährungspflicht und daher hinzunehmen[67]. Daher bedarf ein Umwandlungsbeschluß grundsätzlich[68] keiner sachlichen Rechtfertigung[69].

Dasselbe gilt für einen in der aufnehmenden Gesellschaft eventuell erforderlichen Beschluß über eine Kapitalerhöhung mittels Sacheinlagen mit Bezugsrechtsausschluß. Diese ist hier - anders als in dem vom BGH entschiedenen Fall - lediglich Teilakt der Umwandlung als mehraktigem Organisationsvorgang und bedarf daher keiner sachlichen Rechtfertigung[70].

II. Austrittsrecht

Einen neuen Aspekt des Minderheitenschutzes eröffnet § 29 UmwG, wonach ein Anteilsinhaber der übertragenden Gesellschaft unter bestimmten Vorausset-

---

67 so auch *Goutier/Knopf/Tulloch*-Bermel, UmwG, § 13 RN 24

68 Ausnahmsweise bedarf ein Umwandlungsbeschluß einer sachlichen Rechtfertigung, wenn durch den Beschluß eine Abhängigkeit i.S.v. § 17 AktG begründet wird; *Binnewies*, GmbHR 1997, 727/730 ff.; zur materiellen Beschlußkontrolle als Mittel des konzernrechtlichen Präventivschutzes BGH, Urt. v. 16.2.1981, BGHZ 80, 69; auf die Problematik der Konzerneingangskontrolle soll hier aber nicht weiter eingegangen werden.

69 ebenso *Schöne*, Spaltung von GmbH S. 256 ff; *Goutier/Knopf/Tulloch*-Bermel, UmwG, § 13 RN 24 m.w.N.; *Engelmeyer*, Spaltung von Aktiengesellschaften S. 195 f.; *Kallmeyer*-Zimmermann, UmwG, § 13 RN 12; LG Arnsberg, Urt. v. 28.1.1994, ZIP 1994, 536/537

70 *Goutier/Knopf/Tulloch*-Bermel, UmwG, § 13 RN 25; *Lutter*-Lutter, UmwG, § 13 RN 35; a.A. Winter in *Lutter*, Kölner Umwandlungsrechtstage S. 41; *Bayer*, ZIP 1997, 1613/1624

zungen seinen Austritt aus der übernehmenden Gesellschaft gegen Barabfindung erklären kann[71].

1. Voraussetzungen des Austrittsrechts

a) Mischverschmelzung, § 29 I,1 UmwG

Bei der Verschmelzung, Ab- oder Aufspaltung[72] zur Aufnahme besteht nach § 29 I,1 UmwG ein Austrittsrecht, wenn der aufnehmende Rechtsträger eine andere Rechtsform hat als der übertragende Rechtsträger, wie z.B. bei der Verschmelzung einer AG auf eine GmbH[73] oder eine OHG / KG. Damit wird dem Umstand Rechnung getragen, daß es für den Anteilsinhaber von großer Bedeutung ist, wie der Rechtsträger organisiert ist, dessen Mitglied er ist[74]. Denn die Risiken und Einflußmöglichkeiten des Anteilsinhabers variieren je nach Rechtsform dieses Rechtsträgers ganz erheblich[75].

b) Verfügungsbeschränkungen, § 29 I,2 UmwG

Bei Verschmelzung und Spaltung von Rechtsträgern der gleichen Rechtsform gewährt § 29 I,2 UmwG ein Austrittsrecht, wenn der Anteilsinhaber Anteile an dem übernehmenden Rechtsträger erhält, die Verfügungsbeschränkungen unterworfen sind[76]. In diesem Fall wird in die Verfügungsbefugnis des Anteilsinhabers in so erheblichem Maße eingegriffen, daß ihm der Austritt aus dem Unternehmen ermöglicht werden muß[77].

---

71 Dieses umfassende Austrittsrecht ist eine Neuerung des UmwG 1995, vorher war ein Ausscheiden nur in Ausnahmefällen möglich; *Dehmer*, UmwG, § 29 RN 1; umfassend zu § 29 UmwG *Schaub*, NZG 1998, 626 ff.

72 § 125 UmwG verweist nicht für den Fall der Ausgliederung auf § 29 UmwG, da in diesem Fall kein Aktienumtausch stattfindet.

73 Für diesen einen Fall war schon nach bisherigem Recht ein entsprechender Anspruch gegeben, § 33 III KapErhG i.V.m. § 375 AktG a.F.

74 *Hoffmann-Becking*, ZGR 1990, 482/487

75 *Grunewald*, FS Boujong S. 175/176

76 Die Beschränkung auf vertragliche Verfügungsbeschränkungen ist durch das Gesetz zur Änderung des UmwG entfallen, BGBl. 1998 I, 1878; dazu *Neye*, ZIP 1997, 722/724; in diesem Sinne zuvor schon Bermel in *Goutier/Knopf/Tulloch*, UmwG, § 29 RN 15; *Lutter*-Grunewald, UmwG, § 29 RN 4.

77 RegEBegr. zu § 29 I,2 UmwG, bei *Ganske* S. 69; kritisch dazu *Grunewald*, FS Boujong S. 175/177

Eine solche Verfügungsbeschränkung liegt vor, wenn die Übertragung oder Belastung des Anteils nicht oder nur eingeschränkt möglich ist[78]. Dies ist vor allem der Fall, wenn die Zustimmung der Gesellschaft oder anderer Anteilsinhaber erforderlich ist, aber auch, wenn Anteile nur an bestimmte Personen übertragen werden dürfen oder aber gerade an bestimmte Personen nicht[79]. Insbesondere fallen darunter Vinkulierungsklauseln nach § 15 V GmbHG[80] und nach § 68 AktG.

Unerheblich ist dabei grundsätzlich, ob auch die Anteile am übertragenden Rechtsträger einer Verfügungsbeschränkung unterlagen[81]. Eine einschränkende Auslegung des § 29 I,2 UmwG für diesen Fall ist nicht vorzunehmen, da mit dem Austrittsrecht die fehlende Zustimmung des Anteilsinhabers zur Einschränkung der Übertragbarkeit seines Anteils kompensiert wird[82]. Im übrigen hätte eine solcher Ansatz den Nachteil, daß es zu Abgrenzungsproblemen käme, wenn bestimmt werden müßte, ob eine Verfügungsbeschränkung in dem aufnehmenden Rechtsträger über eine solche Beschränkung in dem übertragenden Rechtsträger hinausgeht[83]. Im Einzelfall kann der Barabfindungsanspruch jedoch dem Einwand unzulässiger Rechtsausübung ausgesetzt sein, wenn die Verfügungsbeschränkung beim übernehmenden Rechtsträger von der beim übertragenden Rechtsträger nicht abweicht, sich die Beteiligungsverhältnisse nicht ändern und der Anteilseignerkreis identisch bleibt[84]. In diesem Fall tritt keine zusätzliche Belastung des Gesellschafters ein[85].

2. Widerspruch des Anteilsinhabers

Den Barabfindungsanspruch kann nur derjenige Anteilsinhaber geltend machen, der gegen den Hauptversammlungsbeschluß Widerspruch zur Niederschrift erklärt hat oder dessen Widerspruch nach § 29 II UmwG entbehrlich ist. Er muß

---

78 *Grunewald*, FS Boujong S. 175/178; *Dehmer*, UmwG, § 29 RN 9

79 *Reichert*, GmbHR 1995, 176/188

80 zur Rechtslage bei der GmbH im Kapitel 2, B. II. 3. a)

81 *Grunewald*, FS Boujong S. 175/179 f.; dies. in *Lutter*, Kölner Umwandlungsrechtstage S. 19/24; *Reichert*, GmbHR 1995, 176/187 f.; *Goutier/Knopf/Tulloch*-Bermel, UmwG, § 29 RN 16; vgl. auch die RegEBegr. zu Nr.8 des Gesetzes zur Änderung des UmwG, BR-Drs. 609/97, S. 22; a. A. *Dehmer*, UmwG, § 29 RN 8

82 *Goutier/Knopf/Tulloch*-Bermel, UmwG, § 29 RN 16; *Reichert*, GmbHR 1995, 176/188

83 *Reichert*, GmbHR 1995, 176/188; *Grunewald*, FS Boujong S. 175/180

84 *Dehmer*, UmwG, § 29 RN 8; *Goutier/Knopf/Tulloch*-Bermel, UmwG, § 29 RN 16; ähnlich *Reichert*, GmbHR 1995, 176/188, der mit den gesellschaftsrechtlichen Treuepflichten argumentiert.

85 *Grunewald*, FS Boujong S. 175/180

grundsätzlich an der Hauptversammlung teilgenommen und gegen den Beschluß gestimmt haben[86]. Auf diese Weise wird im Zusammenspiel mit den erforderlichen Mehrheitsverhältnissen verhindert, daß der übernehmende Rechtsträger mit quantitativ zu hohen Barabfindungsansprüchen belastet und damit in seiner Existenz gefährdet wird[87].

3. Abfindungsangebot

Das Barabfindungsangebot muß nach § 29 I,4 UmwG bereits in dem Verschmelzungs- oder Spaltungsvertrag enthalten sein und mit diesem bekanntgemacht werden, damit die Anteilsinhaber sich auf die Beschlußfassung entsprechend vorbereiten können[88]. Die Barabfindung muß nach § 30 UmwG angemessen sein, was der Verschmelzungs- / Spaltungsprüfer zu prüfen hat[89]. Angemessen ist eine vollwertige Abfindung, die dem Verkehrswert der Beteiligung entspricht[90].

4. Abwicklung des Austritts

Der austrittswillige Anteilsinhaber wird zunächst Anteilsinhaber des übernehmenden Rechtsträgers, denn nach § 31 UmwG muß das Barabfindungsangebot innerhalb von zwei Monaten nach der jeweils letzten Eintragung der Operation in das Handelsregister angenommen werden, mit dieser Eintragung ist der Mitgliedschaftswechsel vollzogen[91].

Die übernehmende Gesellschaft hat dem Aktionär den Erwerb seiner Anteile gegen Barabfindung anzubieten, der Aktionär kann dieses Angebot binnen zwei Monaten nach der letzten Handelsregistereintragung der Verschmelzung oder

---

86 a.A. *Kallmeyer*/Marsch-Barner, UmwG, § 29 RN 13

87 *Dehmer*, UmwG, § 29 RN 12; *Lutter*-Grunewald, UmwG, § 29 UmwG RN 16; dies rechtfertigt auch den Unterschied zu § 245 Nr.1 AktG.

88 Eingehend zu der Frage, ob vorab auf das Abfindungsangebot verzichtet werden kann *Schaub*, NZG 1998, 626/629.

89 Am besten geschieht dies im Rahmen der allgemeinen Prüfung nach §§ 9-12 UmwG; *Grunewald*, FS Boujong S. 187; dazu kurz oben in Teil 1, B. II. Ziff.7 und eingehend sogleich unter IV.

90 *Schöne*, GmbHR 1995, 325/328; dies entspricht der Rspr. und h.M. zu § 305 II,2 AktG sowie der früheren §§ 375 I,1 und 320 V AktG, die sich auf das BVerfG, Urt. v. 7.8.1962, BVerfGE 14, 263/284 („Feldmühle“) zum damaligen § 12 UmwG stützt.

91 Die damit verbundenen Haftungsrisiken, z. B. nach § 31 III GmbHG, können nur durch einen vorherigen Austritt aus der übertragenden Gesellschaft umgangen werden.

Spaltung annehmen (§ 31 S.1 UmwG). Tut er dies, so werden die Aktien Zug um Zug gegen Zahlung der Abfindung auf die Gesellschaft übertragen[92].

Damit erwirbt sie jedoch eigene Aktien, was nach § 71 I AktG aus Gründen des Kapitalschutzes[93] und der Kompetenzabgrenzung[94] grundsätzlich verboten und nur in enumerativ aufgezählten Einzelfällen erlaubt ist[95]. § 71 I Nr.3 AktG erklärt nunmehr[96] den Erwerb eigener Aktien für den Fall des § 29 I UmwG für zulässig[97].

Allerdings gilt auch hier die Schranke des § 71 II AktG, wonach der Gesamtbetrag für den Erwerb eigener Aktien[98] 10 % des Grundkapitals der AG nicht überschreiten darf[99]. Außerdem muß die AG in der Lage sein, die Rücklage nach § 272 IV HGB zu bilden. Soweit sich bereits vor der Fassung des Hauptversammlungsbeschlusses über die Verschmelzung oder Spaltung abzeichnet, daß die 10 % - Grenze überschritten wird, hat die Operation zu unterbleiben, da sie einen Verstoß gegen § 71 II AktG vorbereitet. Ein gleichwohl gefaßter Verschmelzungs- oder Spaltungsbeschluß ist daher rechtswidrig[100]. Dem Kapitalschutz muß insoweit Vorrang eingeräumt werden gegenüber den Umstrukturierungsinteressen. Nach Eintritt der Verschmelzungs- oder Spaltungswirkung allerdings ist der übernehmende Rechtsträger aufgrund von § 29 UmwG zum Erwerb der eigenen Aktien verpflichtet[101], auch wenn sich nach der Beschlußfassung herausstellt, daß die Grenze des § 71 II AktG überschritten wird. Insoweit haben die Aktionärsinteressen Vorrang, da die Operation nicht mehr verhindert werden kann. Daher entfällt gemäß § 29 I,1 UmwG die in § 71 IV,2 AktG vor-

---

92 *Grunewald*, FS Boujong S. 175/191

93 Die Zahlung des Erwerbspreises ist grundsätzlich eine verbotene Einlagenrückgewähr.

94 Rechte aus eigenen Aktien, insbesondere Stimmrechte würden mangels entgegenstehender Regelung vom Vorstand ausgeübt, womit die Balance zwischen Verwaltung und Hauptversammlung verlorenginge.

95 hierzu *Hüffer*, AktG, § 71 RN 7-19b sowie *Martens*, FS Boujong S. 335/339 f.

96 eingeführt durch Art. 6 Ziff. 1 des UmwBerG

97 Die Ermächtigung hierzu findet sich in Art. 20 I Ziff.d der 2. gesellschaftsrechtlichen Richtlinie (vom 13.12.1976, 77/91/EWG, ABl.EG 1977 Nr. L 26 - Kapitalschutz-RL); bisher betraf § 71 I Nr.3 AktG nur konzernrechtliche Fälle, in denen Abfindungsangebote gemacht werden mußten.

98 Dabei sind nicht nur die neu zu erwerbenden Aktien zu berechnen, sondern alle von der AG gehaltenen eigenen Aktien; *Grunewald*, FS Boujong S. 175/191.

99 *Grunewald*, FS Boujong S. 175/191; dies. in *Lutter*, UmwG, § 29 RN 24; *Goutier/Knopf/Tulloch*-Bermel, UmwG, § 29 RN 29; a.A. *Dehmer*, UmwG, § 29 RN 10

100 *Grunewald*, FS Boujong S. 175/191

101 *Butzke*, WM 1995, 1389/1390

gesehene Sanktion, nämlich die Nichtigkeit des Grundgeschäfts über einen solchen verbotenen Erwerb[102]. Gleiches gilt gemäß § 71 II,1 AktG für das dingliche Geschäft. Die Pflichten der Aktiengesellschaft aus dem Erwerb eigener Aktien nach § 71 b+c AktG bleiben jedoch unberührt. Ihr stehen daher keine Mitgliedschaftsrechte aus denselben zu und sie muß die Anteile, soweit sie die 10 % - Grenze überschreiten, binnen Jahresfrist veräußern[103].

Weiterhin ist zu berücksichtigen, daß grundsätzlich jede Entgeltzahlung beim Erwerb eigener Aktien eine gemäß §§ 57 I, 62 AktG verbotene Einlagenrückgewähr darstellt. Die Ausnahme des § 57 I,2 AktG, wonach als Einlagenrückgewähr nicht die Zahlung des Erwerbspreises beim zulässigen Erwerb eigener Aktien gilt, greift seinem Wortlaut nach nicht, da der Erwerb eigentlich unzulässig ist und nur für den Fall des § 29 UmwG nicht sanktioniert wird. Allerdings würde so das Austrittsrecht für diese Fälle leerlaufen, weshalb § 29 I,1 2.HS UmwG dahingehend auszulegen ist, daß auch ein Verstoß gegen § 57 I,1 AktG nicht vorliegt[104].

5. Sonstiges Ausscheiden des Aktionärs

Soweit ein Anteilsinhaber nicht von dem Barabfindungsrecht Gebrauch machen, sondern seine Anteile frei veräußern möchte, wird dies durch § 33 UmwG erleichtert.

Die ursprüngliche Fassung dieser Vorschrift war gesetzestechnisch verunglückt, da sie ungenau und widersprüchlich war und daher in der Literatur unterschiedlich ausgelegt wurde[105]. Mißverständlich war zunächst, daß Verfügungsbeschränkungen beim übertragenden Rechtsträger unbeachtlich sein sollten, gleichzeitig aber auf die Frist des § 31 UmwG[106] verwiesen wurde. Da die Anteilseigner nach Bekanntmachung der Operation bereits Anteilsinhaber des übernehmenden Rechtsträgers sind, mußten hier Verfügungsbeschränkungen

---

102 *Goutier/Knopf/Tulloch*-Bermel, UmwG, § 29 RN 29

103 *Goutier/Knopf/Tulloch*-Bermel, UmwG, § 29 RN 29; dazu auch *Hüffer*, AktG, § 71 c RN 4; a.A. wohl *Dehmer*, UmwG, § 29 RN 10

104 *Lutter*-Grunewald, UmwG, § 29 RN 27; *dies.*, FS Boujong S. 175/192; *Goutier/Knopf/Tulloch*-Bermel, UmwG, § 29 RN 29

105 im einzelnen *Widmann/Mayer*-Vollrath, UmwR, § 33 UmwG RN 4; *Lutter*-Grunewald, UmwG, § 33 RN 3+4; *Reichert*, GmbHR 1995, 176/189; *Goutier/Knopf/Tulloch*-Bermel, UmwG, § 33 RN 3

106 zwei Monate nach Bekanntmachung der Operation

beim übernehmenden Rechtsträger gemeint sein[107]. Demnach konnten Anteile an dem übernehmenden Rechtsträger ungeachtet von Verfügungsbeschränkungen innerhalb der Frist des § 31 UmwG frei veräußert werden. Dies war rechtspolitisch bedenklich, da Verfügungsbeschränkungen oft den Sinn haben, den Eintritt unliebsamer Konkurrenten zu verhindern oder die Anteile innerhalb der Familie zu halten, was durch § 33 UmwG unterlaufen werden konnte[108]. Angesichts des gesetzgeberischen Willens, den Minderheitenschutz zu stärken, ist eine einschränkende Auslegung jedoch nicht anzuraten[109].

Der Gesetzgeber hat die Kritik der Literatur aufgenommen und § 33 UmwG neu gefaßt[110]. Danach sollen Verfügungsbeschränkungen bei allen beteiligten Rechtsträgern vom Zeitpunkt der Beschlußfassung bis zum Ablauf der in § 31 UmwG bestimmten Frist unbeachtlich sein. Damit herrscht zwar nunmehr Klarheit; die Problematik, daß auf dem Weg der erleichterten Veräußerung von Anteilen nach § 33 UmwG Vinkulierungsklauseln unterlaufen werden, wurde jedoch nicht gelöst. Vorzugswürdig wäre es gewesen, für diesen Fall ein Vorerwerbsrecht der übernehmenden Aktiengesellschaft einzuführen[111].

6. Austrittsrecht aus wichtigem Grund

Streitig ist, ob dem überstimmten Aktionär zudem ein Austrittsrecht aus wichtigem Grund zukommen kann[112]. Dies ist abzulehnen, denn soweit die Verschmelzung oder Spaltung zu einer Beeinträchtigung der Stellung des Aktionärs führen kann, sieht § 29 UmwG ein Austrittsrecht vor. Ansonsten ist es dem Aktionär zuzumuten, Gesellschafter der übernehmenden AG zu werden: Seine vermögensmäßige Beteiligung bleibt gewahrt, die neuen Anteile sind jederzeit frei veräußerbar, so daß er sich auf diesem Wege von der übernehmenden AG lösen kann[113].

---

107 *Widmann/Mayer*-Vollrath, UmwR, § 33 UmwG RN 4; *Dehmer*, UmwG, § 33 RN 5; a.A. *Grunewald*, FS Boujong S. 175/198, die stattdessen die Fristbestimmung berichtigend auslegen will, so daß diese mit Beschlußfassung beginnen und mit Eintragung der Operation enden soll; zu diesem Zeitpunkt entsteht aber erst der Barabfindungsanspruch, zu dem § 33 UmwG die Alternative sein soll.

108 vgl. *Dehmer*, UmwG, § 33 RN 6

109 so aber *Reichert*, GmbHR 1995, 176/190

110 Art. 1 Ziff. 9 des Gesetzes zur Änderung des UmwG, BGBl. 1998 I, 1878

111 so auch *Dehmer*, UmwG, § 33 RN 7

112 hierzu *Wiedemann*, Gesellschaftsrecht I S. 396 ff., insb. 400 f.

113 wie hier *Dehmer*, UmwG, § 13 RN 27; für ein allgemeines Austrittsrecht allerdings ohne nähere Begründung *Lutter*-Grunewald, UmwG, § 29 RN 32.

III. Informationsrechte der Aktionäre

Um den Anteilseignern eine objektive Entscheidung über die angestrebte Unternehmensumwandlung zu ermöglichen, erlegt das UmwG den Verwaltungsorganen weitreichende Informationspflichten auf; denn wer entscheiden soll, braucht Entscheidungsgrundlagen. Das AktG stellt den Aktionären Informationen auf drei Kanälen bereit: als schriftliche Vorab-Information für bestimmte Hauptversammlungsbeschlüsse, in der Form mündlicher Erläuterung in der Hauptversammlung und schließlich als Auskunft des Vorstands auf Fragen einzelner Aktionäre[114]. Diese Pflichten erweitert das UmwG noch. So muß bereits der Umwandlungsvertrag weitgehende Informationen enthalten[115] und ist den Aktionären zugänglich zu machen[116]. Die Vertretungsorgane aller beteiligten Rechtsträger haben einen schriftlichen Bericht anzufertigen, der ausführlich die Umwandlung, den Umwandlungsvertrag und insbesondere das Umtauschverhältnis rechtlich und wirtschaftlich erläutert (dazu sogleich unter 1.), auch dieser Bericht ist den Aktionären zur Kenntnis zu bringen[117]. Außerdem ist das geplante Vorhaben in der Hauptversammlung mündlich zu erläutern (dazu unter 2.) und Fragen hierzu sind zu beantworten (dazu unter 3.).

Für Verschmelzungen von Aktiengesellschaften waren diese Vorgaben im wesentlichen aufgrund des VerschmelzungsrichtlinieG ins deutsche Recht eingeführt worden, das damit die Rechtsstellung der Aktionäre im Vorfeld der Beschlußfassung entsprechend Artt. 9 und 10 der 3. RL erheblich gestärkt hat.

1. Bericht des Vorstandes

Nach § 8 UmwG haben die Vertretungsorgane jedes an einer Verschmelzung beteiligten Rechtsträgers einen ausführlichen schriftlichen Bericht zu erstatten[118], in dem die Verschmelzung, der Verschmelzungsvertrag oder sein Entwurf im einzelnen und insbesondere das Umtauschverhältnis oder die Angaben über die Mitgliedschaft beim übernehmenden Rechtsträger sowie gegebenenfalls die Barabfindung rechtlich und wirtschaftlich erläutert und begründet wer-

---

[114] *Hommelhoff*, ZHR 151 (1987), 493/509

[115] vgl. oben Teil 1, B. II. Ziff. 4c

[116] vgl. oben Teil 1, B. II. Ziff. 11a

[117] vgl. oben Teil 1, B. II. Ziff. 11a

[118] Dieser Bericht wurde zwar offensichtlich bei großen Unternehmen schon vor Umsetzung der 3. RL erstellt, war jedoch nicht verpflichtend; vgl. *Ganske*, DB 1981, 1551; *Priester*, NJW 1983, 1459/1461.

den müssen. Entsprechendes gilt gemäß § 127 UmwG für die Spaltung, wobei hier noch der Maßstab der Aufteilung der Aktien zu erläutern ist[119].

Nach § 8 I S.1 2.HS UmwG können die Vertretungsorgane aller beteiligten Rechtsträger nunmehr einen gemeinsamen Bericht erstatten, was aufgrund der umfassenderen Information der Aktionäre zu begrüßen ist[120]. Vor Inkrafttreten des UmwG war dies streitig[121].

a) Inhalt des Berichts

aa) Angaben zur Verschmelzung / Spaltung

Der Bericht muß nach § 8 I,1 UmwG Angaben zur Verschmelzung bzw. nach § 127 S.1 1.HS UmwG zur Spaltung enthalten. Insoweit wurde die Berichtspflicht gegenüber § 340 a AktG a.F. um Angaben dazu erweitert, welche rechtlichen und wirtschaftlichen Gründe die Operation als das geeignete Mittel zur Verfolgung des Unternehmenszwecks erscheinen lassen[122]. Zu erläutern ist daher das rechtliche und unternehmerische Für und Wider der Umwandlungsmaßnahme[123]. Dazu ist zunächst die wirtschaftliche Lage der beteiligten Unternehmen darzustellen, dann sind die für die Operation maßgebenden wirtschaftlichen Aspekte, wie Verbundvorteile oder Synergieeffekte konkret zu erläutern. Auch zu erwartende Nachteile sind aufzuführen[124] und diese Vor- und Nachteile gegeneinander abzuwägen. Die rechtliche Erläuterung kann kurz gehalten werden, da sich die rechtlichen Konsequenzen in der Regel schon aus dem Vertrag ergeben[125].

---

119 Dies gilt, ebenso wie eine Erläuterung des Umtauschverhältnisses, nicht für die Ausgliederung, bei der kein Aktienumtausch stattfindet.

120 *Kallmeyer*/Marsch-Barner, UmwG, § 8 RN 4

121 dagegen OLG Karlsruhe, Urt. v. 30.6.1989, WM 1989, 1134

122 RegEBegr. zu § 8 UmwG, bei *Ganske* S. 43/44; nach t.v.A. handelt es sich hierbei aber nur um eine Klarstellung, da die vorherige Rechtslage diese Erläuterung bereits erfordert habe; *Bork*, ZGR 1993, 343/349; *Priester*, NJW 1983, 1459/1461.

123 *Lutter*-Lutter, UmwG, § 8 RN 15

124 Winter in *Lutter*, Kölner Umwandlungsrechtstage S. 28

125 *Goutier/Knopf/Tulloch*-Bermel, UmwG, § 8 RN 15

bb) Erläuterung des Vertrages

Die Erläuterung des Vertrages ist erforderlich, um dem juristisch nicht vorgebildeten Laien das Klauselwerk verständlich zu machen; insoweit kann sich der Bericht aber auf die erläuterungsbedürftigen Punkte beschränken[126].

cc) Umtauschverhältnis und Barabfindung

Mit den Angaben zum Umtauschverhältnis und der Barabfindung hatten sich die Gerichte schon nach altem Recht verstärkt zu befassen[127]. Danach ist mittlerweile geklärt, daß es nicht reicht, nur die Grundsätze zu erläutern, nach denen die Umtauschwerte und -verhältnisse bestimmt worden sind[128], sondern daß die ermittelten Umtauschwerte selbst und die für die Ermittlung erforderlichen Einzelfaktoren angegeben werden müssen, um den Aktionären eine Plausibilitätsprüfung zu ermöglichen[129]. Hierfür ist auch anzugeben, nach welcher Methode die beteiligten Unternehmen bewertet wurden. Erfolgte die Bewertung nach der heute üblichen Ertragswertmethode[130] unter Hinzurechnung des nicht betriebsnotwendigen Vermögens (Substanzwert)[131], so genügt ein Hinweis, daß die Bewertung nach dieser Methode erfolgt ist[132]. Wird bei einem oder mehreren Unternehmen eine andere Bewertungsmethode angewandt, so muß der Vorstandsbericht hierzu eine eingehende Begründung enthalten[133]. Außerdem sind die wesentlichen Kennzahlen der Zukunftsprognose und der Kapitalisierungszinsfluß[134] darzustellen[135]. Auf besondere Schwierigkeiten im Zusammenhang mit der Bewertung eines Rechtsträgers ist nach § 8 I,2 UmwG ausdrücklich hinzuweisen.

---

126 *Lutter*-Lutter, UmwG, § 8 RN 19; *Sagasser/Bula*, Umwandlungen RN G 67

127 BGH, Urt. v. 22.5.1989, BGHZ 107, 297; Urt. v. 18.12.1989, ZIP 1990, 168; Urt. v. 29.10.1989 ZIP 1989, 1560

128 BGH, Urt. v. 22.5.1989, BGHZ 107, 297/302

129 OLG Karlsruhe, Urt. v. 30.6.1989, WM 1989, 1134/1137

130 vgl. *HFA des IDW*, Stellungnahme 6/1988, WPg 1989, 42/43

131 zur Bewertung von Unternehmen vgl. *HFA des IDW*, Stellungnahme 2/1983, WPg 1983, 468

132 *Lutter*-Lutter, UmwG, § 8 RN 21; *Engelmeyer*, AG 1996, 193/199

133 *Engelmeyer*, AG 1996, 193/199; *Lutter/Drygala*, AG 1995, 49/50; *Hüffer*, AktG, § 305 RN 19 ff.

134 dazu *Sagasser/Bula*, Umwandlungen RN G 37

135 *Dehmer*, UmwG, § 8 RN 17

dd) Aufteilungsmaßstab

Beim Spaltungsbericht ist zusätzlich auf den Aufteilungsmaßstab einzugehen. Bei einer verhältniswahrenden Spaltung wird in der Regel die Angabe genügen, daß Maßstab für die Aufteilung das bisherige Beteiligungsverhältnis war[136]. Bei einer nicht-verhältniswahrenden Spaltung hingegen sind, insbesondere soweit mit ihr eine Veränderung der Wertverhältnisse bezweckt werden soll, die Gründe hierfür dezidiert anzugeben und zu erläutern[137].

ee) Allgemeine Anforderungen an die Reichweite der Angaben

Der Bericht muß diese Punkte „ausführlich" rechtlich und wirtschaftlich erläutern. Was genau der Bericht beinhalten muß und wie weit die Angaben gehen müssen, wird vom Gesetz nach wie vor offengelassen, was - wie bisher - einen bevorzugten Angriffspunkt querulatorischer Aktionärsklagen bilden dürfte[138], da die Anfechtungsklage wegen fehlender oder unzureichender Information durch das UmwG nicht eingeschränkt wurde[139]. Damit ist der notwendige Berichtsinhalt aus der Funktion des Berichtes zu entwickeln[140]: Diese besteht nach der inzwischen gefestigten Judikatur darin, den Verschmelzungs- (oder Spaltungs-) Vorgang und seine Hintergründe für die außenstehenden Aktionäre transparent zu gestalten, damit sie sich ein Bild darüber machen können, ob die Operation wirtschaftlich zweckmäßig ist und den gesetzlichen Anforderungen genügt[141]. Allerdings müssen die Aktionäre den Vorgang nicht bis in alle Einzelheiten nachvollziehen können, der Bericht muß ihnen nur eine Plausibilitäts- oder Stichhaltigkeitskontrolle ermöglichen[142].

b) Beschränkung der Berichtspflicht

Nach § 8 II UmwG wird die Berichtspflicht begrenzt durch die Geheimhaltungsinteressen eines beteiligten Rechtsträgers. Insoweit wurde nicht nur die

---

[136] *Dehmer*, UmwG, § 127 RN 5

[137] *Dehmer*, UmwG, § 127 RN 7

[138] *Sagasser/Bula*, Umwandlungen RN G 65; zur bisherigen Rechtslage *Wardenbach*, BB 1991, 485; aus der umfangreichen Rspr.: BGH, Urt. v. 18.12.1989, ZIP 1990, 168; Urt. v. 29.10.1989, ZIP 1989, 1560; dazu auch *Nirk*, FS Steindorff S. 187/189

[139] Anders als die Anfechtungsklage wegen fehlerhaften Umtauschverhältnisses, dazu sogleich unter VI. 2.

[140] dazu *Mertens*, AG 1990, 20/22

[141] BGH, Urt. v. 22.5.1989, AG 1989, 399/400 = DB 1989, 1664 - „Kochs-Adler-Entscheidung" -

[142] OLG Karlsruhe, Urt. v. 30.6.1989, WM 1989, 1134/1137

zuvor an § 131 III Nr.1 AktG anknüpfende Rechtsprechung[143] kodifiziert; darüber hinaus verlangt § 8 II,2 UmwG jetzt ausdrücklich eine - plausibel nachvollziehbare - Begründung für die Geheimhaltungsbedürftigkeit[144].

c) Fehlerhafter Bericht

Genügt der Vorstandsbericht diesen Anforderungen nicht, so ist ein dennoch gefaßter Zustimmungsbeschluß nach § 243 AktG anfechtbar[145]; ein „Nachschieben" von Berichtsteilen in der beschließenden Hauptversammlung ist nicht möglich, da der Zweck des Berichts, eine optimale Vorbereitung der Aktionäre auf die Hauptversammlung zu ermöglichen, damit nicht mehr erreicht werden kann[146].

Der Fehler alleine reicht jedoch für die Begründetheit der Klage nicht aus, dieser muß vielmehr kausal für das Abstimmungsverhalten gewesen sein[147]. Dies muß anhand eines objektiven Maßstabs beurteilt werden, nämlich danach, wie ein objektiv urteilender Aktionär abgestimmt haben würde, wenn die Auskunft ordnungsgemäß erteilt worden wäre[148]. Da ein objektiv urteilender Aktionär der Operation aber nicht zugestimmt hätte, wenn der Vorstandsbericht offensichtlich nicht den gesetzlichen Anforderungen genügt, ist die Kausalität wohl immer gegeben[149].

2. Mündliche Erläuterung durch den Vorstand

Nach § 64 I,1 UmwG haben Verwaltungsorgane einer AG die Pflicht, zu Beginn der Versammlung die Verschmelzung oder Spaltung als solche sowie den Vertrag und den Bericht mündlich zu erläutern. Diese Unterrichtungspflicht dient der Aktualisierung der Informationen, die den Aktionären bei der Be-

---

143 z.B. BGH, Urt. v. 22.5.1989, BGHZ 107, 296/305 f.; s. auch *Bayer*, AG 1988, 329

144 Das Erfordernis einer Begründung war bislang in der Lit. umstritten, vgl. *G/H/E/K*-Grunewald, § 340 a AktG RN 13, in der Rspr. jedoch bereits anerkannt, BGH Urt. v. 18.12.89, ZIP 1990, 169; Urt. v. 29.10.1990, ZIP 1990, 1560/1561.

145 Zum Rechtsschutz der Aktionäre im einzelnen unten VI.

146 str., wie hier *Dehmer*, UmwG § 8 RN 31; *Lutter*-Lutter, UmwG, § 8 RN 52; *Goutier/Knopf/Tulloch*-Bermel, UmwG, § 8 RN 52; a.A. *Mertens*, AG 1990, 20/30

147 BGH, Urt. v. 22.5.1989, BGHZ 107, 296/306

148 BGH a.a.O.; diesen Maßstab legt der BGH auch in anderen Abstimmungsfragen zugrunde, vgl. Urt. v. 1.2.1988, NJW 1988, 1579 zur Anfechtung eines Auflösungsbeschlusses.

149 *Goutier/Knopf/Tulloch*-Bermel, UmwG, § 8 RN 55; *Dehmer*, UmwG, § 8 RN 32; *G/H/E/K*-Grunewald, § 340 a AktG RN 21

schlußfassung zur Verfügung stehen[150]. Daher sollten die bereits im schriftlichen Bericht enthaltenen Angaben, die den Aktionären bekannt sind, nur kurz angesprochen und ausführlich auf Geschäftsentwicklungen seit Erstellung des Berichts eingegangen werden[151], insbesondere sofern sich dadurch die Bewertung eines der Unternehmen ändert und damit das festgesetzte Umtauschverhältnis nicht mehr angemessen ist[152].

Nach § 143 UmwG trifft den Vorstand der übertragenden AG bei einer Spaltung zusätzlich die Pflicht, die Aktionäre über wesentliche Vermögensveränderungen seit Vertragsschluß bzw. Entwurfaufstellung zu unterrichten[153]. Insoweit sind auch die Vorstände der anderen beteiligten Rechtsträger zu unterrichten, die ihrerseits diese Informationen an ihre Aktionäre weiterzugeben haben.

3. Auskunftsrecht

§ 131 II AktG gibt jedem Aktionär in der Hauptversammlung einen Auskunftsanspruch gegen den Vorstand bezüglich Angelegenheiten der eigenen Aktiengesellschaft, soweit diese Auskunft zur sachgemäßen Beurteilung eines Tagesordnungspunktes erforderlich ist. § 64 II UmwG erweitert dieses Auskunftsrecht auf wesentliche Angelegenheiten der anderen beteiligten Rechtsträger. Auch bezüglich dieser Informationen besteht der Anspruch allerdings nur gegenüber dem Vorstand der eigenen Gesellschaft. Diesem wird oft die Kenntnis fehlen, um die Fragen beantworten zu können. Daher bietet es sich an, daß die Vorstände der anderen beteiligten Gesellschaften bei der Hauptversammlung präsent sind[154].

Da § 64 II UmwG nur eine Erweiterung des Auskunftsrechts nach § 131 I AktG darstellt, gelten für den Auskunftsanspruch insgesamt die Regeln der §§ 131 III, 132 AktG[155]. Der Vorstand darf die Auskunft also unter den Voraussetzungen des § 131 III UmwG verweigern, der betroffene Aktionär hat die Möglichkeit einer Auskunftsklage nach § 132 AktG.

---

150 *Engelmeyer*, Spaltung von Aktiengesellschaften S. 408

151 *Bayer*, AG 1988, 323/329; *Dehmer*, UmwG, § 64 RN 9

152 zur Bewertung und insb. dem Bewertungsstichtag *Hoffmann-Becking*, FS Fleck S. 105/117

153 Dies geht auf Art. 7 III der 6. RL zurück.

154 *Dehmer*, UmwG, § 64 RN 6; *Lutter*-Grunewald, UmwG, § 64 RN 7 nimmt sogar eine entsprechende Pflicht der Vorstände an, für die Präsenz solcher Hilfspersonen zu sorgen, um ggf. Fragen mit deren Hilfe beantworten zu können.

155 *Engelmeyer*, Spaltung von Aktiengesellschaften S. 411; *Lutter*-Grunewald, UmwG, § 64 RN 8; *Dehmer*, UmwG, § 64 RN 5; RegEBegr. zu § 64 UmwG, bei *Ganske* S. 94

IV. Prüfung durch unabhängige Sachverständige

1. Grundsätze der Prüfung

Entsprechend den Vorgaben von Art. 10 der 3. RL (auf den Art. 8 II der 6. RL verweist) ist nunmehr der Verschmelzungsvertrag oder dessen Entwurf gemäß § 60 I UmwG i.V.m. §§ 9-12 UmwG durch einen oder mehrere unabhängige Sachverständige zu prüfen. Für die Ab- und Aufspaltung gilt dasselbe über § 125 S.1 UmwG. Für die Ausgliederung ist eine Spaltungsprüfung nicht vorgeschrieben; hier ist eine Prüfung nicht erforderlich, da es nicht zu einem Aktienumtausch kommt, der im Mittelpunkt der Prüfung steht[156].

Diese obligatorische Prüfung war eine der einschneidendsten Änderungen, die das deutsche Verschmelzungsrecht aufgrund der Umsetzung der 3. RL erfahren hat. Zwar wurde offensichtlich in der Praxis nicht selten zuvor schon eine derartige Prüfung durchgeführt[157], doch war dies freiwillig. Verpflichtend war eine Sachverständigenprüfung nur im Rahmen einer etwa erforderlichen Kapitalerhöhung, bei der die Werthaltigkeit der Sacheinlage nach § 183 III AktG zu prüfen war[158]. Während die Sacheinlagenprüfung allerdings dem Gläubigerschutz dient, indem sie eine reelle Aufbringung des Grundkapitals sicherstellt, um eine Unterpari-Emission zu verhindern, dient die Prüfung nach §§ 9-12 UmwG dem Schutz der Aktionäre[159]. Daher macht die Verschmelzungs- / Spaltungsprüfung grundsätzlich eine Sacheinlagenprüfung nicht entbehrlich[160]. Nach Art. 69 I UmwG ist nunmehr allerdings im Rahmen der Verschmelzung einer Aktiengesellschaft eine separate Sacheinlagenprüfung nur noch erforderlich, wenn eine Prüfung noch nicht stattgefunden hat, so wenn der übertragende Rechtsträger eine Personenhandelsgesellschaft oder ein rechtsfähiger Verein ist (§ 69 I,1 2.HS 1.Fall), wenn ein unterschiedlicher Bilanzansatz gewählt wird (2.+ 3.Fall) oder wenn das Gericht Zweifel hat, ob der Wert der Sacheinlage den Nennbetrag der dafür zu gewährenden Aktien erreicht (4.Fall). Ansonsten wird davon

---

156 RegEBegr. zu § 125 UmwG, bei *Ganske* S. 134; insoweit war auch Art. 8 der 6. RL nicht zu beachten, der eine Spaltungsprüfung zwingend vorschreibt, aber nicht für Ausgliederungsvorgänge gilt.

157 vgl. *Priester*, NJW 1983, 1459/1461 FN 57 m.w.N; RegEBegr. zu § 340 b AktG a.F., BT-Drs. 9/1065 S. 15

158 Auch diese Prüfungspflicht geht auf eine RL zurück, auf Art. 27 II der Kapitalschutz-RL (2. gesellschaftsrechtliche RL vom 13.12.1976, 77/91/EWG, ABl.EG 1977 Nr. L 26).

159 RegEBegr. zu § 340 b AktG a.F., BT-Drs. 9/1065 S. 16

160 Dies verdeutlicht Art. 8 III der 6. RL, wonach die Mitgliedsstaaten vorsehen können, daß diese beiden Prüfung von demselben Sachverständigen durchgeführt werden.

ausgegangen, daß die Verschmelzungsprüfung ausreicht, um eine Unterpari-Emission zu verhindern. Bei Spaltungen hingegen ist nach § 142 I UmwG stets auch eine Sacheinlagenprüfung durchzuführen[161].

2. Prüfungsinhalt und -bericht

Der Verschmelzungs- oder Spaltungsvertrag oder dessen Entwurf[162] ist auf seine Vollständigkeit und Richtigkeit zu prüfen, wobei das Kernstück die Kontrolle des Umtauschverhältnisses und gegebenenfalls der baren Zuzahlung ist[163]. In diesem Punkt sind die Aktionäre besonders auf den Sachverstand der Prüfer angewiesen, da ihnen selbst die Sachkunde fehlt, um die Bewertung nachzuvollziehen und sie im übrigen nicht über die notwendigen Angaben verfügen, da der Vorstandsbericht nur eine Plausibilitätskontrolle ermöglichen soll. Vorstands- und Prüfungsbericht greifen insoweit ineinander und geben gemeinsam eine umfassende a-priori-Information.

Wie bei anderen gesetzlich vorgeschriebenen Prüfungen darf der Prüfer auch hier die zu prüfenden Angaben im Vertrag oder Entwurf nicht selbst ermitteln und feststellen[164], vielmehr hat er die bereits vorliegende Bewertung anhand konkreten Zahlenmaterials zu überprüfen[165] und dabei gegebenenfalls eigene

---

161 Art. 8 III der SpaltungsRL gestattet es nur, daß beide Prüfungen von demselben Prüfer durchgeführt werden, nicht aber ein völliges Absehen von der Sacheinlagenprüfung.

162 Nicht in die Prüfung einzubeziehen ist der Vorstandsbericht; str., wie hier die wohl h.M.: *Dehmer*, UmwG, § 9 RN 1; *Mertens*, AG 1990, 20/31; *HFA des IdW*, Stellungnahme 6/1988, WPg 1989, 42/43; *Lutter*-Lutter, UmwG, § 9 RN 12; Winter in *Lutter*, Kölner Umwandlungsrechtstage S. 35; a.A. *Hommelhoff*, ZGR 1993, 452/466; *Engelmeyer*, Spaltung von Aktiengesellschaften S. 103; vermittelnd *Priester*, ZGR 1990, 420/430 FN 49. Die Vorstandsberichte sind allerdings für die Prüfer wichtige Erkenntnisquellen und können daher zur Beurteilung des Umtauschverhältnisses herangezogen werden; *Dehmer*, UmwG, § 9 RN 4; *Lutter*-Lutter, UmwG, § 9 RN 13; vgl. auch die Empfehlungen des *HFA des IdW* für die Erstellung von Prüfungsberichten in WPg 1989, 42/43.

163 *Lutter*-Lutter, UmwG, § 9 RN 10

164 *HFA des IdW*, Stellungnahme 6/1988, WPg 1989, 42/43; *Meyer zu Lösebeck*, WPg 1989, 499 entgegen *Dirrigl*, WPg 1989, 413/416; dies entspricht dem allgemeinen Berufsgrundsatz, daß der Wirtschaftsprüfer einen Sachverhalt nicht beurteilen darf, an dessen Zustandekommen er selbst mitgewirkt hat; *Meyer zu Lösebeck* a.a.O.

165 *Dehmer*, UmwG, § 12 RN 4; *G/H/E/K*-Grunewald, § 340 b AktG RN 11

Kontrollrechnungen anzustellen, um feststellen zu können, ob die Unternehmensbewertungen nachvollziehbar und vertretbar sind[166].

Nach § 12 I UmwG haben die Prüfer über das Ergebnis der Prüfung schriftlich zu berichten. In dem Bericht ist hinsichtlich des Umtauschverhältnisses die zugrundeliegende Bewertungsmethode anzugeben und zu erläutern und gegebenenfalls verschiedene Methoden abzuwägen, § 12 II UmwG. Soweit - wie heute üblich - nach der Ertragswertmethode ermittelt wurde[167], genügt ein Hinweis hierauf. Wie im Vorstandsbericht ist auch hier auf Schwierigkeiten bei der Bewertung hinzuweisen und mit einer Erklärung darüber abzuschließen, ob das vorgesehene Umtauschverhältnis und die bare Zuzahlung angemessen sind. Ist ein oder sind mehrere gemeinsame Prüfer bestellt, was § 10 I,2 UmwG in Übereinstimmung mit Art. 10 I,2 der 3. RL zuläßt, so ist ein Prüfungsbericht für alle beteiligten Gesellschaften zu erstellen.

Diese Sachverständigenprüfung ist eine reine Rechtmäßigkeits-, keine Zweckmäßigkeitskontrolle[168]. Die Beurteilung, ob die Operation wirtschaftlich sinnvoll ist, obliegt allein den Aktionären auf der Grundlage des Vertrages, des Vorstands- und des Prüfungsberichtes.

3. Person des Prüfers

Für die Auswahl des Prüfers verweist § 11 I,1 UmwG auf § 319 I-III HGB; nach dessen Absatz 1 können zu Prüfern von Aktiengesellschaften nur Wirtschaftsprüfer oder Wirtschaftsprüfungs-Gesellschaften bestimmt werden[169].

---

166 *Meyer zu Lösebeck*, WPg 1989, 499; exakt kontrollierbar sind dabei auf der Grundlage der Ertragswertmethode die Vergangenheitsergebnisse, die Zukunftsprognosen können nur auf ihre Plausibilität überprüft werden; *HFA des IDW*, Stellungnahme 6/1988, WPg 1989, 42/43. Insoweit kommt den Prüfern ein Beurteilungsspielraum zu; *Lutter*-Lutter, UmwG, § 9 RN 11.

167 vgl. *HFA des IDW*, Stellungnahme 2/1983, WPg 1983, 468 ff.

168 *Dehmer*, UmwG, § 9 RN 5

169 Da die §§ 316 ff. HGB nach § 316 I,1 HGB grundätzlich nicht für die „Kleine AG" i.S.v. § 267 HGB gelten, erklärt § 11 I,2 UmwG die Regel des § 11 I,1 UmwG für diese entsprechend anwendbar. Auch die Verschmelzungs- und Spaltungsverträge einer „Kleinen AG" sind daher von Wirtschaftsprüfern oder Wirtschaftsprüfungs-Gesellschaften zu prüfen; *Lutter*-Lutter, UmwG, § 11 RN 5; *Ganske*, WPg 1994, 157/160; a.A. *Engelmeyer*, Spaltung von Aktiengesellschaften S. 119: Nach § 319 I,2 HGB können Prüfer einer mittelgroßen GmbH auch vereidigte Buchprüfer und Buchprüfungs-Gesellschaften sein, diese könnten auch die Kleine AG prüfen; dieses Größenargument überzeugt nicht, da die Frage, wer prüfen kann, nach § 319 I HGB rechtsformspezifisch zu beantworten ist und nicht größenabhängig. Eine Klarstellung im Gesetz wäre aber angebracht.

Um die Unabhängigkeit der Prüfer zu gewährleisten, verweist § 11 I,1 UmwG auf den Katalog der Ausschlußgründe des § 319 II,III HGB[170]. Diese Ausschlußgründe gelten im Verhältnis zu allen an der Operation beteiligten Rechtsträgern, da die Richtlinien nach ihrer Zwecksetzung verlangen, daß die Prüfer von allen an dem Vorgang beteiligten Gesellschaften unabhängig sein müssen[171].

Der Prüfer wird grundsätzlich vom jeweiligen Vertretungsorgan der beteiligten Gesellschaften oder auf dessen Antrag vom Gericht bestellt, § 10 I,1 UmwG. Möglich ist es - entsprechend den Vorgaben in Art. 10 I der 3. RL - auch, einen oder mehrere Prüfer für alle beteiligten Gesellschaften zu bestellen, § 10 I,2 UmwG. Sind mehrere Aktiengesellschaften an der Operation beteiligt, kann die Bestellung eines gemeinsamen Prüfers allerdings nach § 60 III UmwG nur auf gemeinsamen Antrag durch das Gericht[172] erfolgen[173]. Die gerichtliche Bestellung hat zweifelsohne den Vorteil, daß der Anschein des „Parteigutachters" beseitigt wird, der leicht entstehen kann, wenn der Vorstand „seinen" Prüfer selbst auswählt und bestellt[174]. Die gerichtliche Bestellung nur eines gemeinsamen Prüfers bietet sich überdies aus Kostengründen an und dürfte schon daher zum Regelfall werden. Der Grundsatz, daß für jede beteiligte Gesellschaft ein Prüfer bestellt wird, ist vom deutschen Gesetzgeber ohnehin nur widerwillig aus der 3. RL übernommen und seither als „bedauerlicher Einfluß der romanischen Vorstellung vom Parteigutachter" kritisiert worden[175].

---

170 Die 3.+ 6. RL sagen nichts zur Person des Prüfers, schreiben aber in Art. 10 I bzw. 8 I die Prüfung durch „unabhängige Sachverständige" vor.

171 RegEBegr. zu § 340 b AktG a.F., BT-Drs. 9/1065 S. 16

172 Zuständig ist jedes Landgericht, in dessen Bezirk eine übertragender Rechtsträger seinen Sitz hat, zwischen mehreren zuständigen Gerichten besteht ein Wahlrecht. Soweit eine Kammer für Handelssachen eingerichtet wurde, ist deren Vorsitzender zuständig. Die Gerichtszuständigkeit ist mit dem UmwG 1995 geändert worden, damit bereits für die Bestellung des Prüfers das Gericht zuständig ist, das auch in einem sich etwa an eine Verschmelzung anschließenden Spruchverfahren zuständig wäre; RegEBegr. zu § 10 UmwG, bei *Ganske* S. 46.

173 Art. 10 I der 3. RL verlangt in diesem Fall die Bestellung durch eine neutrale Instanz, wohl im Hinblick auf Einflußmöglichkeiten herrschender Unternehmen bei Konzernverschmelzungen, so *Lutter*-Lutter, UmwG, § 10 RN 5. Bei Beteiligung einer AG und einer GmbH hingegen kann ein gemeinsamer Prüfer auch durch die Leitungsorgane der Gesellschaften bestellt werden.

174 *Engelmeyer*, Spaltung von Aktiengesellschaften S. 136 ff.; *Sagasser/Bula*, Umwandlungen RN G 76

175 *Hoffmann-Becking*, FS Fleck S. 105/120; *Ganske*, DB 1981, 1551/1553; RegEBegr. zu § 340 b AktG a.F., BT-Drs. 9/1065 S. 16

4. Haftung der Prüfer

Nach § 11 II UmwG gilt für die Verantwortlichkeit des Prüfers und seiner Gehilfen § 323 HGB entsprechend, so daß auch die Verschmelzungs- / Spaltungsprüfer die „Kardinalpflichten“ des § 323 I,1+2 HGB zu beachten haben: Die Pflicht zur gewissenhaften und unparteiischen Prüfung und zur Verschwiegenheit sowie das Verbot unbefugter Verwertung von Geschäfts- und Berufsgeheimnissen. Wenn sie ihre Pflicht verletzen, sind die Prüfer gemäß § 323 I,3 HGB schadensersatzpflichtig, wobei die Haftung gemäß § 11 II,2 UmwG gegenüber allen an der Aktion beteiligten Gesellschaften sowie deren Anteilsinhabern besteht[176]. Damit geht das deutsche Recht über die Anforderungen der 3. und 6. RL hinaus, die nur eine Regelung der zivilrechtlichen Haftung der Prüfer der übertragenden Gesellschaft gegenüber deren Aktionären verlangt[177]. Dies ist zu begrüßen, denn die Aktionäre der übernehmenden Gesellschaft werden durch ein fehlerhaftes Testat ebenfalls gefährdet, da die Substanz ihrer Mitgliedschaftsrechte durch die Festlegung eines unrichtigen Umtauschverhältnisses berührt werden kann[178].

V. Aktienumtausch

1. Der Treuhänder

a) Funktion des Treuhänders

Bei jeder Verschmelzung, Auf- oder Abspaltung, bei der die übernehmende Gesellschaft eine Aktiengesellschaft ist, hat die übertragende Gesellschaft nach § 71 I,1 UmwG einen Treuhänder für den Empfang der zu gewährenden Aktien zu bestellen[179]. Dieser gewährleistet, daß bei Eintragung der Operation und dem damit verbundenen Erlöschen des übertragenden Rechtsträgers die Aktien und baren Zuzahlungen für die aufzunehmenden Aktionäre bereitgehalten werden und schützt somit das Interesse der Aktionäre der übertragenden Gesellschaft[180]. Gleichzeitig wird er aber auch im Interesse der Aktionäre der übernehmenden Gesellschaft tätig, da er Sorge dafür trägt, daß deren Aktien erst

---

176 Zur Haftung der Prüfer gegenüber den Gläubigern im Kapitel 3 unter B. I. 1. b) bb) und B. I. 2. e).

177 Art. 21 der 3. RL, Art. 18 der 6. RL

178 RegEBegr. zu § 340 b AktG a.F., BT-Drs. 9/1065 S. 17

179 Für die Ausgliederung schließt § 125 S.1 UmwG die Anwendung des § 71 UmwG ausdrücklich aus, weil hier kein Aktienumtausch stattfindet, so daß ein Treuhänder nicht benötigt wird.

180 *Lutter*-Grunewald, UmwG, § 71 RN 2

nach dem Wirksamwerden der Operation an die Anteilsinhaber der übertragenden Gesellschaft ausgehändigt werden und die Aushändigung ganz unterbleibt, falls die Verschmelzung oder Spaltung nicht mehr wirksam werden kann[181]. Wegen dieser wichtigen Funktionen ist die Treuhänderbestimmung zwingend und kann auch im Verschmelzungs- oder Spaltungsvertrag nicht abbedungen werden[182].

b) Bestellung und Stellung des Treuhänders

Der Treuhänder wird vom Vertretungsorgan des übertragenden Rechtsträgers bestellt[183], wobei bei mehreren übertragenden Rechtsträgern jeder einen Treuhänder bestellen muß[184], die Person aber identisch sein kann[185]. Das Amt des Treuhänders kann jede natürliche oder juristische Person bekleiden, eine besondere Qualifikation ist nicht erforderlich[186].

Der Treuhänder ist verpflichtet, die ihm von der übernehmenden Aktiengesellschaft übergebenen Aktien zu verwahren[187]. Den Erhalt der Aktien und baren Zuzahlung muß er nach § 71 I,2 UmwG beim Handelsregister am Sitz des übertragenden Rechtsträgers anzeigen[188]. Nach dem Wirksamwerden der Operation händigt er die Aktien der übernehmenden Aktiengesellschaft den Aktio-

---

181 *Großkomm.*-Schilling § 346 AktG Anm.7; *Henn*, Hdb. Aktienrecht Nr.1378; *Dehmer*, UmwG, § 71 RN 2

182 *Großkomm.*-Schilling § 346 AktG Anm.4; *Engelmeyer*, Spaltung von Aktiengesellschaften S. 240

183 Der Bestellung liegt ein Geschäftsbesorgungsvertrag mit der übertragenden Gesellschaft zugrunde; *Engelmeyer*, Spaltung von Aktiengesellschaften S. 242; *Großkomm.*-Schilling § 346 AktG Anm.5; a.A. *Lutter*-Grunewald, UmwG, § 71 RN 4: Vertrag mit übertragender oder übernehmender Gesellschaft; für die Haftung ist dies aber irrelevant, da die Aktionäre der übernehmenden Gesellschaft zumindest in den Schutzbereich einbezogen sind, da der Treuhänder, wie ausgeführt, auch in deren Interesse tätig wird. Aufgrund seiner Tätigkeit hat der Treuhänder einen Anspruch auf Vergütung, die nach § 71 II i.V.m. § 26 IV UmwG gerichtlich festgesetzt wird.

184 a.A. *Dehmer*, UmwG, § 71 RN 3

185 *Lutter*-Grunewald, UmwG, § 71 RN 3

186 *Lutter*-Grunewald, UmwG, § 71 RN 4; insbesondere bei der Beteiligung von größeren Unternehmen kommen Treuhandgesellschaften in Frage, die über ausreichend Personal verfügen, um einen Aktienumtausch in größerem Umfang abzuwickeln; *Engelmeyer*, Spaltung von Aktiengesellschaften S. 242.

187 Er wird dadurch nicht selbst Aktionär, da keine Übereignung der Aktienurkunden stattfindet; *Lutter*-Grunewald, UmwG, § 71 RN 8.

188 *Großkomm.*-Schilling § 346 AktG Anm.9

nären der übertragenden Gesellschaft Zug um Zug gegen Rückgabe der alten Aktien[189] aus[190].

Gleichzeitig erhält der Aktionär eine eventuell erforderliche bare Zuzahlung, die nach § 5 I Nr.3 / § 126 I Nr.3 UmwG zum Wertausgleich von Spitzen vorgesehen werden kann. Ein Beispiel soll diese Möglichkeit verdeutlichen[191]: Die beiden Gesellschafter A und B einer übertragenden Gesellschaft sollen nach dem Umtauschverhältnis je Anteile an der übernehmenden Gesellschaft im Wert von 20.480 DM erhalten. Die übernehmende Gesellschaft hat 10.000 DM eigene Anteile, von denen nun je Anteile im Wert von 5.000 DM an A und B gewährt werden sollen, während im übrigen das Stammkapital um 30.000 DM erhöht wird. Dann wird der Spitzenbetrag von je 480 DM den Geschäftsanteilen zugeschlagen und von der Möglichkeit der baren Zuzahlung Gebrauch gemacht: A und B erhalten je Aktien im Wert von 20.000 DM und je 480 DM Barausgleich. Solche baren Zuzahlungen dürfen allerdings 10 % des Gesamtnennbetrages der gewährten Aktien nicht überschreiten (§ 68 III UmwG); damit soll die Kapitalgrundlage und Liquidität des übernehmenden Rechtsträgers sichergestellt werden[192].

Der Aktienumtausch wird in der Regel durch eine öffentliche Ankündigung vorbereitet, in der die Aktionäre aufgefordert werden, den Umtausch der Aktien über den Treuhänder innerhalb einer bestimmten Frist durchzuführen[193]. Aktien, die innerhalb der Frist nicht umgetauscht werden, müssen[194] nach § 72 UmwG i.V.m. § 73 AktG für kraftlos erklärt werden[195]. Anstelle der für kraftlos

---

189 Die alten Aktienurkunden werden vernichtet.

190 Ist der übertragende Rechtsträger keine Aktiengesellschaft, werden die bisherigen Anteilsinhaber lediglich aufgefordert, die neuen Aktien abzuholen; *Kallmeyer*/Marsch-Barner, UmwG, § 72 RN 5. Ist der übernehmende Rechtsträger keine Aktiengesellschaft, ist kein Treuhänder zu bestellen; die Aktionäre der übertragenden AG müssen ihre Aktien beim übernehmenden Rechtsträger einreichen, der ihre Mitgliedschaft feststellt und die alten Aktien für kraftlos erklärt; *Kallmeyer*/Marsch-Barner, UmwG, § 72 RN 6.

191 nach *Widmann*/*Mayer*-Mayer, UmwR, § 54 UmwG RN 62

192 *Lutter*-Winter, UmwG, § 54 RN 26

193 *Henn*, Hdb. Aktienrecht RN 1378; Muster einer derartigen Ankündigung bei *Henn* a.a.O., Anlage 32a S. 861

194 Der Rechtsträger hat kein Ermessen, da die Aktien nicht weiter umlaufen dürfen; *Lutter*-Grunewald, UmwG, § 72 RN 2; *Dehmer*, UmwG, § 72 RN 3.

195 Erforderlich ist die Ankündigung der Kraftloserklärung und die dreimalige Auforderung zum Aktienumtausch, § 73 II UmwG i.V.m. § 64 II AktG; dazu *Großkomm.*-Schilling § 346 AktG Anm.37. Eine gerichtliche Genehmigung ist hier, anders als im Regelfall des § 73 AktG, nicht erforderlich.

erklärten Aktien sind neue Aktien auszugeben und den Berechtigten mit der baren Zuzahlung auszuhändigen. Ist das nicht möglich, werden die Aktien hinterlegt[196].

2. Zusammenlegung von Aktien

In seltenen Fällen[197] kann für die Abwicklung des Aktienumtausches eine Zusammenlegung von Aktien erforderlich sein: Wenn ein einzelner Aktionär für mehrere Aktien einen einzelnen Anteil am übernehmenden Rechtsträger erhält oder wenn mehrere Aktionäre nicht-beteiligungsfähige Spitzen in den Händen halten[198]. Dies ist beispielsweise der Fall, wenn es für drei alte Aktien eine neue gibt und Aktionär A fünf Aktien hält; falls er nicht eine Aktie zukauft, findet das Zusammenlegungsverfahren gemäß § 72 UmwG i.V.m. § 226 AktG statt[199]. Die Zusammenlegung erfolgt entweder durch Kraftloserklärung, wobei der Aktionär eine Gegenleistung erhält; oder er vermeidet die Kraftloserklärung, indem er die betroffenen Aktien einreicht und bestimmt, daß sie dem übernehmenden Rechtsträger zur Verwertung zur Verfügung gestellt werden. Die Verwertung erfolgt dann gemäß § 226 III AktG für Rechnung des Aktionärs[200].

VI. Nachträglicher Rechtsschutz

Der vor dem Wirksamwerden der Umwandlung vorgesehene Schutz der Aktionäre durch möglichst weitgehende Information wird ergänzt durch ein dem Aktienrecht entlehntes nachträgliches Rechtsschutzsystem. Die Aktionäre können gegen die Wirksamkeit des Umwandlungsbeschlusses Klage erheben (dazu sogleich unter 1.). Allerdings kann nach §§ 14, 32 UmwG eine Klage gegen die Wirksamkeit des Umwandlungsbeschlusses nicht darauf gestützt werden, daß das Umtauschverhältnis der Anteile oder eine nach § 29 UmwG zu gewährende Barabfindung zu niedrig bemessen sei. Für die Nachprüfung dieser Fragen ist das sogenannte Spruchverfahren[201] vorgesehen (dazu sogleich unter 2).

Mit der Einführung dieses Instruments des Minderheitenschutzes durch nachträgliche gerichtliche Kontrolle ist der deutsche Gesetzgeber über die europa-

---

196 *Goutier/Knopf/Tulloch*-Bermel, UmwG, § 72 RN 4

197 *Dehmer*, UmwG, § 72 RN 6

198 *Dehmer*, UmwG, § 72 RN 6; *Lutter*-Grunewald, UmwG, § 72 RN 3

199 eingehend für die Spaltung: *Engelmeyer*, Spaltung von Aktiengesellschaften S. 247

200 *Lutter*-Grunewald, UmwG, § 72 RN 3

201 teilweise auch Spruchstellenverfahren genannt

rechtlichen Vorgaben hinausgegangen, die den „a-priori-Schutz“[202] der Aktionäre in den Vordergrund stellen[203]. Damit wurde indessen den Forderungen des Schrifttums im Vorfeld der Richtlinien-Erlasse nach einer gerichtlichen Nachprüfung der Angemessenheit des Umtauschverhältnisses entsprechend den konzernrechtlichen Regelungen in §§ 305, 306 AktG Rechnung getragen[204], nachdem man sich bei Erlaß der RL'en mit dem Vorschlag eines „a-posteriori-Schutzes“ nicht hatte durchsetzen können. Mit den Vorschriften über das Spruchverfahren übernimmt das neue UmwG nun auch für die Verschmelzung sowie neu für die Spaltung im wesentlichen Regelungen, die bereits das alte UmwG kannte (§§ 30 ff UmwG a.F.) und die letztlich auf Vorläufer in der 3. DVO vom 2.12.1936 zum Gesetz über die Umwandlung von Kapitalgesellschaften vom 5.7.1934 und Nachfolgeregelungen in §§ 30 ff. UmwG 1936 zurückgehen[205].

1. Klage gegen die Wirksamkeit des Umwandlungsbeschlusses

a) Klagemöglichkeit

Das UmwG äußert sich nicht dazu, auf welchem Wege ein Verschmelzungs- oder Spaltungsbeschluß angegriffen werden kann. Daher ist auf die allgemeinen Regeln zurückzugreifen, die für die Aktiengesellschaft die Anfechtungs- und die Nichtigkeitsklage vorsehen.

In §§ 241, 242 AktG ist die Nichtigkeit von Hauptversammlungsbeschlüssen geregelt: Zur Nichtigkeit führen danach nur Gesetzesverstöße, wie zum Beispiel ein Verstoß gegen die Einberufungsvorschriften. Eine Heilung kommt nur nach § 242 AktG in Betracht. Der Beschluß entfaltet per se keine Rechtsfolgen, die Nichtigkeit kann mittels Klage gemäß § 249 AktG gerichtlich festgestellt werden. Nach § 242 II AktG ist die Nichtigkeitsklage innerhalb von drei Jahren nach Eintragung des Beschlusses zu erheben, danach tritt Heilung ein.

Die Verletzung anderer Vorschriften als der in § 241 AktG genannten führen zur Anfechtbarkeit des Beschlusses nach §§ 243-246 AktG. Anfechtbar kann ein Verschmelzungs- oder Spaltungsbeschluß beispielsweise wegen fehlender

---

202 *Ganske*, DB 1981, 1551/1552

203 *Priester*, NJW 1983, 1459/1463

204 *Wiedemann*, ZGR 1978, 477/489 f.; *Günther*, AG 1968, 98/104 f.; *Timm*, JZ 1982, 403/406 f.; *Großkomm.* -Schilling, vor § 339 AktG Anm.3; *KK*-Kraft § 339 AktG Anm.7; diesem Weg schien auch der BGH zugeneigt, Urt. v. 16.11.1981, JZ 1982, 426 unter Ziff.1 der Gründe = WM 1982, 86 = ZIP 1982, 172

205 Krieger in *Lutter*, Kölner Umwandlungsrechtstage S. 275/276; zur historischen Entwicklung *Dehmer*, UmwR, § 30 UmwG Anm.2

oder fehlerhafter Vorstands- oder Prüfungsberichte sein[206], wegen Verstoßes gegen die Satzung, die eventuell bestimmte Mehrheitserfordernisse vorsieht oder wegen eines Fehlers bei der Feststellung des Beschlußergebnisses. Die Anfechtungsklage nach ist § 246 I AktG innerhalb Monatsfrist zu erheben.

b) Klagefrist im UmwG

Nach § 14 I UmwG gilt nunmehr für alle Klagen gegen einen Verschmelzungs- oder Spaltungsbeschluß die Monatsfrist zur Klageerhebung, unabhängig vom Grund der angeblichen Unwirksamkeit[207].

Daß so die Regelung des § 242 II AktG unterlaufen wird, ist auf Kritik gestoßen[208], zumal die europarechtlichen Vorgaben eine solch kurze Frist nicht fordern[209]. Die Befürchtung, die Aktionärsmehrheit könne einen „Geheimbeschluß" fassen und eintragen lassen, ohne die Minderheit zu benachrichtigen[210], ist hingegen wohl eher theoretischer Natur. Denn nach § 17 UmwG sind mit der Anmeldung der Operation zur Eintragung unter anderem die Niederschriften der Beschlüsse einzureichen, diesen sind gemäß § 130 III AktG das Verzeichnis der Teilnehmer an der Versammlung sowie die Belege über die Einberufung als Anlage beizufügen. Da der Registerrichter als letzte Kontrollinstanz die Eintragungsvoraussetzungen prüfen muß, kann und muß er mittels dieser Unterlagen die Eintragung von „Geheimbeschlüssen" verhindern[211].

Durch die einheitliche, kurze Frist herrscht aber möglichst schnell Klarheit über die Bestandskraft der Verschmelzung oder Spaltung, die wegen der Wirkung der §§ 20 II, 131 II UmwG[212] erst nach Ablauf der Anfechtungsfrist eingetragen werden kann.

Nach Fristablauf können Klagen gegen den Verschmelzungs- oder Spaltungsbeschluß nicht mehr erhoben werden. Der Registerrichter muß aber gleichwohl die

---

206 eingehend zum fehlerhaften Vorstandsbericht oben III. 1. c)

207 *Dehmer*, UmwG, § 14 RN 3; *Lutter*-Bork, UmwG, § 14 UmwG RN 5; *Goutier/Knopf/Tulloch*-Bermel, UmwG, § 14 RN 5; a.A. *Engelmeyer*, Spaltung von Aktiengesellschaften S. 417

208 *Schöne*, DB 1995, 1317; *Bork*, ZGR 1993, 343/355 ff.

209 Art. 22 I b der 3. RL / Art. 19 I b der 6. RL schließen die Geltendmachung von Nichtigkeitsgründen nach Ablauf von 6 Monaten aus.

210 *Bork*, ZGR 1993, 343 ff.; *Schöne*, DB 1995, 1317; *Schmid*, ZGR 1997, 493/506

211 so auch *Kallmeyer/Marsch*-Barner, UmwG, § 14 RN 9; *Lutter*-Bork, UmwG, § 14 RN 12

212 vgl. oben Teil 1, B. III. 2. b)

Eintragung ablehnen, wenn der Beschluß im Widerspruch zu zwingendem Recht (also nicht zu Satzungsbestimmungen) steht oder Vorschriften verletzt, die auch Gläubiger und Öffentlichkeit schützen sollen[213]. Geheilt werden Mängel nur durch Eintragung nach Maßgabe von §§ 20 I Nr.4, 131 I Nr. 4 UmwG; unbeschadet nicht geheilter Mängel kann eine „Entschmelzung" nach Eintragung gemäß §§ 20 II, 131 II UmwG nicht mehr geltend gemacht werden[214]. Daher trägt der Registerrichter eine große Verantwortung.

c) Registersperre

aa) Negativerklärung, § 16 II UmwG

Die Eintragung der Verschmelzung oder Spaltung ins Handelsregister erfolgt nur, wenn mit der Anmeldung die sogenannte Negativerklärung nach § 16 II UmwG abgegeben wurde. Darin erklären die Leitungsorgane, daß eine Klage gegen den Beschluß nicht anhängig ist. Soweit Klage erhoben wurde, wird das Eintragungsverfahren analog § 127 FGG bis zur gerichtlichen Entscheidung ausgesetzt[215]. Damit wird verhindert, daß ein angefochtener Beschluß durch Eintragung nach § 20 II UmwG irrevisibel wird[216]. Eine Klage gegen die Wirksamkeit des Verschmelzungs- oder Spaltungsbeschlusses bewirkt damit eine faktische Registersperre[217], Rechtssicherheit hat Vorrang vor Zeitgewinn[218].

bb) Unbedenklichkeitserklärung, § 16 III UmwG

Diese Registersperre kann jedoch durch einen Beschluß des Prozeßgerichts überwunden werden, wenn das Gericht im Rahmen des sogenannten Unbedenklichkeitsverfahrens feststellt, daß die Erhebung der Klage einer Eintragung nicht entgegensteht[219]. Diese neue gesetzliche Regelung kodifiziert eine Rechtsentwicklung, die versuchte, den rechtsmißbräuchlichen oder „räuberischen" Anfechtungsklagen zu begegnen, also den Klagen solcher Aktionäre, die

---

213 *Lutter*-Bork, UmwG, § 14 RN 12; *K. Schmidt*, DB 1995, 1849/1850 unter 2c); *Schmid*, ZGR 1997, 493/498; *Bokelmann*, DB 1994, 1341/1345 (eingehend zur Prüfungskompetenz des Registerrichters)+1349

214 vgl. oben Teil 1, B. III. 2. b) bb)

215 *Bork*, ZGR 1993, 343/358; *Bokelmann*, DB 1994, 1341/1345

216 *Lutter*-Bork, UmwG, § 16 RN 9

217 *Bork*, ZGR 1993, 343/356; *Sagasser/Bula*, Umwandlungen RN C 25

218 *Bayer*, ZGR 1995, 613/619

219 eingehend zum Unbedenklichkeitsverfahren *Decher*, AG 1997, 388 ff.

einen Hauptversammlungsbeschluß nur mit dem Ziel anfechten, sich den „Lästigkeitswert" ihrer Klage abkaufen zu lassen[220].

Der Unbedenklichkeitsbeschluß darf nach § 16 III,2 UmwG ergehen, wenn die erhobene Klage unzulässig oder offensichtlich unbegründet ist oder wenn das Vollzugsinteresse das Aufschubinteresse überwiegt und die Schutzbedürftigkeit des Antragstellers daher die Eintragung gebietet. Während die Unzulässigkeit einer Klage meist eindeutig (wenngleich wohl nicht häufig) ist, dürften Klagen, bei denen die Aussichtslosigkeit aufgrund des unstreitigen Sachverhalts und des glaubhaft Gemachten für das Gericht ohne weitere Nachprüfung klar erkennbar ist, die Ausnahme sein[221]. Die bei einer Verschmelzung oder Spaltung anfallenden Rechtsfragen sind in der Regel von so komplexer Natur, daß sich die offensichtliche Unbegründetheit nicht auf den ersten Blick offenbaren wird[222].

In der Praxis wird daher der dritten Möglichkeit zunehmend Gewicht zukommen, dem Vorrang des Vollzugsinteresses[223]. Die Vollzugsinteressen ergeben sich vor allem aus den mit einer verzögerten Eintragung einhergehenden wirtschaftlichen Nachteilen für die an der Operation beteiligten Rechtsträger und deren Anteilseigner, wobei nur wesentliche Nachteile zu berücksichtigen sind[224]. Allein die pauschale Behauptung hoher Kosten oder hohen Arbeitsaufwandes im Falle der Verzögerung ist nicht ausreichend[225]. Demgegenüber rechtfertigt sich das Aufschubinteresse des klagenden Aktionärs aus den Wir-

---

220 zuletzt BGH, Urt. v. 2.7.1990, BGHZ 112, 9; Urt. v. 22. 5. 1989, BGHZ 107, 296 (308); *Wardenbach*, BB 1991, 485; *Kiem*, Eintragung der angefochtenen Verschmelzung S. 20 ff.; Bork in *Lutter*, Kölner Umwandlungsrechtstage S. 261; *Bokelmann*, DB 1994, 1341/1345; vgl. auch RegEBegr. zu § 16 UmwG, bei *Ganske* S. 55

221 *Kiem*, Eintragung der angefochtenen Verschmelzung S. 236 ff.; *ders.*, AG 1992, 430/432; Bork in *Lutter*, Kölner Umwandlungsrechtstage S. 261/263; vgl auch OLG Frankfurt, Beschl. v. 9.6.1997, DB 1997, 1911 = ZIP 1997, 1291; OLG Stuttgart, Beschl. v. 17.12.1996, DB 1997, 217 = ZIP 1997, 75; LG Freiburg, Beschl. v. 26.11.1997, AG 1998, 536

222 *Goutier/Knopf/Tulloch*-Bermel, UmwG, § 16 RN 40; *Kiem*, Eintragung der angefochtenen Verschmelzung S. 236; *Wardenbach*, BB 1991, 485/487; *Decher*, AG 1997, 388/389 f.; vgl. auch RegEBegr. zu § 16 UmwG, bei *Ganske* S. 56

223 Erste Entscheidungen hierzu liegen bereits vor: OLG Frankfurt, Beschl. v. 9.6.1997, DB 1997, 1911 = ZIP 1997, 1291 = AG 1997, 472; LG Wiesbaden, Beschl. v. 5.2.1997, AG 1997, 274; OLG Frankfurt, Beschl. v. 22.12.1995, EWiR 1996, 187; OLG Stuttgart, Beschl. v. 17.12.1996, DB 1997, 217 = EWiR 1997, 131 (Vorinstanz LG Heilbronn, Beschl. v. 2.8.1996, EWiR 1997, 43)

224 RegEBegr. zu § 16 UmwG, bei *Ganske* S. 57

225 OLG Frankfurt, Beschl. v. 9.6.1997, DB 1997, 1911

kungen der §§ 20, 131 UmwG[226]. Bei der Interessenabwägung und Gewichtung hat der Gesetzgeber den Gerichten eine sehr weite Entscheidungsfreiheit für den Einzelfall eingeräumt. In der Literatur werden folgende Grundzüge aufgestellt[227]: Bei Mängeln, die zur Nichtigkeit des Beschlusses führen, wenn der behauptete Mangel als vorliegend unterstellt wird, dürfte in der Regel dem Aufschubinteresse Vorrang einzuräumen sein. Mängel des Umtauschverhältnisses, soweit nicht gemäß §§ 14 II, 15 UmwG auf das Spruchstellenverfahren verwiesen (d.h. bei Klagen von Aktionären der übernehmenden Gesellschaft), können in der Regel durch Schadensersatzansprüche kompensiert werden, so daß ein Vollzugsaufschub nicht erforderlich ist. Informations- und Unterrichtungsmängel sowie formelle Beschlußmängel sind insoweit kritisch, als das neue UmwG gerade den Minderheitenschutz durch Vorab-Information stärken will, so daß hier besonders sorgfältig abzuwägen ist, damit diese Informationspflichten nicht leerlaufen[228]. Das OLG Stuttgart[229] hat jedoch entschieden, daß bei der Rüge eines bloßen Formfehlers, der in der nächsten Hauptversammlung im Rahmen einer erneuten Beschlußfassung unter Beachtung der Formvorschriften behoben werden kann, das Vollzugsinteresse höher zu bewerten ist als die Schwere der mit der Anfechtungsklage geltend gemachten Rechtsverletzung[230]. Dies ist zu begrüßen, da so Operationen, die inhaltlich nicht zu beanstanden sind, gerettet werden, während andernfalls das gesamte Verfahren wegen eines behebbaren Formfehlers zu wiederholen ist.

Durch den neuen § 16 III UmwG dürfte auf die Gerichte eine Vielzahl von Anträgen auf Erteilung einer Unbedenklichkeitserklärung zukommen, da die Unternehmen versuchen werden, eine einmal eingeleitete Verschmelzung oder Spaltung zu retten. Wie die Rechtsprechung mit dieser neuen Vorschrift umgehen wird, ob sie sie angesichts der Wirkung der §§ 20, 131 UmwG eher restriktiv auslegt oder ob die Tendenz des OLG Stuttgart, dem Vollzugsinteresse bei behebbaren Beschlußmängeln Vorrang einzuräumen, sich durchsetzen wird, bleibt somit abzuwarten.

cc) Schadensersatzanspruch

Erweist sich nach Eintragung der Verschmelzung oder Spaltung aufgrund des Unbedenklichkeitsbeschlusses das anhängige Hauptsacheverfahren als begrün-

---

226 RegEBegr. zu § 16 UmwG, bei *Ganske* S. 57

227 vgl. *Goutier/Knopf/Tulloch*-Bermel, UmwG, § 16 RN 51 ff.; ähnlich *Decher*, AG 1997, 388/391 f.

228 vgl. auch *Bayer*, ZGR 1995, 613/625

229 Beschl. v. 17.12.1997, DB 1997, 217 = EWiR 1997, 131 mit zustimmender Anm. Bork

230 dem i.E. zustimmend *Schmid*, ZGR 1997, 493/519

det, so ist der Antragsteller dem Antragsgegner nach § 16 III,6 UmwG zum Schadensersatz verpflichtet. Da eine „Entschmelzung“ ausgeschlossen ist, kommt nur Schadensersatz in Geld in Frage. Dieser Umstand ist, wie oben dargelegt, bereits bei der Entscheidung über die Unbedenklichkeitserklärung zu berücksichtigen.

2. Spruchverfahren

a) Voraussetzungen

Neben der Klage gegen die Wirksamkeit des Beschlusses ermöglicht das Spruchverfahren gemäß §§ 15, 34 i.V.m. §§ 305 ff. UmwG eine eigenständige gerichtliche Nachprüfung der Angemessenheit des Umtauschverhältnisses der Aktien sowie der nach § 29 UmwG anzubietenden Barabfindung. Ohne dieses gesonderte Verfahren müßten auch diese Ansprüche mittels Anfechtungsklage geltend gemacht werden. Mit Einführung des Spruchverfahrens hat der Gesetzgeber somit erhebliches Störpotential von beabsichtigten Umwandlungen genommen, weil dieses Verfahren auf die Umwandlung selbst keinen Einfluß hat[231],[232]. Ein entsprechendes gerichtliches Verfahren war bisher schon bei Abschluß eines Beherrschungs- oder Gewinnabführungsvertrages in §§ 304-306 AktG vorgesehen, denen die Regelungen des UmwG insoweit nachgebildet sind[233]. Allerdings schließt § 14 II UmwG nur Klagen der Aktionäre der übertragenden Gesellschaft aus und verweist diese über § 15 UmwG auf das Spruchverfahren. Den Aktionären des übernehmenden Rechtsträgers, die durch ein zu hohes Umtauschverhältnis einen Schaden erleiden können, stehen daher die allgemeinen Klagemöglichkeiten offen[234].

---

231 *Sagasser/Bula*, Umwandlungen RN C 17

232 Letzteres ist wegen der ungewöhnlich langen Verfahrensdauer des Spruchverfahrens von Bedeutung: Die deutsche Schutzvereinigung für Wertpapierbesitz e.V. hat in ihrem Jahresbericht 1993 (Das Wertpapier 25/93 S. 53) die per 31.12.1993 schwebenden Verfahren aufgelistet, wovon die ältesten im 12. Jahr anhängig waren, davon eines noch in 1. Instanz. Eine empirische Untersuchung des Zeitraumes von 1980-1992 hat ergeben, daß in mehr als 40 % der in Frage kommenden Fälle ein Spruchverfahren eingeleitet worden war und daß diese Verfahren den Gesellschaftern eine durchschnittliche Aufbesserung ihrer Abfindung um ca. 48 % gebracht hatten; *Dörfler/Gahler/ Unterstraßer/Wirichs*, BB 1994, 156 ff.

233 *G/H/E/K*-Grunewald, § 352 c AktG RN 2; RegEBegr. zu § 352 c AktG, BT-Drs. 9/1065 S. 20

234 *Dehmer*, UmwG, § 14 RN 20; zur Kritik an dieser Regelung: *Hommelhoff*, ZGR 1993, 452/470; *Hoffmann-Becking*, ZGR 1990, 482/484

Der Antrag auf Überprüfung der Gegenleistung kann bei einer Verschmelzung (§ 15 UmwG) sowie bei einer Ab- oder Aufspaltung (über § 125 S.1 UmwG) gestellt werden, nicht jedoch bei einer Ausgliederung, wo kein Aktienumtausch stattfindet[235]. Nicht erforderlich für den Antrag nach § 15 UmwG ist nunmehr - im Gegensatz zur früheren Regelung in § 352 c AktG -, daß der betroffene Aktionär gegen den Beschluß gestimmt und Widerspruch erklärt hat[236]. Wenn ein Aktionär jedoch eine zu geringe Barabfindung nach § 29 UmwG geltend macht, ist dies Antragsvoraussetzung, da er sonst überhaupt kein Recht zum Austritt gegen Barabfindung hat.

Wenn das Umtauschverhältnis der Aktien oder die nach § 29 UmwG zu gewährende Barabfindung zu niedrig bemessen ist oder die Mitgliedschaft beim übernehmenden Rechtsträger keinen ausreichenden Gegenwert für die Anteile beim übertragenden Rechtsträger darstellt, setzt das Gericht eine bare Zuzahlung fest, die auch 10 % des Nennbetrages der gewährten Aktien übersteigen darf[237].

b) Verfahren

Das gerichtliche Verfahren regeln die §§ 305-312 UmwG. Der Antrag ist binnen zwei Monaten nach der Eintragung (§ 305 UmwG) beim Landgericht am Sitz des übertragenden Rechtsträgers zu stellen (§ 306 I UmwG)[238]. Antragsberechtigt ist jeder Aktionär, eine Mindestbeteiligung ist nicht erforderlich[239].

Die Entscheidung wirkt nach § 311 S.2 UmwG inter omnes[240]. Daher kann ein einzelner Aktionär, der seine Abfindung um einige DM aufbessern möchte, der Gesellschaft Kosten in beträchtlicher Höhe verursachen. Durch die inter-omnes-

---

235 Krieger in *Lutter*, Kölner Umwandlungsrechtstage S. 275/276

236 Dies war nach §§ 352 c II,1 AktG, 31a II,1 KapErhG noch erforderlich; mit der Neuregelung soll verhindert werden, daß Aktionäre, die die Operation grundsätzlich befürworten, dagegen stimmen müssen, nur um die Angemessenheit der Gegenleistung überprüfen zu lassen, wodurch notwendige Fusionen verhindert werden könnten; RegEBegr. zu § 15 UmwG, bei *Ganske* S. 53.

237 Anders als die Zuzahlung zum Spitzenausgleich; bei einer Obergrenze bestünde die Gefahr, daß der Kurs böswillig viel zu niedrig festgesetzt wird.

238 Kritik an dieser Regelung äußert *Bork*, ZIP 1998, 550, weil so bei mehreren übertragenden Rechtsträgern mehrere Gerichte nebeneinander zuständig sein können.

239 Krieger in *Lutter*, Kölner Umwandlungsrechtstage S. 275/280; KG, Beschl. v. 19.12.1970, DB 1971, 613/615 zur insoweit inhaltsgleichen Regelung der §§ 304-306 AktG

240 Zur Kritik an dieser Neuregelung mit der Begründung, daß sie zur Aushöhlung des Grundkapitals führen könne *Philipp*, AG 1998, 264/268 ff., der die inter-omnes-Wirkung als „Mißgriff des Gesetzgebers bezeichnet.

Wirkung unterscheidet sich die Neuregelung von den Vorgängern in §§ 352 c AktG[241], 31 a KapErhG, die nur den antragstellenden Gesellschaftern Rechte aus der Entscheidung zuerkannten, während in § 35 UmwG 1969 bereits die inter-omnes-Wirkung angeordnet war. Setzt das Gericht eine bare Zuzahlung zur Verbesserung des Umtauschverhältnisses fest, kann jeder Aktionär des übertragenden Rechtsträgers diese bare Zuzahlung beanspruchen[242]. Nach wie vor umstritten ist, ob bei gerichtlicher Festsetzung einer angemessenen Barabfindung (§§ 29, 34 UmwG) auch die Anteilsinhaber eine Nachzahlung beanspruchen können, die das ursprüngliche Abfindungsangebot angenommen hatten. Mit der h.M.[243] ist dies zu bejahen, weil ansonsten die Gesellschaft einen Vorteil aus der Unangemessenheit ihres Angebots ziehen könnte[244].

Kostenschuldner im Spruchverfahren ist nach § 312 IV,1 UmwG der übernehmende oder neue Rechtsträger, die Anteilsinhaber tragen in der Regel kein Kostenrisiko. Die Kosten können nur ausnahmsweise nach Billigkeit einem anderen Beteiligten auferlegt werden (§ 312 IV,3 UmwG), insbesondere, wenn ein unzulässiger, offensichtlich unbegründeter oder sonst rechtsmißbräuchlicher Antrag gestellt wird[245].

3. Schadensersatzansprüche gegen die Verwaltungsträger

a) Verwaltungsträger der übertragenden Gesellschaft

Die Aktionäre der übertragenden Gesellschaft können nach § 25 AktG gegen den Vorstand und den Aufsichtsrat derselben Ersatz des Schadens verlangen, den sie durch die Verschmelzung oder Spaltung erlitten haben. Dabei wird das

---

241 zur Kritik daran *Hüffer*, AktG 2. Aufl., § 305 RN 32; *Hoffmann-Becking*, ZGR 1990, 482/499; *Wiesen*, ZGR 1990, 503/505

242 Krieger in *Lutter*, Kölner Umwandlungsrechtstage S. 275/293; ders. in *Lutter*, UmwG, § 311 RN 3

243 *Hoffmann-Becking*, ZGR 1990, 482/500, der eine ausdrückliche dahingehende gesetzliche Regelung gefordert hatte; zu § 305 AktG, der eine entsprechende Regelung enthält: *Haase*, AG 1995, 7/12 ff.; *Emmerich/Sonnenschein*, Konzernrecht, § 17 II 9 (S. 335); aus der Rspr: OLG Düsseldorf, Beschl. v. 11.1.1990, AG 1990, 397/401; OLG Celle, Beschl. v. 4.4.1979, AG 1979, 230/233; LG Berlin, Beschl. v. 20.10.1978, AG 1979, 207

244 *Hüffer*, AktG 2. Aufl., § 305 RN 32; *Emmerich/Sonnenschein* a.a.O.

245 *Lutter*-Krieger, UmwG, § 312 RN 5; *Dehmer*, UmwG, § 312 RN 10; OLG Düsseldorf, Beschl. v. 5.10.1992, AG 1993, 40; Beschl. v. 8.6.1973, WM 1973, 1085/1087; OLG Frankfurt, Beschl. v. 16.9.1971, NJW 1972, 641/644 jeweils zur gleichlautenden Regelung des § 306 VII,7 AktG

Verschulden der Organe unterstellt, diese können Entlastungsbeweis antreten[246].

b) Verwaltungsträger der übernehmenden Gesellschaft

Hinsichtlich der Haftung der Verwaltungsorgane der übernehmenden Gesellschaft regelt § 27 UmwG (in Fortführung der Regelung des § 351 AktG 1965) einzig die Verjährung von Schadensersatzansprüchen. Die Haftung selbst ergibt sich aus den allgemeinen Vorschriften[247], bei der Aktiengesellschaft aus § 93 AktG für den Vorstand und aus § 116 AktG für Aufsichtsratsmitglieder. Anspruchsberechtigt sind hier die Aktionäre aller beteiligten Gesellschaften[248].

VII. Verschmelzung im Konzern

Die weitaus größte Zahl von Verschmelzungen[249] wird innerhalb von Konzernen vollzogen[250]. Eine Verschmelzung bildet dann regelmäßig den Abschluß einer stufenweise intensivierten Unternehmensverbindung[251]: Zunächst wird eine Beteiligung erworben, diese sodann faktisch in den Erwerber eingebunden; dieses Verhältnis wird durch einen Beherrschungsvertrag zu einem Vertragskonzern erweitert, bevor schließlich die Tochtergesellschaft auf die Muttergesellschaft verschmolzen wird („up-stream-merger“[252]). Da bei konzerninternen Umstrukturierungen in der Regel keine Interessen Außenstehender beeinträchtigt werden, war es ein berechtigtes Anliegen der Praxis, hierbei nicht ohne Not behindert zu werden[253]. Insoweit sieht das Umwandlungsgesetz in Übereinstimmung mit Artt. 24 ff. der 3. RL gewisse Verfahrenserleichterungen vor.

---

246 Diese Regelung galt für die Verschmelzung von Aktiengesellschaften schon seit dem AktG 1937, das UmwG 1995 brachte nur redaktionelle Änderungen; insoweit bedurfte es aufgrund von Art. 20 der 3. RL, Art. 18 der 6. RL keiner inhaltlichen Änderungen.

247 Eine spezielle Regelung im UmwG war nicht erforderlich, weil die Richtlinien eine Haftungsregelung für die Organe der übernehmenden Gesellschaft nicht verlangen.

248 *Dehmer*, UmwG, § 27 RN 8

249 Und auch der Spaltungen, für die aber keine Sonderregelungen gelten, so daß sie hier nicht behandelt werden.

250 *Küting*, BB 1994, 1383; *Henze*, AG 1993, 341/342; *Krieger*, ZGR 1990, 517

251 *Küting*, BB 1994, 1383

252 *Sagasser/Bula*, Umwandlungen RN F 2 + G 113 ff.; die Verschmelzung der Muttergesellschaft auf die Tochtergesellschaft („down-stream-merger“) wird hingegen aus steuerlichen Gründen nach dem neuen UmwStG wohl kaum noch Bedeutung haben; *Sagasser/Bula* RN G 118.

253 *Krieger*, ZGR 1990, 517/518

1. Verschmelzung auf eine mehrheitlich beteiligte Aktiengesellschaft

Wenn eine Kapitalgesellschaft auf eine Aktiengesellschaft verschmolzen wird und letztere mindestens 90 % der Anteile am übertragenden Rechtsträger besitzt, ist ein Verschmelzungsbeschluß der übernehmenden Aktiengesellschaft nach § 62 I UmwG entbehrlich.

Aktionäre dieser Aktiengesellschaft, deren Anteile zusammen mindestens 5 % des Grundkapitals ausmachen, haben jedoch nach § 62 II UmwG die Möglichkeit, die Einberufung einer Hauptversammlung zu verlangen, in der über die Verschmelzung entschieden wird. Dieses Recht ist dadurch abgesichert, daß nach § 62 III UmwG den Aktionären die notwendigen Informationen geliefert werden müssen. Insoweit ist die Rechtslage gegenüber der ansonsten gleichen Regelung des § 352 b AktG a.F. verbessert, als danach die Konzernmutter ihre Aktionäre nicht über die bevorstehende Verschmelzung unterrichten mußte und diese so ihr Recht, die Einberufung einer Hauptversammlung zu verlangen, in der Regel nicht ausüben konnten[254].

Ein Beschluß der übertragenden Gesellschaft ist auch bei Konzernverschmelzungen zwingend.

2. Verschmelzung bei 100 %iger Beteiligung

Wenn die Anteile am übertragenden Rechtsträger sämtlich in einer Hand liegen, werden weitere Verfahrenserleichterungen gewährt: Da in diesen Fällen kein Aktienumtausch stattfindet, ist nach § 8 III UmwG kein Verschmelzungsbericht und nach § 9 II UmwG kein Prüfungsbericht erforderlich, außerdem muß der Verschmelzungsvertrag keine Angaben hinsichtlich des Aktienumtausches (§ 5 I Nr.2-5 UmwG) enthalten.

Weitergehende Erleichterungen für Konzernverschmelzungen, wie beispielsweise die Entbehrlichkeit des Verschmelzungsvertrages, gewährt das UmwG trotz dahingehender Wünsche im Gesetzgebungsverfahren nicht[255], doch sind insoweit die Vorgaben von Art. 24 der 3. RL zu beachten, die keine weiteren Verfahrenserleichterungen gestatten.

---

254 RegEBegr. zu § 62 UmwG, bei *Ganske* S. 93

255 *Krieger*, ZGR 1990, 517/520

3. Die zweistufige Konzernverschmelzung

Es stellt sich die Frage, ob die Erleichterungen der Konzernverschmelzung auch gewährt werden, wenn die übernehmende Gesellschaft erst nach Einleitung des Verschmelzungsverfahrens alle Anteile in ihrer Hand vereinigt: Bei der sogenannten „zweistufigen Konzernverschmelzung" erwirbt die übernehmende Gesellschaft zunächst im Rahmen einer Kapitalerhöhung mittels Sacheinlage unter Bezugsrechtsausschluß Anteile an der übertragenden Gesellschaft, um die Voraussetzungen des § 62 I bzw. der §§ 8 II, 9 II, 12 III UmwG zu schaffen; unmittelbar im Anschluß an die Durchführung der Kapitalerhöhung wird die Verschmelzung nach den Regeln der vereinfachten Konzernverschmelzung vollzogen[256]. Erforderlich ist danach nur ein Beschluß der übertragenden Gesellschaft und die Zustimmung des Vorstandes der übernehmenden Gesellschaft. Verschmelzungsbericht und -prüfung sind entbehrlich.

Entscheidend bei der Frage der Zulässigkeit dieser Vorgehensweise ist die Bestimmung des Zeitpunktes, in dem die Beteiligungsquote des § 62 I UmwG erfüllt sein muß. Das Gesetz äußert sich hierzu nicht. Das LG Mannheim hat in einer Entscheidung zu § 352 b AktG a.F.[257] die zweistufige Konzernverschmelzung unter erleichterten Bedingungen für zulässig erachtet: Ausreichend sei, wenn die Beteiligungsquote im Zeitpunkt des Verschmelzungsbeschlusses der übertragenden Gesellschaft vorliege[258]. Das OLG Karlsruhe hat hingegen den Aktionärsschutz stärker betont und den Kapitalerhöhungsbeschluß, mit dem die zweistufige Konzernverschmelzung eingeleitet wurde, als gesetzwidrig angesehen.[259]. Es war der Auffassung, die Beteiligungsquote müsse bereits mit Einleitung des Verschmelzungsverfahrens vorliegen; werde die 100 %ige Beteiligung erst mit der Kapitalerhöhung geschaffen, verlange der Schutz der Aktionäre der übernehmenden Gesellschaft einen Verschmelzungsbeschluß und vor allem die Durchführung einer Verschmelzungsprüfung[260].

Die Lösung des OLG Karlsruhe überzeugt nicht, weil die Kapitalerhöhung gegen Sacheinlage und die Verschmelzung als selbständige Verfahren nebeneinanderstehen. Die Vorschriften der verschmelzungsimmanenten Kapitalerhöhung überlagern andere Verfahren, wie das der separaten Kapitalerhöhung gegen Sacheinlagen, nicht in dem Sinne, daß die Schutzvorschriften des ersteren (insbesondere die Verschmelzungsprüfung) auch bei ähnlichen Sachverhalten

---

256 *Widmann/Mayer*-Rieger, UmwR, § 62 UmwG RN 18

257 Urt. v. 26.3.1990, ZIP 1990, 992 - „Südzucker-Fall"

258 dem folgend *Dehmer*, UmwG, § 62 RN 7; *Lutter*-Grunewald, UmwG, § 62 RN 6

259 Berufungsurteil v. 9.8.1991, WM 1991, 1759

260 dem folgend *Sagasser/Bula*, Umwandlungen RN G 117

zur Anwendung kommen müßten[261]. Es kommt daher nicht darauf an, ob die Beteiligung der übernehmenden Gesellschaft an der übertragenden zu dem Zweck erworben wurde, eine erleichterte Konzernverschmelzung durchzuführen[262].

Bei der Bestimmung des Zeitpunktes, in dem die übernehmende Gesellschaft die erforderliche Beteiligungsquote innehaben muß, ist jedoch - anders als es das LG Mannheim getan hat - von den gesetzlichen Voraussetzungen auszugehen, nach denen die Wirksamkeit der Verschmelzung eintritt[263]: Dies ist die Eintragung ins Handelsregister, der die Anmeldung vorausgeht, bei der die Wirksamkeitsvoraussetzungen belegt werden müssen. Bei der Anmeldung ist nach § 17 I UmwG grundsätzlich die Niederschrift der Verschmelzungsbeschlüsse beizufügen. Diese ist entbehrlich, wenn ein Beschluß wegen § 62 I UmwG nicht gefaßt zu werden braucht. Da die Voraussetzungen einer ordnungsgemäßen Verschmelzung vom Registergericht vor der Eintragung überprüft werden, ist es ausreichend, wenn im Zeitpunkt der Anmeldung die erforderliche Beteiligungsquote erreicht ist, die einen Beschluß entbehrlich macht.

Die Rechte der Aktionäre der übernehmenden Gesellschaft werden durch die verfahrensmäßige Absicherung ihrer Informationrechte gewahrt, so daß sie sich ein Bild von der geplanten Operation machen können und ausreichend Zeit haben, Stimmen für das nach § 62 II erforderliche Quorum zu sammeln oder aber in Kenntnis der gesamten Umstände der Kapitalerhöhung ihre Zustimmung verweigern können[264].

C. Aktionärsschutz im französischen Recht

Die Bestimmungen zum Schutz der Aktionäre bedurften im französischen Recht insgesamt keiner so weitgehenden Änderungen wie in Deutschland, weil sie im wesentlichen bereits den Vorgaben der Richtlinien entsprachen[265].

---

261 *Henze*, AG 1993, 2341/2349; *Widmann/Mayer*-Rieger, UmwR, § 62 UmwG RN 21

262 LG Mannheim a.a.O.; es findet also keine Motivkontrolle statt; *Widmann/Mayer*-Rieger, UmwR, § 62 UmwG RN 22.

263 ebenso *Henze*, AG 1993, 2341/2349; *Widmann/Mayer*-Rieger, UmwR, § 62 UmwG RN 24

264 Insoweit ist die Entscheidung des OLG Karlsruhe entgegen der Auffassung von *Sagasser/Bula*, Umwandlungen RN G 117 durch die Gesetzesänderung überholt, da in der Entscheidung vor allem darauf abgestellt wurde, daß die Aktionäre keine Zeit gehabt hätten, das Quorum von 5 % zu bilden; OLG Karlsruhe, WM 1991, 1759/1762.

265 *Jeantin*, J.C.P. éd.E 1988, II, n° 15169

I. Entscheidungszuständigkeit der Anteilsinhaber

1. Zuständigkeit der assemblée générale extraordinaire

a) Entscheidungszuständigkeit bei fusion und scission

Über eine *fusion* oder *scission* einer *société anonyme* entscheiden nach Art. 376 I L.1966 die außerordentlichen Generalversammlungen aller an der Operation beteiligten Gesellschaften. Diese Kompetenzzuweisung existiert schon seit Inkrafttreten des L.1966. Die Entscheidungszuständigkeit der außerordentlichen Generalversammlung resultiert daraus, daß die *fusion* und *scission* für jede beteiligte Gesellschaft eine Satzungsänderung darstellt[266], für die nach Art. 153 I L.1966 allein die außerordentliche Generalversammlung - *assemblée générale extraordinaire* - zuständig ist[267]. Diese entscheidet im Gegensatz zur ordentlichen Generalversammlung - *assemblée générale ordinaire* - mit qualifizierter Mehrheit.[268]

b) Mitwirkungsbefugnisse beim apport partiel d'actif

Soweit ein Vermögensteil im Rahmen eines *apport partiel d'actif* übertragen wird, ist die Generalversammlung nicht zwingend für die Entscheidung zuständig[269]. Nur wenn die Unternehmensleitungen die Operation gemäß Art. 387 L.1966 den *scission*- Regeln (Artt. 382 bis 386 L.1966) unterstellen, müssen die *assemblées générales extraordinaires* aller beteiligten Gesellschaften mit entsprechender Mehrheit über die Operation entscheiden[270]. Ansonsten ist ein Generalversammlungsbeschluß nur erforderlich, wenn mit dem *apport partiel* eine Satzungsänderung, insbesondere eine Änderung des statuarischen Unternehmensgegenstandes verbunden ist (Art. 153 I L.1966)[271] sowie wenn die übertragende Gesellschaft ihr Kapital herabsetzen[272] bzw. die aufnehmende Gesell-

---

266 Bei der aufnehmenden Gesellschaft ist eine Kapitalerhöhung erforderlich, die übertragende Gesellschaft wird aufgelöst; *Jeantin*, Jur. Cl. Soc., Fasc. 164-C n°1; *Cozian/Viandier* n°1729.

267 Diese Regelung ist nach Art.153 I,1 2.HS L.1966 zwingend.

268 *Hüpper*, AG 1973, 330/332 gibt einen vollständigen Überblick über die Zuständigkeiten der jeweiligen Generalversammlungen.

269 *Duden/Schilling*, AG 1980, 202/206; *Dalsace/Bernard* in Dalloz n°210; *Coquelet*, Joly Soc. n°141

270 *Coquelet*, Joly Soc. n°160+161

271 *Baudeu/Bellargent* Fasc. 164-H n°5; *Bärmann*, ZVglRWiss. 81 (1982), 251/263

272 Art. 215 I L.1966, erforderlich ist 2/3-Mehrheit; *Bézard* n°779; *Baudeu/Bellargent* Fasc. 164-H n°5

schaft ihr Kapital erhöhen muß[273]. Andernfalls entscheidet der Vorstand über den *apport partiel*[274].

Um einen besseren Schutz der Aktionäre zu erreichen, empfiehlt die *COB* die Anwendung der Artt. 382 bis 386 L.1966 zumindest dann, wenn der *apport partiel* einen wesentlichen oder sehr wichtigen Teil der Tätigkeit und Aktiva der übertragenden Gesellschaft erfaßt[275]. Diese Empfehlungen sind allerdings nicht bindend[276].

2. Erforderliche Mehrheiten

a) Quoren

Eine Besonderheit des französischen Gesellschaftsrechts ist, daß grundsätzlich bestimmte Beschlußfähigkeitserfordernisse - sogenannte Quoren - erfüllt sein müssen[277]. Die außerordentliche Generalversammlung ist nach Art. 153 II L.1966 nur beschlußfähig, wenn bei der ersten Einberufung ein Drittel der stimmberechtigten Aktien vertreten sind[278]. Wird dieses Präsenzquorum nicht erreicht, wird die Versammlung ein zweites Mal einberufen, wobei dann ein Viertel der stimmberechtigten Aktien vertreten sein müssen. Die in der außerordentlichen Generalversammlung getroffenen Beschlüsse erfordern nach Art. 153 III L.1966 eine Mehrheit von zwei Dritteln der vertretenen Stimmen[279]. Ein Verstoß gegen eines dieser Quoren führt zur Nichtigkeit des Beschlusses.

---

273 Art. 180 L.1966, auch mit 2/3-Mehrheit

274 *Coquelet*, Joly Soc. n°141; vgl. oben Teil 1, C. I. 1. c)

275 *Recommendations COB* 1977, JCP éd. C.I. 1978, II, n°12633 *annexe*; *recommendations COB* déc. 1972, JCP éd. C.I. 1973, II, n°11134; dazu *Cozian/Viandier* n°1748; *Duden/Schilling*, AG 1974, 202/206; vgl. oben Teil 1, C. I. 1. c)

276 Sie richten sich nur an börsennotierte Gesellschaften und sind auch für diese nicht zwingend; vgl. oben Teil 1, C. I. 1. c).

277 *Hüpper*, AG 1973, 330/337

278 Das Drittel-Quorum wurde eingeführt durch Gesetz Nr.94-679 vom 8.8.1994; zuvor war bei der ersten Einberufung ein Präsenzquorum von 50 % erforderlich.

279 Sogenanntes Konsensquorum; angesichts des Präsenzquorums hätte nach den europarechtlichen Vorgaben von Art. 7 I der 3. RL, der über die Verweisung in Art. 5 I der 6. RL auch für die Spaltung gilt, sogar ein einfacher Mehrheitsbeschluß ausgereicht; dies wäre aber innerhalb des französischen Aktienrechts systemwidrig gewesen.

b) Einstimmigkeitserfordernis

aa) Beitragserhöhung

Ausnahmsweise müssen die Gesellschafter einer der beteiligten Gesellschaften nach Art. 373 L.1966[280] eine einstimmige Entscheidung treffen, wenn ihre Gesellschafterbeiträge durch die Operation erhöht werden. Dies ist nicht nur der Fall, wenn die finanziellen Beiträge erhöht werden, sondern bei jeder Erhöhung der Sozialbeiträge[281]. Ein einstimmiger Beschluß der Aktionäre der übertragenden Gesellschaft ist daher insbesondere bei Verschmelzung einer *société anonyme* auf eine Personenhandelsgesellschaft erforderlich, weil die Aktionäre nunmehr persönlich haften sollen[282], sowie wenn in der aufnehmenden Gesellschaft Ausschluß-[283] oder Wettbewerbsklauseln gelten[284].

bb) Nicht-verhältniswahrende Spaltung

Das französische Recht kennt keine Unterscheidung zwischen verhältniswahrender und nicht-verhältniswahrender Spaltung, letztere ist daher nicht explizit geregelt. Im französischen Schrifttum wird die nicht-verhältniswahrende Spaltung als selbstverständlich betrachtet[285]. Da die wertmäßige Entwicklung der Anteile an den einzelnen Nachfolgegesellschaften sowie die jeweiligen Chancen und Risiken kaum absehbar sind, setzt die nicht-verhältniswahrende Spal-

---

280 Dieser ist der für alle Gesellschaften geltenden Regelung des Art. 1836 II C. civ. nachgebildet.

281 *Coquelet*, Joly Soc. n°49, mise à jour 30.11.96

282 *Jeantin*, Jur. Cl. Soc., Fasc. 164-C n°16; *Hamiaut*, La réforme des soc. com. III S. 90; *Coquelet*, Joly Soc. n°3

283 Com. Paris, 12.6.1972, Bull. Joly 1973, 324, § 140

284 *Coquelet*, Joly Soc. n°49, mise à jour 30.11.96; Cass. com. 26.3.1996, Bull. Joly 1996, 604, § 213

285 *Mercadal/Janin* n°3511; *H/T/M* III n°1075; *Dalsace/Bernard* in Dalloz n°171; Cass. com., 7.12.1966, Rev. Soc. 1967, Anm. Dalsace S. 51 f.; *Baudeu/Bellargent* Fasc. 164-G n°26 nennen diesen Vorgang „*scission-segregation*"; vgl. auch *Pieroth*, Schutz von Minderheitsgesellschaftern S. 18; *Recordon*, Protection des actionnaires n°225; *Micheler*, RIW 1993, 15/17; daß auch der Gesetzgeber von der Zulässigkeit der nicht-verhältniswahrenden Spaltung ausgeht, ergibt ein Umkehrschluß aus Art. 383 II L.1966.

tung nach einhelliger Auffassung in der Literatur[286] einen einstimmigen Beschluß der Aktionäre voraus[287].

3. Austrittsrecht

Ein Austrittsrecht für überstimmte Minderheitsaktionäre war und ist im französischen Recht nicht vorgesehen. Die *COB* hatte zwar seit längerem für ein solches Recht optiert, um den Minderheitenschutz zu ergänzen[288], der Gesetzgeber hielt aber die Rechte der Minderheitsgesellschafter durch die verfahrensmäßigen Sicherungen für hinreichend gewahrt[289].

Börsennotierte Aktiengesellschaften müssen allerdings nach den Regeln der *COB* in bestimmten Fällen den Minderheitsaktionären ein Austrittsrecht gewähren, vor allem bei Übernahme einer Mehrheitsbeteiligung. Darüber hinaus interveniert die *COB* gegebenenfalls im Einzelfall, wenn die Situation dies erfordert, um Minderheitsaktionären den Austritt zu ermöglichen[290]. Bei Verschmelzungen ist die COB bislang in einem Fall eingeschritten, in dem die Schuldenlast der aufnehmenden Gesellschaft sich durch die Operation stark erhöht hat sowie in Fällen, in denen die aufnehmende Gesellschaft hinsichtlich ihrer Aktivität, ihres Steuersystems oder ihrer Satzung erheblich von der übertragenden differierte[291].

4. Sonderbeschlüsse

Nach Artt. 376 II und 382 L.1966 sind in Frankreich Sonderbeschlüsse erforderlich, soweit eine Gesellschaft Aktien verschiedener Gattungen, also Aktien bestimmter Kategorien nach Art. 156 L.1966 oder stimmrechtslose Vorzugsaktien nach Art. 269-4 L.1966 ausgegeben hat. Diese Sonderbeschlüsse waren jedoch schon vor Umsetzung der Richtlinien erforderlich, damals wie jetzt ist eine Beeinträchtigung der Rechte der betroffenen Aktionäre nicht Voraussetzung

---

286 Rechtsprechung zu diesem Punkt gibt es, soweit ersichtlich, nicht, was dafür spricht, daß er völlig unstreitig ist.

287 *H/T/M* III n°1075; *Dalsace/Bernard* in Dalloz n°171; um von den steuerlichen Vorteilen der *fusion / scission* zu profitieren, bedarf die nicht-verhältniswahrende Spaltung zudem der vorherigen Genehmigung durch das Finanzministerium; *Mercadal/Janin* n°3511+3569.

288 *Sonnenberger/Damann* RN III 129; *Bolze* in Dalloz n°121

289 *Sonnenberger/Damann* RN III 129

290 *Bézard* n°1732; *Routier*, Fusions de sociétés commerciales n°322; *Lamy Soc. Com.* n°1716

291 *Lamy Soc. Com.* n°1716

des Beschlußerfordernisses[292]. Die Inhaber dieser Anteile entscheiden in einer *assemblée générale extraordinaire* über die Operation, wobei auch hier die nach Art. 156 II L.1966 erforderlichen Quoren erreicht werden müssen.

5. Sachliche Rechtfertigung des Beschlusses

Eine sachliche Rechtfertigung von Hauptversammlungsbeschlüssen wird in Frankreich nicht verlangt. Nicht einmal bei einem Bezugsrechtsausschluß verlangen das Gesetz[293] oder die Literatur eine Inhaltskontrolle[294]. Bei einer Kapitalerhöhung gegen Sacheinlage schließt das Gesetz selbst ein Bezugsrecht der Aktionäre aus (Art. 183 II L.1966)[295], so daß eine Inhaltskontrolle von vornherein nicht in Frage kommt. Aber auch bei der Kapitalerhöhung gegen Bareinlage unter Ausschluß des Bezugsrechts wird sie nicht gefordert. Auch die Judikatur steht einer materiellen Beschlußkontrolle ablehnend gegenüber, wie aus einer Entscheidung der *Cour d'appel de Paris* vom 19.3.1981[296] deutlich wird. Generalanwalt *Joel* führt in seinen Schlußanträgen aus, daß die Jusitz nur über die Einhaltung der Formalien, nicht aber über die sachliche Berechtigung eines Bezugsrechtsausschlusses zu wachen habe[297]. Hauptversammlungsbeschlüsse bedürfen daher keiner sachlichen Rechtfertigung, sie können inhaltlich nur daraufhin überprüft werde, ob sie rechtsmißbräuchlich sind[298].

II. Informationsrechte der Aktionäre

Die Macht der Aktionäre gegenüber der Geschäftsleitung war nach französischem Aktienrecht schon ohne den Einfluß des Europarechts sehr stark, nicht

---

292 auch wenn dies von einigen Autoren gefordert worden war, *H/T/M* III n°925

293 insoweit zutreffend *Hirte*, WM 1994, 321/324

294 *Kindler*, ZHR 158 (1994), 339/346

295 Diese Regelung beruht auf der Einsicht, daß bei der Sachkapitalerhöhung ein Bezugsrecht zwangsläufig ausscheidet, weil sonst der Einleger die neuen Aktien nicht erwerben könnte; *Kindler*, ZHR 158 (1994), 339/347; Cass. com., 16.12.1969, JCP éd G 1970, II, n°16367, note Bernard.

296 D. 1981, jur., S. 405

297 „ *La Justice n'a pas à apprécier si la Soc. Conte a eu raison ou tort, dans une conjoncture difficile, de réserver l'augmentation de son capital à la Soc. BIC au taux d'émission de 35 F. l'action; elle doit seuelment dire si l'assemblée générale, le jour oû elle a adopté sa résolution, avait recu du conseil d'administration des éléments suffisants d'appréciation.* " D. 1981, jur., S. 405/406

298 z.B. Cass. com., 11.10.1967, D. 1968, 136 zum *abus de majorité* bei einem Verschmelzungsbeschluß; dazu eingehend *Kreß*, Gerichtliche Beschlußkontrolle S. 39 ff., insb. S. 69.

zuletzt durch zahlreiche, über das Gesetz verstreute Vorschriften, die den Verwaltungsrat bzw. das Direktorium oder den Aufsichtsrat sowie den Rechnungsprüfer verpflichteten, die Aktionäre durch die verschiedensten Arten von Berichten zu informieren[299]. Börsennotierte Aktiengesellschaften müssen bei einer Neuemission darüber hinaus einen *„prospectus"* herausgeben, in dem die gesamte Operation erläutert wird; dieses Informationsmaterial wird von der *COB* überprüft[300]. Die Neuerungen in diesem Bereich aufgrund der 3. und 6. RL sind daher nicht so erheblich.

1. Bericht der Vorstände

Art. 376 letzter Absatz L.1966 verlangt in Umsetzung von Art. 9 der 3. RL und Art. 7 der 6. RL von den Leitungsorganen jeder beteiligten *S.A.* einen schriftlichen Bericht, der den Aktionären spätestens einen Monat vor Zusammenkunft der *assemblée générale* (Art. 258 I D.1967) zur Verfügung zu stellen ist[301]. Der notwendige Inhalt des Berichts ergibt sich aus Art. 256 D.1967. Danach ist der *projet de fusion / scission* in rechtlicher und wirtschaftlicher Hinsicht detailliert zu erläutern und zu begründen, wobei vor allem auf das Umtauschverhältnis und die angewandten Bewertungsmethoden sowie etwaige Schwierigkeiten einzugehen ist.

Dieser umfassende Vorstandsbericht bei *fusion* und *scission* ist neu im französischen Recht. Allerdings mußte vor Umsetzung der RL der *projet* selbst die Motive, Ziele und Konditionen der Operation aufzeigen[302]; nach Art. 254 D.1967 a.F. mußten die Vorstände die Bewertungsmethoden und das Umtauschverhältnis entweder im *projet* oder in einem mit diesem verbundenen Anhang schriftlich erläutern und diese Information veröffentlichen.

2. Auskunftsrecht

Nach Art. 162 III L.1966[303] hat jeder Aktionär das Recht, vor der Generalversammlung schriftlich Fragen einzureichen, die die Tagesordnung betreffen[304]. Diese müssen im Verlauf der Versammlung beantwortet werden[305]. Auch wenn

---

[299] *Hüpper*, AG 1973, 330/335

[300] dazu ANSA n°2588 mars-avril 1992

[301] *Le Fèvre*, Rev. Soc. 1988, 207/215

[302] *H/T/M* III n°823; *Recordon*, Protection des actionnaires n°312

[303] eingeführt durch L. 84-148 vom 1.3.1984

[304] *Cozian/Viandier* n°826

[305] *Bézard* n°1077; *Widmann/Meyer*-Tillmanns, UmwR, Anh. 3 zum UmwStG RN F 71

sie keine schriftlichen Fragen eingereicht haben, können die Aktionäre der *S.A.* die Leitungsorgane im Verlauf der Generalversammlung befragen[306]. Eine Pflicht, diese Fragen zu beantworten, ist jedoch ebensowenig geregelt wie ein Auskunftsverweigerungsrecht der Geschäftsleitung. Diesbezüglich wird jedoch vertreten, daß der Aktionär bei Ausübung seines Fragerechts das Gesellschaftsinteresse berücksichtigen müsse, insbesondere indem er keine Geschäftsgeheimnisse gefährde[307].

III. Prüfung durch unabhängige Sachverständige

Die Prüfung der *fusion* oder *scission* durch einen Sachverständigen ist dem französischen Recht nicht neu, diese war vielmehr seit 1966 im Gesetz verankert[308]. Neu ist allerdings die Person eines speziellen *commissaire à la fusion / scission*, die aufgrund der europäischen Vorgaben einzuführen war.

1. Sachverständigenprüfung vor Umsetzung der Richtlinien

Nach Art. 377 L.1966 a.F. prüften die *commissaires aux comptes*[309] jeder Gesellschaft, die Modalitäten der Operation und insbesondere die Gegenleistung für die übertragenen Anteile[310]. Das Ergebnis wurde den Aktionäre in Form eines schriftlichen Berichts zwei Wochen vor der Generalversammlung zugänglich gemacht. Zudem mußte in der aufnehmenden Gesellschaft nach Art. 378 L.1966 eine Prüfung der Sacheinlagen gemäß Art. 193 L.1966 durch einen gerichtlich bestellten *commissaire aux apports* erfolgen, der nicht identisch sein durfte mit dem *commissaire aux comptes*[311]. Diese Prüfung war Grundlage für den Beschluß der Aktionäre über die Sacheinlage nach Art. 378 i.V.m. Art. 193 L.1966. Der Prüfungsbericht war den Aktionären daher eine Woche vor der Generalversammlung am Sitz der Gesellschaft zugänglich zu machen.

---

306 *Bézard* n°1077; *Cozian/Viandier* n°826

307 *Cozian/Viandier* n°826

308 *H/T/M* III n°907

309 Diese sind in etwa vergleichbar dem deutschen Abschlußprüfer; sie werden für einen Zeitraum, der 6 Jahresprüfungen ermöglicht, von der Generalversammlung gewählt (Art.224 L.1966). Ihre Aufgabe ist die Prüfung des Jahresabschlusses und die dauerhafte Verifizierung der Rechnungslegung der Gesellschaft; zudem müssen sie bei wichtigen Ereignissen im sozialen Leben der Gesellschaft Spezialberichte erstellen; *H/T/M* II n°1013.

310 *H/T/M* III n°909,910

311 *Dalsace* in Dalloz n°64

Es fand also eine doppelte Prüfung mit unterschiedlicher Zielsetzung statt[312]. Der Prüfung durch den vom Gericht bestellten *commissaire aux apports* wurde dabei mehr Gewicht beigemessen, weil er nicht für „seine" Gesellschaft tätig wurde, sondern unabhängig war und daher den Aktionären eher eine objektive Beurteilung zukommen ließ; ihm wurde daher die Rolle eines Oberschiedsrichters zugeschrieben[313].

2. Einheitliche Prüfung durch die commissaires à la fusion

Aufgrund der europarechtlichen Vorgaben wurde 1988 der *commissaire à la fusion* ins französische Recht eingeführt: Anstatt des jeweiligen *commissaire aux comptes* der beteiligten Gesellschaften beurteilen nunmehr vom Gericht bestellte Sachverständige die Operation umfassend und stellen fest, ob die Bewertung der Anteile schlüssig und das Umtauschverhältnis angemessen ist[314]. Dabei kann nach Art. 257 II D.1967 auf Antrag aller Gesellschaften vom Gericht ein gemeinsamer Prüfer bestellt werden[315]. Diese Möglichkeit wird in der Regel auch genutzt[316].

Die Einführung eines unabhängigen *commissaire à la fusion* wurde im französischen Schrifttum überwiegend begrüßt[317], wenngleich nicht uneingeschränkt: Es wurde vorgebracht, durch die doppelte Prüfung sei ein besserer Aktionärsschutz gewährleistet gewesen, zumal die *commissaires aux apports* die Situation aus einem anderen Blickwinkel beurteilt hätten[318].

a) Person des Prüfers

Zum *commissaire à la fusion* werden in der Regel *commissaires aux comptes* bestellt, die in besondere Listen (Art. 219 L.1966) eingetragen sind oder sonsti-

---

312 Wobei die COB empfahl, daß beide Prüfer zusammenarbeiten, damit die Ergebnisse des jeweils anderen berücksichtigen werden könnten; Bull. mens. COB déc. 1969, JCP éd. C.I. 1970, n°87549; *H/T/M* III n°920; s. auch *Recordon*, Protection des actionnaires n°324 FN 37.

313 *Baudeu/Bellargent* Fasc. 164-C n°60

314 *Coquelet* in Joly Soc. n°41; *Bertrel/Jeantin* n°890

315 *Bolze* in Dalloz n°84; *Le Fèvre*, Rev. Soc. 1988, 207/216; *Bertrel/Jeantin* n°883

316 *Ripert/Roblot* n°1592; *Mercadal/Janin* n°3480

317 *Le Fèvre*, Rev. Soc. 1988, 207/215; *Ducouloux-Favard*, D. 1990, chron. 242; *Routier*, Fusions de sociétés commerciales n°115: *„L'indépendance étant généralement mère de sûreté, on ne pourra que se réjouir du progrès attendu."*

318 *Jeantin*, Jur. Cl. Soc., Fasc. 164-B n°65; *ders.*, JCP 1988 éd. E, II, n°15169

ge Experten, die bei Gericht gelistet sind (Artt. 257, 64 D.1967)[319]. Der *comissaire aux comptes* einer beteiligten Gesellschaft kann jedoch nicht zugleich zum *commissaire à la fusion* ernannt werden, weil er den Beschränkungen des Art. 220 L.1966 unterliegt: Sein Status verbietet ihm jegliche anderweitige Vergütung durch die Gesellschaft, für die er als *commissaire aux comptes* tätig ist[320].

b) Prüfungsauftrag

Die Prüfer haben die Operation umfassend und eigenständig zu überprüfen, ohne sich dabei auf die ihnen vorgelegten Argumente und Berechnungen verlassen zu dürfen[321]. Das Ergebnis der Prüfung ist in einem Prüfbericht[322] festzuhalten, dessen notwendiger Inhalt sich in Übereinstimmung mit den Vorgaben der 3. und 6. RL aus Art. 377 III L.1966 ergibt.

c) Entbehrlichkeit der Prüfung

Die Prüfung entfällt bei Aufnahme einer 100 %igen Tochtergesellschaft[323] sowie nach Art. 383 L.1966, wenn folgende Voraussetzungen kumulativ vorliegen: Die aufnehmenden Gesellschaften sind ausschließlich neu zu gründende Gesellschaften, sie werden nur mit dem Vermögen der übertragenden Gesellschaft gegründet und die Anteile an jeder der neuen Gesellschaften werden im gleichen Verhältnis ausgegeben, wie die Beteiligungen an der übertragenden Gesellschaft bestehen.

Außerdem ist in Erinnerung zu rufen, daß die Prüfung nur bei Beteiligung von *S.A.* und *S.A.R.L.* an der Operation verpflichtend ist[324].

---

319 *Coquelet*, Joly Soc. n°40

320 *Bertrel/Jeantin* n°885; *Coquelet*, Joly Soc. n°40; *Ripert/Roblot* n°1592; ANSA n°2415, sept.-oct. 1988; *Tubiana*, Gaz. Pal. 1988.2 Doct. 575; *Lamy Soc. Com.* n°1704

321 So die Empfehlung der COB n°95, juill.-août 1977 zu den *commissaires aux apports*; diese Empfehlungen sind nach allg. Ansicht auf die *commissaires à la fusion* zu übertragen; *Jeantin*, Jur. Cl. Soc., Fasc. 164-B n°72.

322 Bei Bestellung eines gemeinsamen Prüfers wird nur ein Bericht erstellt, wenn jede Gesellschaft einen Prüfer bestellen läßt, erstellt jeder Prüfer einen eigenen Bericht; *Lamy Soc. Com.* n°1703+1706; im letzteren Fall haben die Gesellschafter auch Anspruch auf Zusendung des Berichts der jeweis anderen Gesellschaft; *Lamy Soc. Com.* n°1706.

323 zur Konzernverschmelzung eingehend unter VI.

324 vgl. Teil 1, C. I. 2. c)

d) Haftung der Prüfer

Die zivilrechtliche Haftung der *commissaires à la fusion* ist, anders als die Haftung der *commissaires aux comptes*[325], nicht spezialgesetzlich geregelt. Daher ist auf die allgemeine Deliktshaftung nach Art. 1382 C. civ. zurückzugreifen[326]. Danach haben die Gesellschaft, die Gesellschafter und Dritte bei schuldhafter Pflichtverletzung einen unmittelbaren Anspruch gegen den Prüfer[327]. Dieser Anspruch umfaßt auch den bloßen Vermögensschaden[328] und unterliegt der zehnjährigen Verjährung nach Art. 2270-1 C. civ[329].

3. Prüfung der Sacheinlage

Neben die Prüfung durch die *commissaires à la fusion* trat zunächst nach wie vor die nach Artt. 378, 193 L.1966 erforderliche Prüfung der Sacheinlage[330]. In Übereinstimmung mit Art. 8 III der 6. RL wurde zugestanden, daß die *commissaires à la fusion / scission* gleichzeitig die Prüfung der Sacheinlage durchführten[331]. Es mußten aber zwei getrennte Prüfungsberichte angefertigt werden, damit die Aktionäre für die jeweilige Beschlußfassung korrekt und eindeutig informiert waren[332]. Obgleich die doppelte Prüfung somit nicht gänzlich abgeschafft wurde, wurde die *fusion / scission* durch die mögliche Identität der beiden Prüfer vereinfacht[333].

Durch Gesetz vom 11.2.1994[334] wurde Art. 378 L.1966 abgeschafft, so daß die Generalversammlung der aufnehmenden Gesellschaft künftig nicht mehr sepa-

---

325 Diese haften nach Art. 234 L.1966 der Gesellschaft und Dritten gegenüber für Schäden infolge von Fahrlässigkeit bei Ausübung des Amtes; *Bézard* n°1278.

326 *Routier*, Fusions de sociétés commerciales n°133; *Jäger*, Spaltung von Aktiengesellschaften S. 92

327 *Sonnenberger/Damann* RN III 97,98; *Hübner/Constantinesco*, Einführung in das französische Recht S. 182; *Ferid*, Bd.I 2 E 35 ff.

328 *Hübner/Constantinesco*, a.a.O. S. 182

329 *Routier*, Fusions de sociétés commerciales n°133; *Mercadal/Janin* n°3482; die Haftung der *commissaires aux apports* unterliegt dahingegen nach Artt. 235, 247 L.1966 der dreijährigen Verjährung.

330 *Bertrel/Jeantin* n°902

331 *Bolze* in Dalloz n°83; *Ripert/Roblot* n°1593; Communication ANSA n°2415 sept.-oct. 1988; *Tubiana*, Gaz. Pal. 1988. 2 Doct. 575; davon wurde reger Gebrauch gemacht; *Mercadal/Janin* n°3490.

332 *Bolze* in Dalloz n°84

333 *Le Fèvre*, Rev. Soc. 1988, 207/216

334 Gesetz n°94-126, sog. „Loi Madelin“

rat über die Sacheinlage beschließt[335], sondern nur noch eine Abstimmung über die *fusion* oder *scission* stattfindet. Gleichzeitig wurde Art. 377 L.1966 dahingehend erweitert, daß nunmehr die *commissaires à la fusion* in eigener Verantwortung den Wert der Sacheinlage beurteilen und zu diesem Zweck den nach Art. 193 L.1966 erforderlichen Bericht erstellen. Dieser muß nach wie vor vom Bericht über die Verschmelzungs- oder Spaltungsprüfung getrennt sein[336]. Indem der Kapitalerhöhung nunmehr weniger Gewicht beigemessen wird, wurde der Charakter der *fusion / scission* als eigenständiges Institut unterstrichen[337] und das Verfahren insgesamt noch weiter vereinfacht[338].

Eine Prüfung der Sacheinlage durch den *commissaire aux apports* ist jetzt nach Art. 378-1 L.1966 nur noch erforderlich, wenn die *fusion* die Aufnahme einer 100 %igen Tochter zum Ziel hat, weil in diesem Fall die Prüfung durch die *commissaires à la fusion* ausdrücklich ausgeschlossen ist[339].

4. Externe Prüfung durch die *COB*

Zusätzlich zur Prüfung der *fusion / scission* durch die *commissaires* wird in Frankreich der *COB* ein Kontrollrecht eingeräumt, soweit die beteiligten Unternehmen börsennotiert sind: In diesem Fall ist ein spezielles Informations-Dokument (*prospectus*) zu erstellen, das der Zustimmung durch die *COB* unterliegt (Art. 1 reglement COB n°91-02). Dieser *prospectus* enthält eine eingehende Darstellung des aufnehmenden Rechtsträgers, der die neuen Titel ausgibt[340]. Die *COB* beurteilt insbesondere die Bewertung der Aktiva und Passiva und das Umtauschverhältnis der Anteile; dadurch soll vor allem der Schutz der Minderheitsaktionäre in der übertragenden Gesellschaft gestärkt werden[341]. Wenn sie die bisherige Prüfung für unzureichend hält, kann die *COB* von den Prüfern zusätzliche Untersuchungen fordern. Die *COB* verlangt sogar, daß ihr der *projet* übermittelt wird, bevor er beim Registergericht hinterlegt wird, damit eventuel-

---

335 ANSA n°2708 mai-juin 1994

336 *Mercadal/Janin* n°3481

337 Wenngleich die Änderung nicht so weitgehend ausfiel wie ursprünglich beabsichtigt: Es war im Gespräch, daß der *commissaire à la fusion* nicht mehr „die Sacheinlage“ bewerten, sondern den Wert des übertragenen Vermögens beurteilen solle; damit wäre die Kapitalerhöhung gänzlich zweitrangig und gleichzeitig den Gläubigerinteressen mehr Gewicht beigemessen geworden; ANSA n°2708 mai-juin 1994.

338 Communication ANSA n°2708 mai-juin 1994; die ANSA hatte bereits mehrfach die Aufgabe der Doppelprüfung gefordert, ANSA n°2678 nov.-déc. 1993.

339 *Coquelet*, Joly Soc. n°42

340 Communication ANSA n°2588 mars-avril 1992

341 *Bézard* n°809

le Einwände frühzeitig berücksichtigt werden können[342]. Dies erschwert zwar das ohnehin schon schwerfällige Prozedere bei Fusionen[343], stärkt jedoch den Minderheitenschutz dort, wo er besonders wichtig ist, nämlich bei den börsennotierten Aktiengesellschaften, wo der einzelne Kleinaktionär wenig Einfluß hat und auf wirksamen Schutz angewiesen ist.

IV. Aktienumtausch

Nach Art. 372-1 L.1966 werden die Aktionäre der übertragenden Gesellschaft mit Wirksamwerden der *fusion / scission* automatisch Aktionäre der neuen oder aufnehmenden Gesellschaft[344]. Daher ist ein Austausch ihrer Aktien erforderlich[345], die übernehmende Gesellschaft muß neue Titel ausgeben[346].

1. Zustimmungsvorbehalte

Die Abtretung von Aktien an Dritte kann nach Art. 274 L.1966 von der Zustimmung der Gesellschaft abhängig gemacht werden[347]. Davon ausgehend wird diskutiert, ob bei einer *fusion* oder *scission* die aufnehmende Gesellschaft die Ausgabe ihrer Aktien an die Gesellschafter der übertragenden Gesellschaft mit Verweis auf eine nicht erteilte Zustimmung verweigern darf[348]. Dies wird allgemein abgelehnt, weil es sich bei der Ausgabe dieser Aktien nicht um eine Abtretung im Sinne von Art. 274 L.1966 handelt. Die übernehmende Gesellschaft ist vielmehr aufgrund der Gesamtrechtsnachfolge verpflichtet, den aufzunehmenden Gesellschaftern, die aufgrund der Beschlüsse bereits Aktionäre der aufnehmenden Gesellschaft geworden sind, Aktien zu gewähren[349]. Im übrigen wäre es widersprüchlich, wenn die Aktienausgabe mit Verweis auf eine verweigerte Zustimmung der Verwaltungsorgane oder der *assemblée générale ordinaire* abgelehnt werden könnte, nachdem die *assemblée générale extraordinaire* zuvor mit der erforderlichen Mehrheit die *fusion* oder *scission* beschlossen hat[350]. Daher dürfte auch ein entsprechender Zustimmungsvorbehalt für

---

342 Mitteilung der COB v. 12.3.1968, bei *Baudeu/Bellargent* Fasc. 164-C n°37

343 so die Kritik der ANSA, bei *Baudeu/Bellargent* Fasc. 164-C n°37

344 *Cozian/Viandier* n°1703+1737; *Jeantin*, Jur. Cl. Soc., Fasc. 164-E n°3

345 *Jeantin* n°703; *ders.*, Jur. Cl. Soc., Fasc. 164-E n°3

346 *Latscha*, S. A 4

347 vgl. schon oben Teil1, C. III. 2. b) aa)

348 *Coquelet*, Joly Soc. n°104; *Bertrel/Jeantin* n°919 ff.

349 *Mercadal/Janin* n°3496; ihnen folgend *Bertrel/Jeantin* n°919

350 Communication *COB*, Bull. Joly 1980, 704 § 367; *Bertrel/Jeantin* n°919; *Lamy Soc. Com.* n°1734

fusions oder *scissions* in der Satzung der aufnehmenden Gesellschaft unwirksam sein[351].

2. Die zu gewährenden Aktien

Eines der bisherigen Hauptprobleme des Aktienumtausches hat sich mit der Gesetzesnovelle von 1988 erledigt: das der Übertragbarkeit der Stammaktien (*négociabilité des actions d'apport*). Nach den Artt. 278-280 L.1966 waren neu ausgegebene Stammaktien erst zwei Jahre nach Eintragung der neuen Gesellschaft bzw. nach dem Wirksamwerden der Kapitalerhöhung *négociable*, also auf dem freien Markt übertragbar. Der französische Gesetzgeber wollte damit nicht verhindern, daß eine *S.A.* vor Ablauf von zwei Jahren ihr Vermögen überträgt; er wollte aber während dieser Zeit, die als eine Art Feuerprobe für die neue Gesellschaft galt, die gesellschaftsrechtliche Bindung der Gründer und Erstaktionäre aufrechterhalten[352]. Diese Vorschriften sind 1988 aufgegeben worden und Art. 271 L.1966 läßt nunmehr ausdrücklich zu, daß die ausgegebenen Aktien gehandelt werden können, sobald die *S.A.* im Register eingetragen bzw. die Kapitalerhöhung verwirklicht ist[353].

3. Durchführung des Aktienumtausches

Ein besonderes Umtauschverfahren ist in Frankreich nicht geregelt, insbesondere gibt es keine Vorschriften, die vorsehen, wer den Aktienumtausch durchführt. Früher ging man davon aus, daß die übertragende Gesellschaft bei einer *fusion* oder *scission* ins Liquidationsstadium tritt[354]. Es mußte daher ein Liquidator bestellt werden, der die Aktien der übernehmenden Gesellschaft in Empfang nahm[355] und den Umtausch vollzog[356]. Bereits nach Inkrafttreten des L.1966 ging die Auffassung in der Lehre mehr und mehr dazu über, die *fusion* als „*opération globale*" zu sehen, bei der keine Liquidation stattfinde[357]. Die

---

351 so *Bertrel/Jeantin* n°921; *Lamy Soc. Com.* n°1734

352 *Krause*, Verschmelzung von Kapitalgesellschaften S. 204

353 *Jeantin*, Jur. Cl. Soc., Fasc. 164-E n°5; *Bertrel/Jeantin* n°991

354 vgl. oben Teil 1, C. III. 2. a)

355 Während er die Aktien in Besitz hatte, übte er die daraus resultierenden Rechte aus, die erst mit der tatsächlichen Übergabe der Aktienurkunden an die neuen Aktionäre auf diese übergingen; *Baudeu/Bellargent* Fasc. 164-E n°11.

356 *Baudeu/Bellargent* Fasc. 164-E n°4; *Krause*, Verschmelzung von Kapitalgesellschaften S. 205

357 *Baudeu/Belargent* Fasc. 164-E n°4; *Recordon*, Protection des actionnaires n°445

Rechtsprechung hat dies erst im Jahr 1986 klargestellt[358]. Obwohl in der Folge von der Lehre vorgeschlagen wurde, die übernehmende Gesellschaft solle den Aktienumtausch selbst durchführen oder dafür ein Bankinstitut beauftragen[359], wurde in der Praxis wegen der Schwierigkeiten beim Aktienumtausch in der Regel weiterhin ein Liquidator bestellt[360]. Dieser wurde nicht mehr *liquidateur* genannt, sondern *commissaire, contrôleur* oder *mandataire.*

Heute führt die übernehmende Gesellschaft den Aktienumtausch in der Regel selbst durch[361]. Dabei ist jedoch zu beachten, daß seit Inkrafttreten des Gesetzes Nr. 81-1160 vom 30.12.1981 Wertpapiere in Frankreich nicht mehr verbrieft werden, sondern die Beteiligung nur noch auf Konten eingetragen wird[362]. Zunächst übernimmt die übernehmende Gesellschaft alle Aktionärskonten der übertragenden Gesellschaft und informiert die Titelinhaber von der Operation. Dann bucht sie auf jedes dieser Konten die Titel, auf die der Inhaber nach dem Umtauschverhältnis Anspruch hat; diese Buchung ist im *journal générale* und im *registre paraphé* der Gesellschaft einzutragen. Dann teilt sie den ehemaligen Aktionären der übertragenden Gesellschaft unter Beifügung einer Buchungsbestätigung schriftlich mit, wieviele Aktien ihnen zugeteilt wurden und setzt eine Frist, innerhalb derer sich die Aktionäre melden und insbesondere mitteilen müssen, was hinsichtlich eventueller Spitzen geschehen soll[363]. Diese Anweisungen der Aktionäre führt die Gesellschaft aus, bucht gegebenenfalls weitere Titel auf die Konten und macht die entsprechenden Mitteilungen. Damit ist der Aktienumtausch vollzogen.

In der übertragenden Gesellschaft wird allerdings nach wie vor häufig ein *mandataire* bestellt, der Sorge dafür trägt, daß das Verfahren eingehalten wird, aufschiebende Bedingungen eintreten können und der die erforderlichen Formalitäten ausführt[364].

---

[358] Cass. com., 11.2.1986, Bull. civ. 1986 IV n°15 p.13 = Rev. Soc. 1986, 626 = D. 1986, I.R. 196

[359] *Baudeu/Bellargent* Fasc. 164-C n°70+164-E n°5

[360] *Baudeu/Bellargent* Fasc. 164-C n°70

[361] *Jeantin*, Jur. Cl. Soc., Fasc. 164-E n°8: dabei haben die Gesellschaften mit über 100 Aktionären ein vierstufiges Verfahren einzuhalten, das aber auch die anderen Gesellschaften i.d.R. durchführen, weil es Schwierigkeiten beim Aktienumtausch weitgehend vermeidet; vgl. auch *Mercadal/Janin* n°3549.

[362] sog. *dématérialisation, Jura Europae* Band II n°30.10 / 65+66

[363] Wenn Aktien nicht exakt umgetauscht werden können, weil z.B. der Umtauschkurs 3:1 ist, manche Aktionäre aber 5 oder 10 Aktien haben; dazu eingehend sogleich unter 6.

[364] *Lamy Soc. Com.* n°1667; *Mercadal/Janin* n°3436

4. Bare Zuzahlung

Auch nach französischem Recht ist es nunmehr entsprechend den Vorgaben in Art. 3 I der 3. RL und Art. 2 I der 6. RL möglich, zum Ausgleich von Spitzen eine bare Zuzahlung zu gewähren, die 10 % des Wertes der neu ausgegebenen Titel nicht überschreiten darf. In der Praxis wurde dies jedoch auch schon vor der Umsetzung der RL'en so gehandhabt, weil die steuerrechtlichen Vorschriften diese Möglichkeit vorsahen (Art. 301 F annexe II C.G.I.)[365].

5. Nicht-beanspruchte Titel

Das Schicksal nicht-beanspruchter Titel - *actions non réclamées* - war lange Zeit ungeklärt, was zu erheblichen Schwierigkeiten bei der übernehmenden Gesellschaft führte, insbesondere wenn einstimmige Entscheidungen zu treffen waren[366]. Die Rechtsprechung gestand der übernehmenden Gesellschaft daher zu, daß sie solche Aktien verkaufen und den Erlös bei der *caisse des dépôts et consignations* hinterlegen darf[367]. Diese Lösung der Rechtsprechung wurde in Art. 266-1 L.1966[368] kodifiziert und ergänzt[369]: Nicht-beanspruchte Titel können durch die übernehmende Gesellschaft verkauft werden, wenn sie die Titelinhaber öffentlich dazu aufgefordert hat[370], ihre Rechte geltend zu machen und den Verkauf nach Ablauf von zwei Jahren angedroht hat. Diese Anzeige muß die Titelinhaber auch darüber unterrichten, daß die Gesellschaft den Erlös der Titel im Falle des Verkaufs während zehn Jahren auf einem Sperrkonto eines Kreditinstituts für sie zur Verfügung hält. Nach Ablauf von zwei Jahren kann die Gesellschaft die Titel an der Börse (Art. 205-2 I D.1967) oder - wenn die Titel nicht börsennotiert sind - in öffentlicher Versteigerung gegen Meistgebot verkaufen lassen (Art. 205-2 II D.1967).

6. Nicht-beteiligungsfähige Spitzen

Es stellt sich weiterhin die Frage, wie zu verfahren ist, wenn Aktien nicht genau umgetauscht werden können, weil zum Beispiel ein Umtauschverhältnis von 3:1 festgelegt wurde und manche Aktionäre fünf oder zehn Aktien besitzen. Nach allgemeiner Auffassung muß ein Aktionär, der davon betroffen ist, entweder

---

365 *Bertrel/Jeantin* n°781

366 *Baudeu/Bellargent* Fasc. 164-E n°10 ff.

367 Trib. com. Paris, req., 3.4.1978, Rev. Soc. 1978, 747, note J.H.

368 durch Gesetz Nr. 83-1 vom 3.1.1983

369 zum folgenden: *Coquelet*, Joly Soc. n°105; *Jeantin*, Jur. Cl. Soc., Fasc. 164-E n°10; *Mercadal/Janin* n°2580-4 ff.

370 in einem Finanzblatt mit hoher Auflage, Art. 205-1 D.1967

Aktien dazukaufen oder verkaufen, so daß letztendlich alle Aktien umgetauscht werden können[371].

Dies kann allerdings zu einer kaum lösbaren Situation führen, falls die Operation nachträglich für nichtig erklärt wird und rückabzuwickeln ist, da es kaum möglich ist, die ehemals bestehende Beteiligungsstruktur wiederherzustellen[372].

Soweit nur wenige Aktien hiervon betroffen sind, gibt Art. 184 D.1967 jedoch eine Alternative zum (zwangsweisen) Zu- oder Verkauf von Aktien durch die Aktionäre: Die Generalversammlung kann die Geschäftsleitung ermächtigen, Aktien im Wert von bis zu 0,25 % des Gesellschaftskapitals anzukaufen, die dann annuliert werden[373].

V. Nachträglicher Rechtsschutz

1. Klage gegen die Wirksamkeit des Umwandlungsbeschlusses

a) Die Aktionärsklage im französischen Recht

Die Aktionäre einer französischen *S.A.* können die *action de nullité* erheben, um die Nichtigkeit der Gesellschaft, einer Satzungsänderung oder sonstiger Beschlüsse oder Handlungen geltend zu machen (Artt. 360, 367 L.1966). Diese Klagemöglichkeit verjährt grundsätzlich gemäß Art. 367 I L.1966 in drei Jahren ab dem Eintreten des Nichtigkeitsgrundes.

b) Die Nichtigkeit von fusion und scission

Vor Umsetzung der Richtlinien galten diese allgemeinen Regeln auch für die Nichtigkeit von *fusion* und *scission*[374]. Dieser Bereich wurde unter dem Einfluß des europäischen Rechts, das die Nichtigkeit solcher Operationen einschränken will[375], weitgehend neu geregelt[376].

---

371 *Cozian/Viandier* n°1720; *Coquelet*, Joly Soc. n°15; *Mercadal/Janin* n°3464

372 *Dalsace/Bernard* in Dalloz n°230

373 *Coquelet*, Joly Soc. n°16; *Baudeu/Bellargent* Fasc. 164-E n°7

374 *Jeantin*, Jur. Cl. Soc., Fasc. 164-C n°38

375 vgl. Abs. 9 der Begründungserwägungen zur 3. RL und Abs. 11 der Begründungserwägungen zur 6. RL.

376 *Le Fèvre*, Rev. Soc. 1988, 207/220

aa) Die Nichtigkeitsgründe

Nach Art. 366-1 L.1966 kann eine *fusion* oder *scission* nur für nichtig erklärt werden, wenn der der Operation zugrundeliegende Beschluß der Generalversammlung einer der beteiligten Gesellschaften nichtig ist oder die *déclaration de conformité* nicht hinterlegt wurde.

Ein Beschluß ist nach Art. 360 I L.1966 nichtig, wenn bei der Beschlußfassung gesetzliche Vorschriften oder die bei Vertragsschlüssen zu beachtenden Regeln verletzt wurden[377]. Die Nichtigkeit kann sich damit zum Beispiel aus einer Verletzung der Vorschriften hinsichtlich der Quoren, der notwendigen Mehrheiten, der Form und Frist der Einberufung der Generalversammlung, der Tagesordnung, der Übermittlung von Dokumenten an die Aktionäre oder der Versammlung der *obligataires* ergeben[378]. Desweiteren ist der Beschluß nichtig, wenn die Aktionäre bei der Beschlußfassung einem Irrtum unterlagen oder getäuscht wurden[379].

Trotz der erschöpfenden Aufzählung der Nichtigkeitsgründe ist anerkannt, daß eine *fusion* oder *scission* außerdem wegen Verletzung der allgemeinen Regeln, insbesondere wegen *abus de majorité* nichtig sein kann[380]. Voraussetzung hierfür ist, daß der Beschluß nicht dem Gesellschaftsinteresse entspricht und eine Verletzung des Gleichheitsgebots darstellt[381].

bb) Die Nichtigkeitsklage

Jeder, der ein rechtliches Interesse an der Nichtigerklärung der *fusion* oder *scission* hat, kann die Nichtigkeitsklage erheben[382]. Somit sind neben den Gesellschaftern auch Gläubiger, Geschäftsführer und Prüfer klagebefugt.

---

377 *Coquelet*, Joly Soc. n°78; *Mercadal/Janin* n°3561

378 *Coquelet*, Joly Soc. n°78; *Jeantin*, Jur. Cl. Soc., Fasc. 164-C n°40; *Bézard* n°1183; *Mercadal/Janin* n°3737

379 *Jeantin*, Jur. Cl. Soc., Fasc.164-C n°42, der darauf hinweist, daß dies in der Praxis wohl sehr selten vorkommt.

380 *Coquelet*, Joly Soc. n°79; *Jeantin*, Jur. Cl. Soc., Fasc. 164-C n°44; *Bertrel/Jeantin* n°936; eingehend zu den Voraussetzungen des *abus de majorité: Kreß*, Gerichtliche Beschlußkontrolle S. 43 ff.

381 *Jeantin*, Jur. Cl. Soc., Fasc. 164-C n°45; Cass. com. 11.10.1967, RTD com. 1968, 94, obs. Houin; 24.1.1995, RJDA 4/95 n°439; zur Abweisung einer auf *abus de majorité* gestützten Nichtigkeitsklage, weil der Kläger den insoweit erforderlichen Beweis nicht erbracht hat: Cass. com. 7.7.1980, Rev. Soc. 1981, 315, note J.H.

382 *Micheler*, RIW 1993, 15/20; *Mercadal/Janin* n°3761

Abweichend von Art. 367 I L.1966 bestimmt der durch das Gesetz von 1988 neu eingeführte Art. 367 II L.1966, daß die Klage zur Geltendmachung der Nichtigkeit einer *fusion* oder *scission* innerhalb von sechs Monaten ab dem Zeitpunkt der letzten notwendigen Registereintragung zu erheben ist[383].

Soweit der Mangel, der zur Nichtigkeit der Operation führte, behebbar ist (Art. 366-1 II L.1966), ist das Gericht nunmehr verpflichtet, eine Frist zur Nachbesserung zu setzen[384]. Eine bestimmte Frist sieht das Gesetz nicht vor. Es liegt im Ermessen des Gerichts, eine Frist zu bestimmen, die ihm angemessen erscheint, um den konkreten Mangel zu beseitigen[385]. Damit folgt das französische Recht den Vorgaben von Art. 22 I d der 3. RL / Art. 19 I d der 6. RL. Eine derartige Nachbesserungsmöglichkeit bestand aber nach Art. 363 L.1966 allgemein bei Nichtigkeitsklagen schon vor Umsetzung dieser Richtlinien, dort allerdings fakultativ.

Die Möglichkeit, den Nichtigkeitsgrund zu beheben, besteht nahezu immer: Entweder wird die fehlende *déclaration de conformité* nachgereicht[386] oder eine neue Generalversammlung einberufen, die entsprechend den gesetzlichen Vorschriften beschließt[387]. Wird so verfahren, ist die Nichtigkeit geheilt[388]. Einzig eine *fusion* oder *scission*, die wegen *abus de majorité* nichtig ist, kann nicht nachträglich geheilt werden[389].

cc) Die Wirkung der Nichtigkeit

Soweit sie für nichtig erklärt wird, ist die gesamte Operation hinfällig und damit rückabzuwickeln[390]. Damit Gesellschaftsgläubiger und Dritte durch die Nichtigerklärung keinen Schaden erleiden, sind 1988 eine Reihe von Schutzvorschriften eingeführt worden: Zum einen hat die Nichtigerklärung nach Art. 368-1 II L.1966 keine Rückwirkung, Rechte und vor allem Pflichten, die bis zu diesem Zeitpunkt bei der oder den übernehmenden Gesellschaft(en) enstanden

---

383 Dies entspricht Art. 22 I c der 3. RL / Art. 19 I c der 6. RL.; zu den Registereintragungen vgl. oben Teil 1, C. II. Ziff.14.

384 *Jeantin*, Jur. Cl. Soc., Fasc. 164-C n°47; *Bolze* in Dalloz n°202

385 *Coquelet*, Joly Soc. n°81; *Jeantin*, Jur. Cl. Soc., Fasc. 164-C n°47

386 *Bolze* in Dalloz n°202

387 *Jeantin*, Jur. Cl. Soc., Fasc. 164-C n°47; *Coquelet*, Joly Soc. n°81

388 *Micheler*, RIW 1993, 15/20

389 *Jeantin*, Jur. Cl. Soc., Fasc. 164-C n°47

390 *Jeantin*, Jur. Cl. Soc., Fasc. 164-C n°49

sind, gehen daher nicht unter, sondern bleiben bestehen[391]. Zum anderen haften im Falle einer nichtigen *fusion* alle daran beteiligten Gesellschaften für die Schulden gesamtschuldnerisch[392]. Bei einer für nichtig erklärten *scission* kann ein Gläubiger sich entweder an die Gesellschaft halten, mit der er einen Vertrag geschlossen hatte, oder an die vermeintlich gespaltene Gesellschaft[393]. Die im Falle einer Spaltung durch Neugründung neuen Gesellschaften werden infolge der Nichtigerklärung der Operation also wie faktische Gesellschaften (*sociétés de fait*[394]) behandelt, damit die Gläubiger von der gesamtschuldnerischen Haftung profitieren können[395].

Wegen der weitgehenden Möglichkeit der Nachbesserung ist die Nichtigkerklärung eines Verschmelzungs- oder Spaltungsbeschlusses indessen in der Praxis eher selten[396]. Daher wurde bereits vorgeschlagen, die Nichtigkeit von *fusions* und *scissions* überhaupt nicht mehr zuzulassen und stattdessen eine spezielle Haftung derjenigen Leitungsorgane vorzusehen, die für die Unregelmäßigkeit verantwortlich sind[397]. Es scheint jedoch fraglich, ob die betroffenen Aktionäre auf diese Weise in allen Fällen - zu denken ist insbesondere an ein *abus de majorité* - adäquaten Ausgleich für den erlittenen Schaden erlangen können.

2. Schadensersatzansprüche gegen Verwaltungsträger

Die Leitungsorgane haften einzeln oder - wenn mehrere verantwortlich sind - gesamtschuldnerisch sowohl gegenüber der Gesellschaft als auch gegenüber Dritten für die Verletzung gesetzlicher Vorschriften, Satzungsverstöße oder für Fehler der Geschäftsleitung nach Art. 244 L.1966[398]. Die Schadensersatzklage verjährt nach Art. 247 L.1966 oder - wenn die Klage aufgrund eines Nichtigkeitsgrundes erhoben wird - nach Art. 370 L.1966, in drei Jahren. Die Voraussetzung für einen Anspruch sind *faute*, *préjudice* und *causalité*, also eine fehlerhafte Handlung des Leitungsorgans, ein Schaden beim Anspruchsteller und

---

391 *Coquelet*, Joly Soc. n°83; *Jeantin*, Jur. Cl. Soc., Fasc. 164-C n°52

392 *Bertrel/Jeantin* n°946; *Jeantin*, Jur. Cl. Soc., Fasc. 164-C n°54; *Coquelet*, Joly Soc. n°83

393 *Bertrel/Jeantin* n°945; *Jeantin*, Jur. Cl. Soc., Fasc. 164-C n°55; *Coquelet*, Joly Soc. n°83

394 dazu *Viandier/Caussain*, JCP éd.E 1987, I, n°16959 (S. 457)

395 *Jeantin*, Jur. Cl. Soc., Fasc. 164-C n°55; *Bertrel/Jeantin* n°947

396 *Le Fèvre*, Rev. Soc. 1988, 207/220; *Bolze* in Dalloz, n°204; nach *Ducouloux-Favard*, D. 1990, chron., 242/244 sind Nichtigkeitsfälle sogar inexistent.

397 *Bolze* in Dalloz n°205

398 *Bézard* n°914

eine kausale Verknüpfung zwischen beidem. Der Schaden umfaßt in allen Fällen auch den reinen Vermögensschaden, die Haftung ist damit sehr weitgehend[399].

VI. Verschmelzung im Konzern

Art. 378-1 L.1966 enthält eine Sonderregelung für die Aufnahme einer 100 %igen Tochtergesellschaft durch die Muttergesellschaft: In diesem Fall ist kein Zustimmungsbeschluß der übertragenden Gesellschaft erforderlich, außerdem sind Vorstandsbericht und Verschmelzungsprüfung entbehrlich. Voraussetzung dieses vereinfachten Verfahrens ist, daß die aufnehmende Gesellschaft ohne Unterbrechung seit der Hinterlegung des *projet de fusion* beim Register[400] alle Anteile der übertragenden Gesellschaft hält. Erforderlich bleibt die Zustimmung der übernehmenden Gesellschaft zur Verschmelzung und auch zur Sacheinlage gemäß Art. 193 L.1966, so daß ein *commissaire aux apports* bestellt werden muß[401]. Dessen Bericht sichert die Information der Aktionäre der übernehmenden Gesellschaft und der Gläubiger[402].

Das französische Recht kannte vor Umsetzung der Richtlinien keine Verfahrenserleichterungen für die Aufnahme von Tochtergesellschaften[403], zumal es insgesamt nur wenige vereinzelte Vorschriften zum Konzernrecht enthält[404]. Dabei ist zu berücksichtigen, daß es auf Dauer in Frankreich nicht zulässig ist, daß sich alle Anteile an einer Aktiengesellschaft in einer Hand vereinigen. Wenn diese Situation eintritt, hat die Gesellschaft diese innerhalb von maximal 18 Monaten zu bereinigen, Art. 1844-5 C. civ., sonst wird sie aufgelöst. Diese Frist ist gleichwohl ein Fortschritt, denn vor 1981 führte schon die Vereinigung aller Anteile in einer Hand zur sofortigen Auflösung der Gesellschaft. Innerhalb dieser Regularisierungsphase kann die 100 %ige Tochter auch auf die Mutter verschmolzen werden.

---

399 *Hübner/Constantinesco*, Einführung in das französische Recht S. 182 zur allgemeinen deliktischen Haftung nach Art.1382 C. civ.

400 vgl. oben Teil 1, C. II. Ziff. 9

401 In diesem Fall wird kein *commissaire à la fusion* bestellt, der die Sacheinlagenprüfung sonst durchführt.

402 *Lamy Soc. Com.* n°1713

403 *Le Fèvre*, Rev. Soc. 1988, 207/217

404 *Falcke*, Konzernrecht in Frankreich S. 24

Die Regelung des Art. 378-1 L.1966 wurde allgemein begrüßt, da es in der übertragenden Gesellschaft ohnehin keine Minderheitsaktionäre gebe, deren Rechte beeinträchtigt werden könnten[405].

D. Vergleich des Aktionärsschutzes im deutschen und im französischen Recht

I. Allgemeines

Der wesentliche Ausbau des Aktionärsschutzes wurde in Deutschland als Zentralstück des aufgrund der 3. RL neu gefaßten Verschmelzungsrechts angesehen[406], dessen Regelungen insoweit weitgehend Eingang ins UmwG 1995 gefunden haben. In Frankreich bestand dieser Schutz zumindest teilweise schon vor Umsetzung der 3. und 6. RL durch Gesetz von 1988.

Die Umsetzung der Fusions- und der SpaltungsRL hat in vielen Punkten zu annähernd gleichen Reglungen im Bereich des Aktionärsschutzes bei Verschmelzungen und Spaltungen in Deutschland und Frankreich geführt: So ist insbesondere die Vorab-Information der Aktionäre durch einen Plan oder Vertrag mit vorgegebenem Inhalt, durch einen Bericht der Leitungsorgane und durch einen Prüfungsbericht unabhängiger Sachverständiger von den Richtlinien zwingend vorgeschrieben, so daß hier kein Regelungsspielraum bestand. In diesem wichtigen Bereich wurden die Rechtssysteme angeglichen und ein vergleichbarer Schutz auf hohem Niveau erreicht.

Unterschiede gibt es jedoch in Punkten, zu denen die Richtlinien keine Vorschriften enthalten - wie bei der Möglichkeit eines Austritts gegen Barabfindung - oder nur einen Rahmen vorgeben - wie bei der Konzernverschmelzung.

Außerdem ist der Schutzbereich unterschiedlich weit: Während in Deutschland die Aktionäre bei einer Verschmelzung und Spaltung immer denselben Schutz nach dem Umwandlungsgesetz genießen, gleichgültig welche Rechtsform die anderen an der Operation beteiligten Rechtsträger haben, greift der besondere Aktionärsschutz in Frankreich nur bei Operationen unter ausschließlicher Beteiligung von *S.A.* und / oder *S.A.R.L.* Dies wird kritisiert[407], der aktuelle Gesetzeswortlaut läßt aber keine andere Auslegung zu. Die Aktiengesellschaft kann, wenn sie mit einer Personengesellschaft fusioniert, den besonderen Schutz nur

---

405 *Coquelet*, Joly Soc. n°68; *Jeantin*, JCP éd. E 1988, II, n°15169; *Bertrel/Jeantin* n°892; *Le Fèvre*, Rev. Soc. 1988, 207/217

406 *Priester*, NJW 1983, 1459/1460

407 *Mercadal/Janin* n°3480

freiwillig zur Verfügung stellen. Da das Gesetz *fusion* und *scission* unter Beteiligung von Rechtsträgern unterschiedlicher Rechtsform zuläßt, also auch unter Beteiligung von Kapital- und Personengesellschaften, sollte der Gesetzgeber den Schutz auf die Aktionäre aller an solchen Operationen beteiligten Kapitalgesellschaften ausdehnen. Diese sind gleichermaßen schutzbedürftig, gleich welche Rechtsform die anderen beteiligten Gesellschaften haben.

II. Die Rolle der Hauptversammlung

1. Entscheidungszuständigkeit

Über eine Verschmelzung / *fusion* sowie eine Spaltung / *scission* entscheiden die Aktionäre mit qualifizierter Mehrheit. Dies ist für das französische Recht, das *fusion* und *scission* schon seit 1966 regelt, nicht neu. Neu ist aber für Deutschland das zwingende Zustimmungserfordernis bei der Spaltung.

Während die Spaltung in Deutschland allerdings sowohl die Aufspaltung als auch die Abspaltung und Ausgliederung umfaßt, entspricht die *scission* nur der Aufspaltung. Für den *apport partiel* gelten nach Art. 387 L.1966 die *scission*-Vorschriften nur, wenn dies vereinbart wurde[408]. Ohne diese Vereinbarung ist ein Beschluß der Generalversammlung über den *apport partiel* nicht erforderlich. Nur soweit eine Kapitalherabsetzung erfolgen muß, bedarf diese zwingend der Zustimmung der Aktionäre, so daß der *apport partiel* verhindert werden kann, indem die Zustimmung zur Kapitalherabsetzung verweigert wird[409]. Dies entspricht der alten Rechtslage in Deutschland, die jedoch als unzureichend erachtet wurde, zumal bei einer Ausgliederung die im Gegenzug gewährten Anteile in der Regel im Portfolio der Gesellschaft verbleiben, so daß sich deren Kapital nicht ändert. Diese Situation führte 1982 zur „Holzmüller-Entscheidung" des BGH[410]: Danach fällt die Ausgliederung jedenfalls dann in die Entscheidungszuständigkeit der Hauptversammlung, wenn sie einen schwerwiegenden Eingriff in die Aktionärsrechte darstellt[411].

In Frankreich empfiehlt zwar die *COB* die Anwendung der *scission*-Regeln, wenn von dem *apport partiel* größere Vermögensmassen betroffen sind, doch richten sich diese Empfehlungen nur die börsennotierten Aktiengesellschaften und sind auch für diese nicht zwingend. *Apports partiels* können daher derzeit

---

408 vgl. schon oben Teil 1, C. I. 1. c)

409 vgl. oben C. I. 1. b)

410 Urt. v. 25.2.1982, BGHZ 83, 122

411 vgl. oben B. I. 2. b) aa) und Teil 1, B. I. 1. c); dies gilt auch heute noch, wenn die Ausgliederung nicht nach dem UmwG durchgeführt wird.

ohne Beteiligung der Generalversammlung stattfinden[412]. Bei Übertragung eines kleinen Vermögensteils ist der Vorstand dadurch zwar flexibler als in Deutschland[413]. Allerdings können auch bedeutende Vermögenswerte mittels Einzelrechtsnachfolge steuerbegünstigt ausgegliedert werden, ohne daß die Aktionäre die Beschlußkompetenz haben[414]. Ein verbesserter Aktionärsschutz wäre insoweit wünschenswert, als zumindest bei schwerwiegenden Eingriffen in die Rechte der Aktionäre, also bei Ausgliederung von wesentlichen Vermögensteilen, die Entscheidungszuständigkeit zwingend bei diesen liegen sollte.

2. Die nicht-verhältniswahrende Spaltung

Das Umwandlungsgesetz regelt explizit die nicht-verhältniswahrende Spaltung[415], die auch in Frankreich allgemein anerkannt ist[416]. Entgegen den ursprünglichen Absichten[417] folgt das deutsche Umwandlungsgesetz dem französischen Recht und verlangt einen einstimmigen Gesellschafterbeschluß. Daß nicht-beteiligungs-wahrende Spaltungen somit schwer durchführbar sind, weil ein dissentierender oder nicht erschienener Aktionär die Operation verhindern kann, ist hinzunehmen, da nur so Minderheitsaktionäre davor geschützt werden können, aus der Gesellschaft gedrängt zu werden.

3. Zustimmung bei Leistungserhöhung

Der deutsche Gesetzgeber hat die Gesellschafter des übertragenden Rechtsträgers nicht vor der Auferlegung zusätzlicher Leistungspflichten beim übertragenden Rechtsträger geschützt, sondern will diese im Rahmen des Umtauschverhältnisses ausgleichen[418]. In Frankreich hingegen erfordert eine *fusion* oder *scission*, bei der sich die Sozialbeiträge der Gesellschafter erhöhen - worunter auch Nachschußpflichten und Wettbewerbsverbote fallen - eine einstimmige Entscheidung der Aktionäre der übertragenden Gesellschaft[419]. So ist zwar die Minderheit optimal vor zusätzlichen statuarischen Nebenpflichten geschützt, was in Deutschland derzeit nicht der Fall ist. Es ist allerdings zu beden-

---

412 vgl. oben C. I. 1. b)

413 Nach § 204 DiskE sollte ein Ausgliederungsbeschluß nicht erforderlich sein, wenn das zu übertragende Vermögen weniger als 10 % des Grundkapitals beträgt.

414 vgl. oben C. I. 1. b) sowie Teil 1, C. I. 1. c)

415 vgl. oben B. I. 2. b) bb)

416 vgl. oben C. I. 2. b) bb)

417 Im DiskE war eine Mehrheitsentscheidung mit Abfindungsmöglichkeit vorgesehen.

418 vgl. oben B. I. 3. b)

419 vgl. oben C. I. 2. b) aa)

ken, daß eine einstimmige Entscheidung schwierig zu erreichen ist und dieses Erfordernis den Minderheitsaktionären ein enormes Druckmittel an die Hand gibt. Ein Einstimmigkeitserfordernis sollte daher nur dort aufgestellt werden, wo die Rechte der Minderheit anders nicht gewahrt werden können. Bei einer Leistungserhöhung hingegen kann und sollte der Minderheitenschutz über ein Austrittsrecht gegen Barabfindung erreicht werden, ohne daß man ein „räuberisches Veto" der Minderheitsaktionäre befürchten muß[420]. Sollten derartige Leistungserhöhungen mißbräuchlich verwandt werden, um bestimmte Aktionäre zum Austritt zu bewegen, bleibt immer noch der Weg der Anfechtung.

4. Sonderbeschlüsse

Das deutsche wie das französische Recht verlangen Sonderbeschlüsse der Inhaber von Aktien unterschiedlicher Gattungen, soweit mehrere Aktiengattungen vorhanden sind[421]. Beide Rechtssysteme gehen dabei über die Vorgaben der Richtlinien hinaus, da keine Beeinträchtigung der Rechte einer Gattung gefordert wird. In Frankreich haben auch die Inhaber von stimmrechtslosen Vorzugsaktien das Recht, über die Operation zu beschließen, können diese damit verhindern. Die Zustimmung der Vorzugsaktionäre ist in Deutschland nicht erforderlich. Sie genießen hier über § 23 UmwG Verwässerungsschutz, das heißt sie müssen entsprechende Titel der übernehmenden Gesellschaft erhalten[422]. Diese Lösung ist vorzugswürdig, da den Vorzugsaktionären gerade wegen des Vorteils, den sie durch den Vorzug haben, kein Stimmrecht zusteht. Daher sollte ihnen auch im Fall der *fusion* keines zukommen, zumal die Inhaber derartiger Titel auch in Frankreich bei anderen Entscheidungen nicht stimmberechtigt sind, außer wenn ihr Recht verändert wird, Art. 269-4 V L.1966.

5. Sachliche Rechtfertigung des Beschlusses

Eine sachliche Rechtfertigung des Verschmelzungs- oder Spaltungsbeschlusses ist weder in Deutschland noch in Frankreich erforderlich. In Frankreich werden Hauptversammlungsbeschlüsse nur auf Formfehler und Mißbrauch hin überprüft, nicht hingegen auf ihre materielle Rechtfertigung[423]. In Deutschland ist eine solche nach der hier vertretenen Auffassung entbehrlich, weil der Um-

---

420 vgl. oben B. I. 3. b)

421 vgl. oben B. I. 4. und C. I. 4.

422 dazu eingehend im Kapitel 3 zum Schutz der Gläubiger und Sonderrechtsinhaber, B. II.

423 vgl. oben C. I. 5.

wandlungbeschluß seine materielle Rechtfertigung in sich trägt[424]. Diese Lösung trägt somit zur Rechtsangleichung bei.

6. Austrittsrecht

Ein Austrittsrecht überstimmter Minderheitsaktionäre gegen Barabfindung, wie es § 29 UmwG vorsieht[425], kennt das französische Recht nicht, obgleich die *COB* ein solches seit längerem fordert, um den Minderheitenschutz zu stärken[426].

Der Unterschied zum deutschen Recht ist hinsichtlich des Aktionärsschutzes jedoch nicht so groß, wie es auf den ersten Blick scheint; denn in vielen Fällen, in denen § 29 UmwG ein Austrittsrecht gewährt, liegt nach französischem Verständnis eine Beitragserhöhung vor, die einen einstimmigen Umwandlungsbeschluß erfordert. Dies ist insbesondere der Fall bei Aufnahme einer Kapitalgesellschaft durch eine Personenhandelsgesellschaft, die eine persönliche Haftung zur Folge hat und so eine einschneidende Veränderung der Position der Aktionäre mit sich bringt[427]. Im umgekehrten Fall der Mischverschmelzung allerdings, also der Aufnahme einer Personengesellschaft durch eine Kapitalgesellschaft, der nach deutschem Recht auch zum Austritt gegen Barabfindung berechtigt, reicht mangels Beitragserhöhung ein Mehrheitsbeschluß. Wenn in diesem Fall die Aktien des übernehmenden Rechtsträgers nach Art. 274 L.1966 vinkuliert sind, hat es ein Gesellschafter, der nicht in der Kapitalgesellschaft verbleiben will, schwer, sich von dieser zu lösen.

In Frankreich wurde ein allgemeines Austrittsrecht überstimmter Minderheitsaktionäre gefordert, was weit über die deutsche Regelung hinausginge. Ein solches allgemeines Austrittsrecht ist jedoch nicht erforderlich. Soweit sich die Situation der Aktionäre nicht verschlechtert oder tiefgreifend verändert, ist ihnen ein Verbleiben in der Gesellschaft zuzumuten, da sie über das Umtauschverhältnis ausreichend geschützt sind[428]. Allerdings birgt jedes Einstimmigkeitserfordernis ein hohes Pressionspotential in sich, einstimmige Beschlüsse sollten daher nur vorgesehen werden, wenn der Schutz der Minderheitsaktionäre anders nicht gewährleistet ist. In den Fällen der Mischverschmelzung können dissentierende Gesellschafter auch über ein Austrittsrecht geschützt werden. Daher wäre es auch in Frankreich ratsam, in den Fällen, in de-

---

424 vgl. oben B. I. 5.

425 vgl. oben B. II.

426 vgl. oben C. I. 3.

427 vgl. oben C. I. 2. b) bb)

428 so auch *Priester*, ZGR 1990, 420/445

nen sich die Beteiligung so ändert, daß ein Gesellschafter nicht per Mehrheitsbeschluß zum weiteren Verbleib in der Gesellschaft gezwungen werden kann, statt des Einstimmigkeitserfordernisses ein Austrittsrecht vorzusehen.

II. Information der Aktionäre

Auf dem Gebiet des a-priori-Schutzes waren in Deutschland aufgrund der Vorgaben der 3. RL die meisten Änderungen des bis dahin geltenden Verschmelzungsrechts erforderlich. Der Bericht der Leitungsorgane und die Sachverständigenprüfung, die in Frankreich in anderer Form schon gesetzlich vorgeschrieben waren, waren in Deutschland zwar bekannt, aber nicht verpflichtend[429]. Durch die Richtlinienumsetzung von deutscher Seite aus und die Anpassungen durch den französischen Gesetzgeber wurde eine weitgehende Rechtsangleichung hinsichtlich der Vorab-Information erreicht.

1. Sachverständigenprüfung

Neben dem Bericht der Leitungsorgane, der den Aktionären eine Plausibilitätskontrolle der Operation ermöglicht, ist vor allem die nunmehr auch in Deutschland zwingende Prüfung durch einen oder mehrere unabhängige Sachverständige zu begrüßen. Die jetzigen Regelungen stellen einen Kompromiß dar zwischen der romanischen Vorstellung des Parteigutachters, der für jede Gesellschaft gesondert zu bestellen ist und der deutschen Konzeption eines gemeinsamen Prüfers[430]. Dieser Sachverständige gewährleistet insbesondere, daß die Aktionäre der übertragenden Gesellschaft eine angemessene Gegenleistung für ihre Anteile erhalten, verhindert aber auch, daß die Anteilsinhaber der übernehmenden Gesellschaft durch ein zu hohes Umtauschverhältnis in ihren Rechten beeinträchtigt werden. Die in Deutschland und Frankreich nunmehr vorgesehene Möglichkeit, einen gemeinsamen Prüfer zu wählen, erleichtert nicht nur das Verfahren und spart Kosten; sie trägt auch zu einem verbesserten Aktionärsschutz bei, da die Operation umfassender beurteilt werden kann.

Nach den Änderungen durch das Gesetz von 1994 (*Loi Madelin)*[431] stimmen die französische und die deutsche Rechtslage auch insoweit überein, als bei einer Verschmelzung durch Aufnahme eine Sacheinlagenprüfung bei der aufnehmenden Gesellschaft nicht erforderlich ist, wenn eine Verschmelzungsprü-

---

429 vgl. *Priester*, NJW 1983, 1459/1461; *Ganske*, DB 1981, 1551

430 *Priester*, NJW 1983, 1459/1461; in der französischen Literatur wurde dies kommentiert: *„Le droit francais a doucement glissé vers le système germanique."* *Ducouloux-Favard*, D. 1990, Chron. 242.

431 vgl. oben C. III. 3.

fung stattgefunden hat. Dies hat das Verfahren sehr entlastet, ohne den Schutz herunterzuschrauben, da der unabhängige Verschmelzungsprüfer die Sacheinlagenprüfung übernimmt.

Die Prüfer haften allen beteiligten Gesellschaften und deren Gesellschaftern für schuldhafte Verletzung ihrer Prüferpflichten, wobei in Frankreich eine spezialgesetzliche Regelung wegen der sehr weitgehenden deliktischen Haftung nicht erforderlich war. Beide Rechtssysteme gehen dabei gleichermaßen über die Vorgaben der Richtlinien hinaus, die nur eine Haftung gegenüber den Aktionären der übertragenden Gesellschaft fordern. Somit sind in Deutschland wie in Frankreich auch die Aktionäre der übernehmenden Gesellschaften geschützt, die durch ein fehlerhaftes Gutachten, das beispielsweise ein zu hohes Umtauschverhältnis für angemessen erklärt, ebenso geschädigt werden können wie die Aktionäre der übertragenden Gesellschaft.

2. Auskunftsrecht

Die Aktionäre einer deutschen AG haben über § 131 AktG ein sehr weitreichendes Auskunftsrecht: Der Vorstand muß ihnen grundsätzlich in der Hauptversammlung auf alle Fragen antworten, die im Zusammenhang mit der Tagesordnung stehen[432]. In Frankreich hingegen müssen Fragen zuvor schriftlich eingereicht werden[433]. Damit kann aber beispielsweise nicht auf eventuelle Unklarheiten reagiert werden, die sich aus der mündlichen Erläuterung des Berichts ergeben. Deshalb sollte ein flexibles Fragerecht, wie es das deutsche Aktiengesetz vorsieht, auch in Frankreich zumindest für den Bereich der *fusion* und *scission* eingeführt werden.

III. Aktienumtausch

1. Treuhänder

Wenn die übernehmende Gesellschaft eine AG ist, ist in Deutschland zwingend von der übertragenden Gesellschaft ein Treuhänder zu bestellen, der den Aktienumtausch durchführt und so die Interessen der Aktionäre sowohl der übernehmenden als auch der übertragenden Gesellschaft optimal schützt[434]. Dies wird vor allem dadurch erreicht, daß er den Erhalt der Aktien beim Handelsregister anzeigen muß, damit die Operation eingetragen und damit wirksam wird.

---

[432] vgl. oben B. III. 3.

[433] vgl. oben C. II. 2.

[434] vgl. oben B. V. 1.

In Frankreich führt die übernehmende Gesellschaft den Aktienumtausch in der Regel selbst durch[435]. Da zumindest die *fusion / scission* zur Aufnahme bereits mit dem letzten Zustimmungsbeschluß wirksam wird, kann dieses Wirksamwerden - anders als in Deutschland - nicht an den Erhalt der Aktien für die aufzunehmenden Gesellschafter durch eine neutrale Person geknüpft werden. Ein Treuhänder kann daher die Aktionäre nicht schützen. Zudem werden in Frankreich keine verbrieften Wertpapiere mehr ausgegeben, sondern die Beteiligungen auf Konten gebucht, so daß ein Umtausch von Aktienurkunden gar nicht stattfindet. Gleichwohl wäre es ratsam, einen *mandataire* oder *contrôleur* zu bestellen, der das Umbuchungsverfahren durchführt. Eine solche neutrale Person verhindert vor allem jeden Anschein der Parteilichkeit, der leicht aufkommen kann, wenn die übernehmende Gesellschaft selbst die Aktien umtauscht. Dies wurde früher in Anlehnung an das Liquidationsverfahren so gehandhabt und ist auch heute in der Praxis nicht selten[436].

2. Nicht-beteiligungsfähige Spitzen

Nicht befriedigend geregelt ist im französischen Recht die Situation, daß ein Aktienumtausch nicht möglich ist, weil Aktionäre nicht-beteiligungsfähige Spitzen in den Händen halten. Während in Deutschland in diesem Fall das Zusammenlegungsverfahren stattfindet, wobei der betroffene Aktionär für die nicht umzutauschenden Aktien den Gegenwert erhält[437], müssen die Aktionäre in Frankreich Anteile zu- oder verkaufen, damit letztlich alle Aktien umgetauscht werden können[438]. Dies ist ein Eingriff in die Rechte der Aktionäre, die grundsätzlich nicht gezwungen werden können, ihre Beteiligung zu erhöhen oder ihre Rechte aufzugeben[439]. Das französische Recht sollte hier eine Regelung vorsehen, die dem deutschen Verfahren entspricht, das zwar komplizierter ist, aber weniger stark in die Rechte der Aktionäre eingreift.

IV. Nachträglicher Rechtsschutz

1. Klage gegen den Hauptversammlungsbeschluß

In Deutschland wie in Frankreich haben die Aktionäre unter eng vorgegebenen Voraussetzungen die Möglichkeit, gegen einen fehlerhaften Verschmelzungs-

---

435 vgl. oben C. IV. 3. a)

436 vgl. oben C. IV. 3. a)

437 vgl. oben B. V. 2.

438 vgl. oben C. IV. 4.

439 *Dalsace/Bernard* in Dalloz n°121

oder Spaltungsbeschluß zu klagen mit dem Ziel, daß dieser für nichtig erklärt wird. Bei der Ausgestaltung dieses Rechtsschutzsystems sind gegensätzliche Interessen zu beachten und in einen gerechten Ausgleich zu bringen: Einerseits das Interesse des Aktionärs an gerichtlichem Rechtsschutz, andererseits das Interesse der beteiligten Unternehmen daran, daß schnell Klarheit über die Rechtsgültigkeit der Operation herrscht. Hinzu kommen die Interessen von Dritten, insbesondere von Gläubigern, an der Beständigkeit einer durchgeführten Verschmelzung oder Spaltung.

Das deutsche Umwandlungsgesetz ist den Weg gegangen, die Nichtigkeit weitgehend einzuschränken: Ein zu niedrig bemessenes Umtauschverhältnis kann von den Aktionären nicht mit der Anfechtungsklage geltend gemacht werden (§ 14 II UmwG), sondern in einem speziellen Verfahren, das dem Wirksamwerden der Operation nicht entgegensteht[440]. Außerdem gilt in Deutschland für Klagen gegen den Umwandlungsbeschluß die Monatsfrist[441]. Eine einmal eingetragene Verschmelzung oder Spaltung kann nach deutschem Recht trotz eventueller Mängel nicht mehr rückgängig gemacht werden[442].

Mit diesen Regelungen ist der deutsche Gesetzgeber über die Anforderungen in Art. 22 der VerschmelzungsRL und Art. 19 der SpaltungsRL, die die zulässigen nationalen Regeln über die Nichtigkeit von Verschmelzungen und Spaltungen regeln, hinausgegangen. Nach diesen europarechtlichen Vorgaben muß die Nichtigkeit einer wirksam gewordenen Verschmelzung oder Spaltung durch gerichtliche Entscheidung ausgesprochen werden (jeweils lit.a); dies ist nur aus drei Nichtigkeitsgründen möglich, nämlich wegen Fehlens einer vorbeugenden gerichtlichen oder verwaltungsmäßigen Kontrolle der Rechtmäßigkeit oder einer öffentlichen Beurkundung oder wenn festgestellt wird, daß der Beschluß der Hauptversammlung nach innerstaatlichem Recht nichtig oder anfechtbar ist (jeweils lit.b); die Klage muß innerhalb von sechs Monaten nach Wirksamwerden der Operation erhoben werden (jeweils lit.c).

Angesichts des Zieles der Richtlinien, die Rechtsvorschriften der Mitgliedsstaaten zu koordinieren[443], ist die Zulässigkeit der weitergehenden Einschränkung der Nichtigkeitsgründe durch den deutschen Gesetzgeber bzw. des Ausschlusses der Nichtigkeit nach Wirksamwerden der Operation angezweifelt wor-

---

440 vgl. oben B. VI. 2.

441 vgl. oben B. VI. 1. b)

442 vgl. oben Teil 1, B. III. 2. b) bb)

443 Abs. 3 der Begründungserwägungen zur 3. RL, Abs. 6 der Begründungserwägungen zur 6. RL

den[444]. Die Richtlinien ziehen in diesem Punkt jedoch nur die äußerste Grenze, was eine Auslegung des Wortlauts der Vorschriften ergibt („kann ... nur"). So hat auch Generalanwalt *Walter Van Gerven* in seinen Schlußanträgen in der Rs. Marleasing[445] zu Art. 11 der PublizitätsRL[446], der die Nichtigkeit von Gesellschaften regelt und dessen Einleitung dieselbe Formulierung enthält wie die Nichtigkeitsvorschriften der Verschmelzungs- und SpaltungRL[447], ausgeführt[448]: „Es steht dem nationalen Gesetzgeber nämlich frei, die in Artikel 11 genannten Nichtigkeitsgründe nicht oder nur teilweise zu übernehmen und deshalb auch ihren Geltungsbereich zu beschränken. Hingegen darf er sie weder zahlenmäßig noch inhaltlich erweitern."[449]

Vor dem Hintergrund des Grundsatzes des deutschen Gesellschaftsrechts, wonach Satzungsänderungen und damit auch Verschmelzungen und Spaltungen erst mit Eintragung ins Handelsregister wirksam werden, sind die strengeren Regeln zu begrüßen: Nach Ablauf der kurzen Monatsfrist wissen die beteiligten Unternehmen, ob die Operation wirksam wird. Die Gläubiger können sich darauf verlassen, daß eine einmal eingetragene Operation auch wirksam bleibt. Für die Aktionäre entspricht die Monatsfrist der allgemeinen Anfechtungsfrist im Aktienrecht; allein die Geltendmachung von Nichtigkeitsgründen wurde zeitlich beschränkt. Eine längere Frist wäre aber den anderen Beteiligten nicht zumutbar, da vor Fristablauf die Operation nicht eingetragen wird und sich so eine lange Zeit der Ungewissheit ergäbe. Durch das Spruchverfahren wird zusätzlich erheblichens Störpotential von beabsichtigten Umwandlungen genommen.

Nach französischem Recht hingegen, das die Nichtigkeitsregelungen der Richtlinien übernommen hat, ist eine *fusion* oder *scission*, bei der keine Neugründung stattfindet, bereits durch den Beschluß selbst wirksam. Im Falle der Nichtigerklärung muß daher eine Rückabwicklung stattfinden[450]. Die Fälle der Nichtigerklärung sind in Frankreich jedoch selten, da die Gerichte, wenn sie einen Beschlußmangel feststellen, den Gesellschaften die Möglichkeit zur

---

444 *Kohlegger/Knoflach*, öRdW 1996, 97/101; *Schmid*, ZGR 1997, 493/508

445 EuGH, Urt. v. 13.11.1990, Rs. C-106/89, Slg. 1990, I-4135 ff.; Schlußanträge vom 12.7.1990

446 1. gesellschaftsrechtliche RL vom 9. März 1968 (68/151/EWG), Abl.EG 1968 Nr. L 65

447 „Die Rechtsvorschriften der Mitgliedsstaaten können die Nichtigkeit der Gesellschaften nur nach Maßgabe folgender Bedingungen regeln: ..."

448 Schlußanträge des GA Van Gerven in der Rs. C-106/89, Slg. 1990, 4144/4151 Ziff. 13 a.E.

449 vgl. auch *Lutter*, FS Everding S. 765/767

450 vgl. oben C. V. 1. b) cc)

Nachbesserung geben müssen, die diese in der Regel nutzen.[451] Da eine Rückabwicklung auf diesem Wege meistens vermieden wird, bedarf es einer Einschränkung der Klagemöglichkeit nach Wirksamwerden der Operation grundsätzlich nicht. Damit ist auch ein dem deutschen Spruchverfahren entsprechendes Verfahren entbehrlich, denn Nachverhandlungen hinsichtlich des Umtauschverhältnisses können im Rahmen der Nachbesserung geführt werden.

2. Nachbesserung in Deutschland?

In Deutschland führen Klagen gegen einen mit Mängeln behafteten Umwandlungsbeschluß, die innerhalb der Monatsfrist des § 14 I UmwG erhoben werden, zwangsläufig zur Kassation dieses Beschlusses (§§ 241 Nr.5, 248 AktG)[452]: Das angerufene Gericht muß den Beschluß für nichtig erklären, wenn es zu der Überzeugung gelangt, daß der vom klagenden Gesellschafter geltend gemachte Mangel besteht. Damit ist dieser Beschluß in vollem Umfang und ohne jeden Rest beseitigt. Wenn die beteiligten Gesellschaften die Operation gleichwohl durchführen wollen, ist dafür eine neue Rechtsgrundlage zu schaffen, wobei sämtliche Maßnahmen wiederholt werden müssen[453]: Die Unternehmen sind zu einem neuen Stichtag neu zu bewerten, der Verschmelzungs- oder Spaltungsplan ist zu überarbeiten, neue Vorstandsberichte sind zu erstellen, eine erneute Prüfung ist durchzuführen und die Hauptversammlung muß erneut beschließen. Da aufgrund der zeitlichen Verzögerung die Fristen in der Regel nicht eingehalten werden können, hat diese Prozedur nicht nur in der Gesellschaft zu erfolgen, deren Beschluß kassiert wurde, sondern in allen beteiligten Gesellschaften[454]. Dies führt zu höheren Kosten und vor allem zu einem späteren Wirksamwerden der Operation, was die Interessen der Unternehmen stark beeinträchtigt.

Das französische Recht geht hier einen anderen Weg[455]: Wenn das Gericht zu dem Ergebnis kommt, daß der geltend gemachte Beschlußmangel tatsächlich besteht, stellt es diesen zunächst separat fest und räumt den Beteilgten eine Frist ein, innerhalb derer der Mangel behoben werden kann. Erst wenn diese Frist fruchtlos verstrichen ist, wird der mangelbehaftete Beschluß endgültig für nichtig erklärt. Damit wird den Interessen aller Beteiligten weitgehend Rechnung getragen: Die Interessen der Aktionäre sind geschützt, da sie bei Beschlußmängeln klagen können, die Unternehmensinteressen sind geschützt, da die Mög-

---

451 vgl. oben C. V. 1. b) bb) und cc)

452 *Hommelhoff*, ZGR 1990, 447/455; *Zöllner*, ZGR 1982, 623/625

453 *Hommelhoff*, ZGR 1990, 447/455

454 *Hommelhoff*, ZGR 1990, 447/456

455 siehe bereits soeben unter 1.

lichkeit der Nachbesserung besteht und eine fehlerhafte Operation gerettet werden kann.

Auch für das deutsche Recht wurde die Möglichkeit der separaten Beschlußmangel-Feststellung gefordert[456]. Das geltende Prozeßrecht läßt dies jedoch nicht zu[457]: In Frage käme eine Zwischenfeststellungsklage (§ 256 II ZPO) oder ein Zwischenurteil (§ 303 ZPO)[458]. Ersterer fehlt jedoch das Rechtsschutzbedürfnis, weil das Rechtsverhältnis der Zwischenklage bereits im Streitgegenstand der Anfechtungsklage enthalten ist, so daß darüber ohnehin mit Rechtskraftwirkung entschieden werden muß[459]. Für ein Zwischenurteil nach § 303 ZPO ist kein Raum, weil der Rechtsstreit entscheidungsreif ist, wenn das Gericht über den vom Kläger behaupteten Mangel votiert hat[460]. Derzeit haben die Unternehmen nach deutschem Recht nur die Möglichkeit, den fehlerhaften Beschluß nach § 244 AktG zu bestätigen; einen Bestätigungsbeschluß werden sie nach erhobener Anfechtungsklage jedoch regelmäßig nicht fassen, weil die Frage, ob der behauptete Beschlußmangel besteht, gerade streitig ist und gerichtlich geklärt werden soll[461].

Art. 22 I der 3. RL und Art. 19 I der 6. RL, die abschließend aufführen, nach welcher Maßgabe die Mitgliedsstaaten die Nichtigkeit der Verschmelzung und Spaltung regeln können, enthalten unter lit.d folgende Bestimmung: „Kann der Mangel, dessentwegen die Verschmelzung / Spaltung für nichtig erklärt werden kann, behoben werden, so räumt das zuständige Gericht den beteiligten Gesellschaften dazu eine Frist ein;". Die Fälle der Nichtigkeit sollen so auf ein Minimum eingeschränkt werden, zumal die Zahl der möglichen Beschlußmängel durch den gesteigerten Formalismus angestiegen ist. Der deutsche Gesetzgeber hat diese Vorgabe nicht umgesetzt, obgleich es keine fakultative, sondern eine zwingende Vorschrift ist, wie sich aus dem Einleitungssatz des jeweiligen Absatz 1 und der imperativen Form der jeweiligen lit.d ergibt. Zudem bestimmt bereits der neunte Absatz der Begründungserwägungen der Verschmelzungs-

---

456 *Hommelhoff*, ZGR 1990, 447/455 ff.; *ders.*, ZGR 1993, 452/467; ihm folgend *Engelmeyer*, Spaltung von Aktiengesellschaften S. 422 ff.

457 Trotzdem hat der BGH eine gerichtliche Feststellung bei fehlerhafter Beschlußergebnisfeststellung durch den Hauptversammlungsleiter zugelassen; in diesem Fall ist der Beschluß anzufechten und gleichzeitig Feststellungsklage zu erheben; BGH, Urt. v. 13.3.1980, BGHZ 76, 191; dazu *Zöllner*, ZGR 1982, 623.

458 *Hommelhoff*, ZGR 1990, 447/458

459 *Thomas-Putzo*, ZPO, § 256 RN 29

460 *Stein/Jonas*-Leipold, ZPO, § 303 RN 2

461 *Hommelhoff*, ZGR 1990, 447/456

RL[462] daß „der Grundsatz, daß dem Mangel der Verschmelzung soweit wie möglich abgeholfen werden soll, (...) festgelegt werden" muß.

Nicht nur, wie *Hommelhoff* ausführt[463], aus Praktikabilitätsgründen, um der einmal begonnenen Operation soweit möglich zum Erfolg zu helfen, sondern auch wegen dieser zwingenden europarechtlichen Vorgaben sollte in das Umwandlungsgesetz die Möglichkeit der separaten gerichtlichen Mangelfeststellung aufgenommen werden. Dabei kann man sich des Vorbildes des französischen Gesetzes bedienen, das die Nachbesserungsmöglichkeit schon seit längerem gesetzlich verankert hat. Wenn das mit einer Anfechtungsklage befaßte Gericht zu dem Schluß kommt, daß ein behebbarer Mangel vorliegt, sollte es verpflichtet sein[464], diesen mit inter-omnes-Wirkung durch Urteil festzustellen und gleichzeitig eine in sein Ermessen gestellte Frist[465] zur Behebung desselben zu setzen. Erst nach fruchtlosem Fristablauf ist der fehlerhafte Beschluß endgültig zu kassieren. Wenn nachgebessert wird, muß insoweit eine neue Anmeldung beim Handelsregister erfolgen. Allerdings darf hierbei nicht die Vorlage einer neuen Schlußbilanz verlangt werden, vielmehr ist im Hinblick auf § 17 II,4 UmwG die ursprüngliche Einreichung als fristwahrend anzusehen[466]. Ansonsten wäre nach der Nachbesserung in der Regel die 8-Monats-Frist abgelaufen, so daß das Verfahren doch insgesamt wiederholt werden müßte.

Einen Schritt in die richtige Richtung ist insoweit das OLG Stuttgart gegangen[467], das im Rahmen des Verfahrens nach § 16 III UmwG die Unbedenklichkeitserklärung erteilt hat, obwohl der Umwandlungsbeschluß fehlerhaft war; es handelte sich jedoch um einen bloßen Formmangel, der nach Auffassung des Gerichts in der nächsten Hauptversammlung behoben werden konnte.

3. Schadensersatzpflicht der Verwaltungsträger

Im französischen Recht können die Aktionäre aller an einer *fusion* oder *scission* beteiligten Gesellschaften aufgrund der sehr weitgehenden deliktischen Haftung

---

462 inhaltsgleich dem elften Absatz der Begründungserwägungen zur SpaltungsRL

463 *Hommelhoff*, ZGR 1990, 447/456; *ders.*, ZGR 1993, 452/467

464 ohne daß von einer der Parteien ein entsprechender Antrag gestellt werden müßte, weil dies in den RL'en nicht vorgesehen ist; a.A. *Engelmeyer*, Spaltung von Aktiengesellschaften S. 423

465 Bei einer gesetzlich vorgeschriebenen Frist können die sehr unterschiedlichen Beschlußmängel, die in unterschiedlicher Zeit behoben werden können, nicht berücksichtigt werden.

466 vgl. oben Teil 1, B. II. Ziff. 1

467 Beschl. v. 17.12.1996, DB 1997, 217; vgl. oben B. VI. 1. c) bb)

Schadensersatzansprüche gegen die Verwaltungsträger aller Gesellschaften geltend machen. Im deutschen Recht hingegen können zwar die Verwaltungsorgane der übernehmenden Gesellschaft von allen Aktionären, die der übertragenden Gesellschaft jedoch nur von den Aktionären ihrer Gesellschaft in Anspruch genommen werden. Insoweit wäre eine Erweiterung der Haftung wünschenswert, nicht nur um die Rechte weiter anzugleichen, sondern auch, um den Aktionärsschutz insoweit abzurunden.

V. Die Aufnahme von Tochtergesellschaften

1. Zustimmungsbeschlüsse

Art. 24 der 3. RL schreibt zwingend vor, daß Verschmelzungsbericht und -prüfung bei der Aufnahme einer 100 %igen Tochter entbehrlich sind; insoweit haben Deutschland und Frankreich übereinstimmende Regelungen getroffen[468]. Hingegen lassen Artt. 25 und 27 der 3. RL einen weiten Spielraum hinsichtlich der Regelung der Entscheidungskompetenz der Hauptversammlungen bei der Aufnahme von Tochtergesellschaften: Für den Fall der Aufnahme einer 100 %igen Tochtergesellschaft steht es den Mitgliedsstaaten frei, unter den Voraussetzungen von Art. 25 der 3. RL in keiner der Gesellschaften einen Hauptversammlungbeschluß vorzusehen, bei mindestens 90 %iger Beteiligung kann unter den Voraussetzungen von Art. 27 von einem Hauptversammlungsbeschluß der übernehmenden Gesellschaft abgesehen werden.

Das deutsche Umwandlungsgesetz folgt Art. 27 der 3. RL. In Deutschland ist daher bei Konzernverschmelzungen ein Beschluß der Muttergesellschaft nicht bzw. nur erforderlich, wenn deren Aktionäre das erforderliche Quorum erreichen. In der Tochtergesellschaft muß immer einen Verschmelzungsbeschluß gefaßt werden[469].

Der französische Gesetzgeber hingegen hat nur für die Aufnahme einer 100 %igen Tochter verfahrensmäßige Erleichterungen vorgesehen und insoweit, gestützt auf Art. 25 der 3. RL, einen Zustimmungsbeschluß der Tochtergesell-

---

468 vgl oben B. VII. 2. und C. VI.; dabei schreibt das französische Recht anders als das deutsche nicht vor, daß der Verschmelzungsplan bei Aufnahme einer 100 %igen Tochter keine Angaben zum Aktienumtausch enthält, was sich aber, da effektiv kein Aktienumtausch stattfindet, von selbst versteht, so daß insoweit kein Umsetzungsdefizit vorliegen dürfte.

469 vgl. oben B. VII. 1.

schaft für entbehrlich erklärt. Allerdings muß die Hauptversammlung der Muttergesellschaft immer über die Aufnahme beschließen[470].

Die französische Regelung ist im Hinblick auf die zu schützenden Interessen der Aktionäre vorzuziehen: Bei der Tochtergesellschaft gibt es ohnehin keine Minderheitsaktionäre, deren Interessen beeinträchtigt werden könnten. Die Interessen der Aktionäre der übernehmenden Gesellschaft können aber durch die Übernahme aller Verbindlichkeiten der Tochtergesellschaft beeinträchtigt werden. Daher sollten diese die Möglichkeit haben, über die Verschmelzung zu beschließen[471]. Schon die bloße Begründung einer Mithaftung hat bei der Eingliederung einer 100 %igen Tochtergesellschaft in § 319 II AktG dazu geführt, die Zustimmung der Hauptgesellschaft zwingend vorzuschreiben[472]. Auch bei Abschluß eines Beherrschungsvertrages mit einer 100 %igen Tochter muß die Hauptversammlung der Muttergesellschaft nach § 293 I AktG zustimmen[473]. Die nunmehr geltende Regelung stellt überdies einen Rückschritt gegenüber der „Holzmüller"-Rechtsprechung dar[474], wonach die Aktionäre der Obergesellschaft einen Anspruch darauf haben, bei grundlegenden Entscheidungen der Untergesellschaft so beteiligt zu werden, als handele es sich um eine Angelegenheit des herrschenden Unternehmens. Die derzeitige Regelung beeinträchtigt somit nicht nur die Aktionärsinteressen, sondern stellt zudem einen Bruch mit dem geltenden deutschen Konzernrecht dar. Daher sollte sie dahingehend geändert werden, daß auch in Deutschland bei Konzernverschmelzungen ein Beschluß der Hauptversammlung der Muttergesellschaft erforderlich ist; ein Beschluß der Tochtergesellschaft hingegen ist entbehrlich[475].

2. Zweistufige Konzernverschmelzung

Die in Deutschland umstrittene Problematik der zweistufigen Konzernverschmelzung, also die Frage, wann die notwendige Beteiligung vorliegen muß, damit die Verfahrenserleichterungen greifen[476], stellt sich in Frankreich nicht, da hier der Zeitpunkt, in dem die Beteiligungsquote vorliegen muß, gesetzlich

---

470 vgl. oben C. VI.

471 *Ganske*, DB 1981, 1551/1558; so auch im Gesetzgebungsverfahren des Verschmelzungsrichtlinie-Gesetzes die Gegenäußerung der Bundesregierung zur Stellungnahme des Bundesrates, BT-Drs. 9/1065 S. 33.

472 *Ganske*, DB 1981, 1551/1558; *G/H/E/K*-Grunewald § 319 AktG RN 1

473 *Krieger*, ZGR 1990, 517/524

474 dazu oben Teil 1, B. I. 1. c) und in diesem Kapitel B. I. 2. b)

475 so auch *Krieger*, ZGR 1990, 517/525

476 vgl. oben B. VII. 3.

vorgeschrieben ist[477]. Dieser Zeitpunkt ist zwar willkürlich gewählt - es würde ausreichen, wenn die Beteiligung bei Beschlußfassung der Muttergesellschaft vorliegt, da die Verschmelzung damit wirksam wird - doch herrscht zumindest Rechtssicherheit und -klarheit. Es wäre zu begrüßen, wenn auch der deutsche Gesetzgeber diesen Zeitpunkt gesetzlich festlegen würde, wobei er sich an den Regelungen des Wirksamwerdens der Verschmelzung orientieren und den Zeitpunkt der Anmeldung der Verschmelzung beim Handelsregister wählen sollte.

---

477 vgl. oben C. VI.

2. Kapitel: Besonderheiten beim Schutz der Anteilsinhaber bei Verschmelzung und Spaltung unter Beteiligung von Gesellschaften mit beschränkter Haftung

A. Einleitung

Die 3. und die 6. gesellschaftsrechtliche Richtlinie beschränken sich auf die Verschmelzung und Spaltung von Aktiengesellschaften. Eine gesellschaftsrechtliche Richtlinie betreffend die Verschmelzung und Spaltung von Gesellschaften mit beschränkter Haftung ist seit Jahren in Vorbereitung, eine Verabschiedung ist jedoch nicht in Sicht[1]. Allerdings regeln sowohl das deutsche als auch das französische Recht die Verschmelzung und Spaltung unter Beteiligung von Gesellschaften mit beschränkter Haftung[2]. Dies ist angesichts der Bedeutung dieser Gesellschaftsform in Deutschland wie in Frankreich zu begrüßen: In Deutschland gab es Ende 1993 2.934 Aktiengesellschaften, aber 543.444 Gesellschaften mit beschränkter Haftung[3], Ende 1998 dürften es rund 800.000 GmbH gewesen sein[4]. An Verschmelzungen waren 1992 351 Gesellschaften mit beschränkter Haftung beteiligt, hingegen nur 14 Aktiengesellschaften[5]. In Frankreich werden immerhin ca. 70 % aller Handelsgesellschaften in der Form der *société à responsabilité limitée* (*S.A.R.L.*) betrieben[6].

B. Rechtslage in Deutschland

I. Entwicklung des GmbH-Verschmelzungsrechts

In Deutschland wurde die erste umfassende rechtliche Regelung der Verschmelzung unter Beteiligung von Gesellschaften mit beschränkter Haftung mit

---

1 vgl. *Wiesner*, EuZW 1995, 821

2 s. Teil 1, B. I. 2. a) und C. I. 2. a)

3 Quelle: Statistisches Bundesamt

4 *Hansen*, GmbHR 1998, 582; das Statistische Bundesamt führt diese Statistik nicht weiter; die Schätzung von *Hansen* beruht auf den Daten der Umsatzsteuerstatistik aus den einzelnen Bundesländern und darauf aufbauender Hochrechnung.

5 Quelle: Statistisches Bundesamt, die Statistik wird nicht weitergeführt

6 *Sonnenberger/Damann* RN III/9; Ende 1992 gab es 601.971 *S.A.R.L.* und 169.112 *S.A.*; Quelle: van Hulle in *Lenz*, EG Hdb. S. 554.

der GmbH-Novelle 1980[7] geschaffen. Die Vorschriften fanden sich in §§ 19-35 KapErhG. Zuvor war nach § 355 AktG 1965 nur die Verschmelzung einer GmbH auf eine AG möglich, nach der GmbH-Novelle auch die Verschmelzung einer AG auf eine GmbH sowie die zweier Gesellschaften mit beschränkter Haftung. Die Regelungen im KapErhG lehnten sich zum Teil fast sklavisch an die Verschmelzungsvorschriften des AktG 1965 an[8]. Die grundlegende Änderung des Verschmelzungsrechts der Aktiengesellschaften durch das VerschmelzungsRL-Gesetz 1982 hatte jedoch im KapErhG kaum Niederschlag gefunden, insbesondere der Schutz der GmbH-Gesellschafter durch Vorab-Information blieb gering: Der Inhalt des Verschmelzungsvertrages war nicht zwingend vorgeschrieben, ebensowenig ein Bericht der Leitungsorgane. Außerdem wurde den Gesellschaftern kein Autrittsrecht eingeräumt, was angesichts der meist personalistischen Struktur der GmbH besonders kritisiert wurde[9].

Im UmwG 1995 hat der deutsche Gesetzgeber den Schutz der Anteilsinhaber einer Aktiengesellschaft bei Verschmelzung und Spaltung weitgehend auf die Gesellschafter einer GmbH ausgedehnt. Daher entsprechen sich diese Schutznormen in vielen Punkten. Die Ausführungen im vorangegangenen Kapitel zur Entscheidungszuständigkeit der Hauptversammlung[10], zur nicht-verhältniswahrenden Spaltung[11], zum Sonderzustimmungsrecht bei Leistungserhöhung[12], zur Reichweite der Informationsrechte der Gesellschafter durch den Bericht der Leitungsorgane[13], zum Inhalt der Sachverständigenprüfung[14] und auch zur Haftung der Verwaltungsorgane[15] gelten auch für die GmbH, auf diese Ausführungen sei daher verwiesen. Allerdings gibt es einige Besonderheiten bei der Beteiligung einer GmbH an einer Verschmelzung oder Spaltung, die im folgenden dargestellt werden sollen.

---

7 Gesetz zur Änderung des Gesetzes betreffend die Gesellschaften mit beschränkter Haftung und anderer handelsrechtlicher Vorschriften vom 4.7.1980, BGBl. 1980 I, S. 836

8 *Wiedemann*, ZGR 1978, 477/497

9 *Timm*, AG 1982, 93/102 ff.

10 Kapitel 1, B. I.

11 Kapitel 1, B. I. 2 b) bb)

12 Kapitel 1, B. I. 3. b)

13 Kapitel 1, B. III. 1.

14 Kapitel 1, B. IV.

15 Kapitel 1, B. VI. 3.

II. Schutz der Gesellschafter

1. Beschlußfassung

Die Gesellschafter der GmbH beschließen über den Umwandlungsplan oder -vertrag nach § 50 I,1 UmwG mit Dreiviertelmehrheit. Dies entspricht der für die Änderung des Gesellschaftsvertrages nach § 53 II,1 GmbHG erforderlichen Mehrheit.

2. Zustimmung einzelner Gesellschafter

Das Umwandlungsgesetz verlangt in einigen Fällen zusätzlich zur Beschlußfassung der Gesellschafterversammlung die Zustimmung einzelner oder aller Gesellschafter zum Umwandlungsvertrag. Es handelt sich um Gesellschafter, deren Zustimmung für die Abtretung vinkulierter Anteile erforderlich ist, § 13 II UmwG, sowie um Inhaber statuarischer Sonderrechte, § 50 II UmwG; außerdem besteht nach § 51 UmwG ein Zustimmungserfordernis bei nicht voll eingezahlten Geschäftsanteilen.

Das KapErhG kannte nur die Zustimmungspflicht aller Gesellschafter bei nicht voll eingezahlten Geschäftsanteilen in der aufnehmenden Gesellschaft, nicht jedoch die Zustimmungspflicht einzelner Gesellschafter. Die h.M. ging jedoch vom Erfordernis einer Individualzustimmung sämtlicher Sonderrechtsinhaber bei der übertragenden GmbH aus[16], so daß insoweit die h.M. kodifiziert wurde.

a) Vinkulierte Anteile

Während § 15 I GmbHG vom Regelfall der freien Übertragbarkeit von GmbH-Geschäftsanteilen ausgeht und diesen Grundsatz in § 15 V GmbHG lediglich zur Disposition stellt, hat sich in der Praxis dieses Regel-Ausnahme-Verhältnis gerade umgedreht: In den meisten GmbH-Satzungen finden sich Vinkulierungsklauseln[17], zumeist in Form von Zustimmungsklauseln[18]. Wenn an einer Verschmelzung oder Spaltung eine GmbH als übertragende Gesellschaft beteiligt ist, stellt sich somit die Frage, ob durch derartige Vinkulierungsklauseln die Umstrukturierung verhindert werden kann. Diese Frage regelt § 13 II UmwG,

---

16 *Scholz*-Priester, GmbHG 7.Aufl., § 20 KapErhG RN 8; *Lutter-Hommelhoff*, GmbHG 13.Aufl., § 20 KapErhG RN 8

17 *Reichert*, GmbHR 1995, 176; *ders.*, Zustimmungserfordernis zur Abtretung von Geschäftsanteilen S. 50; *Winter*, GmbHR 1969, 145/147; *Reichert/Winter*, FS 100 Jahre GmbHG S. 205, insb. S. 211 ff.; *Limbach*, Theorie und Wirklichkeit der GmbH S. 70

18 *Reichert*, GmbHR 1995, 176

wonach die Anteilsinhaber der übertragenden Gesellschaft[19], die der Abtretung der Anteile zustimmen müssen, auch dem Umwandlungsbeschluß zustimmen müssen[20]. Da Vinkulierungsklauseln in der Rechtswirklichkeit der GmbH die Regel sind, liegt der Hauptanwendungsfall des § 13 II UmwG bei GmbH-Umstrukturierungen. Die Reichweite dieser Vorschrift ist jedoch nicht zweifelsfrei.

Eindeutig ist, daß ein Anwendungsfall von § 13 II UmwG vorliegt, wenn nach der Satzung die Abtretung von Geschäftsanteilen der Zustimmung eines bestimmten einzelnen oder einer Gruppe von Anteilsinhabern bedarf.

Dem gleichzustellen ist der in der Praxis häufige Fall[21], daß die Vinkulierungsklausel die Zustimmung aller Gesellschafter verlangt[22]. Dagegen könnte zwar sprechen, daß es sich hierbei nicht um ein Sonderrecht eines einzelnen Gesellschafters handelt; doch kann ein solches Recht auch jedem einzelnen Gesellschafter zustehen[23]. Dann ist jeder Gesellschafter im Sinne von § 13 II UmwG berechtigt, die Anteilsübertragung zu verhindern. Durch dieses Zustimmungserfordernis wird das Mehrheitserfordernis des § 50 I UmwG allerdings faktisch unterlaufen[24]. In der Praxis sollte daher mit derartigen Klauseln sparsam umgegangen[25] oder per Satzung ein Einstimmigkeitserfordernis bereits für den Verschmelzungs- und Spaltungbeschluß festgeschrieben werden, so daß auf diesem Weg ein Gleichlauf zwischen Beschlußfassung und Zustimmungserfordernis erreicht wird.

---

19 Vinkulierte Anteile auf Seiten der übernehmenden Gesellschaft lösen hingegen kein Zustimmungserfordernis aus, sondern führen unter den Voraussetzungen von § 29 UmwG zur Verpflichtung eines Barabfindungsgebots; *Goutier/Knopf/Tulloch*-Bermel, UmwG, § 13 RN 52.

20 Siehe hierzu zunächst die allgemeinen Ausführungen oben in Kapitel 1, I. 3. a); nach früherem Recht war die Zustimmung von Gesellschaftern, zu deren Gunsten ein Abtretungsverbot bestand, nur nach § 376 II,2 AktG bei der Umwandlung einer GmbH in eine AG erforderlich; für Verschmelzungen unter Beteiligung von Gesellschaften mit beschränkter Haftung wurde jedoch bereits vertreten, daß der Rechtsgedanke dieser Vorschrift im Rahmen des § 20 KapErhG entsprechend Anwendung finden müsse; *Scholz*-Priester, GmbHG 7. Aufl., § 20 KapErhG RN 8.

21 *Priester*, ZGR 1990, 420/440

22 Diese Auslegung entspricht der früher zu § 376 AktG vorherrschenden Auffassung; vgl. *G/H/E/K*-Grunewald, § 376 AktG RN 20; *KK*-Zöllner, § 376 AktG RN 26

23 *Reichert*, GmbHR 1995, 176/179

24 *Dehmer*, UmwG, § 13 RN 32

25 *Dehmer*, UmwG, § 13 RN 32

Anders liegt der Fall jedoch, wenn eine Vinkulierungsklausel die Zustimmung der Gesellschaft, der Gesellschafterversammlung oder eines bestimmten Organs verlangt. § 13 II UmwG soll Sonderrechtsinhaber vor einem Entzug ihrer Rechte schützen[26]. Sonderrechte sind aber nur solche Mitgliedschaftsrechte, die einzelnen Gesellschaftern oder einer Gruppe von Gesellschaftern eine Vorzugsstellung vor anderen gewähren[27]. Damit fallen Zustimmungserfordernisse zugunsten der Gesellschaft, der Gesellschafterversammlung oder eines einzelnen Organs, die kein Sonderrecht eines einzelnen Gesellschafters statuieren, nicht unter § 13 II UmwG[28]. Dies wurde als unbefriedigend bezeichnet, weil die Praxis Zustimmungsrechte zugunsten einzelner Gesellschafter und solche zugunsten der Gesellschaft häufig synonym gebrauchen würde[29]. Insbesondere dürfe es keinen Unterschied machen, ob einem Mehrheitsgesellschafter das Zustimmungsrecht als Sonderrecht zugewiesen werde oder ob ein Mehrheitsbeschluß der Gesellschafterversammlung erforderlich sei[30]. Die Gesellschafterversammlung hat jedoch die Möglichkeit, per Mehrheitsbeschluß die Verschmelzung oder Spaltung als solche zu verhindern. Es wäre widersprüchlich, wenn sie zunächst mit der erforderlichen Mehrheit die Verschmelzung beschließen und anschließend mit derselben Mehrheit dem Anteilsübergang widersprechen könnte. Das Widerspruchsrecht soll nur (einzelnen) Inhabern von Sonderrechten zustehen, deren Rechte im Rahmen der Beschlußfassung nicht berücksichtigt werden. Diese Lösung gilt unabhängig davon, welche Mehrheiten für den Zustimmungsbeschluß erforderlich sind[31]. Auch wenn nach der Vinkulierungsklausel 100 % der abgegebenen Stimmen der Abtretung zustimmen müssen, führt dies nicht zu einem Zustimmungsrecht nach § 13 II UmwG, da nach wie vor eine Mehrheitsentscheidung verlangt wird, die Klausel aber kein sonderrechtsähnliches Individualrecht einzelner Gesellschafter begründet[32].

Fraglich ist jedoch, wie eine Klausel zu werten ist, nach der die Zustimmung von 100 % aller vorhandenen Stimmen erforderlich ist. Hier ist zwar gleicher-

---

26 RegEBegr. zu § 13 UmwG, bei *Ganske* S. 49

27 *Reichert*, GmbHR 1995, 176/179; *Hachenburg*-Raiser, GmbHG, § 14 RN 17

28 *Reichert*, GmbHR 1995, 176/180; *Lutter*-Lutter, UmwG, § 13 RN 24; *Goutier/Knopf/Tulloch*-Bermel, UmwG, § 13 RN 54

29 *Lutter*-Lutter, UmwG, § 13 RN 24; *Widmann/Mayer*-Heckschen, UmwR, Einf. Verschm. RN 191

30 *Lutter*-Lutter, UmwG, § 13 RN 24; *Widmann/Mayer*-Heckschen, UmwR, Einf. Verschm. RN 191

31 *Reichert*, GmbHR 1995, 176/180; *Goutier/Knopf/Tulloch*-Bermel, UmwG, § 13 RN 54

32 *Reichert*, GmbHR 1995, 176/180

maßen ein Gesellschafterbeschluß zu fassen, doch bedarf dieser der Zustimmung sämtlicher Gesellschafter. Im Ergebnis hat somit jeder Gesellschafter ein individuelles Recht. Deshalb ist es gerechtfertigt, diese Regelung genauso zu behandeln, als wäre das Sonderrecht jedem einzelnen Gesellschafter auch regelungstechnisch zugewiesen[33].

An die Formulierung derartiger Vinkulierungsklauseln sollte künftig mit großer Sorgfalt herangegangen werden, wie diese Beispiele zeigen; ältere Satzungen sollten überarbeitet werden.

b) Inhaber von statuarischen Minderheitsrechten und Geschäftsführungssonderrechten

Wenn eine GmbH als übertragender Rechtsträger an einer Verschmelzung oder Spaltung teilnimmt, bedarf der Umwandlungsbeschluß in dieser Gesellschaft nach § 50 II UmwG der Zustimmung derjenigen Gesellschafter, denen im Gesellschaftsvertrag[34] individuelle Minderheitsrechte zugewiesen sind[35].

Solche Rechte sind insbesondere erhöhtes Stimmgewicht in der Gesellschafterversammlung und Zustimmungs- oder Vetorechte gegenüber Gesellschafterbeschlüssen sowie Weisungsrechte gegenüber der Geschäftsleitung[36]. Außerdem fallen Sonderrechte auf Geschäftsführung oder auf Bestellung von Geschäftsführern oder Vorschlagsrechte zur Besetzung der Geschäftsführung darunter. Diese Vorzugsrechte gehen grundsätzlich mit Wirksamwerden der Verschmelzung oder Spaltung unter[37], was nicht ohne Zustimmung des Berechtigten geschehen darf[38]. Daher ist umgekehrt die Zustimmung der Sonderrechtsinhaber

---

33 *Reichert*, GmbHR 1995, 176/180; *Goutier/Knopf/Tulloch*-Bermel, UmwG, § 13 RN 54

34 Die Beschränkung auf statuarische Minderheitsrechte ist das Ergebnis der Diskussion des Referentenentwurfs, in dem diese Beschränkung noch nicht enthalten war; *Reichert*, GmbHR 1995, 176/182; gegen die ursprüngliche weite Fomulierung war vorgebracht worden, daß so auch eine Verringerung der quotalen Beteiligung, etwa nach §§ 50, 61 GmbHG zu einem Veto-Recht führten, was Strukturveränderungen in unvertretbarer Weise erschweren würde; *Priester*, ZGR 1990, 420/441; *Hommelhoff*, ZGR 1993, 452/461.

35 Entsprechend den Ausführungen zu Vinkulierungsklauseln gilt dasselbe, wenn ein Minderheitsrecht „allen Gesellschaftern" zugewiesen ist; *Lutter*-Winter, UmwG, § 50 RN 15.

36 *Hachenburg*-Raiser, GmbHG, § 14 RN 19; *Scholz*-Winter, GmbHG, § 14 RN 21; *Lutter*-Winter, § 50 UmwG RN 18; *Goutier/Knopf/Tulloch*-Bermel, UmwG, § 50 RN 22

37 *Lutter*-Winter, UmwG, § 50 RN 12

38 *Lutter*-Winter, UmwG, § 50 RN 12; *Goutier/Knopf/Tulloch*-Bermel, UmwG, § 50 RN 16

nicht erforderlich, wenn ihnen im übernehmenden Rechtsträger entsprechende Rechte eingeräumt werden[39].

Eine statuarische Verankerung von funktional gleichwertigen Sonderrechten kommt allerdings nur in Betracht, wenn auch die Übernehmerin eine GmbH oder Personenhandelsgesellschaft ist[40]. Bei einer AG hingegen steht der Einräumung solcher Sonderrechte in der Regel die Satzungsstrenge des § 23 V AktG entgegen[41] und Geschäftsführungssonderrechte scheitern an dem festgelegten Kompetenzgefüge[42]; so wird beispielsweise nach § 84 I,1 AktG der Vorstand vom Aufsichtsrat bestellt, so daß ein Sonderrecht auf Bestellung von Geschäftsführern einem Gesellschafter nicht eingeräumt werden kann. In der Praxis werden diesbezüglich zwar in der Regel Vereinbarungen in Konsortialverträgen getroffen, insbesondere hinsichtlich Einwirkungsmöglichkeiten auf den Aufsichtsrat[43], die Durchsetzbarkeit solcher Vereinbarungen ist jedoch fraglich. Daher verliert ein GmbH-Gesellschafter im Hinblick auf eine solche Vereinbarung nicht sein Veto-Recht nach § 50 II UmwG[44].

c) Zustimmung bei nicht voll eingezahlten Geschäftsanteilen

§ 51 I UmwG verlangt die Zustimmung aller Gesellschafter eines übertragenden Rechtsträgers, wenn die übernehmende Gesellschaft eine GmbH ist, auf deren Geschäftsanteile nicht alle zu leistenden Einlagen voll bewirkt sind[45]. Grund für dieses Zustimmungserfordernis ist die Gefahr der Ausfallhaftung nach § 24 GmbHG, die den Anteilsinhabern der übertragenden Gesellschaft droht, da sie mit der Umwandlung Gesellschafter der übernehmenden GmbH werden[46]. Daher gilt das Zustimmungserfordernis für übertragende Rechtsträger beliebiger Rechtsform. Während grundsätzlich jedoch die Zustimmung aller bei Beschlußfassung (nach § 13 I UmwG) erschienenen Gesellschafter ausreicht, ist die Zu-

---

39 *Lutter*-Winter, UmwG, § 50 RN 12; *Goutier/Knopf/Tulloch*-Bermel, UmwG, § 50 RN 26

40 *Goutier/Knopf/Tulloch*-Bermel, UmwG, § 50 RN 26

41 *Kallmeyer*-Zimmermann, UmwG, § 50 RN 23

42 *Goutier/Knopf/Tulloch*-Bermel, UmwG, § 50 RN 26; Winter in *Lutter*, Kölner Umwandlungsrechtstage S. 44

43 *Noack*, Gesellschaftsvereinbarungen S. 271 ff./278 ff.

44 *Lutter*-Winter, UmwG, § 50 RN 22; ders. in *Lutter*, Kölner Umwandlungsrechtstage S. 44

45 Eine entsprechende Regelung enthielt schon § 20 II,3 KapErhG.

46 *Lutter*-Winter, UmwG, § 51 RN 2; ders. in *Lutter*, Kölner Umwandlungsrechtstage S. 44

stimmung sämtlicher Gesellschafter erforderlich, wenn der übertragende Rechtsträger eine GmbH oder Personenhandelsgesellschaft ist[47].

Nach § 51 I, 3 UmwG ist die Zustimmung sämtlicher Gesellschafter der übernehmenden Gesellschaft erforderlich, wenn bei der übertragenden GmbH nicht alle Geschäftsanteile voll eingezahlt sind. Dies war im früheren Recht streitig[48].

3. Austrittsrecht

a) Austritt gegen Barabfindung nach § 29 UmwG

Ein Austrittsrecht gegen Barabfindung wird Gesellschaftern einer übertragenden GmbH nach § 29 UmwG bei einer Mischverschmelzung oder -spaltung gewährt sowie bei einer reinen GmbH-Verschmelzung oder -Spaltung, wenn die Anteile der aufnehmenden Gesellschaft Verfügungsbeschränkungen unterliegen[49]. Die zweite Möglichkeit ist bei GmbH-Verschmelzungen und -Spaltungen von großer Bedeutung, da - wie ausgeführt - Vinkulierungsklauseln die Regel sind.

Wenn ein Gesellschafter sich dafür entscheidet, nach § 29 UmwG aus der übernehmenden Gesellschaft auszuscheiden, muß diese ihm eine Barabfindung für seine Beteiligung bezahlen[50]. Hierbei ist zu beachten, daß der Erwerb eigener Anteile für den Fall der Barabfindung nach § 29 UmwG in § 33 III GmbHG ausdrücklich für zulässig erklärt wird. Allerdings darf die Abfindung nicht aus gebundenem Kapital nach § 30 GmbHG bezahlt werden[51]; außerdem muß die Rücklage für Eigenanteile nach § 272 IV HGB aus freien Passivposten gebildet werden können[52]. Ist dies nicht möglich und zeichnet sich dies schon vor der Beschlußfassung ab, hat die Operation zu unterbleiben.

---

47 Grund für diese Differenzierung können nur Praktikabilitätserwägungen sein, denn die Aktionäre einer übertragenden AG werden von der Ausfallhaftung ebenso betroffen wie die Gesellschafter einer GmbH oder OHG/KG. In der AG sind jedoch in der Regel nicht alle Aktionäre bekannt, so daß eine Zustimmung sämtlicher Gesellschafter kaum zu erreichen wäre; *Lutter*-Winter, UmwG, § 51 RN 7.

48 Nachweise zum Meinungsstand bei *Lutter*-Winter, UmwG, § 51 RN 9.

49 Siehe hierzu zunächst die allgemeinen Ausführungen oben in Kapitel 1, B. II. 1 + 2.

50 vgl. Kapitel 1, B. II. 3. + 4.

51 *Roth/Altmeppen*, GmbHG, § 33 RN 32

52 *Roth/Altmeppen*, GmbHG, § 33 RN 15

b) Austrittsrecht aus wichtigem Grund

Fraglich ist, ob Gesellschaftern einer an einer Verschmelzung oder Spaltung beteiligten GmbH daneben ein Austrittsrecht aus wichtigem Grund zukommen kann[53].

Die GmbH ist zwar Kapitalgesellschaft, in der Regel aber personalistisch strukturiert[54]. Dies zeigt zum einen die oben dargestellte Praxis der Anteilsvinkulierung, zum anderen die Tatsache, daß die überwiegende Anzahl von Gesellschaften mit beschränkter Haftung nicht mehr als drei Gesellschafter hat[55]. Den GmbH-Gesellschaftern geht es damit in der Regel, anders als der Anteilsinhabern einer Aktiengesellschaft, nicht nur um eine kapitalmäßige Beteiligung, sondern es bestehen auch persönliche Bindungen zwischen den Gesellschaftern.

Obwohl sich durch die Verschmelzung oder Spaltung der Gesellschafterbestand verändert, wird ein Austrittsrecht bei reinen GmbH-Verschmelzungen oder -Spaltungen nach § 29 UmwG nur den Gesellschaftern der übertragenden Gesellschaft gewährt, wenn in der aufnehmenden Gesellschaft Verfügungsbeschränkungen gelten. Auch wenn dies - wie dargestellt - häufig der Fall ist, muß bedacht werden, daß in Ermangelung von Vinkulierungsklauseln nach dem UmwG kein Austrittsrecht besteht. Im übrigen haben die (Minderheits-) Gesellschafter der aufnehmenden Gesellschaft kaum die Möglichkeit, sich aufgrund der Umwandlung von der Gesellschaft zu lösen. Die GmbH-Anteile sind zwar nach § 15 I GmbHG grundsätzlich frei übertragbar, rein faktisch ist dies jedoch dadurch eingeschränkt, daß die Anteilsrechte nicht in einem Wertpapier verkörpert sind[56]. Es besteht daher derzeit kein funktionierender Markt, auf dem der austrittswillige Gesellschafter seine Beteiligung anbieten könnte[57]. Zudem dürfte es angesichts der dargestellten regelmäßig personalistischen Struktur der GmbH schwierig sein, die Anteile an Außenstehende abzutreten.

---

53 Bei der AG besteht ein solches Austrittsrecht aus wichtigem Grund wegen der kapitalistischen Struktur der Gesellschaft nach der hier vertretenen Auffassung nicht, vgl. oben Kapitel 1, B. II. 6.

54 *Wiedemann*, ZGR 1978, 477/497

55 Aus der statistischen Erhebung bei *Kornblum*, GmbHR 1983, 29/31 ergibt sich, daß zum damaligen Zeitpunkt über die Hälfte aller Gesellschaften mit beschränkter Haftung 2 Gesellschafter hatten, ca. ein Viertel waren Ein-Personen-Gesellschaften, ca. 14 % hatten 3 Gesellschafter, ca. 6 % hatten 4 Gesellschafter; Gesellschaften mit mehr als 6 Gesellschaftern spielen kaum eine Rolle.

56 vgl. *Scholz*-Winter, GmbHG, § 14 RN 64

57 *Müller*, Austrittsrecht des GmbH-Gesellschafters S. 4

Mit dem Minderheitenschutz ist es aber nicht zu vereinbaren, wenn überstimmte Minderheitsgesellschafter faktisch gezwungen sind, in der Gesellschaft zu verbleiben, obwohl ihnen die Fortsetzung des Gesellschaftsverhältnisses nicht zugemutet werden kann. In diesen Fällen ist ihnen daher grundsätzlich ein Austrittsrecht zu gewähren[58]. Dieses darf allerdings nicht zu weit gefaßt werden, um die Regelung des § 29 UmwG nicht zu unterlaufen. Ein zum Austritt berechtigender wichtiger Grund kann gegeben sein, wenn sich aufgrund einer Verschmelzung der Charakter der Gesellschaft vollständig wandelt[59], zum Beispiel bei einer Verschmelzung eines Familienunternehmens auf eine Publikumsgesellschaft oder umgekehrt[60]. Dasselbe muß gelten, wenn eine Verschmelzung mit dem Ziel durchgeführt wird, stark zu expandieren und diese Expansion mit großen Risiken behaftet ist[61]. Wenn sowohl die übertragende als auch die übernehmende GmbH personalistisch strukturiert sind, muß einem Minderheitsgesellschafter selbst dann ein Austrittsrecht zugebilligt werden, wenn ihm eine Zusammenarbeit mit den neuen Mitgesellschaftern aus persönlichen Gründen nicht zumutbar ist[62]; denn ihm kommt es nicht nur auf die kapitalistische Beteiligung an, ein wesentlicher Punkt seiner Mitgliedschaft ist vielmehr die persönliche Beziehung zu seinen Mitgesellschaftern.

Durch das derart eingeschränkte Austrittsrecht aus wichtigem Grund wird § 29 UmwG nicht unterlaufen: Nach § 29 UmwG wird ein Austrittsrecht ohne Wertungsmöglichkeit gewährt, während das allgemeine Austrittsrecht eine Wertungsmöglichkeit gibt, denn es wird nur zugebilligt, wenn nachgewiesenermaßen ein wichtiger Grund das Verbleiben in der Gesellschaft unmöglich macht[63]. Bei der Überprüfung des Einzelfalles ist vor allem die Struktur der GmbH zu berücksichtigen, ein Austrittsrecht bei einer kapitalistischen GmbH ist anders zu beurteilen als bei einer personalistischen.

---

58 zum Austrittsrecht aus wichtigem Grund *Scholz*/Winter, GmbHG, § 15 RN 115 ff., insb. 118

59 so die h.M. zu § 20 KapErhG, vgl. *Lutter*, DB 1980, 1317/1323; *Dehmer*, UmwR, § 20 KapErhG Anm.5a; *Lutter/Hommelhoff*, GmbHG 13.Aufl., Anh. Verschmelzung § 20 KapErhG RN 16

60 *Lutter/Hommelhoff*, GmbHG 13.Aufl., Anh. Verschmelzung § 20 KapErhG RN 13; *Dehmer*, UmwR, § 20 KapErhG Anm.5a; ähnlich *Neye/Limmer/Frenz*, Hdb. Unternehmensumwandlung RN 448

61 *Hachenburg*-Ulmer, GmbHG, Anh. § 34 RN 51

62 vgl. *Scholz*-Winter, GmbHG 8.Aufl., § 15 RN 119; *Müller*, Austrittsrecht des GmbH-Gesellschafters S. 65

63 *Becker*, Austritt aus der GmbH S. 144

4. Informationsrechte

a) Unterrichtung der Gesellschafter

Nach § 47 UmwG sind der Verschmelzungs- oder Spaltungsvertrag und der Bericht der Leitungsorgane den Gesellschaftern spätestens mit der Einberufung der beschließenden Gesellschafterversammlung zu übersenden. Während das frühere GmbH-Verschmelzungsrecht diese Vorab-Information nicht kannte, erfolgt die Übersendung dieser Unterlagen nunmehr wegen der Einberufungsfrist des § 51 GmbHG spätestens eine Woche vor der Beschlußfassung, so daß die Gesellschafter von der geplanten Operation Kenntnis nehmen können.

Zudem erweitert § 49 III UmwG das nach § 51 a GmbHG bestehende Auskunftsrecht hinsichtlich der eigenen Gesellschaft auf die für die Verschmelzung oder Spaltung wesentlichen Angelegenheiten der anderen beteiligten Rechtsträger.

b) Sachverständigenprüfung

aa) Voraussetzung der Prüfung

Eine Prüfung der Operation durch unabhängige Sachverständige nach §§ 9-12 UmwG ist bei der GmbH nach § 48 UmwG nur durchzuführen, wenn ein Gesellschafter dies verlangt. Wie früher[64] ist die Sachverständigenprüfung somit nicht zwingend[65]. Dies ist dadurch gerechtfertigt, daß die Gesellschafter einer GmbH dem Geschäftsleben ihrer Gesellschaft in der Regel nahestehen und deren Unternehmenswert somit aus eigener Anschauung beurteilen können. Wenn sie jedoch Zweifel an der angemessenen Berücksichtigung ihrer wirtschaftlichen und rechtlichen Stellung bei der Operation haben, sollen sie die Möglichkeit haben, eine Prüfung herbeizuführen[66]. Die Prüfung kann nunmehr bei jeder Verschmelzung und Spaltung unter Beteiligung einer GmbH verlangt werden, während dies nach § 355 II,2 AktG a.F. nur bei einer Verschmelzung einer GmbH auf eine AG möglich war. Die Erweiterung ist zu begrüßen, weil die Interessenlage der Gesellschafter in allen Fällen gleich ist[67].

---

64 vgl. § 355 II AktG a.F.

65 Ausnahmsweise ist die Prüfung für eine GmbH als übertragenden Rechtsträger zwingend vorgeschrieben, wenn ein Barabfindungsangebot nach § 29 UmwG unterbreitet werden muß, § 30 II UmwG; hierzu *Lutter*-Winter, UmwG, § 48 RN 5.

66 RegEBegr. zu § 48 UmwG, bei *Ganske* S. 83

67 vgl. RegEBegr. zu § 48 UmwG, bei *Ganske* S. 82

bb) Zeitpunkt des Prüfungsverlangens

Nicht gesetzlich geregelt ist, wann das Prüfungsverlangen gestellt werden muß.

Um überhaupt Zweifel hinsichtlich des angemessenen Umtauschverhältnisses haben zu können, müssen die Gesellschafter sich erst mit den Einzelheiten der Operation vertraut machen, was voraussetzt, daß ihnen die Unterlagen[68] zugesandt wurden. Dies geschieht im ungünstigsten Fall eine Woche vor der beschließenden Gesellschafterversammlung, § 47 UmwG i.V.m. § 51 I,2 GmbHG. Da diese Frist ohnehin sehr kurz ist, muß man das Prüfungsverlangen jedenfalls bis zum Beginn der Gesellschafterversammlung zulassen[69].

Eine Prüfung muß darüber hinaus jedoch auch noch in der beschließenden Gesellschafterversammlung verlangt werden können[70], denn möglicherweise lassen weder der Vertrag noch der Bericht Schwachstellen erkennen, so daß Zweifel erst in der Diskussion aufkommen[71]; auch denkbar ist, daß ein Gesellschafter zunächst abwarten möchte, ob seine Zweifel durch ergänzende Fragen in der Gesellschafterversammlung ausgeräumt werden können[72]. Zudem ist zu berücksichtigen, daß die Sachverständigenprüfung der Vorab-Information der Gesellschafter dient, damit diese in Kenntnis aller Umstände über die Operation beschließen können. Diese Information kann bis zur Beschlußfassung erteilt werden. Erst wenn ein Zustimmungsbeschluß gefaßt wurde, ohne daß zuvor ein Gesellschafter die Prüfung verlangt hat, ist für diese kein Raum mehr, da eine Vorab-Information nach der Beschlußfassung nicht mehr möglich ist[73].

Wenn in der beschließenden Gesellschafterversammlung ein Antrag auf Prüfung gestellt wird, ist die Beschlußfassung über die Zustimmung zur Umwandlung auszusetzen und zu vertagen, bis die Prüfung durchgeführt ist[74]. Um eine derartige Verzögerung zu vermeiden, wird vorgeschlagen, daß die Geschäftsführer der GmbH den Gesellschaftern bei der Übersendung der Unterlagen nach § 47 UmwG eine Frist setzen könnten mit dem Hinweis, ein späteres Prü-

---

68 vgl. oben B. II. 4. a)

69 *Zimmermann*, FS Brandner S. 167/171; *Lutter*-Winter, UmwG, § 48 RN 6

70 *Zimmermann*, FS Brandner S. 167/172; *Lutter*-Winter, UmwG, § 48 RN 6; *Goutier/Knopf/Tulloch* -Bermel, UmwG, § 44 RN 8; *Dehmer*, UmwG, § 48 RN 4

71 *Zimmermann*, FS Brandner S. 167/172

72 *Lutter*-Winter, UmwG, § 48 RN 6

73 *Zimmermann*, FS Brandner S. 167/172; a.A. *Dehmer*, UmwG, § 48 RN 4, der ein Prüfungsverlangen auch noch nach Beschlußfassung bis zum Verstreichen der Klagefrist nach § 14 I UmwG zulassen will.

74 *Zimmermann*, FS Brandner S. 167/173; *Goutier/Knopf/Tulloch*-Bermel, UmwG, § 44 RN 8; *Lutter*-Winter, UmwG, § 48 RN 8

fungsverlangen sei ausgeschlossen[75]. Die Informationsrechte der Gesellschafter können jedoch nach § 51 a III GmbHG grundsätzlich nicht eingeschränkt werden, so daß auch eine Einschränkung des Prüfungsrechts durch eine Fristsetzung nicht möglich ist[76]. Im Einzelfall kann ein in der beschließenden Gesellschafterversammlung gestelltes Prüfungsverlangen allerdings treuwidrig sein, wenn sich gegenüber den zur Verfügung gestellten Unterlagen keine neuen Umstände ergeben haben[77]. Nur dann kann ausnahmsweise eine Beschlußfassung unter Außerachtlassung des Prüfungsverlangens rechtmäßig sein.

Da ein Prüfungsverlangen in der beschließenden Gesellschafterversammlung somit grundsätzlich zu berücksichtigen ist und das Verfahren erheblich verzögert, ist zu empfehlen, vorab Verzichtserklärungen aller Gesellschafter nach § 9 III i.V.m. § 8 III UmwG einzuholen. Können diese nicht erlangt werden, sollte unabhängig von einem Prüfungsverlangen eine Sachverständigenprüfung durchgeführt werden[78].

5. Nachträglicher Rechtsschutz

Im GmbH-Recht ist die Möglichkeit der Klage gegen Beschlüsse der Gesellschafterversammlung nicht geregelt, sie ist jedoch allgemein anerkannt. Dabei werden die §§ 243 ff. AktG analog herangezogen bis auf die Klagefrist des § 246 I AktG: Diese passe nach h.M. nicht für die GmbH, denn während die große Breitenwirkung von Hauptversammlungsbeschlüssen bei einer Aktiengesellschaft im Interesse der Rechtsklarheit und Rechtssicherheit die starre Klagefrist verlange, wiege dieses Bedürfnis bei der GmbH, bei der die Gesellschafter regelmäßig durch persönliche Beziehungen untereinander verbunden sind, weit weniger schwer; der Minderheitenschutz mache hier eine viel flexiblere Regelung erforderlich[79].

Für Klagen gegen die Wirksamkeit eines Verschmelzungs- oder Spaltungsbeschlusses gilt allerdings § 14 UmwG, der die Klagefrist auf einen Monat ab der Beschlußfassung festlegt, rechtsformübergreifend für alle Rechtsträger. Im Bereich des GmbH-Umwandlungsrechts ist diese starre Frist zu begrüßen, da so zeitliche Unsicherheiten bei der Anmeldung der Umwandlung zur Eintragung

---

75 so *Kallmeyer*-Müller, UmwG, § 48 RN 5

76 *Zimmermenn*, FS Brandner S. 167/173; zurückhaltend Winter in *Lutter*, Kölner Umwandlungsrechtstage S. 34

77 *Lutter*-Winter, UmwG, § 48 RN 9

78 *Lutter*-Winter, UmwG, § 48 RN 10; H. Schmidt in *Lutter*, Kölner Umwandlungsrechtstage S. 76

79 BGH, Urt. v. 14.5.1990, GmbHR 1990, 344; Urt. v. 12.10.1992, GmbHR 1992, 801

und Unstimmigkeiten bei Mischverschmelzungen vermieden werden[80]. Auf diese Weise hat der Geschäftsführer sichere Kriterien an der Hand, um zu bestimmen, ab welchem Zeitpunkt er die Negativerklärung des § 16 II UmwG abgeben kann[81].

C. Fusion und scission von sociétés à responsabilité limitée

I. Einführung

Fusions und *scissions* unter Beteiligung einer *S.A.R.L.* waren schon vor der Neufassung der gesetzlichen Regelungen aufgrund der europarechtlichen Richtlinien möglich, im wesentlichen galten dieselben Vorschriften wie jetzt. Das sind weitgehend dieselben wie bei der *société anonyme*, so daß auch insoweit auf die Ausführungen im vorangehenden Kapitel verwiesen wird und hier nur einige Besonderheiten der *fusion* oder *scission* einer *S.A.R.L.* dargestellt werden.

II. Schutz der Gesellschafter

1. Beschlußfassung

Nach der allgemeinen Regel des Art. 372 II L.1966 liegt die Entscheidungszuständigkeit für eine *fusion* oder *scission* bei der Gesellschafterversammlung, die für die Satzungsänderung zuständig ist. Bei der *S.A.R.L.* müssen daher gemäß Art. 60 II L.1966 drei Viertel der Anteile der Operation zustimmen. Diese Vorschrift ist zwingend, kann daher auch nicht verschärft werden, Art. 60 II,2 L.1966.

Ein *apport partiel* einer *S.A.R.L.* kann nach Art. 388-1 L.1966 nunmehr den *scission*-Regeln unterstellt werden und fällt dann in die Beschlußkompetenz der

80 Nach altem Recht galt die Monatsfrist des § 246 AktG bei GmbH-Verschmelzungen nicht starr, sondern nur als Leitbild im Rahmen der flexiblen Fristbestimmung; *Lutter/Hommelhoff*, GmbHG, Anh. § 47 RN 59.

81 *Schöne*, DB 1995, 1317/1318

Gesellschafterversammlung[82]. Diese Neuerung ist von großer praktischer Bedeutung und wurde daher in Frankreich sehr begrüßt[83].

Ein einstimmiger Beschluß ist wie bei der *S.A.* bei einer nicht-verhältniswahrenden *scission* erforderlich und wenn die Beiträge der Gesellschafter erhöht werden, Art. 373 L.1966[84].

2. Zustimmung zur Abtretung der Anteile

Die Abtretung der Anteile an einer *S.A.R.L.* an gesellschaftsfremde Dritte bedarf nach Art. 45 I L.1966 immer der Zustimmung der Gesellschaft, die mit einer Mehrheit von drei Vierteln der Anteile entscheiden muß. Nach Art. 45 III L.1966 ist eine Klausel, die dem widerspricht, unwirksam. Das Zustimmungserfordernis kann somit nicht modifiziert werden, die Abtretung von Anteilen kann weder erleichtert noch erschwert werden[85]. Damit sind auch individuelle Zustimmungsklauseln zugunsten einzelner Gesellschafter ausgeschlossen. Die übernehmende Gesellschaft kann jedoch den Übergang der Anteile auf die Gesellschafter der übertragenden Gesellschaft im Hinblick auf die Vinkulierung nicht verhindern, nachdem die Gesellschafter der Operation zugestimmt haben[86].

3. Austrittsrecht

Das französische Recht kennt kein Austrittsrecht der Gesellschafter einer *S.A.R.L.*[87]. Art. 1844-7 C. civ. gibt einem unzufriedenen Gesellschafter lediglich das Recht, bei Vorliegen eines wichtigen Grundes die gerichtliche Auflösung der Gesellschaft zu verlangen. Ein solcher Grund kann insbesondere vorliegen, wenn ein anderer Gesellschafter seiner Verpflichtung nicht nachkommt oder die Gesellschafter so zerstritten sind, daß ein normales Funktionieren der Gesellschaft nicht möglich ist.

---

82 Wenn die aufnehemende Gesellschaft eine *S.A.R.L.* sein soll, ist dies allerdings nur möglich, wenn diese bereits besteht; anders als bei der *S.A.* kann ein *apport partiel* zugunsten einer neuen *S.A.R.L.* nicht den *scission*-Regeln unterstellt werden; *Coquelet*, Joly Soc. n°147; vgl. auch Teil 1, C. I. 1. c).

83 *Mercadal/Janin* n°3525; *Jeantin*, JCP éd.E 1988, II, n°15169 (S. 322); *Le Fèvre*, Rev. Soc. 1988, 207/220

84 vgl. oben Kapitel 1, C. I. 2. b) aa)

85 *Audrieux/Ravel*, Code annoté, note 1 zu Art. 45 L. 1966

86 vgl. oben Kapitel 1, C. IV. 1.

87 Maier-Bridou in: *Centrale für GmbH* S. 77/84

4. Informationsrechte

a) Unterrichtung der Gesellschafter

Der Vertrag ist wie bei der *S.A.* nach Art. 374 L.1966 zu veröffentlichen, näheres regelt Art. 255 D.1967[88]. Die Gesellschafter haben so die Möglichkeit, vor der Beschlußfassung Kenntnis vom Vertragsinhalt zu nehmen. Ein Bericht der Leitungsorgane ist bei *fusion* oder *scission* einer *S.A.R.L.* nicht vorgeschrieben, Art. 388 L.1966 verweist nicht auf Art. 376 L.1966[89].

b) Sachverständigenprüfung

Die Prüfung der Operation durch einen unabhängigen Sachverständigen[90] ist nunmehr nach Artt. 388 i.V.m. 377 L.1966 auch bei Beteiligung einer *S.A.R.L.* obligatorisch.

Die Prüfungspflicht wurde gegenüber der alten Rechtslage ausgeweitet, vor der Gesetzesänderung 1988 war eine Prüfung nur erforderlich, wenn die *S.A.R.L.* bereits einen Abschlußprüfer hatte. Dies ist nach Art. 64 II L.1966 nur der Fall, wenn zwei der folgenden Kriterien überschritten sind: Bilanzsumme über FF 10.000.000,-; Jahresumsatz über FF 20.000.000,-; im Jahresdurchschnitt über 50 Arbeitnehmer. Durch die Erweiterung der Prüfungspflicht werden die Gesellschafter einer kleineren *S.A.R.L.* besser geschützt. Diese Gesellschaften werden allerdings ohnehin seltener an einer *fusion* oder *scission* teilnehmen, weil diese Umstrukturierungen aufwendig und kostspielig sind[91].

5. Nachträglicher Rechtsschutz

Eine Klage gegen den *fusion*- oder *scission*- Beschluß einer *S.A.R.L.* ist unter denselben Voraussetzungen möglich wie bei einer *S.A.*, weil die Artt. 366-1 und 367 II L.1966 rechtsformübergreifend für alle Gesellschaften gelten. Die Klage ist somit innerhalb von sechs Monaten zu erheben, das Gericht hat gegebenenfalls die Möglichkeit zur Nachbesserung zu geben[92].

---

[88] vgl. oben Teil 1, C. II. Ziff. 9

[89] *Coquelet*, Joly Soc. n°64

[90] ausführlich zur Sachverständigenprüfung oben in Kapitel 1, C. III.

[91] *Le Fèvre*, Rev. Soc. 1988, 207/220

[92] vgl. oben Kapitel 1, C. V. 1.

D. Rechtsvergleich

I. Rechtsangleichung aufgrund des Europarechts

In Deutschland und Frankreich ist die Verschmelzung und Spaltung von Gesellschaften mit beschränkter Haftung geregelt, was angesichts der großen Bedeutung dieser Gesellschaftsform in der Rechtswirklichkeit[93] erfreulich ist. Beide Länder haben diese Regelungen weitgehend dem Recht für Aktiengesellschaften nachgebildet. Da dieses sich zu großen Teilen aus den Vorgaben der 3. und der 6. RL ergibt und insoweit sehr ähnlich ist, wenn nicht sogar übereinstimmt[94], bestehen auch für die GmbH in vielen Punkten vergleichbare Regelungen. Die Umsetzung der 3. und der 6. RL hat, obwohl diese nur Operationen von Aktiengesellschaften betreffen, daher auch zu einer Rechtsangleichung auf dem Gebiet der GmbH-Verschmelzung und -Spaltung geführt.

Da die Mitgliedstaaten jedoch nicht verpflichtet sind, die Vorschriften der 3. und der 6. gesellschaftsrechtlichen RL für die Verschmelzung und Spaltung von Gesellschaften mit beschränkter Haftung zu beachten, ergeben sich einige Differenzen, wie zum Beispiel im Bereich des Berichts der Leitungsorgane und der Sachverständigenprüfung. Eine Angleichung der Rechte bezüglich der GmbH ist nicht in Sicht, eine entsprechende Richtlinie ist seit längerem in Planung[95].

II. Beschlußfassung

1. Entscheidungskompetenz

In Deutschland hat die Gesellschafterversammlung zwingend die Beschlußkompetenz bei allen Verschmelzungen und Spaltungen von Gesellschaften mit beschränkter Haftung. In Frankreich ist dies grundsätzlich auch der Fall, beim *apport partiel* allerdings nur, wenn dieser den *scission*-Regeln unterstellt wird, was nunmehr möglich ist[96].

---

93 siehe dazu oben unter A.

94 vgl. insoweit die Ausführungen in Kapitel 1 D.

95 *Wiesner*, EuZW 1995, 821

96 vgl. oben C. II. 1., zu den Nachteilen dieser Regel im Hinblick auf die Gesellschafter siehe oben Kapitel 1, C. I. 1. b) und D. II. 1.

2. Sonderzustimmungsrecht einzelner Gesellschafter

Die Zustimmung einzelner Gesellschafter zum Anteilsübergang ist in Deutschland von großer Bedeutung, da die Anteile in der Regel vinkuliert werden[97]. Soweit das Zustimmungsrecht einzelnen Gesellschaftern als Sonderrecht eingeräumt wurde, müssen diese der Verschmelzung oder Spaltung gesondert zustimmen. Ein Abtretungsvorbehalt zugunsten der Gesellschaft hingegen begründet kein Zustimmungsrecht im Sinne von § 13 II UmwG, weil dann kein individuelles Sonderrecht vorliegt. In Frankreich ist für den Übergang von Anteilen an einer *S.A.R.L.* grundsätzlich die Zustimmung der Gesellschaft erforderlich[98]. Dies gilt aber nicht für den Übergang der Anteile auf die Gesellschafter der übertragenden Gesellschaft im Fall der *fusion* oder *scission*, weil die übernehmende Gesellschaft hier verpflichtet ist, die Anteile zu gewähren. Zugunsten einzelner Gesellschafter können Sonderrechte nicht eingeräumt werden[99].

Ebensowenig besteht in Frankreich ein Sonderzustimmungsrecht bei nicht voll eingezahlten Geschäftsanteilen, wie dieses in Deutschland wegen der Gefahr der Ausfallhaftung vorgesehen ist[100]. Dies ist in Frankreich, soweit es sich um Bareinlagen handelt, auch nicht erforderlich, denn diese müssen nach Art. 38 L.1966 vor Unterzeichnung des Gesellschaftsvertrages voll eingezahlt werden[101]. Sacheinlagen müssen im Gesellschaftsvertrag festgelegt und grundsätzlich von Sacheinlagenprüfern bewertet werden, Art. 40 L.1966. Allerdings kann nach Art. 40 II L.1966 von der Bestellung eines Prüfers abgesehen werden, wenn keine der einzelnen Sacheinlagen den Wert von 50.000 FF übersteigt und der Gesamtwert der Sacheinlagen nicht höher ist als die Hälfte des Gesellschaftskapitals. Zudem bindet die Bewertung durch einen Prüfer die Gesellschafter nicht. Wenn sie von der Bestellung eines Prüfers absehen oder sich nicht an dessen Bewertung halten, haften die Gesellschafter nach Art. 40 IV L.1966 Dritten gegenüber auf fünf Jahre ab der Errichtung gesamtschuldnerisch für den wirklichen Wert der Sacheinlage[102]. Dritte können sich dabei an diejenigen Personen halten, die im Zeitpunkt der Klagerhebung Gesellschafter der *S.A.R.L.* sind, auch an diejenigen, die dieser erst nach der Errichtung beigetreten

---

97 siehe oben unter B. II. 2. a)

98 siehe oben unter C. II. 2.

99 siehe oben unter C. II. 2.

100 vgl. oben B. II. 2. c)

101 Maier-Bridou in: *Centrale für GmbH* S. 77/81

102 *Fritz*, GmbH in der EU S. 99/105

sind[103]. Wenn die aufnehmende Gesellschaft also mit nicht geprüften oder frei bewerteten Sacheinlagen errichtet wurde, besteht für die Gesellschafter der übertragenden Gesellschaft, die mit der Aufnahme Gesellschafter der aufnehmenden *S.A.R.L.* werden, ein Haftungsrisiko, wenn die Errichtung noch keine fünf Jahre zurückliegt. Allerdings dürfte dann ein Fall der Leistungserhöhung vorliegen[104], der nach Art. 373 L.1966 ohnehin nur mit einstimmigem Beschluß gefaßt werden darf. Das Ergebnis ist daher ähnlich wie in Deutschland, wo der Gesellschafterbeschluß zwar mit Dreiviertelmehrheit gefaßt wird, jedoch alle Gesellschafter diesem zustimmen müssen.

3. Austrittsrecht

Ein Austrittsrecht überstimmter Minderheitsaktionäre einer *S.A.R.L.* ist in Frankreich nicht vorgesehen. Ein solches Recht ist jedoch bei der in der Regel personalistisch strukturierten Gesellschaft mit beschränkter Haftung von großer Wichtigkeit[105]. In Frankreich kann bei Vorliegen eines wichtigen Grundes allenfalls die Auflösung der Gesellschaft verlangt werden[106], dadurch wird aber gegebenenfalls unnötig Betriebsvermögen zerschlagen. Dies könnte verhindert werden, wenn der unzufriedene Gesellschafter die Gesellschaft verlassen könnte. Hinzu kommt, daß in Frankreich die Abtretung der Anteile an einer *S.A.R.L.* immer der Zustimmung der Gesellschaft mit Dreiviertelmehrheit bedarf, das Ausscheiden aus der Gesellschaft somit noch schwieriger ist als in Deutschland, wo zumindest der Grundsatz der freien Übertragbarkeit besteht. Insoweit sollte in Frankreich in den Fällen, in denen dem Gesellschafter ein Verbleiben in der Gesellschaft nicht zumutbar ist, ein Austrittsrecht vorgesehen werden.

III. Informationsrechte

In Deutschland wie in Frankreich haben die Gesellschafter nunmehr die Möglichkeit, von der geplanten Operation Kenntnis zu nehmen: In Deutschland ist ihnen der entsprechende Vertrag oder Entwurf spätestens eine Woche vor der beschließenden Gesellschafterversammlung zuzusenden, in Frankreich ist er einen Monat vor der Versammlung zu veröffentlichen.

---

[103] *Mercadal/Janin* n°804

[104] *Coquelet*, Joly Soc. n°49; *Mercadal/Janin* n°3484

[105] siehe oben B. II. 3.

[106] siehe oben C. II. 3.

Ein Bericht der Leitungsorgane einer *S.A.R.L.* ist in Frankreich, anders als in Deutschland, nicht zwingend, dafür jedoch die Prüfung durch unabhängige Sachverständige[107], die in Deutschland nur auf Verlangen durchzuführen ist[108].

Die deutsche Regelung birgt den Unsicherheitsfaktor in sich, daß die Operation sich eventuell verzögern kann, wenn erst in der beschließenden Gesellschafterversammlung ein Prüfungsverlangen gestellt wird[109]. Andererseits wird die Prüfung in vielen Fällen entbehrlich sein, weil die Gesellschafter mit den Umständen ihrer Gesellschaft vertraut sind; in diesen Fällen wäre es überflüssig, die kostspielige Sachverständigenprüfung gleichwohl durchzuführen. Im übrigen sind die einzelnen Gesellschafter in der Regel bekannt, da, wie oben dargestellt[110], ca. 90 % aller Gesellschaften mit beschränkter Haftung nur bis zu drei Gesellschafter haben, so daß problemlos deren Verzichtserklärungen nach § 9 III i.V.m. § 8 III UmwG eingeholt werden können, um eine Verzögerung zu verhindern.

Insgesamt sind die Gesellschafter einer französischen *S.A.R.L.* durch die zwingende Prüfung umfassender geschützt. Soweit sie dieses Schutzes nicht bedürfen, weil sie die entsprechenden Informationen durch die eigene Tätigkeit in der Gesellschaft haben, ist er jedoch überflüssig und die Kosten für die Prüfung könnten gespart werden. Die flexiblere Lösung des deutschen Gesetzes ist daher vorzugswürdig. Allerdings müssen die Geschäftsführer im Vorfeld die Unsicherheiten hinsichtlich eines Prüfungsverlangens beseitigen, indem sie Verzichtserklärungen aller Gesellschafter einholen. Nur falls sie diese nicht erhalten, sollten sie ohne ein Verlangen eine Prüfung durchführen lassen.

---

107 siehe oben unter C. II. 4. b); der Prüfungsbericht ist den Gesellschaftern am Sitz der Gesellschaft zur Verfügung zu stellen; Art. 258 IV D.1967.

108 siehe oben unter B. II. 4. b)

109 siehe oben B. II. 4. b) bb)

110 unter B II 3 b

3. Kapitel: Schutz der Gläubiger und Inhaber von Sonderrechten

A. Schutzbedürfnis

I. Gefährdungssituation

1. Gläubiger

Eine Verschmelzung oder Spaltung birgt für die Gläubiger aller beteiligten Rechtsträger Risiken in sich: Die Gläubiger des übertragenden Rechtsträgers verlieren ihren bisherigen Schuldner. Sie erhalten zwar einen neuen Schuldner, da im Rahmen der Gesamtrechtsnachfolge die Verbindlichkeiten der übertragenden Gesellschaft auf die übernehmende Gesellschaft übergehen; diesen haben sie sich aber nicht selbst ausgesucht, über seine Bonität wissen sie im Zweifel nichts. Die Gläubiger des übernehmenden Rechtsträgers behalten zwar ihren Schuldner, stehen aber nunmehr in Konkurrenz mit den Gläubigern des übertragenden Rechtsträgers. Bei Spaltungen resultiert eine besondere Gefährdung daraus, daß die Vermögensgegenstände der übertragenden Gesellschaft im Spaltungsvertrag frei aufgeteilt werden können und es so zu einer Zersplitterung der Haftungsgrundlage der Gläubiger kommt[1], ohne daß die hierzu im Falle der Einzelrechtsnachfolge geltende Mitwirkung dieser Gläubiger erforderlich ist[2].

2. Inhaber von Sonderrechten

Neben Anteilen, die ein Stimmrecht gewähren, kann eine Gesellschaft andere Wertpapiere ausgeben, die mit Sonderrechten verbunden sind. Diese handel- und übertragbaren Rechte gehen über Gläubigerrechte hinaus, geben den Inhabern aber kein Stimmrecht. Die Inhaber solcher Rechte in der übertragenden Gesellschaft müssen bei Verschmelzung und Spaltung davor geschützt werden, daß ihre Rechte in der übernehmenden Gesellschaft an Wert verlieren.

---

1 *Kleindieck*, ZGR 1992, 513/515

2 *Widmann/Mayer*-Vossius, UmwR, § 133 UmwG RN 1; *Kleindieck*, ZGR 1992, 513/515

II. Schutzsysteme der Richtlinien

1. Verschmelzungsrichtlinie

a) Gläubigerschutz

Nach Art. 13 der 3. RL müssen die Mitgliedsstaaten ein angemessenes Schutzsystem für die Interessen der Gläubiger vorsehen, deren Forderungen vor der Bekanntmachung des Verschmelzungsplans entstanden und nicht fällig sind. Die betroffenen Gläubiger müssen mindestens einen Anspruch auf angemessene Garantien haben, wenn die finanzielle Lage der sich verschmelzenden Gesellschaften einen solchen Schutz erfordert und die Gläubiger nicht schon derartige Garantien haben. Dabei kann der Schutz für die Gläubiger der übernehmenden und die der übertragenden Gesellschaft unterschiedlich ausgestaltet sein.

b) Schutz der Inhaber von Sonderrechten

Art. 15 der 3. RL regelt den sogenannten Verwässerungsschutz: Inhaber von Wertpapieren, die keine Aktien sind, müssen in der übernehmenden Gesellschaft gleichwertige Rechte erhalten, es sei denn, eine Versammlung dieser Inhaber hat einer Änderung der Rechte zugestimmt oder die übernehmende Gesellschaft bietet den Rückkauf der Wertpapiere an.

2. Spaltungsrichtlinie

Auch für den Fall der Spaltung muß ein „angemessenes Schutzsystem" für die oben näher bezeichneten Gläubiger vorgesehen werden, Art. 12 I der 6. RL. Die SpaltungsRL läßt bei der Ausgestaltung des Gläubigerschutzes zwei Schutzsysteme zu[3]: Die Mitgliedsstaaten können sich nach Art. 12 VI auf die Anordnung einer primären und unbeschränkten gesamtschuldnerischen Haftung der an der Spaltung beteiligten Gesellschaften beschränken oder eine Kombination von Sicherheitsleistung („angemessene Garantien", Art. 12 II) und gesamtschuldnerischer Haftung (Art. 12 III,1) vorsehen. Bei der zweiten Variante kann die Haftung als bloße Ausfallhaftung ausgestaltet und / oder auf das übernommene Vermögen beschränkt werden (Art. 12 III,2; VII). Dabei steht es den Mitgliedsstaaten nach Art. 12 IV der 6. RL i.V.m. Art. 13 III der 3. RL frei, den Schutz der Gläubiger der übernehmenden und der übertragenden Gesellschaft unterschiedlich auszugestalten.

---

3 dazu auch *Kleindieck*, ZGR 1992, 513/524; *Engelmeyer*, Spaltung von Akiengesellschaften S. 375; *Heiss*, DZWiR 1993, 12/15

Der Verwässerungsschutz für Inhaber von Sonderrechten gilt gemäß Art. 13 der 6. RL auch für Spaltungen.

B. Gläubigerschutz und Schutz der Inhaber von Sonderrechten in Deutschland

I. Gläubigerschutz

Der deutsche Gesetzgeber hat die Vorschriften zum Schutz der Gläubiger, die aufgrund der 3. und der 6. RL zu erlassen waren, nicht auf die Verschmelzung und Spaltung von Aktiengesellschaften beschränkt. Diese Gläubigerschutzvorschriften befinden sich im „allgemeinen Teil" des UmwG und gelten rechtsformunabhängig für alle Rechtsträger.

1. Verschmelzung

a) Anspruch auf Sicherheit

aa) Anspruchsberechtigte Gläubiger

Nach § 22 UmwG haben die Gläubiger aller an der Verschmelzung beteiligten Rechtsträger gleich welcher Rechtsform einen Anspruch auf Sicherheitsleistung, wenn sie glaubhaft machen, daß die Erfüllung ihrer Forderung durch die Verschmelzung gefährdet ist.

Dies stellt eine nicht unerhebliche Änderung gegenüber der Regelung des § 347 AktG in der Fassung des VerschmelzungsrichtlinieG 1982 dar. Danach hatten die Gläubiger des übertragenden Rechtsträgers immer einen Anspruch auf Sicherheitsleistung, während den Gläubigern des übernehmenden Rechtsträgers ein solcher Anspruch nur zustand, wenn sie eine Gefährdung ihrer Forderung nachwiesen[4]. Die nunmehr erfolgende Gleichbehandlung ist zu begrüßen: Die Verschmelzung bringt, wie oben aufgezeigt, für alle Gläubiger gleichermaßen Gefahren mit sich. Außerdem hängt es von häufig nicht zu kontrollierenden Erwägungen, wie zum Beispiel Sitzvorteilen, Firma und Arbeitsmarkt ab, welcher der beteiligten Rechtsträger welche Rolle bei der Verschmelzung über-

---

4 An den Nachweis wurden allerdings keine zu hohen Anforderungen gestellt; *Dehmer*, UmwR, § 347 AktG RN 8; *G/H/E/K*-Grunewald, § 347 AktG RN 7. Nach § 347 AktG 1965 hatten überhaupt nur die Gläubiger der übertragenden Gesellschaft einen Anspruch auf Sicherheitsleistung; dies ist wegen Art. 13 der 3. RL nicht mehr zulässig, wonach der Schutz der Gläubiger der übertragenden und der übernehmenden Gesellschaft zwar unterschiedlich ausgestaltet, nicht aber eine Gruppe völlig schutzlos gestellt werden darf.

nimmt. Daß für die Gläubiger der übertragenden Gesellschaft der Schutz zurückgeschraubt wurde, ist sachgerecht, da nicht ersichtlich ist, weshalb ihnen Sicherheit gewährt werden soll, wenn das aufnehmende Unternehmen floriert und die Erfüllung ihrer Forderung nicht gefährdet ist. Diese Neuerung liegt insbesondere im Interesse der Unternehmen, deren Liquidität so gestärkt wird, da sie keine freien Mittel für die Stellung von überflüssigen Sicherheiten verwenden müssen.

bb) Art der zu sichernden Forderung

Einen Anspruch auf Sicherheit haben nur solche Gläubiger, die eine Forderung gegen einen der an der Verschmelzung beteiligten Rechtsträger haben, die im Zeitpunkt des Wirksamwerdens der Verschmelzung noch nicht fällig ist[5]. Wenn die Forderung zu diesem Zeitpunkt fällig ist, besteht kein Sicherungsinteresse; der Gläubiger muß in diesem Fall vielmehr Erfüllung verlangen und, wenn die Forderung streitig ist, den Anspruch vor Gericht durchsetzen[6].

Der Gläubiger, der Sicherheiten verlangt, muß glaubhaft machen, daß durch die Verschmelzung die Erfüllung seiner Forderung gefährdet wird[7]. Zu beachten ist, daß sich die Beweiserleichterung nur auf die Gefährdung der Forderung bezieht. Die Existenz der Forderung muß bewiesen werden, da die Klage nach § 22 UmwG ein Hauptsacheverfahren ist, nicht eines des einstweiligen Rechtsschutzes[8]. Im Rahmen der Glaubhaftmachung muß dargelegt werden, daß die Gefährdung überwiegend wahrscheinlich ist[9]. Eine solche Gefährdung der Forderung kann beispielsweise vorliegen bei einer umwandlungsbedingten Schmälerung des Eigenkapitals[10]. Diese kann aus einer Verschmelzung auf einen Übernehmer mit einer im Vergleich zu Art und Umfang der Geschäftstätigkeit nach der Verschmelzung unzureichenden Eigenkapitalausstattung resultie-

---

5 *Lutter*-Grunewald, UmwG, § 22 RN 6; *Dehmer*, UmwG, § 22 RN 6; *Kallmeyer*/Marsch-Barner, UmwG, § 22 RN 8

6 OLG Celle, Urt. v. 2.11.1988, GmbHR 1989, 373 zur insoweit gleichen Regelung des § 26 KapErhG

7 Der DiskE sah noch vor, daß die Gläubiger der übertragenden Gesellschaft - wie zuvor - ohne weiteres Sicherheit verlangen können; dagegen *Lutter*, ZGR 1990, 392/411.

8 OLG Celle, Urt. v. 2.11.1988, GmbHR 1989, 373; *Lutter*-Grunewald, UmwG, § 22 RN 11+12; *Goutier/Knopf/Tulloch*-Bermel, UmwG, § 22 RN 23; *Widmann/Mayer*-Vossius, UmwR, § 22 UmwG RN 60

9 *MüKo-ZPO*/Prütting, § 294 RN 23; *Stein-Jonas*/Leipold, ZPO, § 294 RN 6; BGH, Beschl. v. 5.5.1976, VersR 1976, 928; teilweise wird, wohl mit demselben Ergebnis, die „gute Möglichkeit" verlangt, daß eine Tatsache vorliegt; so *Rosenerg/Schwab/Gottwald*, § 112 II 2.

10 weitere Beispiele bei *Widmann/Mayer*-Vossius, UmwR, § 22 UmwG RN 28

ren oder aus einer Verschmelzung auf einen Übernehmer mit einer im Vergleich zur Eigenkapitalausstattung übermäßig hohen Fremdfinanzierung[11].

cc) Geltendmachung des Anspruchs

Der Anspruch muß nach Grund und Höhe schriftlich bei dem Rechtsträger angemeldet werden, der Schuldner der Forderung ist. Nach Eintragung der Verschmelzung ist dies stets die übernehmende Gesellschaft[12]. Die Anmeldung muß innerhalb der Ausschlußfrist[13] von sechs Monaten nach dem Eintritt der Bekanntmachungsfiktion nach § 19 III UmwG erfolgen.

dd) Anspruchsinhalt

Der Anspruch nach § 22 UmwG ist auf Sicherheitsleistung gerichtet[14]. Nach den allgemeinen Regeln der §§ 232-240 BGB ist Sicherheit in der Regel durch Hinterlegung von Geld oder Wertpapieren oder durch Bestellung eines Pfandrechts oder Grundpfandrechts zu leisten; subsidiär ist die Stellung eines Bürgen zulässig. Das Wahlrecht steht insoweit dem Verpflichteten zu[15].

ee) Ausschluß des Anspruchs

Nach § 22 II UmwG steht der Anspruch auf Sicherheitsleistung solchen Gläubigern nicht zu, die im Fall der Insolvenz des Schuldners ein Recht auf vorzugsweise Befriedigung aus einer nach gesetzlicher Vorschrift zu ihrem Schutz errichteten und staatlich überwachten Deckungsmasse haben, weil sie schon ausreichend gesichert sind[16]. Darunter fallen insbesondere Pfandbriefgläubiger der Hypotheken- und Schiffshypothekenbanken (§ 35 HypBankG, § 36 SchiffsbankG), die Versicherten von Versicherungsgesellschaften (§§ 77, 79 VAG) sowie diejenigen Gläubiger, deren Ansprüche durch eine betriebliche Altersversorgung nach §§ 7-12 BetrAVG abgesichert sind[17].

---

11 *Goutier/Knopf/Tulloch*-Bermel, UmwG, § 22 RN 15

12 *Lutter*-Grunewald, UmwG, § 22 RN 16

13 *Dehmer*, UmwG, § 22 RN 8+12; *Kallmeyer*/Marsch-Barner, UmwG, § 22 RN 5

14 Zur Höhe des Sicherheitsanspruchs bei Dauerschuldverhältnissen BGH, Urt. v. 18.3.1996, DB 1996, 930; dazu *Jaeger*, DB 1996, 1096.

15 *Palandt*-Heinrichs, § 232 BGB RN 1

16 RegEBegr. zu § 22 UmwG, bei *Ganske* S. 64

17 *Lutter*-Grunewald, UmwG, § 22 RN 23; *Goutier/Knopf/Tulloch*-Bermel, UmwG, § 22 RN 23; hinsichtlich des letzten Punktes, der nach altem Recht streitig war, verneinend *Dehmer*, UmwG, § 22 RN 18 entgegen der RegEBegr. zu § 22 UmwG, bei *Ganske* S. 64.

Nach allgemeiner Meinung[18] hat ein Gläubiger ebenfalls keinen Anspruch nach § 22 UmwG, wenn ihm vor der Verschmelzung bereits Sicherheit nach §§ 232 ff. BGB gewährt wurde, weil in diesem Fall kein Sicherungsbedürfnis besteht.

Wenn der Gläubiger aber nur über Sicherheiten verfügt, die nicht den strengen Anforderungen der §§ 232 ff. BGB entsprechen, ist der Anspruch nach § 22 UmwG nicht von vornherein ausgeschlossen[19]. Soweit die andere Sicherheit jedoch ausreichend ist, muß der Gläubiger sich gegebenenfalls unter dem Aspekt der Übersicherung den Einwand unzulässiger Rechtsausübung entgegenhalten lassen (§ 242 BGB)[20].

b) Schadensersatzansprüche

aa) Ansprüche gegen die Verwaltungsträger

Die Mitglieder des Vertretungs- und des Aufsichtsorgans eines übertragenden Rechtsträgers sind den Gläubigern dieses Rechtsträgers nach § 25 UmwG als Gesamtschuldner zum Ersatz des Schadens verpflichtet, den diese aufgrund einer rechtswidrigen und schuldhaften Pflichtverletzung der Leitungsorgane durch die Verschmelzung erleiden. Ein derartiger Schaden der Gläubiger kann eintreten, wenn ihre Ansprüche vom übernehmenden Rechtsträger aufgrund seiner Vermögenssituation nicht erfüllt werden[21]. Ein Schadensersatzanspruch besteht, wenn diese Situation auf ungenügender Prüfung der Vermögenslage durch die Leitungsorgane beruht[22]. Wenn der Gläubiger allerdings einen ihm zustehenden Sicherungsanspruch nach § 22 UmwG nicht geltend gemacht hat, kann ihm insoweit ein Mitverschulden nach § 254 BGB entgegengehalten werden[23]. Die Mitglieder der Leitungsorgane können sich exkulpieren, indem sie nachweisen, daß sie alle möglichen und erforderlichen Sorgfaltspflichten einge-

---

18 *Lutter*-Grunewald, UmwG, § 22 RN 24; *Dehmer*, UmwG, § 22 RN 19; *Krieger*, FS Nirk S. 551/558

19 *Krieger*, FS Nirk S. 551/558; *Lutter*-Grunewald, UmwG, § 22 RN 24

20 *Goutier/Knopf/Tulloch*-Bermel, UmwG, § 22 RN 21. Nach a. A. können Sicherheiten nach §§ 232 ff. BGB verlangt werden, allerdings nur Zug um Zug gegen Herausgabe der bereits gewährten Sicherheiten; so *Lutter*-Grunewald, UmwG, § 22 RN 24; dies ist aber abzulehnen, weil die Gläubiger durch die Verschmelzung zwar keinen Nachteil erleiden, aber keinesfalls bessergestellt werden sollen. Letzteres ist nach dieser Auffassung der Fall, da die Gläubiger ohne die Verschmelzung bei ausreichender Sicherheit keine weiteren Ansprüche hätten.

21 *Dehmer*, UmwG, § 25 RN 16; *Kallmeyer*/Marsch-Barner, UmwG, § 25 RN 9

22 *Kallmeyer*/Marsch-Barner, UmwG, § 25 RN 9

23 *Dehmer*, UmwG, § 25 RN 16

halten haben, § 25 I,2 UmwG. Der Anspruch verjährt mit Ablauf von fünf Jahren.

bb) Ansprüche gegen die Sachverständigen

Einen Anspruch gegen die Verschmelzungsprüfer haben die Gläubiger nicht. Der Gesetzgeber hat bewußt darauf verzichtet, eine derartige Haftung der Prüfer den Gläubigern gegenüber anzuordnen, weil die Prüfer nicht im Interesse der Gläubiger, sondern im Interesse der Gesellschaft und deren Anteilsinhaber tätig werden[24]. Daher ist auch ein Anspruch der Gläubiger gegen die Sachverständigen aus Verletzung eines Vertrages mit Schutzwirkung zugunsten Dritter[25] abzulehnen, denn die Gläubiger gehören nicht zum geschützten Personenkreis[26].

2. Gläubigerschutz bei Spaltungen

a) Gesamtschuldnerische Haftung

aa) Gesetzeskonzeption

Nach § 133 I,1 UmwG haften alle an der Spaltung beteiligten Gesellschaften den Gläubigern der übertragenden Gesellschaft unmittelbar und unbeschränkt als Gesamtschuldner. Dabei ist es irrelevant, welche Rechtsform diese Gesellschaften haben. Diese sehr weitgehende gesamtschuldnerische Haftung ist als Gegenstück zu der nach § 126 I Nr.9 UmwG unbeschränkten Spaltungsfreiheit gedacht[27]. Die Gesamtschuld soll aber auch Steuerungsfunktion haben, denn auf diese Weise sollen die Beteiligten davon abgehalten werden, das Vermögen der übertragenden Gesellschaft willkürlich und eventuell bewußt zum Nachteil einzelner Gläubiger aufzuteilen[28].

Die gesamtschuldnerische Haftung gilt für alle vor dem Wirksamwerden der Spaltung begründeten Forderungen von Gläubigern der übertragenden Rechts-

---

[24] RegEBegr. zu § 340 b AktG a. F., BT-Drs. 9/1065 S. 17

[25] dazu *Palandt*-Heinrichs, § 328 BGB RN 13 ff.

[26] A. A. *Jäger*, Spaltung von Aktiengesellschaften S. 46 mit Verweis auf BGH, Urt. v. 18.10.1989, NJW-RR 1989, 696, wonach ein Steuerberater gegenüber einem Darlehensgeber für ein Testat unter einem verfälschten Jahresabschluß haftet. Die Jahresabschlüsse sollten aber im konkreten Fall, für den Steuerberater erkennbar, als Entscheidungsgrundlage für eine weitere Kreditvergabe durch den Darlehensgeber dienen, so daß dieser ausdrücklich in den Schutzbereich einbezogen wurde. Allgemein zur Dritthaftung von Sachverständigen BGH, Urt. v. 10.11.1994, BGHZ 127, 378.

[27] *Lutter*-Hommelhoff, UmwG, § 133 RN 15

[28] *K. Schmidt*, ZGR 1993, 366/389

träger. Auf die Fälligkeit kommt es nicht an, maßgeblich ist, daß der Rechtsgrund für die Forderung gelegt wurde[29].

Nach der Konzeption des § 133 UmwG gibt es für jede Forderung einen Primärschuldner und einen oder mehrere Mithafter. Primärschuldner ist derjenige Rechtsträger, dem die Forderung im Spaltungsplan zugewiesen wurde, alle anderen Gesellschaften sind Mithafter[30]. Für die Gläubiger ist diese Differenzierung zumindest während der ersten fünf Jahre nach der Bekanntmachung der Spaltung irrelevant, da sie nach Belieben eine der an der Spaltung beteiligten Gesellschaften in Anspruch nehmen können[31]. Der in Anspruch genommene Rechtsträger kann nach Maßgabe des Spaltungsplanes bei den anderen Gesellschaften Rückgriff nehmen.

bb) Nachhaftungsbegrenzung

Nach § 133 III UmwG entfällt die Haftung der Mithafter mit Ablauf von fünf Jahren nach der Spaltung, wenn die Verbindlichkeit bis dahin nicht fällig ist oder aber nicht gerichtlich geltend gemacht wurde. Damit wurde der Gedanke des NachhaftungsbegrenzungsG 1994[32], daß beim Wechsel des Rechtsträgers die Nachhaftung des ausgeschiedenen Rechtsträgers grundsätzlich zeitlich begrenzt sein müsse, im Umwandlungsgesetz verankert[33]. Auf diese Weise wurden Wertungswidersprüche zu anderen Gestaltungsformen vermieden, da eine Nachhaftungsbegrenzung beispielsweise beim Ausscheiden von Gesellschaftern, bei Realteilung oder Auseinandersetzung gilt[34]. Es ist jedoch fraglich, ob die zeitliche Begrenzung der gesamtschuldnerischen Haftung im Fall der Spaltung angemessen und mit den Vorgaben der SpaltungsRL vereinbar ist. Diese erlaubt in Art. 12 III Satz 2 zwar ausdrücklich eine gegenständliche Beschränkung der Mithaft auf das der jeweiligen an der Spaltung beteiligten Gesellschaft zugeteilte Nettovermögen, eine zeitliche Beschränkung ist hiernach jedoch nicht vorgesehen.

(1) Kritik

Aus der Möglichkeit der gegenständlichen Haftungsbeschränkung ist allerdings geschlossen worden, daß jedwede Beschränkung mit dem Schutzzweck der

---

29 *Lutter*-Hommelhoff, UmwG, § 133 RN 29; *Dehmer*, UmwG, § 133 RN 6

30 K. *Schmidt*, GesR, § 13 IV 5

31 vgl. *Schöne*, Spaltung von GmbH S. 79 ff.

32 BGBl. 1994 I, 560

33 *Dehmer*, UmwG, § 133 RN 26

34 *Widmann/Mayer*-Vossius, UmwR, § 133 UmwG RN 4

Norm vereinbar sei, somit auch eine zeitliche[35]. Die zeitliche Beschränkung der Nachhaftung ist jedoch mit der gegenständlichen Beschränkung der Mithaftung nicht vergleichbar, denn bei ersterer besteht die Gefahr, daß bei langfristigen Verbindlichkeiten eine Enthaftung vor Fälligkeit eintritt[36]. Auch Mißbrauchsfälle sind so denkbar, indem einer Spaltungsgesellschaft besonders kostspielige Verbindlichkeiten[37] zugewiesen werden, diese aber nicht mit dem entsprechenden Aktivvermögen ausgestattet wird und alle Beteiligten darauf vertrauen, daß der Gläubiger vor Ablauf von fünf Jahren nicht tätig wird. Eine zeitlich begrenzte gesamtschuldnerische Haftung stellt daher kein „angemessenes Schutzsystem" dar und entspricht damit nicht den Anforderungen der SpaltungsRL. Daher sollte die Nachhaftungsbegrenzung aufgehoben werden.

(2) Konzeption einer Ausfallhaftung

Eine völlig unbeschränkte, unmittelbar gesamtschuldnerische Haftung erscheint jedoch zu weitgehend. Der Zweck der Spaltung, die Aufteilung einer Unternehmung in wirtschaftlich und rechtlich selbständige Einheiten, wird in Frage gestellt, wenn die Unternehmen über den Haftungsverband wirtschaftlich verbunden bleiben[38]. Die unbeschränkte gesamtschuldnerische Haftung entspricht auch nicht den Interessen der Unternehmen[39], die nur einen Teil des Aktivvermögens der gespaltenen Gesellschaft übernommen haben, aber jederzeit damit rechnen müssen, in voller Höhe in Anspruch genommen zu werden[40]. Zweckmäßig ist daher eine Beschränkung der Solidarhaftung.

In Frage kommt insoweit eine summenmäßig[41] - auf den Nettoaktivwert des jeweils übernommenen Vermögens - oder gegenständlich - auf erworbenes Unternehmensvermögen und Unternehmensteile - beschränkte gesamtschuldnerische Haftung oder die Konzeption der Mithaft als Ausfallhaftung[42]. Gegen eine auf die übernommenen Gegenstände oder auf den Nettoaktivwert des übernommenen Vermögens beschränkte Mithaft spricht jedoch, daß die auf die begünstigten Gesellschaften verteilten Vermögensbestandteile den Gläubigern

---

[35] *Lutter*-Hommelhoff, UmwG, § 133 RN 8

[36] *Widmann/Mayer*-Rieger, UmwR, vor §§ 141-146 UmwG RN 24

[37] Man denke an die Übertragung eines kontaminierten Grundstücks mit allen eventuellen privat- und öffentlich-rechtlichen Verbindlichkeiten; *Heidenhain*, EuZW 1995, 327/330.

[38] *Heiss*, DZWiR 1993, 12/19

[39] *Kleindieck*, ZGR 1992, 513/526; *Teichmann*, AG 1980, 85/90

[40] *Engelmeyer*, Spaltung von Aktiengesellschaften S. 395

[41] so *K. Schmidt*, ZGR 1990, 580/603 ff. (insb. 606)

[42] Die Regelung in § 146 DiskE sah eine gegenständlich beschränkte Ausfallhaftung vor.

weitaus geringere Sicherheit bieten als bislang die Ertragskraft des lebenden Ausgangsunternehmens[43]. Gegen die gegenständliche Beschränkung spricht zudem, daß mit Ausnahme langlebiger Anlagegüter häufig schon nach kurzer Zeit die übernommenen Vermögensgegenstände in einem lebenden Unternehmen nicht mehr vorhanden sein werden, so daß die Haftung leerläuft[44].

Bei einer unbeschränkten gesamtschuldnerischen Ausfallhaftung hingegen steht den Gläubigern der übertragenden Rechtsträger die Ertragskraft der an der Spaltung beteiligten Gesellschaften als Schutz zur Verfügung[45]. Die Gläubiger müssen bei der gesamtschuldnerischen Ausfallhaftung zunächst Klage gegen den Primärschuldner erheben und fruchtlos die Zwangsvollstreckung gegen diesen betreiben, bevor sie die anderen Gesellschaften in Anspruch nehmen können. Dies ist ihnen aber zuzumuten[46], da sie im Gegenzug die Mithafter unbeschränkt in Anspruch nehmen können. Aus Sicht der Gläubiger erhöht diese Regelung die Wahrscheinlichkeit, daß die Gesellschaften in Relation zu den ihnen zugewiesenen Verbindlichkeiten ausreichend mit Vermögen ausgestattet werden[47]. Die Abwägung der Unternehmensinteressen mit den Gläubigerinteressen spricht daher für die Regelung einer unbeschränkten gesamtschuldnerischen Ausfallhaftung.

b) Anspruch auf Sicherheitsleistung

Neben die gesamtschuldnerische Haftung tritt als weiterer Schutz der Gläubiger der Anspruch auf Sicherheitsleistung, den sie nach § 125 S.1 i.V.m. § 22 UmwG haben, soweit dessen Voraussetzungen gegeben sind, wenn also durch die Spaltung die Erfüllung einer noch nicht fälligen Forderung gefährdet ist[48]. Dabei sind jedoch spaltungsspezifische Besonderheiten zu beachten: Denn während bei der Verschmelzung nach deren Wirksamwerden nur noch eine Gesellschaft - die übernehmende - als Schuldnerin der Sicherheit in Frage kommt, sind dies bei der Spaltung mehrere. § 133 I,2 2.HS UmwG ordnet daher an, daß zur Sicherheitsleistung nur die Gesellschaft verpflichtet ist, gegen die sich der gefährdete Anspruch richtet. Auch wenn diese zur Sicherheitsleistung nicht in

---

43 *Kleindieck*, ZGR 1992, 513/525

44 *Engelmeyer*, Spaltung von Aktiengesellschaften S. 396

45 *Engelmeyer*, Spaltung von Aktiengesellschaften S. 397

46 *Engelmeyer*, Spaltung von Aktiengesellschaften S. 397

47 Die Androhung einer primären Haftung ist hierzu nicht erforderlich; so aber *Heiss*, DZWiR 1993, 12/14; ausreichend ist, wenn die Leitungsorgane der beteiligten Unternehmen wissen, daß sie bei Ausfall des Primärschuldners mit Inanspruchnahme rechnen müssen.

48 zu den Einzelheiten des § 22 UmwG s.o. unter 1. a)

der Lage ist, kann der Gläubiger insoweit nicht auf die Mithafter zurückgreifen, da der Anspruch auf Sicherheitsleistung nicht vor dem Wirksamwerden der Spaltung begründet ist und daher die gesamtschuldnerische Haftung des § 133 I,1 UmwG nicht gilt[49]. Die glaubhaft zu machende Gefährdung richtet sich daher vordringlich nach den Verhältnissen des Hauptschuldners[50]. Es ist aber auch zu berücksichtigen, ob die Mithafter Sicherheiten versprechen, da diese bei Fälligkeit sofort in Anspruch genommen werden können.

Der Anspruch auf Sicherheitsleistung steht auch den Altgläubigern[51] der übernehmenden Gesellschaft zu[52]. Zwar ist der Verweis auf § 22 UmwG rechtssystematisch in die Schutzregeln zugunsten der Gläubiger der übertragenden Gesellschaft in § 133 I UmwG eingefügt, doch läßt sich allein daraus nicht der Schluß ziehen, der Gesetzgeber habe den Altgläubigern des übernehmenden Rechtsträgers den Schutz durch Sicherheitsleistung vorenthalten wollen[53]. Die Verweisung auf § 22 UmwG ist eine Rechtsgrundverweisung: § 133 I,2 1.HS UmwG ordnet an, daß „§ 125 in Verbindung mit § 22 (unberührt) bleiben", so daß die Voraussetzungen für den Anspruch auf Sicherheitsleistung separat geprüft werden müssen. § 22 UmwG aber spricht von den beteiligten Rechtsträgern und damit von den übertragenden und den übernehmenden, so daß auch deren Altgläubiger in den Schutz der §§ 125, 22 UmwG einbezogen werden[54]. Überdies spricht auch § 133 I,2 2.HS UmwG hinsichtlich der zur Sicherheitsleistung verpflichteten Gesellschaft von dem „an der Spaltung beteiligte(n) Rechtsträger", nicht etwa von dem übertragenden Rechtsträger.

Wer den Gläubigern der übernehmenden Rechtsträger den Anspruch auf Sicherheitsleistung nicht gewähren will[55], stellt diese schutzlos, weil die gesamtschuldnerische Haftung des § 133 I,1 UmwG ausdrücklich nur zugunsten der Gläubiger der übertragenden Gesellschaft gilt. Dies ist angesichts des Spaltungsrisikos, das sie tragen, nicht gerechtfertigt: Sie treten in Konkurrenz mit den Altgläubigern des übertragenden Rechtsträgers und wegen der weiten Spaltungsfreiheit ist nicht gewährleistet, daß dem übernehmenden Rechtsträger eine Haftungsmasse übertragen wird, die zur Deckung der übertragenen Passiva

---

49 *Dehmer*, UmwG, § 133 RN 17

50 *Lutter*-Hommelhoff, UmwG, § 133 RN 40

51 deren Forderung vor Wirksamwerden der Spaltung begründet wurde

52 *Lutter*-Hommelhoff, UmwG, § 133 RN 73; *Engelmeyer*, Spaltung von Aktiengesellschaften S. 381; a.A. wohl *Dehmer*, UmwG, § 133 RN 16

53 *Lutter*-Hommelhoff, UmwG, § 133 RN 73

54 *Lutter*-Hommelhoff, UmwG, § 133 RN 73

55 so *Dehmer*, UmwG, § 133 RN 16+18

ausreicht. Dies entspräche auch nicht den Vorgaben von Art. 12 I, II der SpaltungsRL, die zum Schutz der „Interessen der Gläubiger der an der Spaltung beteiligten Gesellschaften" verlangt, daß „diese Gläubiger (zumindest) einen Anspruch auf angemessene Garantien haben" müssen. Damit kann also nur die gesamtschuldnerische Haftung auf die Gläubiger der übertragenden Gesellschaften beschränkt werden (Art. 12 III), der Anspruch auf Sicherheiten muß allen Altgläubigern gewährt werden.

c) Haftung wegen Firmenfortführung

Nach § 133 I,2 1.HS UmwG bleibt die Haftung wegen Firmenfortführung nach §§ 25, 26, 28 HGB unberührt, wobei es sich auch hier um eine Rechtsgrundverweisung handelt; die Voraussetzungen dieser Normen müssen also aufgrund der Spaltung erfüllt sein[56]. Bedeutsam ist bei der Aufspaltung § 25 HGB, wonach der firmenfortführende Rechtsträger auch für ihm nicht zugewiesene Verbindlichkeiten haftet[57], und zwar ohne Nachhaftungsbegrenzung. Die Altgläubiger der übertragenden Gesellschaft können daher im Fall der Zahlungsunfähigkeit des Primärschuldners auch nach Ablauf der Fünf-Jahres-Frist auf einen Mithafter zugreifen[58]. Jedoch kann die Haftung wegen Firmenfortführung durch Vereinbarung nach § 25 II HGB ganz ausgeschlossen werden, was in der Regel durch Zuweisung der Verbindlichkeiten im Spaltungsplan an einen Rechtsträger und Veröffentlichung des Inhalts des Spaltungsplans im Handelsregister geschieht[59]. Durch die Verweisung auf §§ 25, 26, 28 HGB ergeben sich für die Gläubiger daher regelmäßig keine weiteren Ansprüche.

d) Haftung wegen Vermögensübernahme

Daneben kommt die Übernehmer-Haftung nach § 419 BGB in Betracht[60], falls einem Übernehmer[61] im Spaltungsvertrag das nahezu gesamte Vermögen des

---

56 *Dehmer*, UmwG, § 133 RN 11

57 Bei der Abspaltung und Ausgliederung hingegen bleibt der firmenfortführende Rechtsträger bestehen; *Dehmer*, UmwG, § 133 RN 13.

58 Falls nicht der Primärschuldner gleichzeitig der Firmenfortführer ist.

59 *Lutter*-Hommelhoff, UmwG, § 133 RN 45; *K. Schmidt*, ZGR 1993, 366/392

60 § 419 BGB tritt im Zuge der Insolvenzrechtsreform mit Ablauf des 31.12.1998 außer Kraft; EGInsO 33 Nr.16. Eine vor diesem Stichtag gem. § 419 BGB begründete Übernehmerhaftung besteht jedoch über den 31 12 1998 fort, vgl. *Schöne*, Spaltung von GmbH S. 87.

Übertragers zugewiesen wird[62]. Der übernehmende Rechtsträger haftet dann den Gläubigern des übertragenden Rechtsträgers unabhängig davon, wer Hauptschuldner ist. Die Haftung ist zeitlich unbegrenzt, kann aber nach § 419 II BGB auf den Bestand des übernommenen Vermögens beschränkt werden, so daß die Gläubiger auch hierdurch in der Regel nicht wesentlich besser stehen.

e) Schadensersatzansprüche

Bei der Spaltung können die Gläubiger dieselben Schadensersatzansprüche haben wie bei der Verschmelzung[63].

II. Schutz der Inhaber von Sonderrechten

1. Sonderrechte bei Verschmelzung

Inhaber von Sonderrechten sind nach dem Gesetzeswortlaut insbesondere Inhaber von stimmrechtslosen Anteilen, Wandelschuldverschreibungen, Gewinnschuldverschreibungen und Genußrechten, also Inhaber solcher Rechte, die über eine bloß schuldrechtliche Gläubigerstellung hinausgehen, die aber nicht die Möglichkeit geben, durch die Ausübung des Stimmrechts auf die Operation Einfluß zu nehmen[64].

Inhabern solcher Sonderrechte im übertragenden Rechtsträger sind nach § 23 UmwG bei der Verschmelzung gleichwertige Rechte in dem übernehmenden Rechtsträger einzuräumen. Die Gleichwertigkeit ist dabei nicht formalrechtlich zu verstehen, sondern wirtschaftlich[65]. Dies ist vor allem dann wichtig, wenn die Gewährung gleicher Rechte wegen der Rechtsform des übernehmenden Rechtsträgers nicht möglich ist, so wenn eine AG, die Wandelschuldverschreibungen ausgegeben hat, auf eine GmbH verschmolzen wird[66].

---

61 Nicht ausreichend ist daher, daß bei einer Aufspaltung begriffsnotwendig das gesamte Vermögen eines Rechtsträgers auf mehrere Gesellschaften übertragen wird, wenn nicht einer von ihnen das im wesentlichen gesamte Vermögen zugewiesen wird; *Dehmer*, UmwG, § 133 RN 14.

62 *Lutter*-Hommelhoff, UmwG, § 133 RN 47; *Dehmer*, UmwG, § 133 RN 14; Einzelheiten zum Begriff des wesentlichen Vermögens i. S. v. § 419 BGB bei *Palandt*-Heinrichs, § 419 BGB RN 4+5.

63 siehe daher oben B. I. 1. b)

64 RegEBegr. zu § 23 UmwG, bei *Ganske* S. 64

65 RegEBegr. zu § 347 a AktG a. F., BT-Drs. 9/1065 S. 19; *Goutier/Knopf/Tulloch*-Bermel, UmwG, § 23 RN 13; *Lutter*-Grunewald, UmwG, § 23 RN 11

66 dazu *Lutter*-Grunewald, UmwG, § 23 RN 10 ff.

Dieser Verwässerungsschutz gilt ohne Rücksicht darauf, ob die Inhaber der Wertpapiere einer Änderung ihrer Rechte zugestimmt haben[67]. Dies entspricht der verwandten Vorschrift des § 216 III AktG, die Verwässerungsschutz bei einer Kapitalerhöhung aus Gesellschaftsmitteln gewährt.

2. Sonderrechte in der Spaltung

Wie bei der Verschmelzung genießen die Inhaber von Sonderrechten in dem übertragenden Rechtsträger, die kein Stimmrecht gewähren, auch bei der Spaltung Verwässerungsschutz gemäß §§ 125 S.1, 23 UmwG. Sie haben daher einen Anspruch auf Gewährung gleichwertiger Rechte. Gegen wen sich der Anspruch richtet, bestimmt der Spaltungsplan. Für die Erfüllung dieses Anspruchs haften nach § 133 II,1 UmwG alle an der Spaltung beteiligten Gesellschaften als Gesamtschuldner, allerdings mit einer für alle schuldenden Rechtsträger geltenden Sonderverjährungsfrist von fünf Jahren, § 133 VI,1 UmwG. Dabei kann auch der übertragende Rechtsträger als Hauptschuldner eingesetzt werden[68]. So soll ein obligatorischer Schuldnerwechsel ohne zwingenden Grund vermieden werden[69].

C. Schutz der Gläubiger und Inhaber von Sonderrechten in Frankreich

I. Gläubigerschutz

1.Schutz bei *fusions*

a) Widerspruchsrecht

Da im Wege der Gesamtrechtsnachfolge alle Aktiva und Passiva auf den übernehmenden Rechtsträger übergehen, bestimmt Art. 381 I L.1966, daß die aufnehmende Gesellschaft Schuldnerin der Gläubiger der übertragenden Gesellschaft ist, ohne daß eine Novation stattfinde[70].

---

67 RegEBegr. zu § 347 a AktG a. F., BT-Drs. 9/1065 S. 19

68 Dies gilt natürlich nicht bei der Aufspaltung, bei der der übertragende Rechtsträger erlischt.

69 RegEBegr. zu § 133 II,2 UmwG, bei *Ganske* S. 146

70 Die *fusion* muß allerdings ordnungsgemäß publiziert werden, sonst kann sie den Gläubigern nicht entgegengehalten werden; *Bertrel/Jeantin* n°1000; vgl. dazu oben Teil 1, C. III. 2. b)

Die Gläubiger der an der *fusion* beteiligten Gesellschaften haben allerdings nach Art. 381 II L.1966 die Möglichkeit, der Operation zu widersprechen[71]. Dieses Widerspruchsrecht steht den Gläubigern jedoch nur zu, wenn an der *fusion* ausschließlich *sociétés anonymes*, ausschließlich *sociétés à responsabilité limitée* oder *S.A.* und *S.A.R.L.* beteiligt sind. Bei einer *fusion* zwischen einer *société anonyme* und einer *société en nom collectif* genießen auch die Gläubiger der *S.A.* keinen besonderen Schutz[72].

aa) Widerspruchsberechtigte Gläubiger

Das Widerspruchsrecht steht allen Gläubigern aller an der Verschmelzung beteiligten Gesellschaften zu, also sowohl denen der übertragenden als auch denen der übernehmenden Gesellschaft[73]. Nach dem Gesetzeswortlaut ist einzige Voraussetzung, daß die Forderung vor Veröffentlichung des *projet de fusion* entstanden ist.

Die Rechtsprechung verlangt jedoch neuerdings darüberhinaus, daß es sich um eine *créance certaine, liquide et exigible* handelt[74]. Die Forderung ist *certaine*, wenn sie gegenwärtig bereits besteht, was insbesondere nicht der Fall ist, wenn eine aufschiebende Bedingung noch nicht eingetreten oder beim Kontokorrent der Saldo noch nicht festgestellt ist[75]. Die *liquidité* liegt vor, wenn die Forderung der Höhe nach bestimmt ist[76]. *Exigibilité* schließlich meint die Fälligkeit der Forderung[77]. Die Literatur hat sich dem größtenteils unkritisch angeschlossen[78].

---

71 Dieses Widerspruchsrecht wurde erstmals im Gesetz über die Handelsgesellschaften vom 24.7.1966 geregelt, geht aber zurück auf das im Gesetz vom 7.3.1909 geregelte Widerspruchsrecht bei Veräußerung oder Einbringung eines *fonds de commerce*.

72 *Mercadal/Janin* n°3539; vgl. oben Teil 1, C. I. 2. c)

73 *Jeantin*, Jur. Cl. Soc., Fasc. 164-E n°31; *Bertrel/Jeantin* n°1006; *Coquelet*, Joly Soc. n°124

74 Cass. com., 16.7.1985, JCP éd. G 1985, IV, 334; 15.7.1992, Bull. Joly 1992, S. 1111, § 363 = JCP éd. E 1992, pan., n°1198 = Bull. civ. 1992, IV, n°278 (S. 193); vgl. auch *Terré/Simmler/Lequette*, Dr. civ. n° 1050 zu denselben Voraussetzungen bei der *action oblique*.

75 *Woopen*, Zwangsvollstreckung und Arrest S. 42; *Terré/Simmler/Lequette*, Dr. civ. n° 1050

76 *Woopen*, Zwangsvollstreckung und Arrest S. 44, insb. FN 88; *Terré/Simmler/Lequette*, Dr. civ. n° 1050

77 *Woopen*, Zwangsvollstreckung und Arrest S. 45; *Terré/Simmler/Lequette*, Dr. civ. n° 1050

78 *Jeantin*, Jur. Cl. Soc., Fasc. 164-E n°33; *Bertrel/Jeantin* n°1008

Diese Rechtsprechung schränkt das Widerspruchsrecht beträchtlich ein. Dabei ist zu beachten, daß Art. 13 der 3. RL ein angemessenes Rechtsschutzsystem für die Interessen der Gläubiger verlangt, deren Forderungen vor Veröffentlichung des Verschmelzungsplans entstanden, aber noch nicht fällig sind. Gerade diese Gläubiger sind schutzbedürftig, während die Gläubiger fälliger Forderungen ohnehin Erfüllung verlangen können, so daß eine weitere Sicherung nicht erforderlich ist[79]. Die derzeit in Frankreich praktizierte Beschränkung geht somit über die nach den europäischen Vorgaben möglichen Beschränkungen hinaus[80]. Für diese Beschränkung findet sich im Gesetz überdies keine Grundlage. Diese Rechtsprechung sollte daher aufgegeben werden, damit alle Gläubiger Sicherung verlangen können, deren Forderungen vor Publizität des *projet de fusion* entstanden sind[81].

bb) Ausübung des Widerspruchsrechts

Der Widerspruch muß innerhalb von 30 Tagen nach der letzten Bekanntmachung des *projet de fusion* (Art. 261 I D.1967) beim *tribunal de commerce* (Art. 261 III D.1967) am Sitz der Gesellschaft, die Schuldnerin der Forderung ist, eingelegt werden[82]. Da die Beschlußfassung der Generalversammlungen frühestens einen Monat nach der Bekanntmachung des *projet de fusion* stattfinden darf, Art. 255 III D. 1967, ist der Widerspruch der Gläubiger in der Regel vor der Beschlußfassung einzulegen. Die Anteilsinhaber wissen so bei der Beschlußfassung schon, wie die Gläubiger auf die geplante Umstrukturierung reagieren und können dies in ihre Überlegungen einbeziehen[83].

cc) Wirkung des Widerspruchs

Der Widerspruch verhindert den Fortgang der *fusion* nicht, Art. 381 IV L.1966[84]. Die übertragende Gesellschaft kann daher aufgelöst und die Gesamtrechtsnachfolge vollzogen werden[85].

---

79 *Coquelet*, Joly Soc. n°124

80 so auch *Coquelet*, Joly Soc. n°124; Caillaud/Le Cannu, Anm. zu Cass. com. 15.7.1992; Bull. Joly 1992, n°22, S. 1118

81 vgl. auch die ältere Literatur: „*L'antériorité exigée doit concerner la naissance de la créance. Il n'est pas nécessaire, semble-t-il, que celle-ci soit exigible à la date de l'insertion de l'avis dans un journal. Le fait qu'elle soit conditionelle ou à terme ne prive pas son titulaire du droit d'opposition.*" *H/T/M* III n°948

82 *Jeantin*, Jur. Cl. Soc., Fasc. 164-E n°132; *Bertrel/Jeantin* n°1007

83 *H/T/M* III n°846; *Micheler*, RIW 1993, 15/20

84 *Jeantin*, Jur. Cl. Soc., Fasc. 164-E n°35

Das angerufene Gericht prüft, ob die *fusion* die Rechte der Gläubiger gefährdet. Die Gläubiger müssen die Gefährdung nicht beweisen, das Gericht entscheidet nach Ermessen[86]. Es hat nach Art. 381 II,2 L.1966 folgende Entscheidungsmöglichkeiten: Es kann den Widerspruch zurückweisen, wenn die Antragsvoraussetzungen nicht vorliegen oder wenn es zu dem Ergebnis kommt, die Rechte der Gläubiger seien nicht gefährdet. Hält es hingegen den Widerspruch für begründet, kann es die sofortige Rückzahlung der Verbindlichkeit anordnen. Wenn die Schuldnerin in diesem Fall anbietet, stattdessen Sicherheiten zu stellen, kann das Gericht auch dies anordnen, wenn es die angebotenen Sicherheiten für ausreichend hält[87].

Führt die Gesellschaft die Anordnungen nicht aus, kann die *fusion* gemäß Art. 381 III L.1966 dem betroffenen Gläubiger nicht entgegengehalten werden. Der Vermögensübergang gilt ihm gegenüber als nicht erfolgt und er kann sich daher bevorzugt aus dem Vermögen der Gesellschaft befriedigen, die ursprünglich seine Schuldnerin war[88]. Dieses Vorrecht gibt dem betroffenen Gläubiger ein Recht auf bevorzugte Befriedigung, wenn über das Vermögen der aufnehmenden Gesellschaft später ein Gesamtvollstreckungverfahren eröffnet wird[89].

b) Sofortige Rückzahlung

Soweit ein Gläubiger mit der Gesellschaft, die seine Schuldnerin ist, vereinbart hat, daß die Forderung im Falle der *fusion* sofort fällig wird[90], kann er die sofortige Zahlung *(remboursement immédiat)* verlangen, ohne Widerspruch einlegen zu müssen[91]. Solange nach der Rechtsprechung nur Gläubigern fälliger Forderungen ein Widerspruchsrecht zukommt, stellen derartige Vereinbarungen die einzige Schutzmöglichkeit für Gläubiger langfristiger Forderungen dar.

---

85 Ein entsprechendes Widerspruchsrecht steht den Gläubigern auch nach Art. 216 L. 1966 bei einer Kapitalherabsetzung zu, die nicht durch Verluste gerechtfertigt ist; wenn in diesem Fall Widerspruch eingelegt wird, kann die Kapitalherabsetzung jedoch nicht durchgeführt werden, solange nicht über den Widerspruch entschieden ist; dazu *Jeantin*, Jur. Cl. Soc., Fasc. 164-E n°33; *Bézard* n°782; vgl. auch oben Teil 1, C. III. 2. c).

86 vgl. *Siméon*, Fusions et scissions S. 32

87 *Coquelet*, Joly Soc. n°126; *Jeantin*, Jur. Cl. Soc., Fasc. 164-E n°33

88 *Jeantin*, Jur. Cl. Soc., Fasc. 164-E n°36; *Neye*, DB 1982, 365/367; *Coquelet*, Joly Soc. n°126

89 Cass. com., 17.10.1989, zitiert nach *Coquelet*, Joly Soc. n°126; *Lamy Soc. Com.* n°1726

90 Dies ist grundsätzlich möglich, wie Art. 381 V L.1966 zeigt.

91 vgl. *Micheler*, RIW 1993, 15/20

c) Schadensersatzansprüche

Die Gläubiger können nach Art. 244 L. 1966 einen Schadensersatzanspruch gegen die Verwaltungsträger haben, wenn diese schuldhaft gegen gesetzliche Vorschriften oder Satzungsbestimmungen verstoßen oder einen Fehler in der Geschäftsleitung begangen haben. Dieser Anspruch erfaßt auch den reinen Vermögensschaden und verjährt in drei Jahren, Art. 247 L. 1966[92].

Gegen die *commissaires à la fusion* haben die Gläubiger bei Verschulden einen unmittelbaren Schadensersatzanspruch nach der allgemeinen Deliktshaftungsregel des Art. 1382 C. civ., der auch den bloßen Vermögensschaden umfaßt und der zehnjährigen Verjährung des Art. 2270-1 C. civ. unterliegt[93].

2. Schutz der Gläubiger bei scissions

a) Gesamtschuldnerische Haftung

Nach Art. 385 L.1966 haften die aus der *scission* hervorgegangenen Gesellschaften grundsätzlich primär und unbeschränkt gesamtschuldnerisch für alle Verbindlichkeiten der gespaltenen Gesellschaft. Die Gläubiger können somit nach ihrer Wahl von einer der Gesellschaften Erfüllung verlangen.

Im *projet de scission* kann diese gesamtschuldnerische Haftung jedoch abbedungen werden, indem vereinbart wird, daß jede Gesellschaft nur für die Schulden haftet, die ihr zugewiesen wurden (Art. 386 I L.1966)[94]. In diesem Fall haben die Gläubiger ein Widerspruchsrecht wie bei einer *fusion*. Während dieses Recht früher nur den Gläubigern der übertragenden Gesellschaft zustand, können nunmehr nach Art. 386 II L.1966 auch Gläubiger der übernehmenden Gesellschaft widersprechen; diese Gesetzesänderung war aufgrund der europarechtlichen Vorgaben erforderlich[95].

Das Gericht, das über den Widerspruch zu entscheiden hat, prüft nur, ob bei der Gesellschaft, die für die Verbindlichkeit haftet, die Erfüllung gefährdet ist. Nur diese Gesellschaft kann daher Sicherheiten anbieten[96]. Kommt sie einer gerichtlichen Anordnung nicht nach, kann die *scission* den widersprechenden Gläubigern nicht entgegengehalten werden. Diese können sich bevorzugt aus

---

92 vgl. Kapitel 1, C. V. 2.

93 vgl. Kapitel 1, C. III. 2. d)

94 *Micheler*, RIW 1993, 15/20; vgl. für einen *apport partiel*, der den *scission*-Regeln unterstellt wurde Cass. com., 21.2.1995, RJDA 6/1995 n°718

95 vgl. *Le Fèvre*, Rev. Soc. 1988, 207/219; *Jeantin*, JCP éd. E 1988, II, n°15169

96 *Bertrel/Jeantin* n°1008

dem Vermögen der gespaltenen Gesellschaft befriedigen[97]. Sie können sich somit an jede Gesellschaft halten, der Aktivvermögen übertragen wurde. Diese kann sich nicht darauf berufen, daß ihr die Forderung nicht zugewiesen sei. So steht den Gläubigern die ursprüngliche Haftungsmasse wieder zur Verfügung.

Auch bei *scissions* ist der Gläubigerschutz auf Operationen beschränkt, an denen ausschließlich *S.A.* und / oder *S.A.R.L.* beteiligt sind.

b) Schadensersatzanspruch

Wie bei einer *fusion* können die Gläubiger bei einer *scission* die Verwaltungsträger und die Sachverständigen für eine schuldhafte Pflichtverletzung in Anspruch nehmen[98].

3. Gläubigerschutz beim apport partiel d'actif

Soweit ein *apport partiel d'actif* nach Artt. 387, 388-1 L.1966 wie eine *scission* behandelt wird, findet eine Gesamtrechtsnachfolge statt[99] und es gelten auch die bei einer *scission* geltenden Gläubigerschutzvorschriften[100].

Machen die Gesellschaften jedoch von der Möglichkeit der Artt. 387, 388-1 L.1966 keinen Gebrauch, gehen die Aktiva und Passiva auch nicht automatisch auf die aufnehmende Gesellschaft über. Für die Verbindlichkeiten bedeutet dies, daß sie nur im Rahmen einer Schuldübernahme übertragen werden können, wobei nach Art. 1275 C. civ. die ausdrückliche Zustimmung des Gläubigers erforderlich ist[101].

II. Schutz der Sonderrechtsinhaber bei *fusion* und *scission*

Sonderrechte gewähren in Frankreich vor allem die *obligations* nach Artt. 284 ff. L.1966 (handelbare Schuldverschreibungen), die *titres participatifs*, eine Sonderform von Anleihen, die den *obligations* ähneln und 1983 in Artt. 283-6 und 283-7 L.1966 geregelt wurden[102] sowie *certificats d'investissement* und *parts de fondateur*.

---

97 *H/T/M* III n°1063

98 siehe daher oben, C. I. 1. c)

99 Cass. com., 16.2.1988, JCP éd. E 1988, II, n°15177; vgl. oben Teil 1, C. III. 2. c)

100 *Coquelet*, Joly Soc. n°172

101 *Coquelet*, Joly Soc. n°145; vgl. oben Teil 1, C. III. 2. c)

102 Einzelheiten dazu bei *Bézard* n°1355.

1. Sonderrechte in der aufnehmenden Gesellschaft

Wenn die aufnehmende Gesellschaft solche Titel ausgegeben hat, bedarf die Operation nicht der Zustimmung der Titelinhaber. *Obligataires* und Inhaber von *titres participatifs* haben ein Widerspruchsrecht wie normale Gläubiger (Artt. 381 *bis*, 384-1 L.1966). Der Widerspruch muß allerdings durch einen von der Versammlung der Titelinhaber bestellten Vertreter eingelegt werden. In diesem Fall ist das Widerspruchsrecht also ein kollektiv auszuübender Schutz. Da ein erfolgreicher Widerspruch erhebliche negative Folgen für die Gesellschaft haben kann[103], wird angeraten, die Operation gleichwohl der Zustimmung der Titelinhaber zu unterwerfen oder vorzusehen, daß deren Wirksamkeit aufschiebend bedingt ist durch das Ausbleiben eines Widerspruchs der Titelinhaber[104].

2. Sonderrechte in der übertragenden Gesellschaft

In der übertragenden Gesellschaft müssen die Inhaber von Sonderrechten der Operation grundsätzlich zustimmen. Die Gesellschaft kann dieses Zustimmungserfordernis allerdings umgehen, indem sie die vorzeitige Rückzahlung aller Anteile anbietet.

a) Zustimmung der Sonderrechtsinhaber

aa) *obligations* und *titres participatifs*

Nach Art. 313 L.1966 unterliegen *fusion* und *scission* der Zustimmungspflicht der Inhaber von *obligations* und *titres participatifs* (Verweisung in Art. 283-7 II L.1966). Deren Generalversammlung entscheidet mit denselben Quoren und Mehrheiten wie die der Aktionäre (Artt. 313 II, 155 L.1966). Stimmt sie der Operation zu[105], erstreckt sich diese Entscheidung auf alle Titelinhaber[106], die damit *obligataires* oder Inhaber von *titres participatifs* in der aufnehmenden Gesellschaft werden[107]. Wird die Zustimmung verweigert, kann die Geschäftsleitung nach Art. 321-1 L.1966 darüber hinweggehen, damit die Operation nicht gelähmt wird. Dann behalten die Sonderrechtsinhaber zwar ihre Rechtsstellung

---

103 wenn sie aufgrund des Widerspruchs die Titel vorzeitig zurückkaufen muß

104 *Bertrel/Jeantin* n°1012

105 Womit sich die Titelinhaber vor allem mit den Modalitäten einverstanden erklären, die die Fortsetzung ihrer Rechte in der aufnehmenden Gesellschaft betreffen.

106 Auch auf die, die nicht anwesend waren oder dagegen gestimmt haben, *Bertrel/Jeantin* n°1014.

107 *Bézard* n°825

im aufnehmenden Rechtsträger, haben aber ein Widerspruchsrecht, welches sie durch einen Bevollmächtigten ausüben können.

bb) *certificats d'investissement*

Diese spezifisch französischen Titel[108], die durch Gesetz von 1983 neu geschaffen wurden, resultieren aus einer Aufspaltung der mit einer Aktie verbundenen Rechte: Aus einer Aktie werden nach Art. 283-1 L.1966 „*certificats d'investissement*", die die in einer Aktie verkörperten Vermögensrechte repräsentieren und „*certificats de droit de vote*", die die Stimmrechte beinhalten[109]. Die *certificats d'investissement* sind gemäß Art. 283-1 V L.1966 handelbar und haben denselben Wert wie die Aktien[110]. Die Inhaber dieser Titel haben aber nur die Vermögensrechte inne, die in einer Aktie verkörpert sind, vor allem sind dies Ansprüche auf Dividende und auf Liquidationserlös im Fall der Auflösung[111].

Bei einer *fusion* oder *scission* hat die „*assemblée spéciale des porteurs de certificats d'investissement*" nach Art. 376 III L. 1966 über den Vertrag zu entscheiden[112]. Wie dieses Stimmrecht zu bewerten ist, ist streitig: als Veto-Recht wie das in Art. 376 II L.1966[113], so daß bei Versagung der Zustimmung dieser Titelinhaber die Operation unterbleiben muß[114]; oder als bloßes Konsultationsrecht[115]. Für die zweite Ansicht spricht der Wille des Gesetzgebers, wie er aus den Vorarbeiten zum Gesetz von 1988 hervorgeht[116]. Die Folge einer ablehnenden Entscheidung hat der Gesetzgeber jedoch nicht geregelt, so daß auch dieser Punkt streitig ist[117]. Vorsichtshalber sollten den Titelinhabern in diesem

---

108 *Le Fèvre*, Rev. Soc. 1988, 207/214

109 *Bézard* n°1351

110 *Bézard* n°1351

111 *Bézard* n°1351

112 Dabei gelten dieselben Quoren wie bei Beschlüssen der *assemblée génerale extraordinaire*; *Bolze* in Dalloz n°115; *Coquelet*, Joly Soc. n°58; *Jeantin*, Jur. Cl. Soc., Fasc. 164-C n°19 und 164-E n°16; *Mercadal/Janin* n°3190-45.

113 betreffend die Inhaber von Aktien unterschiedlicher Gattungen

114 so *Bertrel/Jeantin* n°911; *Jeantin*, Jur. Cl. Soc., Fasc. 164-C n°19 und 164-E n°17

115 so *Bolze* in Dalloz n°115

116 dazu *Bolze* in Dalloz n°115; *Coquelet*, Joly Soc. n°58

117 dazu *Coquelet*, Joly Soc. n°58

Fall entsprechende Rechte in der aufnehmenden Gesellschaft gewährt werden[118].

cc) *parts de fondateur* - Gründungsanteile

Nach Art. 10 II L.1929 unterliegen *fusion* und *scission* der Zustimmung der Inhaber von *parts de fondateur*, die in einer außerordentlichen Generalversammlung über die vorzeitige Auflösung der übertragenden Gesellschaft abstimmen müssen. Wird die Zustimmung versagt, verhindert das die Operation allerdings nicht: Die Titelinhaber halten sich mit der ablehnenden Entscheidung nur die Möglichkeit offen, Schadensersatzklage zu erheben, soweit sie sich in ihren Rechten beeinträchtigt fühlen[119], was bei Zustimmung ausgeschlossen ist[120].

Die Ausgabe von *parts de fondateur* ist nach Art. 264 L.1966 seit Inkrafttreten des L.1966 verboten, so daß die übernehmende Gesellschaft nur anderweitige Titel anbieten kann, um die Rechte der Inhaber weitestgehend zu wahren[121].

b) Vorzeitige Rückzahlung

aa) *obligations* und *titres participatifs*

Um das Zustimmungserfordernis ganz zu umgehen, kann die übertragende Gesellschaft die vorzeitige Rückzahlung aller Anleihen anbieten. Das Angebot muß veröffentlicht werden. Bei einer *fusion* haben die Titelinhaber nach Artt. 380 III L.1966, 264 D.1967 eine dreimonatige Rückgabefrist. Soweit Titel innerhalb dieser Frist nicht eingereicht wurden, behalten deren Inhaber ihre Stellung im übernehmenden Rechtsträger[122]. Bei einer *scission* ist hingegen keine Frist vorgesehen, Art. 264 D.1967 verweist nur auf Art. 380 L.1966. Da es angesichts der mit enormen finanziellen Risiken verbundenen Unsicherheit für die Unternehmen nicht angehen kann, daß die Titelinhaber mangels Rückgabefrist auf unbestimmte Zeit jederzeit die sofortige Rückzahlung verlangen können[123],

---

118 *Bolze* in Dalloz n°115; *Coquelet*, Joly Soc. n°58

119 Schadensersatz wird aber nur zugesprochen, wenn die Operation in der Absicht durchgeführt wurde, die Inhaber der Gründeranteile zu schädigen (=*fraude*); CA Besancon, 10.7.1933, Gaz. Pal. 1933, 2, jur. S. 844 = Journ. Soc. 1935, 353; dies ist schwer nachzuweisen.

120 *Jeantin*, Jur. Cl. Soc., Fasc. 164-E n°12; *Bolze* in Dalloz n°117; *Coquelet*, Joly Soc. n°61

121 *Coquelet*, Joly Soc. n°63

122 Zu den im *projet* festgelegten Konditionen ohne Widerspruchsmöglichkeit.

123 so aber *Bertrel/Jeantin* n°1016; *Mercadal/Janin* n°3543

sollte die Frist des Art. 264 D.1967 für die *scission* analog herangezogen werden[124]. Der Gesetzgeber sollte dies klarstellen[125].

bb) *certificats d'investissement*

Auch Art. 376 III L.1966 erlaubt es, von einer Entscheidung dieser Titelinhaber abzurücken, indem die übernehmende Gesellschaft ihnen den Rückkauf ihrer Titel anbietet. Dieses Angebot ist zu veröffentlichen und die Inhaber können es innerhalb von 30 Tagen annehmen (Art. 256 IV D.1967). Das Rückkaufangebot muß zuvor von der *assemblée spéciale* gebilligt worden sein[126], so daß diese Vorgehensweise eine Versammlung dieser Titelinhaber nicht vollständig entbehrlich macht[127]. Nimmt ein Titelinhaber das Rückkaufangebot nicht an, so behält er nach Art. 256 IV D.1967 seine Rechte in der aufnehmenden Gesellschaft, die ihm entsprechende Titel gewähren muß[128].

Allerdings ist Art. 283-1 letzter Absatz L.1966 zu beachten, wonach die aufnehmende Gesellschaft die Möglichkeit hat, anstatt *certificats d'investissement* Aktien auszugeben; dazu ist sie nach Art. 283-1-I L.1966 sogar verpflichtet, sobald die ausgegebenen *certificats d'investissement* insgesamt 25 % des gesamten Kapitals überschreiten[129]. Diese Vorschrift, die 1988 eingeführt wurde, ist in der Literatur kritisiert worden, weil die *certificats d'investissement* einen Teil des Gesellschaftskapitals repräsentierten, während Art. 376 III L.1966 ihren Inhabern Rechte gebe, die denen der Inhaber von Obligationen entsprechen[130]. Gleichzeitig wurden jedoch die Schwierigkeiten im Umgang mit diesen Titeln im Zusammenhang mit *fusions* und *scissions* erkannt, die daraus resultieren, daß diese Titel nur in Frankreich existieren und überdies bei Erlaß der Richtlinien noch nicht bekannt waren[131].

---

124 *Bolze* in Dalloz n°97

125 *Bolze* in Dalloz n°97

126 Es gelten dieselben Quoren wie bei der *assemblée générale extraordinaire*; *Bézard* n°1505.

127 *Jeantin*, Jur. Cl. Soc., Fasc. 164-C n°21; *Bertrel/Jeantin* n°912

128 *Jeantin*, Jur. Cl. Soc., Fasc. 164-C n°21 und 164-E n°19; *Bolze* in Dalloz n°115

129 vgl. *Bertrel/Jeantin* n°913

130 *Le Fèvre*, Rev. Soc. 1988, 207/214

131 *Le Fèvre*, Rev. Soc. 1988, 207/214

D. Vergleich des Schutzes der Gläubiger und Inhaber von Sonderrechten in Deutschland und in Frankreich

I. Gläubigerschutz

1. Reichweite des Gläubigerschutzes

In Deutschland sind Gläubiger einer Aktiengesellschaft oder GmbH, die sich an einer Verschmelzung oder Spaltung beteiligt, stets gleichermaßen geschützt, egal welche Rechtsform die anderen an der Operation beteiligten Rechtsträger haben. In Frankreich hingegen genießen Gläubiger einer *S.A.* oder *S.A.R.L.* nur dann den besonderen Schutz der Artt. 381, 385 und 386 L.1966, wenn an der *fusion* oder *scission* ausschließlich *sociétés anonymes* und / oder *sociétés à responsabilité limitée* beteiligt sind. Dieser Schutz geht zwar bereits über die Vorgaben der 3. und 6. gesellschaftsrechtlichen Richtlinien hinaus, die nur Operationen regeln, an denen ausschließlich Aktiengesellschaften beteiligt sind; doch sind die Gläubiger einer Aktiengesellschaft bei einer Verschmelzung auf eine Personenhandelsgesellschaft nicht weniger schutzwürdig. Da das französische Recht *fusion* und *scission* unter Beteiligung von Rechtsträgern verschiedener Rechtsformen zuläßt, ist die Beschränkung des Gläubigerschutzes auf die Fälle, in denen ausschließlich Kapitalgesellschaften beteiligt sind, nicht sachgerecht.

2. Gläubigerschutz bei Verschmelzungen

a) Anspruch auf Sicherheit

Bei Verschmelzungen sehen die deutsche und die französische Rechtsordnung ein ähnliches Schutzkonzept für die Gläubiger vor: Die aufnehmende Gesellschaft haftet für die Verbindlichkeiten der übertragenden Gesellschaft. Sollte die Erfüllung einer Forderung aufgrund der Verschmelzung gefährdet sein, kann der Gläubiger in Deutschland Sicherheit verlangen[132], in Frankreich durch einen Widerspruch die vorzeitige Rückzahlung der Forderung erreichen[133].

Wie zuvor schon in Frankreich, steht der Anspruch nun auch in Deutschland allen Gläubigern zu, sowohl denen der übertragenden als auch denen der übernehmenden Gesellschaft[134]. Dadurch ist nicht nur insoweit eine Rechtsangleichung erfolgt, es wurde auch den berechtigten Interessen der Gläubiger der

---

[132] siehe oben B. I. 1. a)

[133] siehe oben C. I. 1. a)

[134] siehe oben B. I. 1. a) aa)

übernehmenden Gesellschaft Rechnung getragen, deren Forderung durch die Operation ebenfalls gefährdet werden kann. Zu begrüßen ist auch, daß nun kein Gläubiger mehr die Gefährdung beweisen muß, sondern alle Gläubiger eine Gefährdung glaubhaft machen müssen[135]. Den Unternehmen wird auf diese Weise keine Liquidität entzogen, wenn die Erfüllung nicht gefährdet ist; diese Situation konnte bisher eintreten, da die Gläubiger der übertragenden Gesellschaft ohne Glaubhaftmachung oder Nachweis der Gefährdung Sicherheit verlangen konnten. Wenn keine Gefährdung vorliegt, sind die Gläubiger jedoch nicht schutzwürdig.

Allerdings differieren das Verfahren und die Frist für die Geltendmachung des Sicherungsanspruchs in Deutschland und Frankreich stark: In Deutschland haben die Gläubiger nach dem Wirksamwerden der Verschmelzung sechs Monate Zeit, um ihren Anspruch anzumelden[136]. In Frankreich hingegen muß der Widerspruch bereits innerhalb von 30 Tagen nach der Bekanntmachung des *projet de fusion* eingelegt werden, also noch bevor die Gesellschafter über die *fusion* beschlossen haben[137]. So haben diese die Möglichkeit, in der Generalversammlung eventuelle Einwände der Gläubiger zu erörtern. Dieses System ist somit wesentlich unternehmerfreundlicher als das deutsche. Ob es allerdings notwendig ist, bei der Beschlußfassung die Reaktion der Gläubiger zu kennen, ist fraglich: Mit Großgläubigern wie Banken kann die Umstrukturierung auch einzeln erörtert werden. Ein Liquiditätsengpaß dürfte selbst dann nicht auftreten, wenn alle Gläubiger Sicherheit verlangen, denn die Mittel müssen vorhanden sein, sonst wäre die Gesellschaft überschuldet. Außerdem muß die Sicherheit nicht in bar, sondern kann auch in Form einer Bürgschaft erbracht werden. Das deutsche System ist für die Unternehmen somit nicht von großem Nachteil, für die Gläubiger aufgrund der längeren Frist allerdings vorteilhafter als das französische und damit insgesamt vorzugswürdig.

Außerdem wird das französische Recht den Gläubigerinteressen nicht immer gerecht, wenn es dem Gericht im Falle der Gefährdung der Forderung zunächst nur die Möglichkeit gibt, die sofortige Rückzahlung anzuordnen[138]. Gerade bei längerfristigen Verbindlichkeiten hat der Gläubiger eventuell ein Interesse daran, dieses Rechtsverhältnis bis zum vertraglich festgelegten Ende durchzuführen, wenn er ausreichende Sicherheit erhielte. Sicherheitsleistung kann derzeit jedoch nur angeordnet werden, wenn die Schuldnerin dies anbietet; diese kann jedoch ein Interesse daran haben, sich der Schuld zu entledigen, so daß ihr die

---

135 siehe oben B. I. 1. a) bb)

136 siehe oben B. I. 1. a) cc)

137 siehe oben C. I. 1. a) bb)

138 siehe oben C. I. 1. a) cc)

Anordnung der sofortigen Rückzahlung entgegen kommt. Daher sollte das Gericht, auch ohne daß die Schuldnerin dies anbietet, die Möglichkeit haben, eine Sicherheitsleistung anzuordnen.

Nicht sachgerecht ist die Beschränkung des Schutzes auf die Gläubiger von im Zeitpunkt der Verschmelzung bereits fälligen Forderungen, die die französische Rechtsprechung in neuerer Zeit vornimmt[139]. Eine solche Regelung war auch in § 132 RefE UmwG 1992 vorgesehen. Dagegen war vorgebracht worden, eine derartige Regelung verstieße gegen Art. 13 I der 3. RL und Art. 12 I der 6. RL, die ein angemessenes Schutzsystem gerade für die Gläubiger nicht fälliger Forderungen verlangen. Gerade diese Gläubiger wurden als besonders schutzwürdig erachtet[140]. Daher ist der deutsche Gesetzgeber von dieser Regelung abgerückt und gewährt den Schutz nun Gläubigern, deren Forderungen vor der Verschmelzung entstanden sind. Entsprechend sollte auch die französische Rechtsprechung, die nur solchen Gläubigern ein Widerspruchsrecht gibt, deren Forderung *certaine, liquide et exigible* ist, aufgegeben werden. Dann wären auch hier die Gläubiger geschützt, deren Forderungen vor der Verschmelzung entstanden sind, was der Gesetzeslage entspricht.

b) Schadensersatzansprüche

Hinsichtlich eventueller Schadensersatzansprüche der Gläubiger bietet das französische Recht weitergehende Möglichkeiten als das deutsche, insbesondere indem es den Gläubigern grundsätzlich eine Anspruch gegen die Sachverständigen an die Hand gibt[141]. Inwieweit diese Möglichkeiten den Gläubigern allerdings nützen, da sie zum einen die Anspruchsvoraussetzungen beweisen und sich zum anderen in der Regel entgegenhalten lassen müssen, daß sie die ihnen zustehenden Sicherungsrechte nicht ausgeübt hätten, ist fraglich.

3. Gläubigerschutz bei Spaltungen

Bei einer Spaltung sieht das UmwG die primäre und gesamtschuldnerische Haftung aller beteiligten Gesellschaften vor[142], beschränkt nur durch die fünfjährige Nachhaftungsbegrenzung der Gesellschaften, denen die jeweilige Verbindlichkeit im Spaltungsplan nicht zugewiesen wurde[143]. Daß die Anordnung

---

139 siehe oben C. I. 1. a) aa)

140 *Heiss*, DZWiR 1993, 12/17; *K. Schmidt*, ZGR 1993, 366/391; *Kleindieck*, ZGR 1992, 513/526

141 siehe oben C. I. 1. c)

142 siehe oben B. I. 2. a) aa)

143 siehe oben B. I. 2. a) bb)

der Gesamtschuld grundsätzlich ein probates Mittel ist, um zu verhindern, daß das Vermögen der gespaltenen Gesellschaft willkürlich und eventuell sogar bewußt zum Nachteil der Gläubiger aufgeteilt wird, steht außer Frage. Diese Gesamtschuld muß jedoch nicht primär sein, ausreichend ist die Androhung der gesamtschuldnerischen Haftung für den Fall, daß die primär schuldende Gesellschaft ihre Verbindlichkeiten nicht erfüllen kann oder will, also eine gesamtschuldnerische Ausfallhaftung[144].

Eine ähnliche Lösung sieht das französische Recht vor: Grundsätzlich haften alle Gesellschaften zwar gesamtschuldnerisch, sie haben jedoch die Möglichkeit, diese Haftung vertraglich abzubedingen. Dann aber können die Gläubiger widersprechen. Der Widerspruch führt dazu, daß ihnen, wenn die primär schuldende Gesellschaft nicht leisten will oder kann und die Forderung gefährdet ist, wieder die gesamte Haftungsmasse der gespaltenen Gesellschaft zur Verfügung steht und sie insoweit auf alle beteiligten Gesellschaften zugreifen können[145]. Dieses Verfahren wird seit der Gesetzgebung 1966 praktiziert, ohne daß Kritik ersichtlich ist. Die Haftung sollte daher auch in Deutschland auf die der jeweiligen Gesellschaft zugewiesenen Verbindlichkeiten eingegrenzt werden. Falls jedoch die Primärschuldnerin - aus welchen Gründen auch immer - ausfällt, muß die subsidiäre Zugriffsmöglichkeit auf die anderen Gesellschaften gegeben sein.

II. Schutz der Inhaber von Sonderrechten

Die Inhaber von Sonderrechten sind in Deutschland bei Verschmelzungen und Spaltungen optimal dadurch geschützt, daß ihnen die übernehmende Gesellschaft gleichwertige Rechte gewähren muß. Sie hat keine Möglichkeit, sich der Sonderrechtsinhaber zu entledigen[146].

In Frankreich ist die *fusion* oder *scission* der Entscheidung der Sonderrechtsinhaber unterworfen. Eine ablehnende Entscheidung verhindert deren Fortgang jedoch nicht. Die Zustimmung ist entbehrlich, wenn die übernehmende Gesellschaft sofort den vorzeitigen Rückkauf der Titel anbietet[147], was die Operation für die Unternehmen teuer machen kann. Dieses System entspricht den Vorgaben von Art. 15 der 3. RL und Art. 13 der 6. RL, wonach die übernehmende Gesellschaft den Sonderrechtsinhabern keine gleichwertigen Rechte gewähren muß, wenn sie den Rückkauf anbietet. Einen ausreichenden Schutz bietet es den

---

144 siehe oben B. I. 2. a) bb) (2)

145 siehe oben C. I. 2. a)

146 siehe oben B. II.

147 siehe oben C. II. 2.

Inhabern von Sonderrechten aber nicht, da die an der Operation beteiligten Gesellschaften es durch entsprechend unattraktive Ausgestaltung der künftig gewährten Sonderrechte in der Hand haben, sich dieser Titelinhaber zu entledigen. Da das französische Konzept zum Schutz der Sonderrechtsinhaber somit zum einen komplizierter ist als das deutsche, da die Titelinhaber in Versammlungen abstimmen müssen und ein Widerspruchsrecht haben können, diesen aber zum anderen einen wesentlich geringeren Schutz bietet, ist die deutsche Regelung, wonach den Sonderrechtsinhabern ohne Wenn und Aber gleichwertige Titel in der aufnehmenden Gesellschaft gewährt werden müssen, vorzugswürdig.

4. Kapitel: Schutz der Arbeitnehmer bei Verschmelzung und Spaltung

A. Schutzbedarf und europarechtliche Vorgaben

In der Regel ist ein Hauptziel einer Verschmelzung die Rationalisierung, so daß mit der Umstrukturierung Personaleinsparungen in allen beteiligten Unternehmen verbunden sind[1]. Für die Arbeitnehmer der übertragenden Rechtsträger stellt sich daher die Frage, ob ihr Arbeitsverhältnis beim übernehmenden Rechtsträger weiterbesteht. Desweiteren ist das Schicksal von Tarifverträgen und Betriebsvereinbarungen von Bedeutung. Um diese Umstände abschätzen zu können, wird gegebenenfalls die tarifliche Interessenvertretung am Verfahren beteiligt werden wollen. Die Zukunft von Mitbestimmungsgremien wie Gesamtbetriebsrat oder Arbeitnehmervertretung im Aufsichtsrat ist fraglich, insbesondere wenn deren Existenz an eine Mindestanzahl von Arbeitnehmern geknüpft ist. Werden nicht nur Unternehmen, sondern auch Betriebe zu einer organisatorischen Einheit verschmolzen, stellt sich die Frage eines Übergangsmandats des Betriebsrates.

Nach Art. 12 der 3. RL und Art. 11 der 6. RL wird die Wahrung der Ansprüche der Arbeitnehmer der beteiligten Gesellschaften gemäß der RL 77/187/EWG über die Wahrung von Ansprüchen der Arbeitnehmer beim Übergang von Unternehmen, Betrieben oder Betriebsteilen[2] geregelt. Kern dieser RL ist es, den Übergang von Arbeitsverhältnissen sicherzustellen[3]. Dementsprechend ordnet Art. 3 I den automatischen Übergang sowohl der im Zeitpunkt des Betriebsübergangs bestehenden Arbeitsverhältnisse als auch der Tarifverträge und Betriebsvereinbarungen an, an die der Übertragende gebunden war (Art. 3 II). Art. 4 I verbietet eine Kündigung der Arbeitnehmer allein aus Gründen des Betriebsübergangs, läßt aber Kündigungen aus anderen Gründen zu. Art. 5 ordnet

---

1 Vgl. nur FAZ vom 9.12.1997 zur Fusion der beiden Schweizer Großbanken Bankgesellschaft und Bankverein: „Die Banken wollen im Ausland 6.000 und in der Schweiz 7.000 Stellen streichen. Das ist knapp ein Viertel der insgesamt 56.000 Beschäftigten." Dies muß andererseits nicht der Fall sein, wie der Bericht über die geplante Fusion der Landesgirokasse mit der Landeskreditbank und der süddeutschen Landesbank zeigt, vgl. FAZ Nr. 55 vom 6.3.1998 S. 24: „Die neue Landesbank soll „eine Jobmaschine" werden".

2 vom 14.2.1977, Abl.EG 1977 Nr. L 61; geändert und überarbeitet durch die RL 98/50/EG des Rates vom 29.6.1998, ABl.EG 1998 Nr. L 201/88 (Umsetzungsfrist 17.7.2001)

3 Begründung zu Art. 3 des RL-Entwurfs, RdA 1975 124/125; *Lutter*, Europäisches Unternehmensrecht S. 652

den grundsätzlichen Fortbestand der betrieblichen Mitbestimmung an und schreibt in Abs. 1 der Neufassung 1998 ein Übergangsmandat des Betriebsrats für den Fall vor, daß die Arbeitnehmervertretung durch den Übergang untergeht; Art. 6 stellt eine Informations- und gegebenenfalls eine Konsultationspflicht - wenn Maßnahmen im Hinblick auf die Arbeitnehmer geplant sind - der Arbeitnehmervertreter im Betrieb sowohl des Veräußerers als auch des Erwerbers auf.

B. Arbeitnehmerschutz in Deutschland

Der Arbeitnehmerschutz bei Betriebsübergängen richtet sich im wesentlichen nach § 613 a BGB und den Vorschriften des BetrVG, die infolge der Umsetzung der 3. und 6. RL nur geringfügige Änderungen erfuhren. Die Geltung dieser Vorschriften bei Umwandlungen war jedoch teilweise streitig. Daher enthalten §§ 321-325 UmwG Regelungen zum individual- und kollektivrechtlichen Bestandsschutz bei Umstrukturierungen.

I. Übergang der Arbeitsverhältnisse

Nach § 324 UmwG bleibt § 613 a I und IV BGB durch die Wirkungen der Eintragung einer Verschmelzung oder Spaltung unberührt.

1. Regelung des § 613 a BGB

Nach § 613 a I BGB tritt bei rechtsgeschäftlichem Übergang eines Betriebes oder Teilbetriebes der Übernehmer in die Rechte und Pflichten des Übertragers ein[4]. Sind diese Rechte und Pflichten in einem Tarifvertrag oder durch eine Betriebsvereinbarung geregelt, werden sie Inhalt des Individualarbeitsverhältnisses und dürfen vor Ablauf von einem Jahr nicht zum Nachteil des Arbeitnehmers abgeändert werden. Ausnahmen hiervon sind in § 613 a I S.3+4 BGB geregelt.

---

4 Der Begriff des Betriebsübergangs hat sich infolge des „Aysen-Süzen-Urteils" des EuGH vom 11.3.1997, BB 1997, 735 geändert: „Betrieb" ist nunmehr eine Gesamtheit von Personen und Sachen zur Ausübung einer wirtschaftlichen Tätigkeit mit eigener Zielsetzung (vgl. auch BAG, Urt. v. 22.5.1997, NZA 1997, 1050/1052). Das BAG hatte zuvor stets den Übergang materieller oder immaterieller Betriebsmittel verlangt, vgl. Urt. v. 9.2.1994, NZA 1994, 612; hierzu insg. *Annuß*, BB 1998, 1582 und *Worzalla*, FA 1998, 44.

2. Geltung des § 613 a BGB bei Umwandlungen

Die Regelung des § 324 UmwG beendet einen langen Streit über die Anwendbarkeit von § 613 a BGB bei Verschmelzungen. Das BAG[5] und ihm folgend die h.M. in der Literatur[6] hatten zuvor die Ansicht vertreten, eine Verschmelzung löse die Anwendung von § 613 a BGB nicht aus, weil hierbei eine Gesamtrechtsnachfolge stattfinde, der Betriebsübergang also auf dem Gesetz beruhe, während § 613 a BGB einen Übergang aufgrund eines Rechtsgeschäfts verlange. Danach gingen bei Verschmelzungen[7] im Zuge der Gesamtrechtsnachfolge zwar die Arbeitsverhältnisse auf den Übernehmer über, nicht aber die Verbandstarifverträge[8]. Im übrigen galt das Kündigungsverbot des § 613 a IV BGB nicht. Diese Rechtsprechung wurde aber zu Recht auch kritisiert, weil sie mit den Vorgaben der RL 77/187/EWG nicht vereinbar war[9]: Diese ist nach Art. 1 I ausdrücklich auch auf Übergänge von „Unternehmen, Betrieben oder Betriebsteilen auf einen anderen Inhaber (...) durch Verschmelzung anwendbar“[10]. Während der 4. Senat des BAG jedoch gleichwohl eine analoge Anwendung des § 613 a I,2 BGB ablehnte und eine vergleichbare Rechtsfolge über § 4 V TVG erreichte[11], wandte der 3. Senat § 613 a I,2 BGB bei einer Verschmelzung entsprechend an[12].

---

5 BAG, Urt. v. 25.4.1981, AP Nr. 24 zu § 613 a BGB; Urt. v. 13.7.1994, NZA 1995, 479/481

6 *Staudinger*-Richardi, § 613 a BGB RN 192; weitere Nachweise bei *Quander*, Betriebsinhaberwechsel und Gesamtrechtsnachfolge S. 13 (FN 35)

7 Bei Betriebsübergängen infolge von Spaltungen hingegen war § 613 a BGB anwendbar, weil hier keine Gesamtrechtsnachfolge stattfand.

8 *Seiter*, Betriebsinhaberwechsel S. 144; *Hanau*, ZGR 1990, 548/553 f.

9 *Debong*, EG-Richtlinie über die Wahrung der Arbeitnehmeransprüche S. 16; *Hanau*, ZGR 1990, 548/552

10 Der Tatbestand des Übergangs durch Verschmelzung war extra in Art. 1 I aufgenommen worden, um für das deutsche Recht klarzustellen, daß dieser von der RL erfaßt werden sollte, weil § 613 a BGB bereits die Formulierung des Betriebsübergangs durch Rechtsgeschäft enthielt; *v. Alvensleben*, Rechte der Arbeitnehmer bei Betriebsübergang S. 209.

11 Urt. v. 13.7.1994, AP Nr. 14 zu § 3 TVG -Verbandszugehörigkeit; vgl. dazu *Gaul*, NZA 1995, 717/719

12 Urt. v. 5.10.1993, AP Nr. 42 zu § 1 BetrAVG; damit war auch die verbreitete Annahme widerlegt, für eine Regelung gemäß § 613 a BGB bestünde bei Verschmelzungen kein Bedürfnis, weil das Arbeitsverhältnis kraft Gesamtrechtsnachfolge übergehe; so *Staudinger*-Richardi, § 613 a BGB RN 81+83.

Nach § 324 UmwG ist nunmehr von einer uneingeschränkten Anwendbarkeit des § 613 a I und IV BGB auszugehen, auch wenn dies aus der unglücklichen Formulierung nicht so klar hervorgeht[13].

3. Bedeutung des § 613 a BGB bei Verschmelzungen

a) Das Arbeitsverhältnis

Die im übertragenden Rechtsträger bestehenden Arbeitsverhältnisse gehen bei der Verschmelzung kraft Gesamtrechtsnachfolge gemäß § 20 I Nr.1 UmwG auf den übernehmenden Rechtsträger über[14]. § 613 a BGB ist ergänzend anzuwenden, wenn ein Betrieb oder Betriebsteil übertragen wird.

b) Widerspruchsrecht

Beim rechtsgeschäftlichen Betriebsübergang im traditionellen Sinne gewährt das BAG den Arbeitnehmern ein Widerspruchsrecht gegen den Übergang ihrer Arbeitsverhältnisse zusammen mit dem Betrieb auf den neuen Inhaber[15]. Dieses Widerspruchsrecht wurde vom EuGH als richtlinienkonform bestätigt[16]. Wendet man § 613 a BGB auf die Verschmelzung an, so liegt es nahe, auch das ungeschriebene Widerspruchsrecht anzuwenden. Denn der Gedanke, nicht für einen aufoktroyierten Arbeitgeber arbeiten zu müssen , gilt bei der Einverleibung eines gesamten Unternehmens im Wege der Verschmelzung ebenso wie beim Verkauf eines Betriebes[17].

Problematisch ist allerdings, daß bei einer Verschmelzung der übertragende Rechtsträger untergeht, so daß im Falle des Widerspruchs das Arbeitsverhältnis nicht mehr mit dem alten Arbeitgeber fortgesetzt werden kann. Daher lehnen einige Autoren[18] in diesem Fall ein Widerspruchsrecht ab. Sinn und Zweck des Widerspruchsrechts ist es jedoch nicht, das alte Arbeitsverhältnis aufrecht zu erhalten. Es beruht vielmehr auf der Erwägung, daß dem Arbeitnehmer nicht

---

13 *Boecken*, ZIP 1994, 1087/1089; *Wlotzke*, DB 1995, 40/42; *Däubler*, RdA 1995, 136/139; Joost in *Lutter*, Kölner Umwandlungsrechtstage S. 319

14 *Bachner*, NJW 1995, 2881/2882; diese Gesamtrechtsnachfolge umfaßt auch solche Verhältnisse, die von § 613 a BGB gar nicht erfaßt sind, wie Vorruhestandsverhältnisse oder Anstellungsverhältnisse von Organmitgliedern; *Goutier/Knopf/Tulloch*-Bermel/Hannappel, UmwG, § 5 RN 69.

15 seit BAG, Urt. v. 2.10.1974, DB 1975, 601 ständige Rspr.

16 EuGH, Urt. v. 16.12.1992, ZIP 1993, 221

17 vgl. BAG, Urt. v. 2.10.1974, DB 1975, 601/602

18 *Däubler*, RdA 1995, 136/140; *Bachner*, NJW 1995, 2881/2882

gegen seinen Willen ein neuer Arbeitgeber aufgezwungen werden kann[19]. Daher muß dieses Recht auch bei Erlöschen des alten Arbeitgebers bestehen[20], wobei dann das Arbeitsverhältnis mit dem Erlöschen des bisherigen Rechtsträgers erlischt[21]. Der Widerspruch läuft somit auf ein fristloses Lösungsrecht des Arbeitnehmers hinaus[22].

c) Weitergeltung von Tarifverträgen und Betriebsvereinbarungen

Ein Verbandstarifvertrag bindet Arbeitgeber und Arbeitnehmer grundsätzlich nur, wenn diese tarifgebunden sind. Beide müssen Mitglied der Organisation sein, die den Tarifvertrag abgeschlossen hat, § 3 I TVG. Dies ergibt sich aus dem Grundsatz der (negativen) Koalitionsfreiheit[23]. Eine Ausnahme hiervon gilt nur, wenn der Tarifvertrag nach § 5 IV TVG für allgemeinverbindlich erklärt worden ist, was die Tarifbindung nach § 3 TVG ersetzt[24]. Ein Tarifvertrag geht im Rahmen der Gesamtrechtsnachfolge somit nicht automatisch auf den Erwerber über, soweit nicht in dessen Person die Voraussetzungen für die Tarifgebundenheit erfüllt sind[25], da hier die Koalitionsfreiheit des Erwerbers in Frage steht[26]. Rechte und Pflichten aus Verbandstarifverträgen werden daher nach § 613 a I,2 BGB Inhalt des Individualarbeitsvertrages. Soweit allerdings im aufnehmenden Unternehmen ein anderer Tarifvertrag gilt, gelten die sich hieraus ergebenden Rechte und Pflichten nach § 613 a I,3 BGB auch für die übergegangenen Arbeitnehmer, selbst wenn sie nachteilig sind[27]. Einmal transformierte Arbeitsbedingungen werden auch durch einen später geschlossenen Tarifvertrag abgelöst[28].

Soweit der übertragende Betrieb als solcher erhalten bleibt, rückt der Übernehmer aufgrund der Gesamtrechtsnachfolge auch in die Rechtsstellung des Vor-

---

19 BAG, Urt. v. 2.10.1974, DB 1975, 601/602; *Lutter*-Joost, UmwG, § 324 RN 28

20 wie hier *Lutter*-Joost, UmwG, § 324 RN 28; *Boecken*, ZIP 1994, 1087/1092 (zur Aufspaltung, bei der ebenfalls der übertragende Rechtsträger erlischt)

21 *Lutter*-Joost, UmwG, § 324 RN 28; *Boecken*, ZIP 1994, 1087/1092; *Mertens*, AG 1994, 66/73; Joost in *Lutter*, Kölner Umwandlungsrechtstage S. 323

22 *Däubler*, RdA 1995, 136/140

23 dazu eingehend *MünchArbR*/Löwisch, § 236 RN 3 ff.

24 *Löwisch/Rieble*, TVG, § 3 RN 14

25 *Seiter*, Betriebsinhaberwechsel S. 148; *Hanau*, ZGR 1990, 548/553

26 *Bachner*, NJW 1995, 2881/2882

27 *Palandt*-Putzo, § 613 a BGB RN 24

28 BAG, Urt. v. 19.3.1986, AP Nr. 49 zu § 613 a BGB

gängers als Vertragspartner von Betriebsvereinbarungen ein[29]. Diese sind zwischen dem Betriebsrat und dem Arbeitgeber als dem Inhaber des Betriebes vereinbart, schaffen eine Ordnung des Betriebes und sind nur an den Fortbestand des Betriebsrats gebunden[30]. Betriebsvereinbarungen können aber, soweit nichts anderes vereinbart wurde, nach § 77 V BetrVG mit einer Frist von drei Monaten gekündigt werden. Werden allerdings bei der Verschmelzung Betriebe derart verschmolzen, daß ihre bisherige Organisationsstruktur aufgelöst wird und an ihre Stelle ein neuer, selbständiger Betrieb tritt, können Betriebsvereinbarungen wegen des Wegfalls der Betriebsidentität nicht fortgelten. In diesem Fall erlangt § 613 a I,2 BGB Bedeutung, wonach diese Inhalt des Individualarbeitsverhältnisses werden und für die Dauer von einem Jahr unkündbar sind.

Streitig ist, wie Firmentarifverträge bei Verschmelzung oder Spaltung zu behandeln sind. Vor Inkrafttreten der Regelung des § 613 a BGB wurden sie mangels anderweitiger Regelung mit Betriebsvereinbarungen gleichgestellt[31]. Diese Auffassung wird heute noch vertreten mit der Begründung, der Übernehmer trete kraft Gesamtrechtsnachfolge in den Firmentarifvertrag ein[32]. Allerdings ist zu beachten, daß der Gesetzgeber in § 613 a BGB nicht zwischen verschiedenen Arten von Tarifverträgen differenziert. Auch nach dem Tarifvertragsgesetz werden Firmentarifverträge wie Verbandstarifverträge behandelt[33]. Zwar ist bei Abschluß eines Firmentarifvertrages nicht erforderlich, daß der Arbeitgeber Mitglied des maßgeblichen Arbeitgeberverbandes ist, die Gleichstellung der möglichen Tarifvertragspartner in § 2 I TVG spricht jedoch dafür, daß es auch dem einzelnen Arbeitgeber überlassen bleiben soll, ob er Partei eines Firmentarifvertrages wird. Daher gehen Firmentarifverträge wie Verbandstarifverträge nicht automatisch mit dem Betriebsübergang auf den Übernehmer über, sondern müssen - durch Vereinbarung mit der Gewerkschaft - vom neuen Arbeitgeber übernommen werden[34]. Mangels einer solchen Vereinbarung gelten Firmenta-

---

29 *Seiter*, Betriebsinhaberwechsel S. 147; *Quander*, Betreibsinhaberwechsel und Gesamtrechtsnachfolge S. 228

30 BAG, Beschl. v. 5.2.1991, EzA § 613 a BGB Nr. 93 (Gründe Ziff. 2 c, cc); Beschl. v. 27.7.1994, AP zu § 613 a Nr. 118 (Gründe Ziff. II, mit Anm. Gussen); *Gussen/Dauck*, Weitergeltung von Betriebsvereinbarungen S. 45 ff./63 sowie S. 31 mit umfangreichen Nachweisen aus der Literatur.

31 Übersicht bei *Borngräber*, Arbeitsverhältnisse bei Betriebsübergang S. 100

32 *Däubler*, Tarifvertragsrecht Anm. 1571; *Löwisch/Rieble*, TVG, § 2 RN 66

33 *Gussen/Dauck*, Weitergeltung von Betriebsvereinbarungen S. 134

34 *Gussen/Dauck*, Weitergeltung von Betriebsvereinbarungen S. 134+242; *Erman*-Hanau, § 613 a BGB RN 79; *Hanau/Vossen*, FS Hilger/Stumpf S. 270/296; *Kreßel*, BB 1995, 925/930; *Hanau*, ZGR 1990, 548/554

rifverträge nach § 613 a I, 4 BGB nur individualrechtlich weiter[35]. Eine andere Lösung würde dem Recht der negativen Koalitionsfreiheit widersprechen.

d) Kündigungsschutz

Die Verschmelzung darf nach § 613 a IV BGB nicht zum Anlaß genommen werden, einem Arbeitnehmer zu kündigen. Demnach ist eine Kündigung nach § 613 a IV BGB unwirksam, wenn der Wechsel in der Person des Betriebsinhabers das tragende Motiv für die Kündigung ist und nicht nur ihr äußerer Anlaß[36]. Dies ist beispielsweise der Fall, wenn der Erwerber aus Kostengründen nur einen Teil der Arbeitnehmer übernehmen will[37]. Eine Kündigung aus anderen Gründen, insbesondere eine betriebsbedingte Kündigung, bleibt allerdings zulässig.

e) Haftung des bisherigen Betriebsinhabers

Bei Betriebsübergängen haftet in der Regel der bisherige Betriebsinhaber nach § 613 a II BGB für die Dauer von einem Jahr neben dem Erwerber für Verpflichtungen aus den übergegangenen Arbeitsverhältnissen. Die umstrittene Frage, ob diese Vorschrift entgegen dem Wortlaut von § 324 UmwG Anwendung findet, kann im Fall der Verschmelzung dahinstehen, weil § 613 a III BGB bei Erlöschen des Überträgers die Haftung nach Absatz 2 ausschließt. Den Arbeitnehmern des übergegangenen Betriebes haftet daher nur der Übernehmer kraft Gesamtrechtsnachfolge für die bis zur Übernahme entstandenen Verbindlichkeiten, vor allem für rückständigen Lohn. Im übrigen haben sie insoweit dieselben Rechte wie sonstige Gläubiger, insbesondere einen Anspruch auf Sicherheitsleistung[38].

4. Besonderheiten bei Spaltungen

a) Aufteilung der Arbeitsverhältnisse

Die Hauptbedeutung des § 613 a I,1 BGB liegt bei der Spaltung, da er die nach § 126 I Nr.9 UmwG grundsätzlich gegebene Zuordnungsfreiheit hinsichtlich der bestehenden Arbeitsverhältnisse einschränkt: Bei Übertragung eines Betriebes oder Betriebsteils gehen zwingend die an diesen gebundenen Arbeitsverhältnis-

---

35 a. A. neuerdings das BAG, Urt. v. 24.6.1998, NZA 1998, 1346 (Firmentarifverträge gelten aufgrund Gesamtrechtsnachfolge kollektivrechtlich fort)

36 BAG, Urt. v. 26.5.1983, NJW 1984, 627//629

37 *Soergel*-Raab, § 613 a BGB RN 188

38 vgl. dazu Kapitel 3 B. I. 1. a)

se auf den Übernehmer über. Die Zuordnung im Spaltungsvertrag ist insoweit rein deklaratorisch, eine anderweitige Zuweisung unbeachtlich[39]. Durch das Verbot einer isolierten Zuordnung von Arbeitsverhältnissen ohne Rücksicht auf ihre bisherige betriebsorganisatorische Einbindung wird ein Gleichlauf von Arbeitsplatz und Arbeitsverhältnis erreicht[40].

Die Zuordnung der Arbeitsverhältnisse im Spaltungsplan ist allerdings dann beachtlich, wenn kein Betrieb oder Betriebsteil von der Spaltung erfaßt ist oder wenn die genaue Zuordnung einzelner Arbeitsverhältnisse zu den an der Spaltung beteiligten Rechtsträgern nicht möglich ist[41]. Letzteres kann insbesondere auf Arbeitnehmer in Stabsabteilungen zutreffen oder auf „Springer", die regelmäßig in verschiedenen Betriebsabteilungen eingesetzt werden[42]. Kommt in diesen Fällen die Zuordnung in einem Interessenausgleich zustande, kann sie nach § 323 II UmwG vom Arbeitsgericht nur auf grobe Fehlerhaftigkeit überprüft werden[43]. Da bei einer solchen Zuordnung mangels Übergangs eines kompletten Betriebes die Betriebsvereinbarungen nicht kraft Gesamtrechtsnachfolge auf den Übernehmer übergehen und auch § 613 a BGB - auch hinsichtlich der Tarifverträge - keine direkte Anwendung findet, fehlt ein Bestandsschutz für die kollektivvertraglichen Regeln. Wegen der vergleichbaren Interessenlage ist § 613 a I,2-4, IV BGB in diesen Fällen analog anzuwenden[44]. Die kollektivvertraglichen Regelungen werden damit auch bei Zuordnung einzelner Arbeitsverhältnisse durch den Spaltungsvertrag Inhalt des Individualarbeitsvertrages. Dies ist auch wegen der europarechtlichen Vorgaben erforderlich, da nach Art. 11 der 6. RL der Schutz der Arbeitnehmer nach der RL 77/187/EWG in allen

---

39 RegEBegr. zu § 126 I Nr. 9 UmwG, bei Ganske S. 136; *Wlotzke*, DB 1995, 40/42; *Willemsen*, RdA 1993, 133; *Sagasser/Bula*, Umwandlungen RN C 37

40 *Willemsen*, RdA 1993, 133/137

41 *Dehmer*, UmwG, § 323 RN 17

42 *Willemsen*, RdA 1993, 133/137; *Wlotzke*, DB 1995, 40/43; z.T. abweichend *Däubler*, RdA 1995, 136/140, der in diesen Fällen die Zustimmung des Arbeitnehmers verlangt.

43 Die Regelung des § 323 II UmwG schließt allerdings eine Zuordnung der Arbeitsverhältnisse im Spaltungsvertrag nicht aus (a. A. *Bauer/Lingemann*, NZA 1994, 1057/1061), auch nicht, wenn ein Betriebsrat vorhanden ist. Andernfalls wäre eine Zuordnung nicht möglich, wenn es keinen Betriebsrat gibt. Für eine Differenzierung danach, ob die Arbeitnehmer vertreten werden oder nicht, spricht weder der Wortlaut noch der Sinn der Vorschrift. Die Besonderheit des § 323 II UmwG besteht daher nur darin, daß die Überprüfung durch das Arbeitsgericht eingeschränkt ist, wenn der Betriebsrat bei der Zuordnung beteiligt wurde.

44 *Sagasser/Bula*, Umwandlungen RN C 39+42; *Boecken*, ZIP 1994, 1087/1095

Spaltungsfällen gelten soll[45]. Eine entsprechende Regelung durch den Gesetzgeber wäre wünschenswert.

b) Widerspruchsrecht

Auch bei Spaltungen haben die Arbeitnehmer ein Widerspruchsrecht gegen den Übergang ihres Arbeitsverhältnisses. Dies gilt selbst dann, wenn das Arbeitsverhältnis nicht nach § 613 a I,1 BGB auf den Übernehmer übergeht, sondern eine Zuordnung im Spaltungsplan gemäß § 126 I Nr.9 UmwG oder im Interessenausgleich erfolgt[46]. Die vom EuGH bestätigte Überlegung, daß eine zwangsweise Übertragung von Arbeitsverhältnissen die verfassungsrechtlich garantierte freie Wahl des Arbeitsplatzes tangiere und dem Arbeitnehmer daher ein Widerspruchsrecht eingeräumt werden müsse, greift bei der spaltungsrechtlichen Zuordnung in gleichem Maße wie in den Fällen des § 613 a BGB[47]. Gesetzestechnisch läßt sich dies aus dem in § 132 S.1 UmwG festgelegten Vorbehalt des allgemeinen Rechts herleiten, da das Widerspruchsrecht des Arbeitnehmers zu den Prinzipien des allgemeinen Rechts gehört[48].

Bei Abspaltung und Ausgliederung führt der Widerspruch dazu, daß das Arbeitsverhältnis mit dem ursprünglichen Arbeitgeber bestehen bleibt[49]. Soweit dieser für den Widersprechenden keine Beschäftigungsmöglichkeit hat, weil dessen Beschäftigungsbereich übergegangen ist, hat er die Möglichkeit, eine betriebsbedingte Kündigung auszusprechen. Der widersprechende Arbeitnehmer kann sich im Rahmen einer Kündigungsschutzklage auf eine fehlerhafte Sozialauswahl nach § 1 III KSchG nur berufen, wenn für den Widerspruch ein sachlicher Grund vorliegt[50]. In der Praxis führt der Widerspruch in der Regel

---

45 *Boecken*, ZIP 1994, 1087/1095

46 *Sagasser/Bula*, Umwandlungen RN C 39+40

47 *Sagasser/Bula*, Umwandlungen RN C 39

48 *Sagasser/Bula*, Umwandlungen RN C. 40; vgl. auch die RegEBegr. zu § 132 UmwG bei *Ganske* S. 144; *Boecken*, ZIP 1994, 1087/1092 nimmt im Rahmen von § 132 S.1 UmwG Bezug auf § 613 S.2 BGB, wonach der Anspruch auf Dienste im Zweifel nicht übertragbar ist und kommt so zu einem Zustimmungserfordernis seitens des Arbeitnehmers, was aber aus Praktikabilitätsgründen abzulehnen ist.

49 Bei einer Aufspaltung, bei der der übertragende Rechtsträger erlischt, verhält es sich wie bei der Verschmelzung, siehe daher oben B. I. 3. b).

50 BAG, Urt. v. 7.4.1993, DB 1993, 1877; Urt. v. 21.3.1996, NZA 1996, 974/977 ff.; vgl. auch *Pietzko*, Der Tatbestand des § 613 a BGB S. 304 ff. zum Meinungsstand in der Literatur.

dazu, daß der bisherige Arbeitsplatz im Wege der betriebsbedingten Kündigung verlorengeht[51].

c) Kündigungsschutz

Wie die Verschmelzung darf auch die Spaltung nach § 613 a IV BGB nicht Anlaß zur Kündigung sein[52].

Zusätzlich darf sich nach der Regelung des § 323 I UmwG die kündigungsrechtliche Stellung der Arbeitnehmer bei Spaltungen für die Dauer von zwei Jahren aufgrund der Spaltung nicht verschlechtern. Dies ist erforderlich, weil die kündigungsrechtliche Stellung unter anderem von den betrieblichen Verhältnissen des den Arbeitnehmer beschäftigenden Rechtsträgers abhängt. So gilt beispielsweise § 23 I,1 KSchG nicht für Betriebe, in denen in der Regel zehn oder weniger Arbeitnehmer beschäftigt sind (Kleinbetriebsklausel)[53]. Wenn ein Arbeitnehmer vor der Spaltung in einem Betrieb mit mehr als zehn Arbeitnehmern beschäftigt war, danach in einem Kleinbetrieb, wird er aufgrund von § 323 I UmwG noch zwei Jahre lang kündigungsrechtlich so behandelt, als würde er nicht in einem Kleinbetrieb arbeiten. Auch kann sich der Arbeitnehmer bei einer betriebsbedingten Kündigung für die Dauer von zwei Jahren auf die Weiterbeschäftigungsmöglichkeit auf freien Arbeitsplätzen in anderen aus der Spaltung hervorgegangenen Unternehmen berufen[54].

Außerdem ordnet § 322 II UmwG an, daß dann, wenn an einer Spaltung beteiligte Rechtsträger einen Betrieb nach dem Wirksamwerden der Spaltung gemeinsam führen, dieser als Betrieb im Sinne des Kündigungsschutzrechts gilt. Das heißt insbesondere, daß in diesem Fall zur Ermittlung der Arbeitnehmerzahl gemäß § 23 I,2 KSchG alle Arbeitnehmer des bisherigen, nunmehr gespaltenen Betriebes zusammenzurechnen sind[55] und daß im Fall der betriebsbedingten Kündigung auch die Sozialauswahl und die Prüfung einer anderweitigen

---

51 *Däubler*, RdA 1995, 140; *Mertens*, Umwandlung und Universalsukzession S. 171

52 siehe oben B. I. 3. d)

53 Die Vorschrift ist durch Gesetz vom 25.9.1996 (BGBl. I 1996, S. 1476) mit Wirkung zum 1.10.1996 geändert worden. Nach § 23 I,4 KSchG gilt für Arbeitnehmer, die schon vor dem Inkrafttreten der Neuregelung Kündigungsschutz nach der alten Regelung genossen, wonach ein Kleinbetrieb nur bei 5 oder weniger Arbeitnehmern vorlag, eine Übergangsregel.

54 *Löwisch*, TK-KSchG, § 1 RN 261

55 *Bauer/Lingemann*, NZA 1994, 1057/1060

Beschäftigungsmöglichkeit auf den gemeinsamen Betrieb zu erstrecken ist[56]. Damit wurde die ständige Rechtsprechung kodifiziert, die den „gemeinsamen Betrieb" im Rahmen des Kündigungsschutzrechts seit längerem anerkennt[57]. Der Arbeitnehmer hat die Voraussetzungen des gemeinsamen Betriebes darzulegen und zu beweisen. Die Vermutung des § 322 I UmwG, wonach ein gemeinsamer Betrieb vorliegt, wenn die Organisation des gespaltenen Rechtsträgers beibehalten wird, gilt nur für die Anwendung des BetrVG und kommt ihm daher nicht zugute. Er muß die äußeren Umstände für die zumindest konkludente Vereinbarung einer einheitlichen Führung dartun. Diese kann sich aus der gemeinsamen Nutzung der technischen und immateriellen Betriebsmittel, der gemeinsamen räumlichen Unterbringung, der personellen, technischen und organisatorischen Verknüpfung der Arbeitsabläufe oder einer unternehmensübergreifenden Leitungsstruktur zur Durchführung der arbeitstechnischen Zwecke, insbesondere zur Wahrnehmung des Direktionsrechts des Arbeitgebers ergeben[58].

d) Haftung des bisherigen Arbeitgebers

Bei einer Abspaltung und Ausgliederung stellt sich die Frage nach der Haftung des bisherigen Betriebsinhabers nach § 613 a II BGB, dessen Anwendung insoweit nicht durch § 613 a III BGB ausgeschlossen ist. Nach § 613 a II BGB haftet der neue Betriebsinhaber gesamtschuldnerisch neben dem alten Inhaber für Verpflichtungen, die vor dem Betriebsübergang entstanden sind, soweit diese innerhalb eines Jahres nach dem Übergang fällig werden. Andererseits sind Arbeitnehmer hinsichtlich ihrer Ansprüche auch Gläubiger, so daß die Haftung nach § 133 UmwG in Betracht kommt, wonach alle an der Spaltung beteiligten Rechtsträger auf fünf Jahre gesamtschuldnerisch für vor der Spaltung entstandene Ansprüche haften. Da das UmwG den Arbeitnehmer besserstellt, ist das Konkurrenzverhältnis der beiden Haftungsnormen zu klären[59].

Der Gesetzgeber selbst hat zur Klärung nicht beigetragen, sondern sorgt insoweit nur für mehr Verwirrung[60], weil er einerseits in § 324 UmwG nur auf

---

56 BAG, Urt. v. 13.6.1985, AP Nr.10 zu § 1 KSchG 1969; RegEBegr. zu § 322 II UmwG, bei *Ganske* S. 286

57 BAG, Urt. v. 13.6.1985, AP Nr.10 zu § 1 KSchG 1969; Urt. v. 5.3.1987, BAGE 55, 117

58 BAG, Urt. v. 18.1.1990, NZA 1990, 977/978

59 *Lutter*-Joost, UmwG, § 324 RN 35; dies gilt auch nach der hier favorisierten gesamtschuldnerischen Ausfallhaftung (vgl. oben Kapitel 3, B. II. a) bb) (2), wonach der bisherige Arbeitgeber zwar nur haftet, wenn der neue nicht zahlen kann oder will, dafür aber zeitlich unbegrenzt.

60 Obwohl *Willemsen*, RdA 1993, 133/138 bereits auf die Problematik hingewiesen hatte.

§ 613 a I+IV BGB verweist, andererseits durch Art. 2 UmwBerG den § 613 a III BGB so geändert hat, daß man eine grundsätzliche Geltung des § 613 a II BGB annehmen könnte[61]. Der Konflikt läßt sich lösen, wenn man den Zweck des § 613 a II BGB berücksichtigt: Diese Norm soll den Arbeitnehmer besser stellen, als er ohne sie stünde. Diesem Zweck widerspricht es, wenn die Regelung auch dann angewendet wird, wenn der Arbeitnehmer ohne sie besser stünde[62]. Unabhängig davon, ob mit der Verweisung in § 324 UmwG die Anwendung von § 613 a II BGB ausgeschlossen sein soll oder nicht, richtet sich die Forthaftung des bisherigen Arbeitgebers daher nach § 133 UmwG[63].

II. Information der Arbeitnehmer und deren Vertretungen

1. Information durch den Umwandlungsvertrag

Nach § 5 I Nr.9 / § 126 I Nr.11 UmwG muß der Verschmelzungs- oder Spaltungsvertrag Angaben über die „Folgen der Verschmelzung / Spaltung für die Arbeitnehmer und ihre Vertretungen sowie die insoweit vorgesehenen Maßnahmen“ enthalten. Der Vertrag ist nach § 5 III / § 126 III UmwG spätestens einen Monat vor der Beschlußfassung durch die Anteilseigner den zuständigen Betriebsräten zuzuleiten. Die rechtzeitige Zuleitung ist bei Anmeldung der Operation zur Eintragung nach § 17 I UmwG nachzuweisen, ansonsten wird die Eintragung abgelehnt.

Welche Informationen genau in den Vertrag aufzunehmen sind, ist im Gesetz nicht festgelegt. Auch die Erläuterung des Gesetzgebers[64], daß „die durch die Verschmelzung eintretenden individual- und kollektivarbeitsrechtlichen Änderungen“ aufzuzeigen seien, ist nicht praktikabel, da ein Aufführen aller Folgen für die Arbeitnehmer den Vertrag sprengen würde[65]. Die bisherige Praxis ist dementsprechend sehr uneinheitlich[66]. Während einige Unternehmen sich auf

---

61 vgl. RegEBegr. zu Art. 2 UmwBerG, bei *Ganske* S. 287

62 *Lutter*-Joost, UmwG, § 324 RN 36

63 ebenso *Boecken*, ZIP 1994, 1087/1094; *Wlotzke*, DB 1995, 40/42; *Sagasser/Bula*, Umwandlungen RN C 46; a.A. *Däubler*, RdA 1995, 136/142, der § 133 UmwG wegen § 613 a III BGB bei einer Aufspaltung, bei Abspaltung und Ausgliederung jedoch § 613 a II BGB anwenden will; dies ist wegen der daraus resultierenden Ungleichbehandlung der Arbeitnehmer jedoch abzulehnen (so auch Joost in *Lutter*, Kölner Umwandlungsrechtstage S. 325).

64 RegEBegr. zu § 5 I Nr.9 UmwG, bei *Ganske* S. 41

65 *Dehmer*, UmwG, § 5 RN 45; vgl. auch *Drygala*, ZIP 1996, 1365

66 *Drygala*, ZIP 1996, 1365/1366

die Angabe der unmittelbaren Folgen beschränken[67], versuchen andere, auch mittelbare Folgen möglichst umfassend anzugeben, so daß der Text der veröffentlichten Verträge hauptsächlich aus Angaben zu den Folgen für die Arbeitnehmer besteht[68]. Wieder andere flüchten sich in nichtssagende Klauseln dergestalt, daß mit Rationalisierungsmaßnahmen zwar zu rechnen sei, verbindliche Beschlüsse hierüber aber noch nicht gefaßt seien und das Unternehmen zu gegebener Zeit mit dem Betriebsrat verhandeln werde[69]. Dies zeigt, daß große Unsicherheit herrscht, insbesondere hinsichtlich der Notwendigkeit der Angaben zu mittelbaren Folgen, die nicht direkt aus der Umwandlung resultieren.

Diejenigen Folgen, die durch die Operation unmittelbar bewirkt werden, sind auf alle Fälle anzugeben. Dadurch erhalten die Arbeitnehmer und ihre Vertretungen Rechtsklarheit über die hierdurch entstehenden Auswirkungen auf den Bestand der Arbeitsverhältnisse, das Schicksal tarifvertraglicher und auf Betriebsvereinbarung beruhender Ansprüche sowie die betriebliche und unternehmerische Interessenvertretung[70]. Teilweise wird gefordert, daß auch mittelbar mit der Operation verbundene Folgen, wie Umstrukturierungs- oder Rationalisierungsmaßnahmen in den Vertrag aufzunehmen seien[71]. Ein Aufnehmen aller mittelbaren Folgen würde den Vertrag jedoch überlasten[72]. Der Umwandlungsvertrag dient primär den Interessen der Anteilsinhaber und muß hinsichtlich der sonstigen Bestandteile keine mittelbaren Folgen aufzeigen, weil diese den Anteilsinhabern im Vorstandsbericht aufgezeigt werden[73]. Würde man alle mittelbaren arbeitsrechtlichen Folgen aufnehmen, würde der Vertrag zu einer Art Vorstandsbericht für die Arbeitnehmer[74]. Die Aufnahme nur einiger mittelbarer Folgen böte unnötig Streitpotential über die Vollständigkeit der Angaben. Zudem sprechen Geheimhaltungsinteressen der Unternehmen gegen die Aufnahme auch mittelbarer Folgen, da der Umwandlungsvertrag veröffentlicht wird. Auch

---

67 So etwa bei der Verschmelzung der Datax AG mit der Securenta AG, BAnz 1996, S. 5015.

68 So bei der Verschmelzung der Kaufhalle AG und der KCG Kaufcenter GmbH, BAnz 1995, S. 5888.

69 So bei der Ausgliederung des Brauereibetriebes der Dinkelacker AG auf eine gemeinsame Tochter mit der Schwaben Bräu AG (Dinkelacker Schwaben Bräu), BAnz 1996, S. 4685.

70 *Lutter*-Joost, UmwG, § 4 RN 40; *Drygala*, ZIP 1996, 1365; *Goutier/Knopf/Tulloch*-Bermel/Hannappel, UmwG, § 5 RN 98; *Joost*, ZIP 1995, 976/979

71 *Wlotzke*, DB 1995, 40/45; *Bachner*, NJW 1995, 2881/2886

72 *Lutter*-Lutter, UmwG, § 5 RN 56

73 *Sagasser/Bula*, Umwandlungen RN G 52

74 *Lutter*-Lutter, UmwG, § 5 RN 56

die Konkurrenz erhielte so von den geplanten Maßnahmen Kenntnis[75]. Die Arbeitnehmervertreter hingegen erhalten die entsprechenden Informationen über §§ 106, 111 BetrVG[76] unabhängig vom eigentlichen Umwandlungsvorgang, so daß sie der zusätzlichen Information im Umwandlungsvertrag nicht bedürfen[77]. Daher sind im Umwandlungsvertrag nur die unmittelbar wirkenden Konsequenzen individual- oder kollektivarbeitsrechtlicher Natur aufzuführen[78].

2. Informationen nach dem Betriebsverfassungsgesetz

Die Information durch den Umwandlungsvertrag tritt neben die schon bisher bestehenden Unterrichtungspflichten nach dem allgemeinen Betriebsverfassungsrecht in §§ 111, 106 BetrVG[79].

a) Betriebsänderungen

Nach § 111 BetrVG hat der Unternehmer in Betrieben mit in der Regel mehr als zwanzig Arbeitnehmern den Betriebsrat über geplante Betriebsänderungen, die für die Arbeitnehmer nachteilig sein können, zu informieren, damit Verhandlungen über Interessenausgleich und Sozialplan geführt werden können. Als Betriebsänderung gilt nach § 111 S.2 Nr.3 BetrVG auch der Zusammenschluß mit anderen Betrieben oder die Spaltung von Betrieben. Zu beachten ist, daß bei einer Unternehmensspaltung, bei der nicht auch ein Betrieb gespalten wird, diese Unterrichtungspflicht ebensowenig gilt wie bei einer Verschmelzung, bei der die Betriebe ihre Eigenständigkeit behalten[80]. Auch in diesen Fällen können

---

75 *Lutter*-Lutter, UmwG, § 5 RN 56; *Sagasser/Bula*, Umwandlungen RN G 52

76 dazu sogleich unter Ziff. 2

77 Auch soweit eine Arbeitnehmervertretung nicht vorhanden ist, ist den Unternehmensinteressen aus den oben genannten Erwägungen Vorrang einzuräumen, so daß auch in diesem Fall die mittelbaren Folgen nicht im Umwandlungsvertrag aufzuführen sind.

78 ebenso: *Sagasser/Bula*, Umwandlungen RN G 53; *Lutter*-Lutter, UmwG, § 5 RN 54; *Kreßel*, BB 1995, 925/926; *Müller*, DB 1997, 713/714; ein bloßer Verweis auf die gesetzlichen Vorschriften genügt allerdings nach OLG Düsseldorf, Beschl. v. 15.5.1998, DB 1998, 1399 = GmbHR 1998, 745 = NZG 1998, 648 nicht; umfassend zum Streitstand *Willemsen*, RdA 1998, 23/25 ff.

79 Diese Unterrichtungspflichten gelten über § 32 SprAuG auch für die Sprecherausschüsse der leitenden Angestellten.

80 *Drygala*, ZIP 1996, 1365/1369; *Joost*, ZIP 1995, 976/977

jedoch Unterrichtungspflichten aus anderen Tatbeständen des § 111 BetrVG resultieren, so daß dieser stets komplett durchzuprüfen ist[81].

b) Wirtschaftsausschuß

Nach § 106 III Nr.8 BetrVG[82] ist der Wirtschaftsausschuß, der in Unternehmen mit in der Regel mehr als hundert Arbeitnehmern als unselbständiges Hilfsorgan des Betriebsrats gebildet werden muß (§ 106 I BetrVG)[83], über den Zusammenschluß oder die Spaltung von Unternehmen oder Betrieben zu informieren.

3. Verhältnis der Informationspflichten zueinander

Die Informationen nach dem UmwG unterscheiden sich erheblich von den Informationen nach dem BetrVG, sowohl hinsichtlich der Voraussetzungen als auch hinsichtlich des Inhaltes und der Folgen ihrer Unterlassung. Daher ist zu prüfen, in welchem Verhältnis diese Informationspflichten zueinander stehen[84].

Ihrem Inhalt nach ist die Information im Umwandlungsvertrag über die unmittelbaren Folgen der Operation nur ein Bestandteil der Unterrichtung nach dem BetrVG, die auch die mittelbaren Folgen umfaßt. Deshalb wird vertreten, erstere sei überflüssig und solle angesichts der hinsichtlich des Inhalts bestehenden Unsicherheiten ganz entfallen[85].

Die Information im Umwandlungsvertrag muß jedoch immer gegeben werden, auch in Kleinbetrieben, in denen die Mindestarbeitnehmeranzahl nach dem BetrVG nicht erreicht wird oder wenn aus sonstigen Gründen kein Betriebsrat vorhanden ist[86]. Zwar ist das Informationsbedürfnis der Arbeitnehmer in Kleinbetrieben nicht so groß, da der Betriebsrat (soweit vorhanden) ohnehin nur eingeschränkte Möglichkeiten hat, insoweit die Arbeitnehmer zu vertreten, denn Interessenausgleich und Sozialplan setzen auch eine Betriebsgröße von

---

81 Eine Verschmelzung kann beispielsweise zur Folge haben, daß besser arbeitsteilig produziert werden kann und daher neue Fertigungsverfahren eingeführt werden, so daß § 111 S.2 Nr.5 BetrVG einschlägig ist; *Drygala*, ZIP 1996, 1365/1369 sowie *Gaul*, DB 1995, 2265/2266 f. mit weiteren Beispielen.

82 Diese Vorschrift wurde durch Art. 13 Nr. 1 UmwBerG erweitert.

83 BAG, Urt. v. 5.2.1991, AP Nr. 10 zu § 106 BetrVG 1972

84 hierzu eingehend *Willemsen*, RdA 1998, 23/29 f.

85 *Drygala*, ZIP 1996, 1365/1371

86 vgl. *Müller*, DB 1997, 713/716; a. A. *Joost*, ZIP 1995, 976/985

mindestens zwanzig wahlberechtigten Arbeitnehmern voraus[87]. Andererseits ist gerade in Kleinbetrieben, die viel stärker als Großbetriebe von der Person des Inhabers abhängen und in denen individueller geprägte Vereinbarungen bestehen können, die Information über die Folgen der Operation von Bedeutung.

Weiterhin ist die Information im Umwandlungsvertrag unabhängig von einer Betriebsänderung. Wenn eine solche nicht vorliegt, hat die Operation zwar in der Regel auch keine nachteiligen Folgen für die Arbeitnehmer. Dies bedeutet jedoch nur, daß kein Interessenausgleich erforderlich ist. Die Arbeitnehmer haben gleichwohl ein Recht, zu wissen, für wen sie künftig arbeiten, wer ihren Lohn bezahlt und was mit den Betriebsvereinbarungen und Tarifverträgen geschieht, die durch solche im Betrieb des Übernehmers ersetzt werden können, auch wenn diese für die Arbeitnehmer nachteilig sind[88].

Im übrigen ist die Durchsetzung der Information sehr unterschiedlich: Die Beteiligung nach dem BetrVG kann im Beschlußverfahren durchgesetzt werden, die Verletzung dieser Auskunftspflicht stellt eine Ordnungswidrigkeit nach § 121 BetrVG dar; bei Durchführung einer Betriebsänderung ohne die erforderliche Beteiligung des Betriebsrats ist gegebenenfalls ein Nachteilsausgleich nach § 113 III BetrVG durchzuführen. Dieses Instrumentarium kann jedoch nicht verhindern, daß ein Unternehmer eine Umwandlung ohne Information der Arbeitnehmer durchführt[89] und die Sanktionen in Kauf nimmt. Die Regelung der §§ 5 III und 126 III in Verbindung mit § 17 UmwG garantieren, daß die Arbeitnehmer zumindest über die unmittelbaren Folgen der Umwandlung informiert werden.

Insgesamt betrachtet stellt die Information nach dem UmwG somit eine wirkungsvolle Ergänzung der Unterrichtungspflicht nach dem allgemeinen Betriebsverfassungsrecht dar und ist daher nicht entbehrlich.

---

87 *Drygala*, ZIP 1996, 1365/1369

88 vgl. oben B. I. 3 c)

89 Die Möglichkeit einer einstweiligen Untersagungsverfügung ist außerhalb von § 23 III BetrVG, also wenn keine grobe Pflichtverletzung vorliegt, auch nach der Entscheidung des BAG vom 3.5.1994, BB 1994, 2273, in der dem Betriebsrat bei Verletzung seiner Mitbestimmungsrechte aus § 87 BetrVG ein allgemeiner Anspruch auf Unterlassung zugebilligt wurde, sehr umstritten; Rechtsprechung gibt es insoweit zu § 111 BetrVG nicht; vgl. Joost in *Lutter*, Kölner Umwandlungsrechtstage S. 297/305.

III. Folgen der Verschmelzung oder Spaltung für den Betriebsrat

1. Übergangsmandat des Betriebsrats

Der Betriebsinhaberwechsel als solcher verändert das Mandat des Betriebsrats nicht, solange der Betrieb seine Identität behält, wenn er also als selbständige arbeitstechnische Organisationseinheit erhalten bleibt[90]. Der Betrieb verliert seine Betriebsratsfähigkeit nur mit Verlust seiner Selbständigkeit durch Eingliederung in einen anderen Betrieb oder durch Zusammenlegung mit einem anderen Betrieb, wobei ein neuer Betrieb gebildet wird. Dann endet die Amtszeit des bisherigen Betriebsrats[91].

Wird ein Betriebsteil auf einen anderen Inhaber übertragen, so verliert der Betriebsrat die Zuständigkeit für die in dem bisherigen Betriebsteil beschäftigten Arbeitnehmer[92]. Dadurch kann es zu einer betriebsratslosen Zeit kommen, da das Bundesarbeitsgericht ein allgemeines Übergangsmandat für den Fall der Betriebsteilveräußerung nach bisherigem Recht ausdrücklich abgelehnt hat[93]. Die Arbeitnehmer aber bedürfen in der für sie kritischen Phase von Umstrukturierungen in besonderem Maße des kollektiven Schutzes durch den Betriebsrat[94]. Daher regelt § 321 UmwG nunmehr ein zeitlich befristetes Übergangsmandat, soweit die bisherige betriebliche Einheit verändert wird und die neue

---

90 BAG, Beschl. v. 28.9.1988, NZA 1989, 188; Beschl. v. 11.10.1995, NZA 1996, 495; *Löwisch*, BB 1990, 1698; *Soergel*-Raab, § 613 a BGB RN 139 f.

91 *MünchArbR*/Joost § 297 RN 16

92 BAG, Urt. v. 23.11.1988, AP Nr. 77 zu § 613 a BGB

93 BAG, Urt. v. 23.11.1988, AP Nr. 77 zu § 613 a BGB; vgl. auch *Fitting*, BetrVG, § 21 RN 42; diese Frage ist zu unterscheiden vom sog. Restmandat des Betriebsrats im Fall der Stillegung des Betriebes, das nur Abwicklungsangelegenheiten betrifft, nicht aber den Übergang zu einer neuen betriebsverfassungsrechtlichen Repräsentation; Joost in *Lutter*, Kölner Umwandlungsrechtstage S. 297/299.

94 *Düwell*, ArbuR 1994, 357/358

Einheit selbst betriebsratsfähig ist[95]. § 321 I UmwG enthält eine Sondervorschrift für die Unternehmensspaltung und greift nur, wenn mit dieser auch eine Betriebsspaltung verbunden ist. Dann vertritt der Betriebsrat des gespaltenen Betriebes weiterhin auch die Interessen der Arbeitnehmer in den aus der Spaltung hervorgegangenen Betriebsteilen. Dies gilt nicht, wenn ein Betriebsteil in einen Betrieb eingegliedert wird, in dem ein Betriebsrat besteht, weil dieser dann auch die neuen Arbeitnehmer vertritt[96]. Außerdem muß der Betriebsteil über die in § 1 BetrVG genannte Mindestarbeitnehmerzahl verfügen, da der eigentliche Zweck dieses Übergangsmandats der ist, Neuwahlen vorzubereiten und andernfalls der jetzt selbständige Betrieb keinen neuen Betriebsrat bilden kann. Das Übergangsmandat gilt wegen dieses Zweckes auch nur, bis ein neuer Betriebsrat gewählt ist, längstens jedoch für sechs Monate[97]. Deshalb hat der Betriebsrat nach § 321 I,2 UmwG unverzüglich Wahlvorstände zu bestellen. Inhaltlich ist das Übergangsmandat ein Vollmandat. Bis der neue Betriebsrat gewählt ist, hat der Betriebsrat alle Kompetenzen, die er vor der Spaltung hatte[98].

Werden Betriebsteile, die bislang verschiedenen Betrieben zugeordnet waren, oder Betriebe zu einem neuen Betrieb zusammengefaßt, so nimmt nach § 321 II UmwG der Betriebsrat, dem der nach der Zahl der wahlberechtigten Arbeitnehmer größte Betriebsteil zugeordnet war beziehungsweise des danach größten Betriebes das Übergangsmandat wahr.

---

95 *Fitting*, BetrVG, § 21 RN 44a; vgl. auch *Düwell*, NZA 1996, 393/395; ob hieraus jetzt ein allgemeines Übergangsmandat abgeleitet werden kann, ist streitig, so das LAG Berlin, Beschl. v. 19.10.1998, NZA 1998, 1354; Überblick bei *Bachner*, DB 1995, 2068; *Kallmeyer*-Willemsen, UmwG, § 321 RN 25 f.; wegen des Ausnahmecharakters der Vorschrift ist dies jedoch zu verneinen, vgl. ArbG Frankfurt a.M., Beschl. v. 27.11.1997, NZA-RR 1998, 129; *Schiefer*, FA 1998, 270/274. Die RL 98/50/EG zur Änderung der BetriebsübergangsRL sieht in Art. 5 Unterabs. 4 für die Fälle, in denen der Betrieb oder Betriebsteil seine Selbständigkeit verliert, nunmehr vor, daß die Mitgliedsstaaten die erforderlichen Maßnahmen treffen, damit die von dem Übergang betroffenen Arbeitnehmer, die vor dem Übergang vertreten wurden, während des Zeitraums, der für die Neubildung der Arbeitnehmervertretung erforderlich ist, weiterhin angemessen vertreten werden. Daraus will *Krause*, NZA 1998, 1201/1203 ff. bereits jetzt ein allgemeines Übergangsmandat herleiten. Die Umsetzungsfrist läuft allerdings erst am 17.7.2001 ab; bis dahin ist außerhalb der spezialgesetzlichen Regelung ein Übergangsmandat abzulehnen.

96 Gegebenenfalls muß nach § 13 II,1 BetrVG eine außerordentliche Neuwahl stattfinden.

97 Ursprünglich waren drei Monate vorgesehen, was auch ausreichend gewesen wäre; vgl. *Bauer/Lingemann*, NZA 1994, 1057/1058.

98 Joost in *Lutter*, Kölner Umwandlungsrechtstage S. 297/303

2. Vermutung eines gemeinsamen Betriebes

Eines Übergangsmandats bedarf es nicht, wenn nach § 322 I UmwG die - widerlegbare - Vermutung für einen gemeinsamen Betrieb vorliegt. Dann bleibt der Betriebsrat im Amt, so daß ein Übergangsmandat nicht erforderlich ist[99].

Voraussetzung für die Anwendung von § 322 I UmwG ist, daß eine Unternehmensspaltung auch die Spaltung eines Betriebes zur Folge hat, dessen Organisation aber nicht geändert wird. Das kann beispielsweise bei einer Aufspaltung eines Unternehmens in eine Vermögens- und eine Produktionsgesellschaft oder auch bei der rechtlichen Verselbständigung einzelner Abteilungen wie Vertrieb, Kundendienst oder EDV der Fall sein[100]. Liegt diese Voraussetzung der nicht geänderten Organisation des gespaltenen Betriebes vor, greift die Vermutung, daß dieser Betrieb von den an der Spaltung beteiligten Rechtsträgern gemeinsam geführt wird[101].

IV. Unternehmensmitbestimmung

Die Frage nach der Notwendigkeit mitbestimmungserhaltender Regelungen für solche Fälle, in denen es infolge einer Umwandlung zu einer Verminderung der bislang bestehenden unternehmerischen Mitbestimmung der Arbeitnehmer kommt, war eines der Haupthindernisse für die Verabschiedung des Umwandlungsgesetzes[102].

1. Ausgangsregelungen zur Mitbestimmung

Das Betriebsverfassungsgesetz von 1952 (BetrVG 1952) in der Fassung des Gesetzes über die kleine Aktiengesellschaft vom 2.8.1994 sieht in § 76 I BetrVG 1952 eine Drittelmitbestimmung für solche Aktiengesellschaften und Kommanditgesellschaften auf Aktien vor, die mehr als 500 Arbeitnehmer beschäftigen. Wenn die Gesellschaft vor dem 10.8.1994 eingetragen wurde, ist die Drittelmitbestimmung auch bei geringerer Arbeitnehmeranzahl nur entbehrlich, wenn es sich um eine Familiengesellschaft handelt, § 76 VI BetrVG 1952. Die Drittelmitbestimmung gilt gemäß § 77 BetrVG 1952 auch für Gesellschaften mit beschränkter Haftung und Genossenschaften mit mehr als 500 Arbeitnehmern.

---

99 *Fitting*, BetrVG, § 1 RN 86

100 *Fitting*, BetrVG, § 1 RN 84 f.

101 *Wloztke*, DB 1995, 40/46

102 *Goutier/Knopf/Tulloch*-Bermel, UmwG, Einf. RN 28 ff. und § 325 RN 4; *Bartodziej*, ZIP 1994, 580

Nach dem Mitbestimmungsgesetz von 1976 (MitbestG 1976) unterliegen Unternehmensträger in der Rechtsform der AG, der KGaA, der GmbH sowie der Genossenschaft, soweit sie in der Regel mehr als 2.000 Arbeitnehmer beschäftigen und keine Tendenzunternehmen darstellen, der paritätischen Unternehmensmitbestimmung (§ 1 I, IV MitbestG 1976). In diesen Unternehmen ist ein Aufsichtsrat zu bestellen, in welchen die Arbeitnehmer genauso viele stimmberechtigte Mitglieder wählen wie die Anteilseigner (§ 7 MitbestG 1976).

2. Potentielle Mitbestimmungsrelevanz von Verschmelzung und Spaltung

Verschmelzung und Spaltung können zu Mitbestimmungsgewinn und -verlust führen. Ein Mitbestimmungsgewinn tritt beispielsweise ein bei einer Verschmelzung einer Personenhandelsgesellschaft auf eine mitbestimmte Kapitalgesellschaft oder bei Verschmelzung zweier Kapitalgesellschaften, die zwar nicht jede für sich, jedoch zusammen die mitbestimmungsrechtlich relevante Schwelle von 500 oder 2.000 Arbeitnehmern überschreiten. Ein Mitbestimmungsverlust kann eintreten bei einer Verschmelzung einer Kapitalgesellschaft auf eine Personengesellschaft oder, was in der Praxis wohl häufiger ist, bei Spaltung einer Kapitalgesellschaft: Eine Aktiengesellschaft mit 2.400 Arbeitnehmern wird aufgespalten in zwei etwa gleich große Aktiengesellschaften oder Gesellschaften mit beschränkter Haftung oder es wird ein Bereich mit weniger als 2.000 Arbeitnehmern abgespalten oder ausgegliedert. Damit wird nach der Spaltung in keiner der Gesellschaften die für die paritätische Mitbestimmung im Aufsichtsrat nach § 1 MitbestG erforderliche Arbeitnehmeranzahl erreicht, es gilt nur noch die Drittelmitbestimmung nach §§ 76, 77 BetrVG 1952. Bei einer Aufspaltung in sechs etwa gleichgroße Kapitalgesellschaften mit dann je ca. 400 Arbeitnehmern entfallen die Voraussetzungen für eine Mitbestimmung ganz.

Allerdings ist die Gefahr von Mitbestimmungsverlusten durch die Konzernklausel des § 5 MitbestG 1976 wesentlich entschärft. Danach werden innerhalb eines Konzerns die Arbeitnehmer der Konzernunternehmen dem herrschenden Unternehmen zugerechnet. Unter anderem im Hinblick auf diese Klausel enthielten weder die Vorentwürfe noch der Regierungsentwurf mitbestimmungsrechtliche Regelungen. Man hielt sie nicht für erforderlich, weil man davon ausging, daß sich die meisten Umstrukturierungen innerhalb von Konzernen vollziehen würden, so daß die Konzernklausel greife[103]. Mitbestimmungsver-

---

103 RegEBegr. zum UmwG, Allg. V, bei *Ganske* S. 18/19

luste im Einzelfall sollten hingenommen werden[104]. Der Vermittlungsausschuß fügte § 325 UmwG ein.

3. Fortbestand der Mitbestimmung nach § 325 UmwG

Wenn bei einer Abspaltung oder Ausgliederung bei einem übertragenden Rechtsträger die gesetzlichen Voraussetzungen für die Beteiligung der Arbeitnehmer im Aufsichtsrat entfallen, finden nach § 325 I UmwG die vor der Spaltung geltenden Vorschriften noch für fünf Jahre Anwendung. Beim übertragenden Rechtsträger gilt also die vorher bestehende Mitbestimmung grundsätzlich noch für fünf Jahre. Sie entfällt aber nach § 325 I,2 UmwG ganz, wenn die betroffene Vorschrift eine Mindestanzahl von Arbeitnehmern voraussetzt und der übertragende Rechtsträger nach der Operation weniger als ein Viertel der erforderlichen Arbeitnehmeranzahl hat.

Keine Fortsetzung der Mitbestimmung gibt es in den abgespaltenen oder ausgegliederten Gesellschaften (soweit diese nicht selbst die mitbestimmungsrechtlich relevante Schwelle überschreiten) und bei einer Aufspaltung, die den übertragenden Rechtsträger erlöschen läßt, so daß eine Beibehaltung der Mitbestimmung gar nicht möglich ist[105]. Außerdem entfällt die Mitbestimmung im oben angesprochenen Beispiel der Verschmelzung auf eine Personengesellschaft. Dies ist vor dem Hintergrund zu akzeptieren, daß die Mitbestimmungsgesetze rechtsformspezifisch ausgestaltet sind und es der Entscheidung der Anteilseigner unterliegt, in welcher Rechtsform ein Unternehmen geführt werden soll. Eine „Flucht aus der Mitbestimmung" ist gleichwohl nicht zu erwarten, da die Wahl der Rechtsform auch und vorwiegend von anderen Faktoren abhängt, wie Erwägungen über die notwendige Führungsstruktur, die richtige Mittelaufbringung, die Kreditwürdigkeit und die Börsenfähigkeit des Unternehmens[106].

C. Arbeitnehmerschutz in Frankreich

Regelungen zum Schutz der Arbeitnehmer bei *fusion* und *scission* enthielt das französische Recht schon vor Umsetzung der europarechtlichen Vorgaben, die Arbeitnehmerschutzrichtlinie erforderte nur wenige Änderungen.

---

[104] RegEBegr. zum UmwG, Allg. V, bei *Ganske* S. 20

[105] *Dehmer*, UmwG, § 325 RN 6; *Lutter*-Joost, UmwG, § 325 RN 10

[106] *Lutter*-Joost, UmwG, § 325 RN 15

I. Übergang der Arbeitsverhältnisse

1. Gesetzliche Regelung des Übergangs

In Frankreich wurde bereits im Jahr 1928 geregelt, daß bei einem Wechsel des Betriebsinhabers die Arbeitsverhältnisse auf den Erwerber übergehen. Der damalige Art. 23 VII C.T. wurde 1973 zum heute noch inhaltsgleichen Art. L. 122-12 II C.T. Danach bestehen bei einer Veränderung in der juristischen Situation des Arbeitgebers, insbesondere durch Erbfall, Verkauf, Verschmelzung, Geschäftsumwandlung und Vergesellschaftung, alle im Zeitpunkt der Veränderung bestehenden Arbeitsverhältnisse zwischen dem neuen Arbeitgeber und der Arbeitnehmerschaft fort. Das französische Recht differenziert nicht zwischen Einzel- und Gesamtrechtsnachfolge, jede rechtliche Veränderung des Arbeitgebers wird von Art. L. 122-12 II C.T. erfaßt[107]. Der Übergang der Arbeitsverhältnisse nach dieser Vorschrift vollzieht sich automatisch, unabhängig vom Willen der Beteiligten[108].

2. Kündigungsschutz

a) Kündigung durch den Arbeitgeber (licenciement)

Die Auflösung eines unbefristeten Arbeitsverhältnisses durch den Arbeitgeber (*licenciement*) bedarf in Frankreich eines wirklichen und wichtigen Entlassungsgrundes (*cause réelle et sérieuse*)[109]. Diesen muß der Arbeitgeber in einem förmlichen Entlassungsverfahren angeben, damit der Arbeitnehmer rechtzeitig Kenntnis von den Gründen der ihn betreffenden Maßnahmen erhält und die Arbeitsgerichte diese Gründe gegebenenfalls überprüfen können (Art. L. 122-14-2 und L. 122-14-3 C.T.)[110]. Neben personnellen Gründen können vor

---

107 *Debong*, EG-Richtlinie über die Wahrung der Arbeitnehmeransprüche S. 111, FN 1; *Franzen*, Betriebsinhaberwechsel S. 11; eigentlich tritt die aufnehmende Gesellschaft schon kraft Gesamtrechtsnachfolge in alle Rechte und Pflichten der übertragenden Gesellschaft ein. Daß darauf nie eingegangen wird, liegt wohl daran, daß zur Zeit der Reform von 1928 eine *fusion* keine Gesamtrechtsnachfolge bewirkte, sondern wie beim Unternehmenskauf Einzelrechtsnachfolge angenommen wurde, so daß die Verträge des übertragenden Rechtsträgers den Erwerber nicht banden; *Camerlynck*, Contrat de Travail n°58; *Brun/Galland*, Droit du Travail, I, n°596 (S. 746).

108 „*Le maintien des contrats en cours ... est un effet de la loi*", *Camerlynck*, Mise à Jour, n°56 (S. 29); ebenso *Gallot*, Rép. Trav. n°89; Cass. soc., 29.5.1985, Bull civ. 1985, V, n°307.

109 hierzu eingehend *Pélissier*, réforme du licenciement S. 90 f.

110 Einen kurzen Überblick über den Kündigungsschutz in Arbeitsverhältnissen in Frankreich gibt *Mozet*, NZA 1998, 129.

allem wirtschaftliche Gründe im Zusammenhang mit Restrukturierungen eine Kündigung rechtfertigen[111]. Die Veränderung in der rechtlichen Situation des Arbeitgebers im Sinne von Art. L. 122-12 II C.T. ist für sich kein ausreichender Kündigungsgrund.

Zu berücksichtigen ist allerdings, daß in Frankreich dem Grundsatz der Kündigungsfreiheit ein sehr hoher Stellenwert zukommt. Eine Kündigung, die ohne *cause réelle et sérieuse* ausgesprochen wurde, ist nicht unwirksam. Dies relativiert den Grundsatz der Stabilität des Arbeitsverhältnisses, wie er in Art. L. 122-12 C.T. zum Ausdruck kommt[112]. Das Arbeitsgericht kann die Wiedereinstellung zu den alten Bedingungen nur vorschlagen, nicht jedoch anordnen[113].

Im französischen Recht hat der Arbeitgeber jedoch bei jeder Kündigung, ob gerechtfertigt oder nicht, dem Arbeitnehmer, der seit mindestens zwei Jahren ununterbrochen im Unternehmen arbeitet, eine Abfindung zu bezahlen. Diese richtet sich nach dem Lohn und der Unternehmenszugehörigkeit des Arbeitnehmers[114] (*indemnité de licenciement*, Art. L. 122-9 C.T.). Bei einer nicht gerechtfertigten Kündigung muß der Arbeitgeber, soweit es sich nicht um einen Kleinbetrieb handelt (Art. L. 122-14-5 C.T.), neben dieser Abfindung Schadensersatz leisten (Art. L. 122-14-4 C.T.). Dieser beträgt mindestens den sechsfachen Durchschnittslohn der letzten sechs Monate und ist nach oben nicht begrenzt.

Arbeitnehmer, die nur eingeschränkten Kündigungsschutz genießen, weil sie noch keine zwei Jahre in dem Unternehmen tätig sind oder es sich um einen Kleinbetrieb handelt, können bei einer wegen des Betriebsinhaberwechsels ausgesprochenen Kündigung einen Entschädigungsanspruch wegen „*licenciement abusif*“ nach Art. L. 122-14-5 II C.T. haben[115].

Die Mißachtung des „Kündigungsverbots“ stellt somit kein Hindernis für die Beendigung des Arbeitsverhältnisses dar, sondern verteuert diese nur.

---

111 Bei einer Kündigung aus wirtschaftlichen Gründen muß der Arbeitgeber der zuständigen Verwaltungsbehörde eine Mitteilung machen, Art. L. 321-2 I n°1 b) C.T.; diese erfolgt aber primär aus statistischen Gründen, das früher bestehende Genehmigungserfordernis wurde 1986 abgeschafft, hierzu eingehend *Ahrendt*, Kündigungsschutz bei Arbeitsverhältnisse in Frankreich S. 137 ff.

112 *Siméon*, Fusions et scissions S. 39

113 Cass. soc., 6.5.1982, Bull. civ. 1982, V, n°280

114 *Ahrendt*, Kündigungsschutz bei Arbeitsverhältnissen in Frankreich S. 186 ff.

115 *Debong*, EG-Richtlinie über die Wahrung der Arbeitnehmeransprüche S. 144 (Nr. 1.8); *Ahrendt*, Kündigungsschutz bei Arbeitsverhältnissen in Frankreich S. 198, 205 ff.

b) Kündigung durch den Arbeitnehmer (démission) und Widerspruchsrecht

Eine Eigenkündigung des Arbeitnehmers (*démission*) hat grundsätzlich zur Folge, daß das Arbeitsverhältnis entschädigungslos endet. Wenn aber infolge des Betriebsübergangs die Arbeitsbedingungen wesentlich geändert werden (*modification substantielle*), gilt dies als Vertragsbruch (*rupture du contrat*) seitens des Arbeitgebers. Wenn der Arbeitnehmer diese Änderung nicht akzeptiert, ist der Vertrag beendet. Die formelle Eigenkündigung ist in diesem Fall dem Arbeitgeber zuzurechnen. Der Arbeitnehmer wird daher so behandelt, als hätte der Arbeitgeber die Kündigung ausgesprochen und erhält eine Abfindung[116].

Ein Widerspruchsrecht gegen den Übergang seines Arbeitsverhältnisses wird dem Arbeitnehmer in Frankreich nicht gewährt. Wenn er sich weigert, seinen Arbeitsvertrag mit dem aufnehmenden Unternehmen fortzusetzen, stellt dies eine *démission* dar[117], so daß das Arbeitsverhältnis ohne Abfindungszahlung endet[118]. Allerdings gelten auch hier die obigen Ausführungen, so daß eine Kündigung des Arbeitnehmers dem Arbeitgeber bei einer *rupture du contrat* zuzurechnen ist. Dies gilt nicht nur bei einer förmlichen Eigenkündigung, sondern auch bei einer bloßen Weigerung des Arbeitnehmers, unter den geänderten Bedingungen weiterzuarbeiten[119].

c) Fortgeltung der kündigungsrechtlichen Stellung des Arbeitnehmers

Beim Übergang des Arbeitsverhältnisses behält der Arbeitnehmer seine Stellung im Hinblick auf die Unternehmenszugehörigkeit. Der neue Arbeitgeber hat also die *ancienneté* zu beachten[120], was - wie gezeigt - wichtig ist im Hinblick auf späteren Kündigungsschutz und Abfindung.

---

116 *Debong*, EG-Richtlinie über die Wahrung der Arbeitnehmeransprüche S. 153

117 *Javillier*, Droit du Travail S. 99

118 *Ranke*, Arbeitsrecht in Frankreich S. 77 RN 242; Cass. soc., 29.5.1985, Bull. civ. 1985, V, n°307; 5.11.1987, Bull. civ. 1987, V, n°616

119 *Debong*, EG-Richtlinie über die Wahrung der Arbeitnehmeransprüche S. 153

120 Cass. soc., 11.2.1982, Bull. civ. 1982, V, n°89; 12.3.1987, Bull. civ. 1987, V, n°139; 24.1.1991, D. 1991, I.R. 51; *Jeantin*, Jur. Cl. Soc., Fasc. 164-D n°40; *Coquelet*, Joly Soc. n°90

3. Haftung des neuen Arbeitgebers

Da das französische Recht keine Vertragsübernahme kennt[121], wurde lange Zeit eine Haftung des übernehmenden Arbeitgebers für Schulden des bisherigen Arbeitgebers, insbesondere für rückständigen Lohn, abgelehnt. Denn nach der Konzeption des Art. L. 122-12 C.T. tritt ersterer nur ex nunc in die Stellung des letzteren ein[122]. Auf Intervention der EG-Kommission wurde 1983 Art. L. 122-12-1 C.T. eingeführt, der nunmehr insoweit die Haftung des neuen Arbeitgebers kraft Gläubigereintritt anordnet[123]. Dieser wird auch für *fusions* und *scissions* herangezogen[124].

Eine Forthaftung des bisherigen Arbeitgebers kann es nicht geben, da dieser stets erlischt. Hinsichtlich ihrer vor der Operation entstandenen Forderungen sind die Arbeitnehmer jedoch Gläubiger, so daß ihnen insoweit die Rechte aus Artt. 381, 385, 386 L. 1966 zur Verfügung stehen[125].

II. Fortbestand kollektiver Vereinbarungen

1. Tarifverträge und -abkommen

Kennzeichnend für Kollektivverträge in Frankreich ist, daß sie auf Arbeitnehmerseite von einer Gewerkschaft unterzeichnet werden, Art. L. 132-2 C.T., gleich ob es sich um Branchentarifverträge oder um Vereinbarungen auf Firmen- oder Betriebsebene handelt. Auf jeder Ebene gibt es umfassende Tarifverträge (*conventions*) und *accords*, die nur einen oder wenige Gegenstände eines Tarifvertrages betreffen.

Der Fortbestand solcher Kollektivverträge, soweit diese nicht nach Art. L. 133-5 ff. C.T. vom Arbeitsminister für allgemeinverbindlich erklärt wurden, richtet sich nach Art. L. 132-8 VII C.T.[126]: Wenn die Anwendung einer kollektiven Vereinbarung in einem bestimmten Unternehmen infolge einer *fusion* oder *scission* in Frage gestellt ist, bleibt diese Vereinbarung für die betroffenen Arbeitnehmer bis zum Inkrafttreten einer neuen Vereinbarung, maximal für ein Jahr, in Kraft. Wenn nach Ablauf der Jahresfrist keine neue Vereinbarung zu-

---

121 *Ferid*, Bd. I, 2 E 146 ff (S. 570 ff)

122 *Brun/Galland* n°600 (S. 750)

123 *Debong*, EG-Richtlinie über die Wahrung der Arbeitnehmeransprüche S. 115

124 Obgleich die Haftung hier eigentlich schon kraft Gesamtrechtsnachfolge eintritt.

125 vgl. oben Kapitel 3, C. I.

126 Dessen Vorgängervorschrift war Vorbild für Art. 3 des Entwurfs der RL 77/187der EG-Kommission, vgl. die Begründung hierzu in RdA 1975, 124/125.

stande gekommen ist, behalten die Arbeitnehmer die ihnen aus der bisherigen Vereinbarung erwachsenden individuellen Vorteile (Art. L. 132-8 VI C.T.)[127].

In Frage gestellt ist der bisherige Tarifvertrag jedenfalls dann, wenn beim neuen Arbeitgeber kein Tarifvertrag gilt, so daß insoweit ein rechtsfreier Raum entstünde[128]. Umstritten ist, welche Rechte die Arbeitnehmer haben, wenn beim neuen Arbeitgeber eine kollektive Vereinbarung mit anderem Inhalt gilt. Nach traditioneller Auffassung ersetzte die Vereinbarung des neuen Arbeitgebers die bisherige nur dann, wenn sie vorteilhafter war - dann aber insgesamt[129]. Dagegen wurde vorgebracht, die Regelung des Art. L. 132-8 VII C.T. bezwecke, einen regelungsfreien Raum zu verhindern. Eine Fortgeltung der bisherigen tarifvertraglichen Regelungen käme daher nur in Frage, wenn beim neuen Arbeitgeber überhaupt keine kollektive Vereinbarung gelte. Andernfalls ersetze diese die bisherige, auch wenn sie nachteilig ist[130]. Dieser Auffassung schien die *Chambre Sociale* der *Cour de Cassation* sich mit Urteil vom 9.10.1990[131] angeschlossen zu haben[132]. Mit Urteil vom 14.5.1992[133] stellte sie jedoch klar, daß die neue Vereinbarung im Sinne von Art. L. 132-8-VII C.T. nur eine solche sei, die neu ausgehandelt wurde; bis dahin gelte die alte Kollektivvereinbarung fort. Teile der Literatur interpretierten diese Rechtsprechung als eine Rückkehr zur traditionellen Auffassung[134]. Nach der herrschenden Auffassung jedoch können die betroffenen Arbeitnehmer sich während der Übergangszeit auf beide Tarifverträge berufen und jeweils die ihnen günstiger erscheinenden Rechte geltend machen[135]. Der Gesetzgeber habe mit Art. L. 132-8 VII C.T. bezweckt, daß im Hinblick auf die für die übergegangenen Arbeitnehmer geltenden Kol-

---

127 Dies sind z.B. Vorteile hinsichtlich Lohn, zusätzlicher Freizeit, diverser Zulagen; *Javillier*, Droit du Travail n°115; abzugrenzen hiervon sind die kollektiven Vorteile wie z.B. einheitlich geregelte Arbeitszeit; *Ray*, Dr. Social 1989, 56/63; *Krieger*, Das französische Tarifvertragsrecht S. 186.

128 Wenn hingegen der neue Arbeitgeber an denselben Tarifvertrag gebunden ist, versteht dessen Fortgeltung sich von selbst; *Debong*, EG-Richtlinie über die Wahrung der Arbeitnehmeransprüche S. 127.

129 Cass. Soc., 26.6.1985, und 13.12.1988, zitiert bei Déprez, Anm. zu Cass. Soc., 9.10.1990, JCP éd. E 1991, II, n°196 (S. 217); so heute noch *Cozian/Viandier* n°1745.

130 *Savatier*, Anm. zu Cass. soc., 23.10.1979, Dr. Social 1980, 342/343

131 JCP éd. E 1991, II, n°196 (S. 217)

132 *Coquelet*, Joly Soc. n°93

133 Dr. Social 1992, 631

134 *Jeantin*, Jur. Cl. Soc., Fasc. 164-D n°47; *Bertrel/Jeantin* n°981

135 Cass. soc., 24.1.1996, RJS 3/96 n°315; *Savatier*, Dr. Social 1993, 156/157; *Franzen*, Betriebsinhaberwechsel nach § 613 a BGB S. 15; vgl. auch *Ray*, Dr. Social 1989, 56/66

lektivvereinbarungen neu verhandelt wird, die Meistbegünstigung solle insoweit Druck auf den Arbeitgeber ausüben[136].

2. Sonstige Kollektivvereinbarungen

Wie soeben ausgeführt, erkennt der Gesetzgeber nur solche kollektiven Vereinbarungen an, die von einer Gewerkschaft abgeschlossen wurden. Vereinbarungen auf betrieblicher Ebene, die vom Betriebsrat getroffen wurden oder Vereinbarungen infolge längerdauernder Übung, sogenannte *usages*, sind aber gleichwohl Erscheinungen des praktischen Arbeitslebens[137]. Auch diese *usages* gehen auf den neuen Arbeitgeber über und gelten nicht nur auf ein Jahr begrenzt[138]. Der Arbeitgeber kann *usages* jedoch einseitig kündigen, er muß die Arbeitnehmer und deren Vertretungen nur rechtzeitig informieren[139].

III. Fortbestand der Arbeitnehmervertretungen

1. Arbeitnehmervertretungen in Frankreich

Waren in einem Betrieb innerhalb der letzten drei Jahre während zwölf Monaten mindestens elf Arbeitnehmer beschäftigt, so sind dort nach Art. L. 421-1 I+II C.T. Belegschaftsvertreter, ab 50 Arbeitnehmern ist ein Betriebsrat mit drei bis fünfzehn Mitgliedern, je nach Betriebsgröße (Art. R. 433-1 C.T) zu wählen (*comité d'entreprise*). Sind in einem Unternehmen mehrere selbständige Betriebe, so ist in jedem ein *comité d'établissement* zu wählen, das Vertreter in den zentralen Unternehmensbetriebsrat (*comité d'entreprise*) entsendet (Art. L. 435-1 bis L. 435-4 C.T.)[140]. Der Betriebsrat hat insbesondere Informations- und Konsultationsrechte zu allen Fragen der Organisation, der Betriebsführung und dem Geschäftsverlauf, Art. L. 431-4 und 431-5 C.T.

2. Information der Arbeitnehmervertretung

Nach Art. L. 432-1 III C.T. sind die Arbeitnehmervertretungen über Veränderungen der wirtschaftlichen oder rechtlichen Situation des Unternehmens zu informieren und zu konsultieren. Da sich infolge einer *fusion* oder *scission* je-

---

136 *Savatier*, Dr. Social 1993, 156/157

137 *Savatier*, Dr. Social 1985, 188; *Despax*, Dr. Social 1982, 672: „*accords en marge de la loi*"

138 Cass. soc., 23.9.1992, Dr. Social 1992, 926

139 *Déprez*, JCP éd. E 1992, I, n°178 (S. 449); *Savatier*, Dr. Social 1993, 156/159

140 Die Mitglieder der unterschiedlichen Betriebsräte haben dieselben Rechte auf unterschiedlicher Ebene, Art. 435-2 C.T.

denfalls die rechtliche Situation des übertragenden Unternehmens und die wirtschaftliche Situation des übernehmenden Unternehmens ändert, sind die Betriebsräte - oder die Belegschaftsvertreter, wenn kein Betriebsrat vorhanden ist - in allen beteiligten Unternehmen zu informieren. Der Arbeitgeber hat die Gründe für die Änderung anzugeben und den Betriebsrat wegen der hinsichtlich der Arbeitnehmer vorgesehenen Maßnahmen zu konsultieren[141]. Dies muß er so rechtzeitig tun, daß der Betriebsrat Stellung nehmen kann, in jedem Fall vor Veröffentlichung des *projet de fusion / scission*[142]. Die unterlassene oder verspätete Information ist strafbar. Die *fusion / scission* wird jedoch gleichwohl wirksam, die fehlende Information ist kein Nichtigkeitsgrund[143]. Zudem bindet der Rat der Arbeitnehmervertreter den Arbeitgeber nicht, dieser kann sich über deren Bedenken hinwegsetzen[144].

3. Auswirkungen der *fusion* oder *scission* auf die Arbeitnehmervertretungen

Bei einer *fusion* und *scission* hört die gespaltene oder aufgenommene Gesellschaft als Rechtspersönlichkeit auf zu existieren. Damit erlöschen grundsätzlich auch die Arbeitnehmervertretungen[145].

Art. L. 433-14 I C.T. schreibt deren Fortbestand bei Veränderungen des Arbeitgebers im Sinne von Art. L. 122-12 C.T. nur in den Fällen vor, in denen das Unternehmen seine rechtliche Selbständigkeit behält, was bei einer *fusion* oder *scission* nicht der Fall ist[146]. Nur wenn dieses Unternehmen einen selbständigen Betrieb im aufnehmenden Unternehmen bildet, bestehen die Arbeitnehmervertretungen fort, Art. L. 433-14 II C.T., aus dem *comité d'entreprise* wird dann ein *comité d'établissement*[147]. Die Amtszeit der fortbestehenden Arbeitnehmervertretungen kann in diesem Fall aber verlängert oder verkürzt werden, um eine Angleichung an die in dem neuen Unternehmen geltenden Wahlzeitpunkte zu erreichen.

---

141 *Coquelet*, Joly Soc. n°28

142 Cass. crim., 28.11.1984, D. 1985, I.R., S. 436; *Mercadal/Janin* n°3470: Information vor dem Beschluß des Vorstands über den *projet*.

143 *Bertrel/Jeantin* n°874; *Coquelet*, Joly Soc. n°28

144 *Siméon*, Fusions et scissions S. 38; *Coquelet*, Joly Soc. n°28

145 *Jeantin*, Jur. Cl. Soc., Fasc. 164-D n°54; *Coquelet*, Joly Soc. n°95

146 *Debong*, EG-Richtlinie über die Wahrung der Arbeitnehmeransprüche S. 161; diese Regelung wird infolge der Neufassung der BetriebsübergansRL , die nunmehr für diesen Fall ein allgemeines Übergangsmandat vorsieht (siehe oben B. III.1 , geändert werden müssen.

147 *Debong*, EG-Richtlinie über die Wahrung der Arbeitnehmeransprüche S. 161

Art. L. 435-5 C.T. sichert den Fortbestand eines zentralen Unternehmensbetriebsrats, wenn das übertragende Unternehmen als Betrieb in das aufnehmende Unternehmen eingegliedert wird oder wenn mehrere Betriebe ihre Selbständigkeit behalten. Jeder dieser Betriebe entsendet für ein Jahr Vertreter des untergegangenen zentralen Betriebsrats in den zentralen Betriebsrat des aufnehmenden Unternehmens, der dann für diese Zeit mehr als die nach Art. D. 435-1 C.T. vorgeschriebene maximale Mitgliederzahl haben darf.

III. Unternehmensmitbestimmung

Das französische Recht räumt der Mitbestimmung der Arbeitnehmer keinen großen Stellenwert ein[148]. Der Versuch einer radikalen Reform im Jahr 1946, mit der eine paritätische Mitbestimmung eingeführt werden sollte, scheiterte und wurde nicht wieder aufgenommen[149]. Nach Art. L. 432-6 C.T. entsendet der Betriebsrat zwei Delegierte in den *conseil d'administration* bzw. in den *conseil de surveillance*[150]. Diese Organe gibt es nur bei der *S.A.*, der *société en commandite par actions*, einer *société civile faisant publiquement appel à l'épargne* und bei einer *S.A.R.L.*, die fakultativ einen *conseil de surveillance* errichtet hat[151]. Je nach der gewählten Unternehmensverfassung nehmen die Betriebsratsvertreter somit an Sitzungen eines Entscheidungsorgans (*conseil d'administration*) oder eines Kontrollorgans (*conseil de surveillance*) teil, sie haben aber ohnehin nur beratende Funktion. Nur in staatlichen Unternehmen steht den Arbeitnehmern ein Drittel der Sitze im Verwaltungsrat zu, ihre Vertreter haben die gleichen Rechte wie die anderen Mitglieder[152].

Die Folgen einer *fusion* oder *scission* für dieses Minimum an Mitbestimmung ist nicht geregelt und wird auch, soweit ersichtlich, in der Literatur nicht behandelt; es ist daher anzunehmen, daß ein Fortbestand nicht stattfindet.

---

148 *Couturier*, Droit du Travail n°127 (S. 166 f.)

149 *Couturier*, Droit du Travail n°127 (S. 166 f.)

150 zu den verschiedenen Systemen siehe oben Teil 1, C. II. Ziff. 3

151 *Couturier*, Droit du Travail n°128 (S. 167 ff.)

152 *Kommission*, Mitbestimmung der Arbeitnehmer, Bull. Beil. 8/75 S. 76; faktisch ist der Einfluß der Arbeitnehmervertreter aufgrund der Macht des Staates allerdings sehr gering; *Hofmann*, Mitbestimmung der Arbeitnehmer S. 57.

D. Vergleich des Arbeitnehmerschutzes

I. Übergang der Arbeitsverhältnisse

Nach der Konzeption des UmwG 1995 ist nunmehr auch in Deutschland klargestellt, daß bei Betriebsübergängen im Rahmen von Verschmelzung und Spaltung die Arbeitsverhältnisse auf den Erwerber übergehen[153]. Damit entspricht das deutsche Recht jetzt den Vorgaben der RL 77/187/EWG, die ebensowenig zwischen Einzel- und Gesamtrechtsnachfolge unterscheidet wie das französische Recht[154]. Somit wurde hier eine Rechtsangleichung erreicht. Während dieser automatische Übergang des Arbeitsverhältnisses mit dem Betrieb in der deutschen Literatur vor allem als wichtiges Gegenstück zur Spaltungsfreiheit gesehen wird, scheint dies in Frankreich selbstverständlich zu sein, da das Problem der Zuweisung von Arbeitsverträgen getrennt vom Arbeitsplatz nicht diskutiert wird.

Ein Widerspruchsrecht gegen den Übergang seines Arbeitsverhältnisses, wie es der Arbeitnehmer in Deutschland hat[155], ist in Frankreich nicht vorgesehen. Die Weigerung des Arbeitnehmers, für den neuen Arbeitgebers zu arbeiten, gilt dort als Eigenkündigung[156]. Damit dürfte den Vorgaben des EuGH[157], wonach niemand gezwungen werden kann, für einen Arbeitgeber zu arbeiten, den er sich nicht frei gewählt hat, Genüge getan sein, auch wenn eine *démission* für den Arbeitnehmer bedeutet, daß sein Arbeitsverhältnis ohne Abfindung endet. Die Folgen des „Widerspruchs" können die Mitgliedsstaaten jedoch frei wählen. Sie können insbesondere auch vorsehen, daß der Vertrag als vom Arbeitnehmer gekündigt gilt[158]. In Deutschland führt der Widerspruch zwar gerade nicht per se zur Beendigung des Arbeitsverhältnisses, außer wenn der bisherige Arbeitgeber erloschen ist, so daß eine Fortsetzung des Arbeitsverhältnisses mit diesem nicht möglich ist; doch wird der bisherige Arbeitgeber regelmäßig keine Verwendung für die aufgrund einer Abspaltung oder Ausgliederung übergegangenen Arbeitnehmer mehr haben, so daß er eine betriebsbedingte Kündigung aussprechen kann. Im Ergebnis verliert somit in der Regel auch in Deutschland ein Arbeitnehmer, der nicht für den neuen Arbeitgeber arbeiten möchte, seinen Arbeitsplatz.

---

153 Vgl. oben B. I. 1.

154 Vgl. oben C. I. 1.

155 Vgl. oben B. I. 3. b)

156 Vgl. oben C. I. 2. b)

157 Urt. v. 16.12.1992, ZIP 1993, 221/223 RN 32

158 EuGH, a.a.O., RN 35

Wegen des Betriebsübergangs dürfen weder in Deutschland noch in Frankreich Kündigungen ausgesprochen werden[159]. Kündigungen aus anderen Gründen sind jedoch erlaubt, so daß ein Arbeitsplatzverlust gleichwohl möglich ist. Während in Deutschland allerdings unberechtigte Kündigungen vom Arbeitsgericht für unwirksam erklärt werden, sind diese in Frankreich wirksam, ziehen nur Schadensersatzansprüche nach sich. Das Kündigungsverbot läuft in Frankreich somit weitgehend leer[160]. Der Gesetzgeber sollte daher vom Grundsatz der uneingeschränkten Kündigungsfreiheit abrücken und ungerechtfertigten Kündigungen die Wirksamkeit versagen[161].

Nach der Gesetzesänderung ist nun auch in Frankreich klargestellt, daß der neue Arbeitgeber für Schulden des bisherigen Arbeitgebers haftet[162], wie dies in Deutschland schon aufgrund der Gesamtrechtsnachfolge angenommen wird. Hinsichtlich solcher Forderungen stehen die Arbeitnehmer wie sonstige Gläubiger, profitieren also in Deutschland von der gesamtschuldnerischen Haftung aller beteiligten Gesellschaften bei einer Spaltung und können Sicherheiten verlangen, während sie in Frankreich ein *droit d'opposition* haben[163].

II. Fortgeltung kollektiver Vereinbarungen

Rechte und Pflichten aus Tarifverträgen, die den neuen Arbeitgeber nicht binden, weil er nicht Mitglied desselben Arbeitgeberverbandes wie der bisherige Arbeitgeber ist und der Tarifvertrag auch nicht für allgemeinverbindlich erklärt worden ist, werden in Deutschland Inhalt des Arbeitsverhältnisses und sind auf ein Jahr unkündbar[164]. Soweit aber beim neuen Arbeitgeber ein anderer Tarifvertrag gilt oder innerhalb der Jahresfrist geschlossen wird, erstreckt sich dieser auch auf die übergegangenen Arbeitnehmer, auch wenn er für diese nachteilig ist. Dies entspricht den Vorgaben in Art. 3 II der RL 77/187/EWG.

In Frankreich hingegen gelten Tarifverträge des übertragenden Unternehmens nach dem Übergang fort, bis Verhandlungen zu einer neuen Vereinbarung geführt haben[165]. Nach Ablauf eines Jahres können die Arbeitnehmer sich man-

---

159 Vgl. oben B. I. 3. d) und C. I. 2. a)

160 *Pélissier*, RIDC 1990, 149/150

161 *Pélissier*, RIDC 1990, 149/150

162 vgl. oben C. I. 3.

163 Eine Haftung des bisherigen Arbeitnehmers kann es in Frankreich nicht geben, weil dieser bei *fusion* und *scission* begriffsnotwendig erlischt; dessen Haftung verlangt die RL 77/187/EWG jedoch auch nicht, vgl. Art. 3 I.

164 vgl. oben B. I. 3. c)

165 vgl. oben C. II. 1.

gels neuer Vereinbarung immer noch auf die individuellen Vorteile des bisherigen Tarifvertrages berufen. Ein anderer Tarifvertrag beim Erwerber gilt für die übergegangenen Arbeitnehmer nur insoweit, als sie sich wahlweise auf diesen und den bisherigen berufen, sich quasi die Rosinen aus beiden herauspicken können. Dies entspricht nicht den Vorgaben der RL. Die Regelung stellt den Arbeitnehmer aber günstiger als diese, so daß ein Verstoß wegen Art. 7 der RL, die günstigere Regelungen ausdrücklich zuläßt, nicht gerügt werden kann. Die Vorgaben der RL und das deutsche Recht entsprechen aber dem praktischen Bedürfnis, möglichst schnell die juristische Situation der gesamten Arbeitnehmerschaft zu vereinheitlichen. Dies ermöglicht eine schnelle Integration der neuen Arbeitnehmer und vermeidet Komplikationen aus der Anwendung mehrerer Tarifverträge[166]. Außerdem werden so soziale Spannungen unter den Arbeitnehmern verhindert, die zwangsläufig auftreten, wenn einige Arbeitnehmer sich aus zwei Tarifverträgen die jeweils günstigere Regelung aussuchen können[167]. Auch das französische Recht sollte daher, wie von Teilen der Literatur gefordert, einen Fortbestand des alten Tarifvertrages nur für den Fall vorsehen, daß beim übernehmenden Arbeitgeber keine andere Kollektivvereinbarung besteht, die die bisherige ersetzen kann[168].

Betriebsvereinbarungen, die im Rahmen der Gesamtrechtsnachfolge auf den Übernehmer übergehen, können mit dreimonatiger Frist gekündigt werden[169]. Damit stellt sich die Rechtslage ähnlich dar wie in Frankreich bei *usages*, die sogar fristlos gekündigt werden können[170]. Auf den Fortbestand innerbetrieblicher Vereinbarungen, die nicht von der Gewerkschaft getroffen wurden, können die Arbeitnehmer somit weder in Deutschland noch in Frankreich vertrauen.

III. Information der Arbeitnehmer

In Deutschland sind Angaben über die Folgen der Verschmelzung oder Spaltung für die Arbeitnehmer in den Verschmelzungs- oder Spaltungsplan aufzunehmen, dieser ist dem Betriebsrat zuzuleiten. Ohne diese Information wird die Operation nicht eingetragen und damit nicht wirksam[171]. Daneben tritt die Information nach dem BetrVG, soweit für die Arbeitnehmer negative Folgen zu erwarten sind, wobei Verhandlungen über Interessenausgleich und Sozialplan

---

166 *Pélissier*, RIDC 1990, 149/150

167 *Ray*, Dr. Social 1989, 56/67

168 Wenn also ein „*vide conventionnel*“ vorliegt; *Pélissier*, RIDC 1990, 149/160.

169 vgl. oben B. I. 3. c)

170 vgl. oben C. II. 2.

171 vgl. oben B. II. 1.

zu führen sind[172]. Das Unterlassen dieser Beteiligung stellt eine Ordnungswidrigkeit dar; darüber hinaus ist gegebenenfalls ein Nachteilsausgleich durchzuführen, die unterlassene Beteiligung also nachzuholen.

Auch in Frankreich sind die Arbeitnehmer über jede *fusion* und *scission* zu informieren[173]. Sie können jedoch nur Vorschläge hinsichtlich der geplanten Maßnahmen machen, der Arbeitgeber kann sich über diese hinwegsetzen. Eine unterlassene Arbeitnehmerbeteiligung ist zwar strafbar, verhindert aber das Wirksamwerden der Operation nicht. Die Position der Arbeitnehmer in Deutschland ist somit wesentlich stärker, da ohne ihre Beteiligung die Verschmelzung oder Spaltung nicht durchgeführt werden kann, während der Arbeitgeber in Frankreich gegebenenfalls eine Strafe in Kauf nehmen und die Arbeitnehmerbeteiligung ganz unterlassen kann.

IV. Fortbestand der betrieblichen Arbeitnehmervertretung

Wenn ein Betrieb bei einer Verschmelzung oder Spaltung seine Identität behält, bleibt der Betriebsrat in Deutschland im Amt. § 321 UmwG sieht nunmehr ein Übergangsmandat des Betriebsrats für den Fall der Spaltung eines Betriebes vor. Auch die Arbeitnehmervertretung bei Zusammenfassung mehrerer Betriebe oder Betriebsteile zu einem einheitlichen Betrieb ist geregelt. So ist sichergestellt, daß die Arbeitnehmer zumindest in allen Fällen, in denen sie nach der Operation eine betriebsratsfähige Einheit bilden, keine vertretungslose Zeit haben[174].

In Frankreich hingegen geht der Betriebsrat bei einer *fusion* oder *scission* in der Regel unter. Nur wenn ein übertragendes Unternehmen einen selbständigen Betrieb im aufnehmenden Unternehmen bildet, besteht die Arbeitnehmervertretung fort, also nur bei einer Verschmelzungen ohne Betriebszusammenlegung. Beim Zusammenschluß von Betrieben oder bei Übertragung eines Betriebes oder Betriebsteils auf einen bis dahin betriebsratslosen Rechtsträger sind die betroffenen Arbeitnehmer damit zumindest vorübergehend ohne betriebliche Interessenvertretung[175]. Eine Übergangsregelung wäre auch in Frankreich wünschenswert, da die Arbeitnehmer in der Phase der Umstrukturierung die Interessenvertretung besonders benötigen. Insoweit wird der Gesetzgeber aber ohnehin

---

[172] vgl. oben B. II. 2.

[173] vgl. oben C. III. 2.

[174] vgl. oben B. III.

[175] *Debong*, EG-Richtlinie über die Wahrung der Arbeitnehmeransprüche S. 187 f.

aufgrund der Neufassung der BetriebsübergangsRL, die nunmehr ein allgemeines Übergangsmandat vorsieht, tätig werden müssen[176].

V. Unternehmensmitbestimmung

Eine unternehmerische Mitbestimmung wie in Deutschland gibt es in Frankreich - außer ansatzweise in staatlichen Unternehmen - nicht. Es bestehen Ansätze einer unternehmerischen Beteiligung in der Form, daß die Arbeitnehmer ein Anwesenheits- und Konsultationsrecht in den Leitungsgremien haben[177]. Da diese Beteiligung jedoch keinen hohen Stellenwert hat, ist deren Fortbestand bei Betriebsübergängen - anders als in Deutschland[178] - nicht geregelt.

---

[176] vgl. oben B. III. 1.

[177] vgl. oben C. III.

[178] vgl. oben B. IV. 3.

Teil 3: Grenzüberschreitende Verschmelzung und Spaltung

A. Einleitung

I. Begriff und Notwendigkeit grenzüberschreitender Verschmelzungen und Spaltungen

Von einer grenzüberschreitenden Verschmelzung[1] oder Spaltung spricht man, wenn zwei oder mehrere an einer derartigen Operation beteiligte Rechtsträger dem Recht verschiedener Mitgliedsstaaten unterliegen[2]. Schon *Beitzke*[3] wies im Jahr 1966 darauf hin, daß die grenzüberschreitende Fusion „zum echten Bedürfnis wird, wo mehrere Staaten sich zu einem einheitlichen Wirtschaftsgebiet zusammenschließen, wie in der Europäischen Wirtschaftsgemeinschaft“. Der nunmehr verwirklichte gemeinschaftsweite Binnenmarkt macht es erforderlich, auch gesellschaftsrechtlich binnenmarktähnliche Verhältnisse herzustellen[4]. Entsprechend wurde in dem von der *Kommission* im Jahr 1985 vorgelegten „Weißbuch zur Vollendung des Binnenmarktes“ als Forderung festgelegt, daß zur Erreichung des Wirtschaftsmarktes ohne Grenzen auch die rechtlichen Voraussetzungen für grenzüberschreitende gesellschaftsrechtliche Gestaltungsformen geschaffen werden müssen[5]. Nur auf diese Weise können im Verhältnis zu in Drittländern ansässigen Konkurrenzunternehmen wettbewerbsfähige Großunternehmen geschaffen werden[6]. Aber auch steuerliche Gründe können für eine

---

1 Teilweise auch „internationale Verschmelzung“, so *Lutter*, Europäisches Unternehmensrecht S. 258, oder „transnationale Verschmelzung“, so *MüKo*-Ebenroth, Nach Art. 10 EGBGB RN 469, genannt.

2 *Tilquin*, Joly Soc. n°2

3 FS für Hallstein S.14

4 *Kreuzer*, EuZW 1994, 73/78; *Becht*, Fusion und Spaltung von Kapitalgesellschaften S. 258

5 Weißbuch RN 143

6 *MüKo*-Ebenroth, Nach Art. 10 EBGBG RN 470; dies wird schlagwortartig als „amerikanische Herausforderung“ bezeichnet, vgl. *Ganske*, DB 1985, 581; ein aktuelles Beispiel hierfür ist der Zusammenschluß der deutschen Tarkett AG und der französischen Sommer-Allibert S.A. zum weltweit größten Bodenbelagshersteller, um eine flächendeckende Präsenz im gesamteuropäischen Markt sowie eine umfassende Durchdringung in den Wachstumsmärkten der Vereinigten Staaten und Asiens zu erreichen, vgl. FAZ Nr. 278 v. 29.11.1997 S. 21:„Tarkett und Sommer-Allibert ringen um Fusion“ sowie FAZ Nr. 71 v. 25.3.1998:„Tarkett Sommer präsentiert sich in neuer Struktur“.

grenzüberschreitende Verschmelzung sprechen[7]. Bei Spaltungen über die Grenze können insbesondere standortbedingte oder haftungsrechtliche Fragen eine Rolle spielen, wie die Ausgründung von arbeitsintensiven Betriebsteilen in Billiglohnländer oder die Verlagerung von heiklen Forschungsbereichen, beispielsweise der Gentechnik, in Länder mit einer weniger restriktiven Gesetzeslage[8]; haftungsrechtlich kann die Auslagerung risikoreicher Unternehmensteile ins Ausland aus der Überlegung der Risikobegrenzung interessant sein[9]. Daß ein großes Bedürfnis für grenzüberschreitende Umstrukturierungen innerhalb der Europäischen Gemeinschaften besteht, zeigen gewichtige Fälle internationaler Unternehmensverbindungen in den lezten Jahrzehnten[10] und in neuerer Zeit[11].

Die Europäischen Gemeinschaften haben allerdings bislang trotz mehrerer Ansätze (die unter II vorgestellt werden) keine gemeinschaftsweite Regelung für die grenzüberschreitende Verschmelzung und Spaltung getroffen. Daher sind Lösungen im nationalen Recht zu suchen (unter B.).

II. Grenzüberschreitende Verschmelzung und Spaltung in der Europäischen Gemeinschaft

Die Ermöglichung der innereuropäischen Fusion von Gesellschaften verschiedener Mitgliedsstaaten ist Teil des Programms der Europäischen Gemeinschaft zur Stärkung der europäischen Wirtschaft im internationalen Wettbewerb[12]. Obwohl diesbezügliche Vorschläge schon seit den römischen Verträgen von 1957 erörtert werden[13], gibt es bisher keine Regelung der grenzüberschreiten-

---

7 Vgl. den Bericht von *Rixen/Böttcher*, GmbHR 1993, 572 ff. über die Verschmelzung einer französischen S.A. auf ihre deutsche Muttergesellschaft, eine GmbH, um die bei der französischen S.A. entstehenden Verluste in Deutschland durch Verrechnung mit den Gewinnen der GmbH nach§ 2 a II EStG steuerlich geltend zu machen.

8 *Ebenroth/Offenloch*, RIW 1997, 1 f.

9 *Ebenroth/Offenloch*, RIW 1997, 1+9+13

10 Zusammenschluß Agfa/belgische Gevaert 1964 und der inzwischen wieder aufgelöste Zusammenschluß der deutschen Hoesch mit der niederländischen Hoogovens, beide mangels Regelung der grenzüberschreitenden Fusion mittels Umgehungskonstruktionen, dargestellt in Großfeld, Praxis des Internationalen Privat- und Wirtschaftsrechts S. 140 ff.

11 *Rixen/Böttcher*, GmbHR 1993, 572 ff.

12 *Becht*, Fusion und Spaltung von Kapitalgesellschaften S. 248; vgl. auch die Präambel der FusionsbesteuerungsRL 90/434/EWG, ABl.EG 1990 Nr. L 225

13 *O. Meyer*, Besteuerung grenzüberschreitender Verschmelzungen S. 19

den Verschmelzung auf europäischer Ebene. Eine Regelung der grenzüberschreitenden Spaltung ist nicht einmal geplant.

In den Mitgliedsstaaten enthält nur das portugiesische Recht eine gesetzliche Regelung der grenzüberschreitenden Verschmelzung[14]. Das italienische Recht erlaubt eine Fusion mit einem ausländischen Unternehmen stillschweigend ohne entsprechende Regelung[15], ebenso das französische[16]. Außerdem bestehen in Dänemark[17], Belgien und Luxemburg zumindest keine Bedenken gegen die Verschmelzung durch Aufnahme einer ausländischen Gesellschaft[18].

1. Der Vorschlag einer 10. gesellschaftsrechtlichen Richtlinie über die grenzüberschreitende Verschmelzung

Der Vorschlag einer 10. gesellschaftsrechtlichen Richtlinie über die grenzüberschreitende Verschmelzung[19] (künftig 10. RL) wurde am 8.1.1985 von der Kommission verabschiedet[20]. Dieser Vorschlag lehnt sich stark an die 3. gesellschaftsrechtliche RL über die nationale Verschmelzung an, verweist in vielen Punkten auf diese. Im übrigen bedient er sich kollisionsrechtlicher Lösungen, indem er hinsichtlich einzelner Punkte auf eine der nationalen Rechtsordnungen verweist, denen die beteiligten Rechtsträger unterliegen. Bei der Angleichung beschränkt er sich auf Umstände, durch die sich die grenzüberschreitende von der internen Verschmelzung unterscheidet oder die bei ersterer zusätzlich auftreten[21]. Wie die 3. RL ist der Vorschlag auf Aktiengesellschaften beschränkt

---

14 Art. 3 Nr.2-6 Portugiesisches GesellschaftsG vom 2.9.1986, zitiert nach *Kreuzer*, EuZW 1994, 73/75; dazu *Staiger*, RIW 1998, 695/696

15 Kommission der Europäischen Gemeinschaften, Antwort von Frau Scrivener im Namen der Kommission vom 9.7.1992 auf die schriftliche Anfrage Nr.1051/92 von Nicole Fontaine (PPE) an die Kommission vom 30.4.1992, Abl.EG 1992 Nr. C 274/57.

16 dazu eingehend sogleich unter B. II.

17 vgl. *Lempenau*, StBJb 1992/93, 237/267

18 *Lutter*, DJT 1970, H 17

19 ABl.EG 1985 Nr. C 23

20 Vorausgegangen war dem Vorschlag ein 1973 veröffentlichter Entwurf für ein Übereinkommen über die grenzüberschreitende Verschmelzung, abgedruckt in *Kommission*: Bull. EG, Beilage 13/73, der von einer seit 1965 tätigen Arbeitsgruppe unter der Leitung von Prof. Goldmann erstellt worden war; die Arbeiten hierzu sind jedoch 1980 unterbrochen und nicht wieder aufgenommen worden; vgl. Ziff. 2 der Erläuterungen zum Vorschlag einer 10. gesellschaftsrechtlichen RL, EG-Dok Nr. 4290/85, *Kommission*: Bull. EG, Beilage 3/85.

21 *Becht*, Fusion und Spaltung von Kapitalgesellschaften S. 249

(Art. 1 I)[22], wobei zumindest zwei der beteiligten Gesellschaften dem Recht verschiedener Mitgliedsstaaten unterliegen müssen.

Die entscheidenden Elemente der grenzüberschreitenden Fusion entsprechen denen bei der nationalen: Es muß ein Verschmelzungsvertrag geschlossen werden (Art. 5 I), wobei keine weiteren Angaben als die in Art. 5 II der 3. RL vorgesehenen verlangt werden dürfen; wenn ein Mitgliedsstaat, dem ein beteiligter Rechtsträger angehört, die Beurkundung des Vertrages verlangt, ist diese durchzuführen (Art. 5 II); Offenlegung und Bekanntmachung haben die Gesellschaften nach ihrem jeweiligen nationalen Recht vorzunehmen (Art. 6), dasselbe gilt für die vorbeugende gerichtliche Kontrolle (Art. 10). Auch die Hauptversammlungsbeschlüsse erfolgen über Verweisung auf Art. 7 der 3. RL nach dem jeweiligen nationalen Recht, wobei für grenzüberschreitende Verschmelzungen keine höhere Mehrheit verlangt werden darf als für nationale Verschmelzungen (Art. 7). Zur Vorbereitung der Beschlüsse müssen die Leitungsorgane einen Bericht erstellen (Art. 2 I der 10. RL i.V.m. Art. 11 der 3. RL) und die nach Art. 10 der 3. RL erforderliche Sachverständigenprüfung ist durchzuführen (Art. 8). Der Wirksamkeitszeitpunkt bestimmt sich nach dem Recht der übernehmenden Gesellschaft (Art. 11). Für den Gläubigerschutz wird auf Artt. 13 und 14 der 3. RL verwiesen; damit richtet dieser sich nach nationalem Recht und darf sich nicht von dem Schutz unterscheiden, der bei internen Verschmelzungen gewährt wird (Art. 9). Die Nichtigkeitsgründe werden weiter eingeschränkt (Art. 15) als bei nationalen Verschmelzungen.

Zusammenfassend werden nach dem Vorschlag alle der grenzüberschreitenden Verschmelzung vorausgehenden Akte nach dem jeweiligen nationalen Recht jeder beteiligten Gesellschaft durchgeführt, eine Angleichung erfolgt hinsichtlich des gemeinsamen Verschmelzungsplans, des Wirksamkeitszeitpunktes, des Gläubigerschutzes und der Nichtigkeitsgründe, weil in diesen Punkten die beteiligten Gesellschaften nicht nur in ihrer Sphäre betroffen sind; diesbezüglich enthält der Vorschlag entweder einheitliche Vorschriften (Sachnormen) oder bestimmt das anwendbare Recht (Kollisionsnormen).

Das praktisch schwierigste Problem bei einer europaweiten Regelung der grenzüberschreitenden Verschmelzung ist die Gestaltung der unternehmerischen Mitbestimmung der Arbeitnehmer, da in diesem Bereich die nationalen Rechte extrem divergieren: Vom völligen Fehlen einer unternehmerischen Mitbestimmung in Großbritannien bis hin zur paritätischen Mitbestimmung in

---

22 Die Erweiterung der 10. RL auf andere Rechtsformen, insb. die GmbH, ist derzeit nicht geplant; dies kritisiert u. a. *Boucourechliev*, JCP éd. E 1996, I, n°560 (insb. S. 232), weil die GmbH heute in der EG von großer Bedeutung sei. Eine solche Ausweitung würde aber zunächst die Erweiterung der 3. RL auf die GmbH erfordern.

Deutschland sind die verschiedensten Modelle zu finden. Wenn eine deutsche Aktiengesellschaft mit einem mitbestimmten Aufsichtsrat auf eine Aktiengesellschaft in einem anderen Staat verschmolzen wird, der eine Vertretung der Arbeitnehmer im Aufsichtsrat nicht kennt, geht mit der deutschen Gesellschaft auch der mitbestimmte Aufsichtsrat unter[23].

Der Vorschlag einer 10. RL erfaßt diese Mitbestimmungsproblematik nicht. Eine einheitliche Lösung, die den Interessen aller Mitgliedsstaaten gerecht wird, scheint unerreichbar; denn während Deutschland die „Flucht aus der Mitbestimmung" fürchtet, ist Großbritannien gegen jede Form einer zwingenden Mitbestimmung[24]. Aus demselben Grund liegt auch der Vorschlag für eine 5. gesellschaftsrechtliche Richtlinie[25] über die Struktur der Aktiengesellschaft auf Eis[26]. Art. 1 III der 10. RL enthält stattdessen einen Mitbestimmungsvorbehalt dergestalt, daß ein Mitgliedsstaat die Anwendung der Richtlinie ausschließen kann, wenn die grenzüberschreitende Verschmelzung den Wegfall der Repräsentation der Arbeitnehmerschaft in den Unternehmensorganen zur Folge hätte. Dies sollte eigentlich eine Übergangsregelung bis zu einer Koordinierung der Mitbestimmung durch die 5. RL darstellen. Der Stillstand der Verhandlungen über diese StrukturRL läßt allerdings befürchten, daß der Nichtanwendungsvorbehalt über lange Zeit eine endgültige Regelung darstellt[27]. Würde Deutschland von dem Mitbestimmungsvorbehalt Gebrauch machen, könnte eine deutsche Aktiengesellschaft zwar die Stellung einer aufnehmenden, nicht aber die einer übertragenden Gesellschaft einnehmen[28], während ausländischen Unternehmen die Fusion sowohl in die Bundesrepublik als auch in andere Mitgliedsstaaten offenstünde. So bestünde die Gefahr einer „europäischen Einbahnfusion", was dem Binnenmarktziel zuwiderliefe[29].

Aufgrund der ungelösten Mitbestimmungsproblematik gilt der Vorschlag einer 10. RL insgesamt als nicht konsensfähig[30]. Im Anschluß an eine von der

---

23 *Ganske*, DB 1985, 581/583

24 *Weitnauer*, EWS 1992, 165/166; *Kolvenbach*, DB 1988, 1857/1858 zur selben Problematik bei der Europäischen Aktiengesellschaft.

25 3. geänderter Vorschlag einer 5. RL vom 20.11.1991, ABl.EG 1991 Nr. C 321 (Struktur-RL)

26 *Lutter*, Europäisches Unternehmensrecht S. 171; vgl. auch *Wiesner*, EuZW 1995, 821 f.

27 *Lutter*, Europäisches Unternehmensrecht S. 259; vgl. dazu auch *Wiesner*, EuZW 1998, 619/620

28 vgl. die Stellungsnahme des Wirtschafts- und Sozialausschusses (WSA) zum Vorschlag einer 10. RL, ABl.EG 1985 Nr. C 303, S. 27/28, Ziff. 3.8.1.

29 *Eyles*, Niederlassungsrecht der Kapitalgesellschaften S. 221

30 *Wiesner*, EuZW 1995, 821/822

Kommission 1997 durchgeführte Konsultationsrunde zum Gesellschaftsrecht soll nunmehr jedoch offenbar nicht nur alsbald ein geänderter Vorschlag zur 10. RL vorgelegt werden, deren Anwendungsbereich soll wohl auch auf die GmbH ausgedehnt werden[31]. Allerdings stehen momentan die Arbeiten an der Europäischen Aktiengellschaft im Vordergrund, die auch eine Lösung für grenzüberschreitende Verschmelzungen vorsehen soll.

2. Die Europäische Aktiengesellschaft / Societas Europeae (SE)

Die Idee einer Europäischen Aktiengesellschaft, also einer Gesellschaftsform, die in allen Mitgliedsstaaten denselben supranationalen Rechtsregeln folgt, ist so alt wie die Europäische Union selbst[32]. Derzeit liegt der dritte Vorschlag für eine Verordnung über das Statut der Europäischen Aktiengesellschaft vor[33]. Eines der Ziele, die mit der Schaffung einer Europäischen Aktiengesellschaft neben der Einführung einer supranationalen Gesellschaftsform und der internationalen Sitzverlegung verfolgt werden, ist die Ermöglichung der grenzüberschreitenden Fusion: Vorgesehen ist unter anderem die Gründung dieser Gesellschaft durch eine grenzüberschreitende Verschmelzung von mindestens zwei Aktiengesellschaften mit Sitz in unterschiedlichen Mitgliedsstaaten (Art. 2 I)[34].

Artt. 17-30 a des Verordnungsentwurfs enthalten die Regelungen zur Gründung einer SE durch Verschmelzung: Nach Art. 18 ist ein Verschmelzungsplan aufzustellen, dessen Mindestinhalt dem in Art. 5 der 3. RL entspricht. Wegen des Erfordernisses einer Beurkundung verweist Art. 18 II auf die nationalen Rechtsvorschriften, welchen die Gründungsgesellschaften unterliegen. Der Verschmelzungsplan ist mindestens einen Monat vor dem Zusammentreten der Hauptversammlung von jeder Gründungsgesellschaft nach dem jeweils national geltenden Verfahren bekanntzumachen (Art. 19). Die Leitungsorgane müssen einen Bericht erstellen (Art. 20), der dem nach Art. 19 der 3. RL entspricht. Nach Art. 21 sind die Sachverständigenprüfungen durchzuführen. Die Aktionäre beschließen gemäß den nach Maßgabe von Art. 7 der 3. RL erlassenen Rechtsvorschriften über die Verschmelzung auf einzelstaatlicher Ebene (Art. 22). Gemäß Artt. 8 I, 25 erlangt die SE erst durch Eintragung ins Handelsregi-

---

31 so *Wiesner*, EuZW 1998, 619/620

32 *Heinze*, AG 1997, 289; *Jaeger*, Europäische Aktiengesellschaft S. 19; zur Geschichte der Europäischen Aktiengesellschaft *Merkt*, BB 1992, 652

33 dritter geänderter Vorschlag vom 16.5.1991, ABl.EG 1991 Nr. C 176; dieser erfuhr durch den Davignon-Bericht aber schon wieder zahlreiche Änderungen; dazu sogleich

34 Zu den anderen Gründungsformen *Sagasser/Swienty*, DStR 1991, 1188/1190, die die Praktikabilität des SE-Entwurfs anhand einer Gründung einer SE durch Verschmelzung einer deutschen und einer französischen Gesellschaft untersuchen.

ster des Sitzstaates Rechtspersönlichkeit; damit wird auch erst die Verschmelzung wirksam, woraus sich die Notwendigkeit der Anmeldung zur Eintragung ergibt[35]. Das Eintragungsverfahren richtet sich nach dem Recht des Staates, in dem die neu zu gründende SE ihren Sitz haben soll (Artt. 24 a I, 8 I).

Die Vorschriften zur Gründung einer SE durch Verschmelzung lehnen sich somit insgesamt, auch textlich, eng an die 3. RL zur nationalen Fusion an. Abgewichen wird dort, wo es wegen der Grenzüberschreitung erforderlich ist[36]. Ähnlich der 10. RL ist das Verfahren, soweit jede Gründungsgesellschaft alleine betroffen ist, nach dem jeweiligen nationalen Recht durchzuführen; soweit aufgrund des internationalen Sachverhalts erforderlich, erfolgt wie in der 10. RL eine Angleichung.

Zur Regelung der Arbeitnehmer-Mitbestimmung ist parallel zu dem Verordnungsentwurf eine Richtlinie vorgeschlagen worden[37]. Diese stellt drei Mitbestimmungsmodelle zur Auswahl. Die Mitgliedsstaaten können die Wahl der Modelle beschränken oder der SE mit Sitz in ihrem Hoheitsgebiet ein einziges dieser Modelle vorschreiben (Art. 3 V). Die unterschiedlichen Modelle werden allerdings nicht als gleichwertig angesehen[38], was aus deutscher Sicht wiederum die Flucht aus der Mitbestimmung in die SE befürchten läßt; Mitgliedsstaaten, die keine Mitbestimmung kennen, empfinden hingegen auch die Möglichkeit der Auswahl aus drei Modellen als zu streng.

Insgesamt wird auch der dritte Verordnungsvorschlag für eine SE von 1991 nicht nur wegen der ungeklärten Mitbestimmungsfrage kritisiert; die häufige Verweisung auf nationales Einzelrecht führt dazu, daß das nationale Recht gegenüber dem europäischen Einheitsrecht ein starkes Übergewicht bekommt[39]. Die Europäische Aktiengesellschaft ähnelt dadurch mehr den nationalen Aktiengesellschaften ihres Sitzstaates und bildet weniger eine supranationale Rechtsform[40]. Die Kommission will den Vorschlag gleichwohl weiterverfol-

---

35 *Sagasser/Swienty*, DStR 1991, 1222/1225

36 *Merkt*, BB 1992, 652/657

37 RL zur Ergänzung des SE-Statuts hinsichtlich der Stellung der Arbeitnehmer, ABl.EG 1991 Nr. C 138, S. 8 ff.

38 *Wißmann*, RdA 1992, 320/329 f.; *Hopt*, ZIP 1998, 96/100

39 *Lutter*, Europäisches Unternehmensrecht S. 720

40 *Hauschka*, EuZW 1992, 147/149

gen, gerade auch im Hinblick auf die dadurch ermöglichte grenzüberschreitende Fusion[41].

In der Mitbestimmungsproblematik wurde die Diskussion durch eine Mitteilung der Kommission vom 14.11.1995 zur Information und Konsultation der Arbeitnehmer wieder in Gang gebracht[42]. Im November 1996 wurde von der Kommission die *Davignon*-Sachverständigengruppe[43] eingesetzt, die diesbezüglich eine Lösung finden sollte. Diese legte im Mai 1997 ihren Abschlußbericht vor[44]. Darin wird die Gründung einer SE durch Umwandlung einer nationalen Aktiengesellschaft ausgeklammert, weil diese Möglichkeit zur Flucht aus der Mitbestimmung verleiten würde[45], und nur die Gründung einer Holding, die Fusion und die Gründung einer gemeinsamen Tochter betrachtet, jeweils unter Beteiligung von mindestens zwei Gesellschaften aus unterschiedlichen Mitgliedsstaaten[46]. Hinsichtlich der Mitbestimmung sollen die beteiligten Gesellschaften primär auf dem Verhandlungsweg eine Lösung finden[47]; scheitern diese Verhandlungen, soll subsidiär eine zwingende Auffangregelung greifen[48]. Nach dieser haben die Arbeitnehmer ein Fünftel der Sitze im Verwaltungs- bzw. Aufsichtsrat, mindestens aber zwei Sitze[49]. Die Sachverständigengruppe hat sich dabei eindeutig für eine Mitbestimmung der Arbeitnehmer auf der Basis eines gleichberechtigten Status, also mit Stimmrecht, nicht bloßem Konsultati-

---

41 Vgl. dazu die Mitteilung der Kommision der Europäischen Gemeinschaften an den Rat über ein strategisches Programm für den Binnenmarkt: „Die optimale Gestaltung des Binnenmarktes“, BR-Drs. 83/94 S. 42+43 sowie die Antwort von Frau Scrivener im Namen der Kommission vom 9.7.1992 auf die schriftliche Anfrage Nr. 1051/92 von Frau Nicole Fontaine (PPE) an die Kommission vom 30.4.1992, ABl.EG 1992 Nr. C 274/57: „Daher wird sich die Kommission auch weiterhin um die europäische Gesellschaft bemühen, denn diese Rechtsform soll gerade grenzüberschreitende Fusionen erleichtern.“

42 dazu *Kolvenbach*, EuZW 1996, 229 f.

43 Diese wurde nach ihrem Vorsitzenden benannt; außerdem gehörten ihr weitere Mitglieder aus der Wissenschaft, von Arbeitgeber- und Arbeitnehmerseite an, u.a. der ehemalige Vorsitzende des DGB, Breit und von der Bundesvereinigung der Deutschen Arbeitgeber Herr Dr. Thüsing; Abschlußbericht Ziff. 25, BR-Drs. 572/97 S. 5.

44 Abschlußbericht der Sachverständigengruppe „European Systems of Workers Involvement“ (*Davignon*-Bericht), BR-Drs. 572/97

45 Abschlußbericht Ziff. 35, BR-Drs. 572/97 S. 7

46 *Heinze*, AG 1997, 289/292; Abschlußbericht Ziff. 33, BR-Drs. 572/97 S. 7

47 Abschlußbericht Ziff. 41, BR-Drs. 572/97 S. 10

48 Abschlußbericht Ziff. 45, BR-Drs. 572/97 S. 10; eingehend zu den mitbestimmungsrechtlichen Regelungen *Hanau*, RdA 1998, 213

49 Abschlußbericht Ziff. 83, BR-Drs. 572/97 S. 18

onsrecht, entschieden[50]. Weiterhin soll die Eintragung der SE nicht voraussetzen, daß die primär durchzuführenden Verhandlungen schon zu einem Ergebnis gekommen sind[51]. Bis eine Einigung zustande kommt, greift die Auffanglösung[52]. So wird das Arbeitsrecht vom Gesellschaftsrecht abgekoppelt[53].

Dieser Kompromißvorschlag wurde als „Durchbruch zur Verabschiedung einer Richtlinie zur Europäischen Aktiengesellschaft" gefeiert[54]. Allerdings wurde er von Deutschland - zusammen mit Österreich und Schweden[55] - abgelehnt[56]. In Deutschland wurde befürchtet, auf dem Verhandlungsweg könnte eine „Null-Lösung" in der Mitbestimmungsfrage zugelassen werden[57]. Außerdem wurde gefordert, daß die Auffangregel eine Quote für die Arbeitnehmer in den Kontrollorganen von mindestens einem Drittel vorsehen müßte[58]. Auch ein Treffen der Arbeitsminister im Dezember 1997 brachte keinen Durchbruch[59].

Kompromißfähig erschien der Vorschlag des britischen Ratsvorsitzes vom April 1998. Dieser sieht ebenfalls vorrangig eine Verhandlungslösung vor; bei einem Scheitern der Verhandlungen sollen im Regelfall die Vorschriften gelten, die der Tradition des Landes folgen, in dem die meisten Arbeitnehmer der Europa AG tätig sind[60]. Durch dieses Modell werden allerdings die deutschen Unter-

---

50 Abschlußbericht Ziff. 81, BR-Drs. 572/97 S. 17 + Ziff. 88, BR-Drs. 572/97 S. 18

51 Abschlußbericht Ziff. 53, BR-Drs. 572/97 S. 12

52 Abschlußbericht Ziff. 54 e, BR-Drs. 572/97 S. 13

53 *Heinze*, AG 1997, 289/294

54 *Heinze*, AG 1997, 289/296; nach dessen Bericht sollen auch die Spitzenverbände der Deutschen Wirtschaft den *Davignon*-Bericht begrüßt und in den meisten Mitgliedsstaaten sollen positive Stellungnahmen das Meinungsbild geprägt haben.

55 Letztlich war als Blockierer aber offenbar nur noch die Bundesregierung übriggeblieben, Blick durch die Wirtschaft Nr. 244 v. 18.12.1997 S. 2: „Großbritannien will die Europa-AG vorantreiben".

56 *Hopt*, ZIP 1998, 90/101; FAZ Nr. 233 v. 8.10.1997 S. 20: „Die Europa AG entzweit die EU-Partner"

57 Beschluß des Bundesrats vom 7.11.1997 Ziff. 5, BR-Drs. 572/97 / Beschluß

58 Beschluß des Bundesrats vom 7.11.1997 Ziff. 4, BR-Drs. 572/97 / Beschluß; vgl. auch FAZ Nr.259 v. 7.11.1997 S. 18: „Bundesrat verlangt EU-Mitbestimmungsregeln"

59 *Hopt*, ZIP 1998, 90/101; Blick durch die Wirtschaft Nr. 244 v. 18.12.1997 S. 2: „Großbritannien will die Europa-AG vorantreiben"

60 vgl. FAZ Nr. 83 v. 8.4.1998 S. 18: „Die Europa AG rückt näher" sowie ausführlicher Agence Europe Nr. 7195 v. 4.4.1998 S. 7: „Britischer Vorsitz wird für den Rat am 7. April ausgehend vom Davignon-Bericht einen Kompromißvorschlag zur Information/Konsultation der Arbeitnehmer in der künftigen Europäischen Aktiengesellschaft erarbeiten".

nehmen durch die gegebenenfalls zwingende Übernahme der deutschen Mitbestimmung diskriminiert[61]. Die Bundesregierung lehnte die Londoner Vorschläge, die zunächst in Bonn Anklang gefunden hatten, im Hinblick auf die Kritik aus der Wirtschaft ebenso ab[62] wie den Kompromißvorschlag des österreichischen Ratsvorsitzes[63]. Ob sich das Problem der internationalen Verschmelzung also durch Verwirklichung der Pläne für eine Europäische Aktiengesellschaft entschärfen läßt[64], ist nach wie vor fraglich[65].

3. Die Fusionsbesteuerungsrichtlinie[66]

Um den Unternehmen die Anpassung ihrer Strukturen an die Erfordernisse des Gemeinsamen Marktes, die Erhöhung ihrer Produktivität und eine Stärkung der Wettbewerbsfähigkeit zu ermöglichen, ist die FusionsbesteuerungsRL erlassen worden[67]. Diese regelt die steuerliche Behandlung von Verschmelzungen, Spaltungen, Einbringung von Unternehmensteilen und Anteilstausch, wobei mindestens zwei Gesellschaften aus verschiedenen Mitgliedsstaaten beteiligt sein müssen (Art. 1)[68].

Unter den Begriff „Gesellschaft eines Mitgliedsstaates" fallen nach der Liste im Anhang neben den Aktiengesellschaften vor allem auch die Gesellschaften mit

---

61 so die Stellungnahme der Spitzenverbände der deutschen Wirtschaft in FAZ Nr. 89 vom 17.4.1998 S. 17: „Gegen Vorschlag zur EU-Mitbestimmung"; vgl. auch FAZ Nr. 104 vom 6.5.1998 S. 20: „In der Debatte um die Europa-AG zeichnen sich Fortschritte ab". Dagegen sprach sich das Arbeitsministerium aus, FAZ Nr. 90 vom 18.4.1998 S. 16: „Mitbestimmung keine Hypothek"

62 FAZ Nr. 115 vom 19.5.1998 S. 21: „Deutschland blockiert die Europa AG"; FAZ Nr. 127 vom 4.6.1998 S. 19: „Europa-AG bleibt weiterhin umstritten"

63 FAZ Nr. 246 vom 23.10.1998 S. 28: „Kompromißvorschlag zur Europa AG"

64 so *Staudinger*-Großfeld, IntGesR RN 704

65 Auch wenn die EU-Staats- und Regierungschefs ungeachtet der fehlenden Einigung in der Mitbestimmungsfrage den 1.1.1999 als Zieldatum für die Schaffung der neuen Gesellschaftsform festgelegt haben; Blick durch die Wirtschaft Nr. 244 v. 18.12.1997 S. 2: „Großbritannien will die Europa-AG vorantreiben"; vgl. auch FAZ Nr. 128 vom 5.6.1998 S. 17: „Betriebsrenten im EU-Ausland".

66 RL des Rates Nr. 90/434/EWG vom 23.7.1990 über das gemeinsame Steuersystem für Fusionen, Spaltungen und Einbringung von Unternehmensteilen und den Austausch von Anteilen, die Gesellschaften verschiedener Mitgliedsstaaten betreffen, ABl.EG 1990 Nr. L 225

67 vgl. *Herzig/Förster*, DB 1994, 1 ff. sowie die Präambel der FusionsbesteuerungsRL

68 eingehend zu den persönlichen Voraussetzungen *Becht*, Fusion und Spaltung von Kapitalgesellschaften S. 69 ff.

beschränkter Haftung[69]. Die Begriffe „Verschmelzung" und „Spaltung" entsprechen denen in der 3. und 6. gesellschaftsrechtlichen RL[70]. Die FusionsbesteuerungsRL sieht vor, daß es bei den darin geregelten grenzüberschreitenden Vorgängen zu keiner Besteuerung der stillen Reserven in dem Betriebsvermögen der übertragenden Gesellschaft kommen darf (Art. 4)[71]. Dies wird dadurch bewirkt, daß anstelle der übertragenden Gesellschaft eine Betriebsstätte der aufnehmenden Gesellschaft entsteht, in der die bisherigen Buchwerte der übertragenden Gesellschaft fortgeführt werden[72]. Zugleich wird dadurch das Recht des Staates der übertragenden Gesellschaft gewahrt, spätere Realisierungen der stillen Reserven im Betriebsvermögen der übertragenden Gesellschaft im Rahmen der Betriebsstättenveräußerung zu erfassen[73]. Weiterhin enthält die FusionsbesteuerungsRL Vorschriften über die Möglichkeit der Buchwertverknüpfung, wenn die übernehmende Gesellschaft an der übertragenden beteiligt ist und es zu einem Übernahmegewinn käme sowie über die Fortführung von Rückstellungen und (steuerfreien) Rücklagen im Rahmen der Betriebsstättenbuchführung (Art. 5) und über die Frage des Schicksals etwaiger Verlustvorträge (Art. 6)[74].

Ein Mitgliedsstaat kann nach Art. 11 die Anwendung der FusionsbesteuerungsRL ganz oder teilweise versagen oder rückgängig machen, wenn hauptsächlicher Beweggrund[75] für die Fusion die Steuerhinterziehung oder -umgehung ist. Davon kann nach Art. 11 I a) ausgegangen werden, wenn diese Umstrukturierungen nicht auf wirtschaftlichen Gründen beruhen sowie wenn eine an dem Vorgang beteiligte Gesellschaft nach der Operation nicht mehr die Voraussetzungen für die Arbeitnehmermitbestimmung erfüllt.

---

69 Der Unternehmenskreis, auf den die RL anwendbar ist, soll nach den Vorstellungen der Kommission auf alle Gesellschaften ausgeweitet werden, die in einem Mitgliedsstaat ansässig und körperschaftssteuerpflichtig sind; dieser Änderungsvorschlag ist abgedruckt in ABl.EG 1993 Nr. C 225/05.

70 Zu den sachlichen Voraussetzungen im einzelnen *Becht*, Fusion und Spaltung von Kapitalgesellschaften S. 88 ff.; zu den Tatbeständen der Einbringung und des Anteilstauschs, auf die in diesem ohnehin nur kursorischen Überblick nicht weiter eingegangen werden soll, siehe nochmals kurz unten B. I. 2. b) bb).

71 Thömmes in *Lenz*, EG-Hdb. S. 579

72 Zum Betriebsstättenprinzip *Becht*, Fusion und Spaltung von Kapitalgesellschaften S. 132 ff., insb. S. 135.

73 Thömmes in *Lenz*, EG-Hdb. S. 579

74 Thömmes in *Lenz*, EG-Hdb. S. 579; *Lutter*, Europäisches Unternehmensrecht S. 807

75 Anders als in § 42 AO muß hier der Mißbrauch nicht ausschließlicher Beweggrund sein.

Nach der FusionsbesteuerungsRL sollen grenzüberschreitende Verschmelzungen und Spaltungen innerhalb der EG nunmehr steuerneutral möglich sein. Die RL war bis zum 1.1.1992 umzusetzen. Die Bundesrepublik hat diese Umsetzungspflicht im Rahmen des Steueränderungsgesetzes 1992[76] nur teilweise erfüllt: Nur Einbringung und Anteilstausch über die Grenze sind danach steuerneutral möglich. Die Vorschriften zur grenzüberschreitenden Verschmelzung und Spaltung sind hingegen nicht in das deutsche Steuerrecht übernommen worden. Dies wurde mit der fehlenden zivilrechtlichen Grundlage auf EG-Ebene begründet[77]. Der deutsche Gesetzgeber meinte, was es gesellschaftsrechtlich nicht gebe, bedürfe auch steuerrechtlich keiner Regelung[78].

In Frankreich hingegen wurde die FusionsbesteuerungsRL auch für die grenzüberschreitende Verschmelzung und Spaltung umgesetzt[79]. Hier sind die speziellen Steuervorschriften auch bei diesen grenzüberschreitenden Operationen anwendbar. Bei Übertragungen aus Frankreich heraus ist allerdings die vorherige Zustimmung des Wirtschafts- und Finanzministeriums einzuholen[80].

Unabhängig von dem weiteren Fortgang der Harmonisierung des europäischen Gesellschaftsrechts im Bereich der grenzüberschreitenden Verschmelzung sind nun erstmals kollisionsrechtliche Lösungen von großem praktischen Interesse. Denn das bisher tragende Argument gegen die Zulassung solcher grenzüberschreitender Umstrukturierungen, steuerlich seien derartige Vorgänge ohnehin uninteressant[81], gilt nun nicht mehr. Nach der FusionsbesteuerungsRL muß die Steuerbegünstigung bei Vorliegen aller Voraussetzungen auch ohne Umsetzung

---

76 BGBl. 1992 I S. 297; die entsprechenden Regelungen sind inzwischen in das UmwStG vom 28.10.1994, BGBl. I S. 3267 eingegangen.

77 Begr. zum StÄndG 1992, BT-Drs. 12/1108 S. 35/80; ebenso wurde wohl in Belgien und Großbritannien verfahren, vgl. *Thömmes*, ZGR 1994, 75/77.

78 *Lutter*, ZGR 1994, 87; *Krebs*, ZGR 1992, 346/352; vgl. auch *Knobbe-Keuk*, EuZW 1992, 336/342, die berichtet, die EG-Kommission habe beabsichtigt, wegen dieses Umsetzungsdefizits ein Vertragsverletzungsverfahren einzuleiten; hierüber wurde jedoch nichts bekannt. Griechenland hat jetzt ein Vertragsverletzungsverfahren verloren, da es die FusionsbesteuerungsRL insgesamt mit Hinweis auf die gesellschaftsrechtlichen Defizite nicht umgesetzt hatte; EuGH, Urt. v. 19.2.1998, IStR 1998, 287.

79 *Thömmes*, ZGR 1994, 75/77 (FN 7); *Saß*, DB 1993, 1892, der allerdings meint, in Frankreich wie in den Niederlanden gingen die entsprechenden Regelungen ins Leere, weil in der EG die gesellschaftsrechtlichen Rechtsgrundlagen fehlten; daß diese Ansicht falsch ist, zeigen Berichte über internationale Verschmelzungen unter Beteiligung von französischen Rechtsträgern bei *Viandier/ Caussain*, JCP éd. E 1993, I, n°288 (S. 491 f.), JCP éd. E 1997, I, n°710 (S. 504), JCP éd. E, 1997, I, n°676 (S. 326 f.).

80 *Lamy Soc. Com.* n°1764

81 *Wiedemann*, Gesellschaftsrecht Bd. 1 § 15 III 2a (S. 872)

ins nationale Steuerrecht gewährt werden. Artt. 4 und 8, wonach die Fusion keine Besteuerung der stillen Reserven auslösen darf, wenn die bisherigen Werte in einer Betriebsstätte fortgeführt werden, sind inhaltlich unbedingt und so genau, daß der nationale Gesetzgeber bei der Umsetzung keinen weiteren Gestaltungsspielraum hat[82]. Gegebenenfalls kann ein Steuerpflichtiger sich somit direkt auf die Regelungen der FusionsbesteuerungsRL berufen[83].

Nachdem das europäische Steuerrecht nunmehr dem europäischen Gesellschaftsrecht erstmals vorausgeeilt ist und eine Anpassung des letzteren nicht absehbar ist, gilt es, Wege zu suchen, um die steuerlichen Möglichkeiten für das Gesellschaftsrecht nutzbar zu machen.

B. Zulässigkeit grenzüberschreitender Verschmelzung und Spaltung nach nationalem Recht

Will man eine grenzüberschreitende Verschmelzung oder Spaltung trotz des Fehlens einer gemeinschaftsweiten gesellschaftsrechtlichen Grundlage durchführen, ist zunächst für jeden beteiligten Staat zu prüfen, ob dessen nationales Recht solche internationalen Vorgänge zuläßt. Dies soll am Beispiel von Deutschland und Frankreich exemplarisch untersucht werden.

I. Deutschland

1. Bisherige Regelung

Die Frage, ob grenzüberschreitende Fusionen nach deutschem Recht möglich und zulässig sind, war zu § 339 AktG a.F., der hinsichtlich der Voraussetzungen und Rechtsfolgen grenzüberschreitender Verschmelzungen weder eine positive noch eine negative Aussage traf, umstritten[84]. In der Lehre war man der „Herein"-Fusion - also der Verschmelzung einer ausländischen Gesellschaft auf eine deutsche - gegenüber offener als der „Hinaus"-Fusion, bei der eine deut-

---

[82] *Krebs*, ZGR 1992, 346/353; *Lutter*, ZGR 1994, 87/92; *Becht*, Fusion und Spaltung von Kapitalgesellschaften S. 398 f.; *Kallmeyer*, ZIP 1994, 1746/1752.

[83] Zur unmittelbaren Wirkung von steuerrechtlichen Richtlinine EuGH, Urt.v. 19.1.1982, Rs. 8/81, Slg. 82, 53 ff. - Becker; vgl. auch *Becht*, Fusion und Spaltung von Kapitalgesellschaften S. 294 f. + 391 ff.

[84] *KK*-Kraft § 339 AktG RN 38

sche auf eine ausländische Gesellschaft verschmolzen wird[85]. In der Praxis wurden zumindest Herein-Fusionen vollzogen und vom Registergericht eingetragen[86].

2. „Rechtsträger mit Sitz im Inland“

Das Umwandlungsgesetz 1995 enthält in § 1 Abs. 1 die Formulierung „Rechtsträger mit Sitz im Inland können umgewandelt werden“. Über die Bedeutung dieser Vorschrift, ob sie grenzüberschreitende Umwandlungen zuläßt oder nicht, herrscht in der Literatur ein heftiger Meinungsstreit[87].

a) Ansichten in der Literatur

Während einige Autoren aufgrund der Formulierung des § 1 I UmwG grenzüberschreitende Verschmelzungen und Spaltungen für unzulässig halten[88], interpretieren andere die Vorschrift so, daß der Gesetzgeber nur auf die kollisionsrechtliche Sitztheorie Bezug genommen habe, mit der Folge, daß Rechtsträgern mit Sitz in Deutschland eine grenzüberschreitende Verschmelzung unter Anwendung der Regeln des Umwandlungsgesetzes möglich sei, diese Regeln aber auf den ausländischen Rechtsträger keine Anwendung fänden[89]; wieder andere sind der Ansicht, durch diese Formulierung seien grenzüberschreitende Umwandlungen nicht verboten, sondern lediglich aus dem Anwendungsbereich des Umwandlungsgesetzes ausgeklammert[90].

---

85 Für die Zulässigkeit der Herein-Fusion *Großfeld/Jasper*, RabelsZ 53 (1989), 52/63 ff.; für die Zulässigkeit auch der Heraus-Fusion, soweit die Rechte der Betroffenen gewahrt bleiben *Beitzke*, FS Hallstein S. 14 ff.; *Großkomm.*-Schilling § 339 AktG Anm.16; *Koppensteiner*, Internationale Unternehmen S. 255 ff.; *KK*-Kraft § 339 AktG RN 41; gegen grenzüberschreitende Verschmelzungen *Godin/Wilhelmi*, 4. Aufl., § 339 AktG Anm. 4; *Baumbach/Hueck*, AktG 13. Aufl., Vorb. § 339 RN 7.

86 Vgl. insb. *Rixen/Böttcher*, GmbHR 1993, 572 ff. über eine Verschmelzung einer französischen AG auf eine deutsche GmbH.

87 Überblick bei *Lawall*, IStR 1998, 345

88 *Dehmer*, UmwG, § 1 RN 3; *Kallmeyer*, ZIP 1994, 1746/1752; *Schaumburg*, GmbHR 1996, 501

89 *Kallmeyer*, ZIP 1996, 535 (unter Aufgabe seiner a.A. in ZIP 1994, 1746/1752); ders. in *Kallmeyer*, UmwG, § 1 RN 12; ebenso *Lawall*, IStR 1998, 345/347 ff.

90 *Lutter*-Lutter, UmwG § 1 RN 9+10; *Goutier/Knopf/Tulloch*-Bermel, UmwG, § 1 RN 9 ff., 16; *Sagasser/ Bula*, Umwandlungen RN B 25; *Widmann/Mayer*-Schwarz, UmwR, § 1 UmwG RN 29

b) Stellungnahme

Ob das Umwandlungsgesetz durch die Anordnung in § 1 Abs. 1 grenzüberschreitende Umwandlungen verbietet oder nicht, ist durch Auslegung zu ermitteln[91].

aa) Auslegung von Gesetzen

Dabei ist zunächst die Auslegungsmethode zu wählen; hier stehen sich eine subjektive und eine objektive Methode gegenüber. Nach der subjektiven Theorie ist bei der Auslegung eines Gesetzes der darin zum Ausdruck gekommene subjektive Wille des Gesetzgebers zur Zeit der Entstehung des Gesetzes maßgebend[92]. Nach der objektiven Theorie kommt es hingegen auf den vom Willen des Gesetzgebers losgelösten objektiven Sinngehalt des Gesetzes in der Gegenwart an[93]. Beide Theorien sind in ihrer Reinform nicht unproblematisch, denn einerseits muß ein Gesetz den sich wandelnden Verhältnissen gerecht werden, was die subjektive Theorie nicht berücksichtigt, andererseits läßt es sich von der legislatorischen Situation zur Zeit seiner Entstehung nicht vollig loslösen, was die objektive Theorie außer Acht läßt. Daher zieht auch die höchstrichterliche Rechtsprechung, die nach eigenem Bekunden der objektiven Theorie folgt[94], bei der Auslegung einer Norm auch den Willen des historischen Gesetzgebers als maßgebliches Auslegungskriterium heran[95]. Eine Auslegung gegen den erkennbar gewordenen Willen des historischen Gesetzgebers ist damit unzulässig[96].

Zur Ermittlung des in einer Norm zum Ausdruck gekommenen gesetzgeberischen Willens dienen die nebeneinander zulässigen, sich gegenseitig ergänzenden Kriterien der Auslegung aus dem Wortlaut der Norm, ihrem Bedeutungszusammenhang und der Regelungsabsicht des Gesetzgebers sowie den Normvorstellungen der an der Gesetzgebung beteiligten Personen[97].

---

91 *Kronke*, ZGR 1994, 26/35

92 *MüKo*-Säcker, BGB, Einl. RN 105

93 *Soergel*-Hefermehl, BGB, Anh. § 133 RN 2

94 z.B. BGH, Urt. v. 30.6.1966, BGHZ 46, 74/76

95 BGH, Urt. v. 30.6.1966, BGHZ 46, 74/79 ff.; Urt. v. 9.11.1967, BGHZ 49, 90/94; BVerfG, Beschl. v. 17.5.1960, BVerfGE 11, 126/130; Beschl. v. 11.1.1966, BVerfGE 19, 354/362

96 BVerfG, Urt. v. 14.12.1965, BVerfGE 19, 248/253; a.A. *Kallmeyer*, ZIP 1996, 535

97 *Larenz*, Methodenlehre S. 343 ff.; *Soergel*-Hefermehl, BGB, Anh. § 133 RN 2; BVerfGE 11, 126/130; BGHZ 46, 74/76; 49, 90/94 f.

bb) Auslegung von § 1 Abs. 1 UmwG

Der Wortlaut der Norm - „Rechtsträger mit Sitz im Inland können umgewandelt werden“ - läßt bei einer weiten Betrachtung alle drei in der Literatur vertretenen Auslegungen zu. Der Wortlaut allein spricht weder eindeutig für ein Verbot grenzüberschreitender Umwandlungen, noch für deren Zulässigkeit.

Bei einer Auslegung anhand des Kontextes der Norm ist § 1 Abs. 2 UmwG zu berücksichtigen, wonach Umwandlungen außer in den durch § 1 Abs. 1 UmwG festgelegten Fällen nur zulässig sind, wenn sie durch ein anderes Bundes- oder Landesgesetz ausdrücklich vorgesehen sind. Damit läßt sich die Ansicht, grenzüberschreitende Umwandlungen seien durch § 1 Abs. 1 UmwG zwar nicht verboten, unterfielen aber nicht dem UmwG, schwerlich vereinbaren, denn eine andere gesetzliche Regelung im Sinne von § 1 Abs. 2 UmwG gibt es nicht[98].

Zweck des Gesetzes war unter anderem, Umwandlungen umfassend zu regeln. Allerdings sollte „angesichts der Bemühungen der Europäischen Gemeinschaften um eine Regelung grenzüberschreitender Vorgänge, insbesondere der internationalen Fusion, (...) eine Reglung dieses Komplexes zurückgestellt werden“[99]. Diese „Beschränkung der Umwandlungsmöglichkeiten auf Rechtsträger mit Sitz im Inland“ entspreche „in fast allen Fällen dem geltenden Recht“[100]. Außerdem war der Gesetzgeber der Auffassung, daß „die Ausdehnung des Gesetzes auf internationale Fälle politisch wie rechtstechnisch erhebliche Probleme aufweisen“ würde[101]. Der historische Gesetzgeber wollte also grenzüberschreitende Umwandlungen nicht zulassen. Die Gesetzesauslegung darf diesem ausdrücklich erklärten Willen des Gesetzgebers nicht entgegenstehen[102], insbesondere bei einem so neuen Gesetz, seit dessen Erlaß sich der Rechtszustand nicht wesentlich geändert hat. Daher muß man bei der Auslegung von § 1 Abs. 1 UmwG zu dem Ergebnis kommen, daß grenzüberschreitende Verschmelzungen und Spaltungen ausgeschlossen sind[103].

Zulässig sind jedoch nach wie vor wirtschaftliche Verschmelzungen und Spaltungen außerhalb des UmwG über die Grenze, insbesondere mit Hilfe der Ein-

---

98 *Kruse*, Sitzverlegung von Kapitalgesellschaften S. 137 f. leitet ein Verbot grenzüberschreitender Umwandlungen nicht aus § 1 I UmwG, sondern aus § 1 II UmwG ab.

99 RegEBegr. zu § 1 UmwG, bei *Ganske* S. 34

100 RegEBegr. zu § 1 UmwG, bei *Ganske* S. 34

101 RegEBegr. zu § 1 UmwG, bei *Ganske* S. 34

102 BVerfG, Urt. v. 14.12.1965, BVerfGE 19, 248/253

103 so insb. auch *Schaumburg*, GmbHR 96, 501; *Becht*, Fusion und Spaltung von Kapitalgesellschaften S. 268

bringung von Betriebsvermögen[104] in eine ausländische Gesellschaft durch Einzelübertragung und anschließender Liquidation oder Kapitalherabsetzung[105] oder durch Anteilstausch[106]. Diese Ersatzlösungen durch Einbringung und anschließende Vermögensauskehrung führen jedoch in der Regel zur steuerpflichtigen Gewinnrealisierung[107]: Die Einbringung des Betriebes in die übernehmende Gesellschaft gegen Gewährung von Gesellschaftsrechten selbst kann nach § 23 UmwStG, der insoweit die Vorgaben der FusionsbesteuerungsRL umsetzt, erfolgsneutral sein[108]. Allerdings gehen mit der Betriebseinbringung die stillen Reserven in den Wirtschaftsgütern des übertragenen Betriebsvermögens auch auf die neu geschaffenen Anteile an der übernehmenden Gesellschaft über; die anschließende Auskehrung dieser Anteile an die Gesellschafter der übertragenden Gesellschaft führt dann zu einer vollständigen Aufdeckung dieser stillen Reserven bei der übertragenden Gesellschaft[109]. Beim Anteilstausch kann der erste Schritt, die Einbringung der Anteile an der übertragenden Gesellschaft durch deren Gesellschafter in die übernehmende Gesellschaft, ebenfalls erfolgsneutral durchgeführt werden; die anschließende Auflösung des deutschen Unternehmens mit Auskehrung seines Betriebsvermögens an das ausländische Unternehmen führt jedoch zur Liquidationsbesteuerung[110].

---

104 Bei einer Verschmelzung durch Betriebsübertragung bringt die übertragende Gesellschaft ihren Betrieb in die übernehmende Gesellschaft gegen Gewährung von Gesellschaftsrechten ein. Anschließend wird die übertragende Gesellschaft liquidiert und ihr nur noch in der Beteiligung an der übernehmenden Gesellschaft bestehendes Vermögen an die Gesellschafter verteilt; *Herzig/ Förster*, DB 1994, 1/2.

105 *Lutter*-Lutter, UmwG, § 1 RN 17; *Kallmeyer*, ZIP 1994, 1746/1752 f.

106 Bei der Verschmelzung durch Anteilsübertragung bringen die Gesellschafter der übertragenden Gesellschaft ihre Anteile an dieser Gesellschaft in die übernehmende Gesellschaft ein. Anschließend wird die übertragende Gesellschaft liquidiert und ihr Betriebsvermögen geht auf die übernehmende Gesellschaft über; *Herzig/Förster*, DB 1994, 1/2.

107 vgl. zum Folgenden *Herzig/Förster*, DB 1994, 1 ff.

108 *Sarrazin*, ZGR 1994, 66/68; *Herzig/Förster*, DB 1994, 1/3; *Becht*, Fusion und Spaltung von Kapitalgesellschaften S. 297

109 *Herzig/Förster*, DB 1994, 1/3; *Becht*, Fusion und Spaltung von Kapitalgesellschaften S. 297 f.

110 *Herzig/Förster*, DB 1994, 1/4; diese Folge kann man nur vermeiden, indem die übertragende Gesellschaft bestehenbleibt und die übernehmende Gesellschaft eine qualifizierte Beteiligung erwirbt. Dann liegt allerdings eine bloße Konzernierung und keine Verschmelzung vor. Vgl. hierzu *Becht*, Fusion und Spaltung von Kapitalgesellschaften S. 302 ff.

c) Vereinbarkeit von § 1 Abs. 1 UmwG mit EG-Recht

Angesichts der Verwirklichung des Binnenmarktes ist es bedauerlich, daß der deutsche Gesetzgeber gerade jetzt grenzüberschreitenden Umwandlungen unter Beteiligung deutscher Unternehmen einen Riegel vorschiebt. Ein Verstoß gegen das Recht der Europäischen Gemeinschaften liegt darin jedoch nicht[111]. Zwar garantieren Artt. 52+58 EGV auch Gesellschaften die Niederlassungsfreiheit; nach dem „Daily-Mail"-Urteil des EuGH[112] gewährleisten sie jedoch nur die sekundäre Niederlassungsfreiheit, also die Gründung von Tochtergesellschaften, Zweigniederlassungen und Agenturen, nicht aber die primäre Niederlassungsfreiheit durch Sitzverlegung[113] und Fusion[114].

II. Frankreich

In Frankreich werden grenzüberschreitende *fusions* und *scissions* als zulässig erachtet[115], wenn auch einige Autoren meinen, solche Operationen seien kompliziert und daher praktisch wohl kaum durchführbar[116]. Das Gegenteil beweisen die bekannt gewordenen jüngst durchgeführten internationalen Umstrukturierungen: zunächst die *fusion* der Barclays Bank S.A. auf ihre englische Muttergesellschaft, die Barclays Bank plc.[117], im Jahr 1997 die *fusion* der Financière Sema S.A. auf die englische Sema group plc.[118] und die *fusion* einer portugiesischen auf eine französische Gesellschaft[119]. Erstmals wurde von der

---

111 *Kreuzer*, EuZW 1994, 73/74; a.A. *Lutter*-Lutter, UmwG § 1 RN 9, der einen Verstoß gegen Artt. 52+58 EGV annimmt; vgl. auch Lawall, IStR 1998, 345/347.

112 EuGH, Urt. v. 27.9.1988, Rs. 81/87, Slg. 1988, 5483 - Daily Mail

113 dazu BayObLG, Beschl. v. 7.5.1992, EuZW 1992, 548 = GmbHR 1992, 529 = ZIP 1992, 842; OLG Hamm, Beschl. v. 30.4.1997, EuZW 1998, 31 f.; OLG Zweibrücken, Beschl. v. 27.6.1990, NJW 1990, 3092

114 *Kreuzer*, EuZW 1994, 73/74; einige Autoren kommen jedoch zu einem anderen Ergebnis, da sie die Fusion als Fall der sekundären Niederlassung auffassen, so *Tilquin*, Joly Soc. n°28.

115 vgl. *Krause* S. 96+103 ff. m.w.N. aus der älteren französischen Literatur sowie *Mercadal/Janin* n°3575

116 *Bolze* in Dalloz n°23 ff./26; *Coquelet*, Joly Soc. n°4

117 Davon berichten *Viandier/Caussain*, JCP éd. E. 1993, I, n°288 (S. 491 f.); Einzelheiten auch bei *Cozian/Viandier* n°1749.

118 *Viandier/Caussain*, JCP éd. E 1997, I, n°710 (S. 504)

119 *Viandier/Caussain*, JCP éd. E 1997, I, n°710 (S. 504)

Rechtsprechung ein *apport partiel*, der den Regeln der *scission* unterstellt wurde, von einer niederländischen auf eine französische Gesellschaft anerkannt[120].

III. Zusammenfassung

In Frankreich und mehreren weiteren Ländern der Europäischen Gemeinschaft[121] sind grenzüberschreitende Umwandlungen ausdrücklichen oder stillschweigend zugelassen. Daher ist zu bezweifeln, daß eine diesbezügliche nationale Regelung - wie der deutsche Gesetzgeber meint[122] - erhebliche politische Probleme mit sich brächte. Zudem war zum früher geltenden Recht die Auffassung im Kommen, daß grenzüberschreitende Umwandlungen zulässig seien. Solche wurden auch in der Praxis vollzogen[123]. Eine gemeinschaftsweite Regelung dieses Bereichs, ist - wie oben gezeigt[124] - in absehbarer Zeit nicht zu erwarten, so daß die Befürchtung des deutschen Gesetzgebers, einer solchen europäischen Regelung vorzugreifen, vernachlässigt werde kann. Ob die Ausdehnung des Gesetzes auf internationale Fälle so erhebliche rechtstechnische Probleme mit sich brächte, daß diese den Ausschluß grenzüberschreitender Vorgänge rechtfertigen, ist zu untersuchen[125].

C. Kollisionsrechtliche Lösung

Bei der Untersuchung der Durchführbarkeit grenzüberschreitender Verschmelzungen und Spaltungen ist es mangels einer länderübergreifenden Regelung „Aufgabe des Kollisionsrechts, hier die Brücke zwischen den Rechtsordnungen zu schlagen"[126]. Dabei sind die kollisionsrechtlichen Aspekte streng von den materiell-rechtlichen zu trennen[127]. In einem ersten Schritt (in diesem Abschnitt C.) sollen die Möglichkeiten und Probleme einer derartigen kollisionsrechtlichen Lösung aufgezeigt werden. In einem zweiten Schritt (unter D.) soll diese Lösung konkret auf das Beispiel einer grenzüberschreitenden Verschmelzung oder Spaltung unter Beteiligung von Gesellschaften aus Deutschland und

---

120 CA Versailles, 12e ch., 3.10.1996, JCP éd. E 1997, I, n°676 (S. 326 f.), obs. *Viandier/Caussain*

121 Nachweise oben unter A. II. am Anfang

122 vgl. oben B. I. 2. b) bb)

123 siehe oben unter B. I. 1.

124 unter A. II.

125 sogleich unter C.

126 *Beitzke*, FS Hallstein S. 14/15; ähnlich *ders.* in Rev. crit. DIP 1967, 1/4

127 *Staudinger*-Großfeld, IntGesR RN 683; ihm folgend *Bessenich*, Die grenzüberschreitende Fusion S. 11; vgl. auch *Beitzke*, FS Hallstein S. 14/20 ff.

Frankreich übertragen werden. Das ausdrückliche Verbot grenzüberschreitender Umwandlungen in § 1 Abs. 1 UmwG soll dabei außer Acht gelassen werden. Kommt man zu dem Ergebnis, daß solche Operationen praktisch durchführbar sind, müßte diese Regelung im Wege der Gesetzesänderung aufgehoben werden, weil die dahinterstehende Intention nicht zuträfe.

I. Kollisionsrecht

1. Anknüpfung

Das Gesellschaftsstatut - nach ganz herrschender Meinung das Recht ihres Hauptverwaltungssitzes[128] - bestimmt, unter welchen Voraussetzungen eine Gesellschaft „entsteht, lebt und vergeht“[129], also jede Art der Strukturveränderung[130].

Bei einer grenzüberschreitenden Verschmelzung oder Spaltung, an der mehrere Träger mit Sitz in unterschiedlichen Staaten beteiligt sind, ist jedoch nicht nur an das Recht des effektiven Verwaltungssitzes einer der beteiligten Gesellschaften anzuknüpfen[131]. Denn eine solche Einzelanknüpfung birgt das Problem in sich, daß die Voraussetzungen für das Entstehen oder Erlöschen einer Gesellschaft nach den allgemeinen Prinzipien des internationalen Gesellschaftsrechts nur aus deren eigenem Personalstatut folgen, nicht aber von einer anderen Rechtsordnung angeordnet werden können[132]. Die Anhänger der Einzelanknüpfung mußten folgerichtig grenzüberschreitende Verschmelzungen für unzulässig halten[133]. Nach heute herrschender Meinung ist daher das Recht aller an einer grenzüberschreitenden Operation beteiligten Gesellschaften zu berücksich-

---

128 „Sitztheorie“; z.B. *Staudinger*-Großfeld, IntGesR RN 20 ff.; auch Frankreich folgt der Sitztheorie, vgl. *Tilquin*, Joly Soc. n°10, FN 62, hier ist sie in Art. 3 I L.1966 sogar gesetzlich festgeschrieben, vgl. *Sonnenberger/Damann* RN VIII 63; Gegenstück ist die Gründungstheorie, wonach auf eine Gesellschaft das Recht des Staates anzuwenden ist, in dem sie gegründet wurde, vgl. *Staudinger*-Großfeld, IntGesR RN 19+27 ff.; der Gründungstheorie folgen u.a. England und die Schweiz.

129 BGH, Urt. v. 11.7.1957, BGHZ 25, 134/144

130 *Kronke*, ZGR 1994, 26/31; *Tilquin*, Joly Soc. n°11

131 So die früher herrschenden Einzeltheorien, die entweder nur das Recht des aufnehmenden oder das des übertragenden Rechtsträgers zur Anwendung brachten, vgl. *Krause* S. 9 ff./12.

132 *MüKo*-Ebenroth, Nach Art. 10 EGBGB, RN 482 ff.

133 *Lutter*, DJT 1970, H 17; *Godin-Wilhelmi*, 4. Aufl., § 339 AktG Anm.4; *Krause*, Die Verschmelzung von Kapitalgesellschaften S. 12

tigen[134]. Dabei ist für jeden Akt zu prüfen, ob es sich um ein Element handelt, das jede beteiligte Gesellschaft nur in ihrer eigenen Sphäre betrifft, oder um eines, das für alle Gesellschaften zu verwirklichen ist. Im letzteren Fall sind die Gesellschaftsstatuten zu kumulieren, also gleichzeitig und nebeneinander zur Anwendung zu bringen[135].

Grob kann man drei Stufen der grenzüberschreitenden Verschmelzung oder Spaltung unterscheiden, die gesondert anzuknüpfen sind: die Voraussetzungen, das Verfahren und die Wirkungen des grenzüberschreitenden Vorgangs[136].

a) Voraussetzungen der grenzüberschreitenden Operation

Zunächst sind die Voraussetzungen der grenzüberschreitenden Verschmelzung oder Spaltung nach dem jeweiligen Personalstatut zu prüfen[137]. Hierzu zählt die Zulässigkeit der grenzüberschreitenden Umwandlung: Jede Rechtsordnung muß das Rechtsinstitut Verschmelzung bzw. Spaltung kennen[138] und dessen Anwendung auf internationale Sachverhalte erlauben[139]. Außerdem müssen sich die beteiligten Gesellschaften verschmelzen bzw. spalten können (aktive Beteiligungsfähigkeit) und sie müssen mit der Gesellschaftsform des potentiellen Fusionspartners fusionieren können (passive Beteiligungsfähigkeit)[140]. Die Internationalität des Sachverhalts bringt es mit sich, daß die ausländischen Partner

---

134 Grundlegend *Beitzke*, FS Hallstein S. 14/20 ff.; *MüKo*-Ebenroth, Nach Art. 10 EGBGB RN 486/487; *Staudinger*-Großfeld, IntGesR RN 683; *Loussouarn/Bredin*, Droit du commerce international n°303; *Tilquin*, Joly Soc. n°22; für eine Einzelanknüpfung aber neuerdings wieder *Kallmeyer*, AG 1998, 88/89, der das nationale Umwandlungsrecht des Sitzstaates der Zielgesellschaft anwenden möchte, ohne aber die Schwächen dieses Ansatzes zu diskutieren.

135 *Beitzke*, FS Hallstein S. 14/20 f.; *Bessenich*, Die grenzüberschreitende Fusion S. 14; *Tilquin*, Joly Soc. n°22 ff.; zur Kumulation eingehend *v. Bar*, IPR I, RN 552 ff. und *Kropholler*, IPR, S. 128

136 So *MüKo*-Ebenroth, Nach Art. 10 EGBGB RN 488; ähnlich *Staudinger*-Großfeld, IntGesR RN 683 ff.; diese Unterscheidung ist zwar nicht ganz korrekt, erleichtert jedoch den Überblick.

137 *MüKo*-Ebenroth, Nach Art. 10 EGBGB RN 489 f.; *Staudinger*-Großfeld, IntGesR RN 686; *Bessenich*, Die grenzüberschreitende Fusion S. 16

138 *Tilquin*, Joly Soc. n°19; *Loussouarn/Trochu*, Jur. Cl. Int., Fasc. 564-30 n°330

139 *MüKo*-Ebenroth, Nach Art. 10 EGBGB RN 489 f.; *Staudinger*-Großfeld, IntGesR RN 683; *Bessenich*, Die grenzüberschreitende Fusion S. 16

140 *MüKo*-Ebenroth, Nach Art. 10 EGBGB RN 491; *Bessenich*, Die grenzüberschreitende Fusion S. 16; *Tilquin*, Joly Soc. n°19

jeweils den geforderten Rechtsformen nur entsprechen können, dies aber auch müssen[141].

b) Verfahren der grenzüberschreitenden Operation

Das Verfahren der grenzüberschreitenden Operation richtet sich ebenfalls zunächst nur nach dem Personalstatut jeder einzelnen Gesellschaft. Ist ein gemeinsames Tätigwerden erforderlich, so sind die beteiligten Rechtsordnungen zu kumulieren, so daß die Vorschriften aller beteiligten Rechtsordnungen zur Anwendung kommen und allen diesbezüglichen Erfordernissen Genüge getan ist[142].

Zum Verfahren zählt zunächst die Vorbereitung der Umwandlung, die mit der Bewertung der Rechtsträger beginnt und die Sachverständigenprüfung und Berichtspflichten beinhaltet sowie die Beschlußfassung der Gesellschafterversammlungen. Diese Elemente betreffen jeden beteiligten Rechtsträger nur in seiner Sphäre, ohne direkte Beziehung zu den anderen Rechtsträgern. Daher gilt nur das jeweilige Personalstatut[143]. Der Verschmelzungs- bzw. Spaltungsvertrag ist hingegen von allen beteiligten Gesellschaften gemeinsam abzuschließen, daher sind insoweit die Rechtsordnungen zu kumulieren[144]: Der gemeinsame Vertrag muß alle Bestandteile enthalten, die alle beteiligten Rechtsordnungen verlangen.

Soweit eine Rechtsordnung ein Verfahrenserfordernis der anderen nicht kennt, kann eventuell mit dem kollisionsrechtlichen Mittel der Substitution geholfen werden. Danach begnügt man sich damit, daß alle von dieser Rechtsordnung vorgeschriebenen Voraussetzungen erfüllt sind, die gleiche Zwecke verfol-

---

141 *MüKo*-Ebenroth, Nach Art. 10 EGBGB RN 492; *Bessenich*, Die grenzüberschreitende Fusion S. 16

142 *MüKo*-Ebenroth, Nach Art. 10 EGBGB RN 494; *Staudinger*-Großfeld, IntGesR RN 687; *Bessenich*, Die grenzüberschreitende Fusion S. 16 f.; dabei setzt sich jedoch nicht, wie *Ebenroth* aaO. meint, die strengere Rechtsordnung durch; dies anzunehmen, führte - wie *Bessenich*, a.a.O. S. 13/14 zu Recht ausführt - zur auf ein Element reduzierten Einzeltheorie und ist mit dieser abzulehnen (vgl. oben C. I. 1. am Anfang); zudem kann es bei unterschiedlichen gesetzgeberischen Konzepten oft schwer feststellbar sein, welches das strengere ist. Allgemein zur Kumulation *v. Bar*, IPR I, RN 553 und *Kropholler*, IPR, S. 128.

143 *MüKo*-Ebenroth, Nach Art. 10 EGBGB RN 495

144 *Beitze*, FS Hallstein S. 14/22 f.

gen[145]. Die Gleichwertigkeit der fremden Institution ist dabei das entscheidende Kriterium[146].

c) Wirkungen der grenzüberschreitenden Operation

Die Wirkungen der Verschmelzung oder Spaltung bestehen darin, daß die übertragende Gesellschaft ihr Vermögen im Wege der Gesamtrechtsnachfolge auf die aufnehmende Gesellschaft überträgt, die Gesellschafter der übertragenden Gesellschaft Gesellschafter der aufnehmenden werden und die übertragende Gesellschaft erlischt[147]. Diese Wirkungen können bei grenzüberschreitenden Vorgängen nur eintreten, wenn alle beteiligten Rechtsordnungen sie vorsehen. Daher sind die beteiligten Personalstatuten zu kumulieren[148]. Das aber bedeutet, daß eine „gemeinsame" Wirkung nur möglich ist, wenn und soweit alle involvierten Rechtsordnungen zumindest weitgehend übereinstimmen[149]. Dabei hängt die Art und Weise des Vermögensübergangs (Universalsukzession, Gesamterwerb uno acto oder Einzelübertragung) untrennbar mit dem jeweiligen System der Gläubigersicherung (automatischer Schuldübergang, Weiterhaftung des Vermögens der übertragenden Gesellschaft, Mithaftung der aufnehmenden Gesellschaft, vorherige Befriedigung oder Sicherheitsleistung) zusammen[150].

2. Anpassung

Soweit eine Entsprechung der nationalen Rechte nicht in hinreichendem Maß gegeben ist, weil entweder nationale Vorschriften zu einem Punkt ganz fehlen (Normenmangel) oder diese stark divergieren (Normendiskrepanz), ist im Einzelfall zu prüfen, ob solche Regelungslücken oder -diskrepanzen durch das kollisionsrechtliche Mittel der Anpassung[151] überbrückt werden können[152]. Dabei

---

145 *Beitze*, FS Hallstein S. 14/23 f.; *ders.*, Rev. int. DIP 1967, 1/9; im Ausgangspunkt ebenso *MüKo*-Ebenroth, Nach Art. 10 EGBGB RN 497, der aber fälschlicherweise verlangt, daß nur den Erfordernissen des Rechts Rechnung getragen wird, das die dem anderen Recht unbekannten Elemente verlangt.

146 *Kropholler*, IPR, § 33; die französische Rechtsprechung redet von der *équivalence* der ausländischen Erscheinung, Cass. civ., 4.11.1958, Rev. crit. DIP 48 (1959), 303/310.

147 letzteres mit Ausnahme der Ausgliederung und Abspaltung nach deutschem Recht

148 *MüKo*-Ebenroth, Nach Art. 10 EGBGB RN 499; *Hachenburg*-Behrens, GmbHG, Einl. RN 174; *Bessenich*, Die grenzüberschreitende Fusion S. 17

149 *MüKo*-Ebenroth, Nach Art. 10 EGBGB RN 499; *Hachenburg*-Behrens, GmbHG, Einl. RN 174; *Bessenich*, Die grenzüberschreitende Fusion S. 17

150 *MüKo*-Ebenroth, Nach Art. 10 EGBGB RN 499; *Hachenburg*-Behrens, GmbHG, Einl. RN 174

151 dazu eingehend *Kropholler*, IPR, § 34 (S.213 ff.); *v. Bar*, IPR I, RN 627

werden besondere, auf die internationale Verschmelzung bzw. Spaltung zugeschnittene Sachnormen unter Angleichung der sich widersprechenden nationalen Rechtsvorschriften formuliert[153], wobei das Sachrecht modifiziert, d.h. beispielsweise eine Regelung eingeschränkt, ergänzt oder umgebildet wird[154]. Nur wenn sich die Rechtsordnungen gar nicht sinnvoll ergänzen lassen, wird die grenzüberschreitende Operation unmöglich[155].

II. Materielles Recht

Die eigentlichen Probleme der grenzüberschreitenden Verschmelzung und Spaltung beruhen auf der unterschiedlichen Ausgestaltung der nationalen materiellen Rechte. Denn ab dem Zeitpunkt des Wirksamwerdens der Operation gibt es nur noch eine Gesellschaft, die aufnehmende oder neue. Nach der Sitztheorie ist künftig allein deren Gesellschaftsstatut maßgeblich[156]. Es besteht also vor allem die Gefahr, daß die Interessen der Beteiligten auf Seiten der übertragenden Gesellschaft beeinträchtigt werden. Dabei sind zwei Sachverhalte ausein-

---

152 *MüKo*-Ebenroth, Nach Art. 10 EGBGB RN 500; *Hachenburg*-Behrens, GmbHG, Einl. RN 175

153 *MüKo*-Ebenroth, Nach Art. 10 EGBGB RN 500; *Hachenburg*-Behrens, GmbHG, Einl. RN 175

154 *Kropholler*, IPR, § 34 IV 1 (S. 217)

155 Ob der Anwendungsbereich der Anpassung innerhalb der EG aufgrund der Umsetzung der 3. und 6. RL auf von diesen nicht erfaßte Randprobleme beschränkt worden ist, wie *Bessenich*, Die grenzüberschreitende Fusion S. 17 meint, ist fraglich angesichts der Umsetzungsspielräume, die die Richtlinien in einigen Bereichen lassen sowie in Anbetracht der Umsetzungsdefizite, die am Beispiel von Deutschland und Frankreich in den vorangegangenen Teilen 1 und 2 herausgearbeitet wurden; außerdem wurde das Recht der GmbH nicht angeglichen, die grundsätzlich auch an grenzüberschreitenden Operationen teilnehmen kann.

156 zur Sitztheorie oben C. I. 1.

anderzuhalten: Die „Herein"-Verschmelzung oder -Spaltung (Zuzug) und die „Hinaus"-Verschmelzung oder -Spaltung (Wegzug)[157].

1. „Herein"-Verschmelzung oder -Spaltung

Einem Zuzug stehen aus Sicht des Rechts der aufnehmenden Gesellschaft keine grundsätzlichen Hindernisse im Wege[158]. Die Interessen der Anteilseigner, Gläubiger und Arbeitnehmer werden durch die Aufnahme einer ausländischen Gesellschaft nicht nachteiliger betroffen als bei einer nationalen Verschmelzung oder Spaltung[159]. Allerdings muß die ausländische Gesellschaft nach Maßstäben bewertet werden, die den inländischen entsprechen[160], und die Sachverständigenprüfung im Ausland muß inländischen Anforderungen genügen[161], damit die Interessen der Gesellschafter der aufnehmenden Gesellschaft gewahrt sind[162].

2. „Hinaus"-Verschmelzung oder -Spaltung

Anders sieht es hingegen aus Sicht der übertragenden Gesellschaft bei einem Wegzug aus: Mit Wirksamwerden der grenzüberschreitenden Operation existiert nur noch eine Gesellschaft mit Sitz im Ausland. Da künftig nur noch de-

---

157 Wobei dieser nicht mit der internationalen Sitzverlegung zu verwechseln ist, bei der eine Gesellschaft unter Beibehaltung ihrer Identität ihren Sitz in einen anderen Staat verlegt, während bei den hier besprochenen Vorgängen die Gesellschafter der übertragenden Gesellschaft unmittelbar Gesellschafter der ausländischen aufnehmenden Gesellschaft werden sollen, die nach dem im Aufnahmestaat geltenden Recht bereits besteht oder neu gegründet wurde; vgl. hierzu *Behrens*, ZGR 1994, 1/13; zur grenzüberschreitenden Sitzverlegung *Kruse*, Die internationale Sitzverlegung S. 21 ff.; nach deutschem Recht ist eine internationale Sitzverlegung derzeit nicht möglich, OLG Hamm, Beschl. v. 30.4.1997, EuZW 1998, 31. Die Kommission hat einen Vorentwurf für einen Vorschlag für eine 14. RL über die Verlegung des Sitzes einer Gesellschaft in einen anderen Mitgliedsstaat vorgelegt, ZIP 1997, 1721; auch die Verabschiedung dieser RL hängt jedoch wesentlich von einer Einigung über die Mitbestimmungsfrage ab, vgl. *Meilicke*, GmbHR 1998, 1053/1057.

158 *MüKo*-Ebenroth, Nach Art. 10 EGBGB RN 502; *Staudinger*-Großfeld, IntGesR RN 697+700; *Beitzke*, FS Hallstein S. 14/24; *O. Meyer*, Besteuerung grenzüberschreitender Verschmelzung S. 43; ausführlich *Großfeld/Jasper*, RabelsZ 53 (1989), 52/63-70; zurückhaltend *Wiedemann*, Gesellschaftsrecht I S. 874

159 *O. Meyer*, Besteuerung grenzüberschreitender Verschmelzung S. 43 f.; *MüKo*-Ebenroth, Nach Art. 10 EGBGB RN 502

160 *Staudinger*-Großfeld, IntGesR RN 697; *Wiedemann*, Gesellschaftsrecht I S. 874

161 *Staudinger*-Großfeld, IntGesR RN 697; *Wiedemann*, Gesellschaftsrecht I S. 874

162 *Großfeld/Jasper*, RabelsZ 53 (1989), 52/65

ren Personalstatut anwendbar ist[163], ändert sich für die Beteiligten das maßgebliche Gesellschaftsstatut. Ihre Rechte werden dadurch möglicherweise entscheidend geändert[164].

a) Mitgliederinteressen

Die Interessen der Mitglieder der übertragenden Gesellschaft können bei grenzüberschreitenden Operationen dadurch beeinträchtigt werden, daß ihnen das neue Personalstatut weniger oder schlechter gesicherte Rechte gewährt[165]. Zudem müssen sie diese Rechte im Ausland wahrnehmen[166], wo sie einem anderen Umfeld begegnen, als sie es gewohnt sind[167]. Diesem Problem kann eventuell im Wege der Anpassung begegnet werden, indem man auf Seiten der übertragenden Gesellschaft einen einstimmigen Beschluß verlangt[168] oder bei einem Mehrheitsentscheid den überstimmten Minderheitsaktionären ein Sonderaustrittsrecht gegen Barabfindung einräumt[169].

b) Gläubigerinteressen

Für die Gläubiger der übertragenden Gesellschaft bedeutet die grenzüberschreitende Verschmelzung oder Spaltung, daß sie ihre Ansprüche künftig gegen die ausländische Rechtsnachfolgerin geltend machen und gerichtlich durchsetzen müssen, vermutlich also im Ausland. Eventuell ist dort der Gläubigerschutz schwächer ausgestaltet als im Inland. Zum Schutz der Gläubigerinteressen werden in der Literatur verschiedene Lösungen vorgeschlagen: Die übernehmende Gesellschaft müsse im Wege der Anpassung die Haftungsregeln des Rechts der übertragenden Gesellschaft übernehmen[170]; den Gläubigern müsse mittels eines Widerspruchsrechts ein Anspruch auf vollständige Befriedigung bzw. Sicherheitsleistung vor dem Vermögensübergang entsprechend der italienischen Rege-

---

163 „Sitztheorie", vgl. oben C. I. 1.

164 Im Folgenden sollen die möglichen Probleme nur angedeutet werden, eingehend untersucht werden sie unter D. II. für deutsche und französische Gesellschaften.

165 *MüKo*-Ebenroth, Nach Art. 10 EGBGB RN 504; *Wiedemann*, Gesellschaftsrecht I S. 874

166 *O. Meyer*, Besteuerung grenzüberschreitender Verschmelzung S. 44

167 *Staudinger*-Großfeld, IntGesR RN 693

168 *Beitzke*, FS Hallstein S. 14/25; differenzierend *Bessenich*, Die grenzüberschreitende Fusion S. 99 ff.

169 *Beitzke*, FS Hallstein S. 14/25

170 *Koppensteiner*, Internationale Unternehmen S. 259; *Beitzke*, FS Hallstein S. 14/30

lung des Art. 2503 c. ci. gewährt werden[171]; wie im Liqudationsfall nach § 267 AktG müsse der internationalen Verschmelzung ein Gläubigeraufruf vorangehen[172]. Diese Forderungen könnten jedoch innerhalb des Europäischen Binnenmarktes aufgrund der Rechtsangleichung durch Umsetzung der 3. und der 6. RL obsolet geworden sein.

c) Arbeitnehmerinteressen

Der Schutz der Arbeitnehmerinteressen stellt wohl das größte Problem bei grenzüberschreitenden Umstrukturierungen dar. Die Arbeitsverträge gehen zwar gemäß Art. 3 I der RL 77/187/EWG auch auf einen ausländischen Übernehmer über[173], so daß insoweit kein Unterschied zur nationalen Verschmelzung oder Spaltung besteht. Schwierigkeiten bereitet jedoch die unternehmerische Mitbestimmung: Kommt die Übertragerin aus einem Land mit hohem Mitbestimmungsniveau, bietet sich dieser die Möglichkeit der „Flucht aus der Mitbestimmung" in ein Land mit einem anderen Mitbestimmungssystem oder ohne jegliche unternehmerische Mitbestimmung. Dies wird in der Regel als tragendes Argument gegen die Zulässigkeit grenzüberschreitender „Hinaus"-Verschmelzungen angeführt[174].

Dagegen wurde vorgebracht, schon jetzt sei es über Umwege - mittels Betriebseinbringung oder Anteilstausch - möglich, den wirtschaftlichen Erfolg einer grenzüberschreitenden Fusion steuerneutral zu erzielen, ohne daß die Mitbestimmung beibehalten werde[175]. Im Wege der Einzelrechtsnachfolge kann zwar das gesamte Vermögen einer deutschen Gesellschaft auf eine ausländische übertragen werden, ohne daß für diese die deutschen Mitbestimmungsregeln gelten. Insoweit greifen auch die Regeln des Mitbestimmungsbeibehaltungsgesetzes[176] nicht: Danach wird bei einer buchwertverknüpfenden Einbringung von Betrieben oder Anteilen in eine ausländische Gesellschaft die Mitbestimmung bei der inländischen Kapitalgesellschaft unbefristet aufrechterhalten,

---

171 *Beitzke*, FS Hallstein S: 14/30; die italienische Reglung ist dargestellt bei *Züllig*, Internationale Fusion S. 92 ff.

172 *MüKo*-Ebenroth, Nach Art. 10 EGBGB RN 513

173 vgl. oben Teil 2, Kapitel 4 A.

174 *Wiedemann*, Gesellschaftsrecht I S. 874; unentschieden *Staudinger*-Großfeld, IntGesR RN 696; dabei wird übersehen, daß ein niedriges Mitbestimmungsniveau nicht bedeuten muß, daß die Unternehmer freier sind, in vielen Fällen haben die Arbeitnehmer auf anderen Wegen größeren Einfluß, z.B. über mehr Macht der Gewerkschaften; *Heinze*, AG 1997, 289/290.

175 *Lutter*, ZGR 1994, 87/90

176 MitbestBeiG vom 23.8.1994, BGBl. I, 2228

auch wenn die Voraussetzungen für die Mitbestimmung nicht mehr vorliegen. Dies gilt aber dann nicht, wenn die Arbeitnehmerzahl in der deutschen Gesellschaft nach der Umstrukturierung weniger als ein Viertel der gesetzlichen Mindestzahl für die Mitbestimmung beträgt. Damit ist diese Regelung für die wirtschaftliche Verschmelzung und die wirtschaftliche Aufspaltung, bei der die übertragende Gesellschaft in der Regel als Holding ohne Arbeitnehmer fortbesteht oder liquidiert wird, bedeutungslos[177]. Allerdings werden diese Umgehungskonstruktionen in aller Regel nicht steuerneutral verwirklicht werden können[178].

Derzeit wird die unternehmerische Mitbestimmung somit dadurch gesichert, daß man grenzüberschreitende Umstrukturierungen zwar nicht unmöglich, aber umständlich und teuer macht[179]. Die Beibehaltung der Mitbestimmung kann bei grenzüberschreitenden Umwandlungen jedoch grundsätzlich auf vertraglichem Wege erfolgen[180], was bei fusionsähnlichen grenzüberschreitenden Umstrukturierungen schon seit längerem praktiziert wird[181]. Die aufnehmende Gesellschaft muß dann einen Aufsichtsrat oder ein äquivalentes Organ besitzen oder neu schaffen, in dem die Mitbestimmung verwirklicht werden kann[182]. Allerdings darf die vertragliche Einräumung von Mitbestimmungsrechten nicht gegen das Recht des Staates der aufnehmenden Gesellschaft verstoßen[183].

III. Zusammenfassung

Der vorstehende Überblick über die kollisions- und materiell-rechtlichen Probleme grenzüberschreitender Verschmelzungen und Spaltungen sollte aufzeigen, wo die Schwierigkeiten liegen können. Dabei ist deutlich geworden, daß diese innerhalb der Europäischen Gemeinschaften nicht von vornherein unüberwindbar sind: In ihren Wirkungen entsprechen sich Verschmelzung und Spaltung in den europäischen Rechtsordnungen aufgrund der zwingenden

---

177 *Kallmeyer*, ZIP 1994, 1746/1752

178 vgl. oben B. I. 2. b) bb); so aber *Lutter*, ZGR 1994, 87/90; wie hier *Herzig/Förster*, DB 1994, 1/3 f.

179 *Becht*, Fusion und Spaltung von Kapitalgesellschaften S. 282

180 *Heinze*, ZGR 1994, 47/63; *MüKo*-Ebenroth, Nach Art. 10 EGBGB RN 517; *KK*-Kraft § 339 AktG RN 41

181 vgl. insb. den Zusammenschluß Hoesch/Hoogovens, BGH, Urt. v. 16.11.1981, NJW 1982, 933 f.

182 Im Fall Hoesch/Hoogovens wurden die vom ehemals deutschen Unternehmen in den Aufsichtsrat entsandten Arbeitnehmer unter entsprechender Anwendung der deutschen Mitbestimmungsregeln gewählt.

183 BGH, a.a.O. S. 934

Richtlichtlinienvorgaben in vielen Punkten. Die Mitgliederinteressen sind aufgrund der Rechtsangleichung weitgehend gewahrt oder können mittels Anpassung gewahrt werden, indem man einen einstimmigen Beschluß oder ein Sonderaustrittsrecht vorsieht. Etwas problematischer scheinen die Gläubigerinteressen, während die Rechte der Arbeitnehmer auf individueller Ebene durch die Arbeitnehmer-RL sichergestellt sind, auf Ebene der Mitbestimmung eventuell vertraglich gesichert werden können.

D. Grenzüberschreitende Verschmelzung oder Spaltung zwischen einer deutschen und einer französischen Kapitalgesellschaft

Inwieweit sich zwei Rechtsordnungen hinsichtlich der Fusionswirkungen und des Schutzes der Betroffenen entsprechen, kann nur anhand einer konkreten Überprüfung des Zusammenspiels dieser Rechtsordnungen festgestellt werden. Dies soll daher im folgenden am Beispiel Deutschland und Frankreich geschehen. Überprüft wird die Möglichkeit einer Verschmelzung oder Spaltung zwischen einer deutschen und einer französischen Gesellschaft unter Beteiligung von Aktiengesellschaften und von Gesellschaften mit beschränkter Haftung.

I. Kollisionsrecht

1. Voraussetzungen

a) Zulässigkeit

Zunächst muß jede beteiligte Rechtsordnung die Institute Verschmelzung bzw. Spaltung kennen. Deutschland und Frankreich kennen beide die Verschmelzung sowohl durch Aufnahme als auch durch Neugründung. Bei der Spaltung ist jedoch zu differenzieren: Frankreich kennt als *scission* die deutsche Aufspaltung, nicht aber die Abspaltung, da begriffsnotwendig bei der *scission* die übertragende Gesellschaft erlöschen muß[184]. Eine Abspaltung ist grenzüberschreitend somit nicht möglich. Die Ausgliederung ist als *apport partiel* zwar dem französischen Recht bekannt, doch muß die Geltung der *scission*-Regeln ausdrücklich vereinbart werden, damit insbesondere die Gesamtrechtsnachfolge eintritt; außerdem muß ein Betrieb oder Betriebsteil ausgegliedert werden, damit die steuerlichen Vorteile zur Anwendung kommen können[185].

---

[184] siehe oben Teil 1, D. I. 1.

[185] siehe oben Teil 1, C. I. 1. c)

Die Zulässigkeit der internationalen Verschmelzung und Spaltung wurde bereits ausführlich diskutiert[186]. In Frankreich ist sie gegeben[187]. Für das deutsche Recht soll sie für diese Untersuchung unterstellt und die Durchführbarkeit solcher Operationen untersucht werden. Zeigt sich, daß internationale Umwandlungen technisch durchführbar sind, ist das Verbot in § 1 Abs. 1 UmwG im Wege einer Gesetzesänderung zu streichen[188].

b) Beteiligungsfähigkeit

Als nächstes muß die aktive und passive Verschmelzungs- bzw. Spaltungsfähigkeit der in Frage kommenden Gesellschaften überprüft werden. In Deutschland können nach § 3 I UmwG als übertragende, übernehmende oder neue Rechtsträger unter anderem Aktiengesellschaften und Gesellschaften mit beschränkter Haftung an Verschmelzungen und Spaltungen teilnehmen[189]. In Frankreich können sich ebenfalls sowohl die *société anonyme* als auch die *société à responsabilité limitée* aktiv und passiv an einer *fusion*, *scission* oder einem *apport partiel* beteiligen[190]. In beiden Ländern sind diese Operationen auch unter Beteiligung von Rechtsträgern verschiedener Rechtsform möglich[191], so daß Mischverschmelzungen auch grenzüberschreitend in Frage kommen. Bei internationalen Operationen müssen die Gesellschaftsformen sich im wesentlichen entsprechen, was bei der Aktiengesellschaft und der *société anonyme* sowie bei der Gesellschaft mit beschränkter Haftung und der *société à responsabilité limitée* der Fall ist[192].

2. Verfahren

a) Unternehmensbewertung

Die Bilanzierung muß nach denselben Bilanzgrundsätzen und die Bewertung nach denselben Bewertungsregeln erfolgen[193], da nur so das Umtauschverhältnis korrekt ermittelt werden kann. Die Bilanzierungsregeln unterscheiden sich

---

[186] siehe oben B. I. 2.

[187] siehe oben B. II.

[188] vgl. schon oben C. am Anfang

[189] vgl. Teil 1, B. I. 2. a)

[190] vgl. Teil 1, C. I. 2. a)

[191] vgl. Teil 1, B. I. 2. c) und C. I. 2. c)

[192] Für die durch Gesetz vom 7.3.1925 geschaffene *S.A.R.L.* hat das Modell der deutschen GmbH Pate gestanden; *Kreß*, Gerichtliche Beschlußkontrolle S. 39.

[193] *Bessenich*, Die grenzüberschreitende Fusion S. 80 ff.

zwar in Deutschland und Frankreich in einigen Punkten, beispielsweise sind in Deutschland zwingend Pensionsrückstellungen zu bilden, in Frankreich besteht diesbezüglich ein Bilanzierungswahlrecht. Durch die Ausübung solcher Wahlrechte kann jedoch erreicht werden, daß die Bilanzen sich entsprechen. Bei der Unternehmensbewertung kennt man auch in Frankreich[194] die Ertragswertmethode unter Hinzurechnung des Substanzwertes, neben anderen Methoden zur Bestimmung des Wertes eines Unternehmens[195]. Die COB hat Regeln aufgestellt, die bei der Unternehmensbewertung zu beachten sind und die auch bei nicht-börsennotierten Gesellschaften Anwendung finden[196]. Danach sind die Unternehmen bei der Wahl der Bewertungsmethode freier als in Deutschland, solange sie die Regeln der COB berücksichtigen. Diese stehen nicht im Widerspruch zu den Anforderungen, die in Deutschland an eine Unternehmensbewertung gestellt werden. Aufgrund dieser recht weitgehenden Freiheit bei der Bewertung in Frankreich kann durch entsprechende Absprachen eine vergleichbare Bewertung durchgeführt werden. Bei einer grenzüberschreitenden Umwandlung ist anzuraten, eine international tätige Wirtschaftsprüfungs-Gesellschaft als gemeinsamen Sachverständigen zu bestellen; so dürfte am besten gewährleistet sein, daß die Prüfer eng zusammenarbeiten und die Übereinstimmung der Bewertung oder eventuelle Divergenzen festgestellt werden.

Ein Sonderproblem bei einer grenzüberschreitenden Umwandlung stellt die Festlegung des Wechselkurses dar, die zu einem bestimmten Stichtag zu erfolgen hat. Dieser muß unter Berücksichtigung der beteiligten Interessen gefunden werden[197]. Dieses Problem wird sich mit Einführung einer einheitlichen Währung im Europäischen Binnenmarkt von selbst lösen.

b) Vertrag

Der Verschmelzungs- oder Spaltungsvertrag ist gemeinsam abzuschließen, insoweit sind die Rechte kumuliert anzuwenden[198].

Daß § 4 UmwG den Abschluß eines (endgültigen) Vertrages (der bereits der notariellen Beurkundung bedarf) oder eines Vertragsentwurfs verlangt, während

---

194 für Deutschland siehe oben Teil 2, Kapitel 1 III. 1. a) cc)

195 *Coquelet*, Joly Soc. n°8; *Bertrel/Jeantin* n°815; *Jeantin*, Jur Cl. Soc., Fasc. 164-B n°6 ff.; *Prüfer*, NZG 1998, 86 f.

196 *Coquelet*, Joly Soc. n°9 f.; *Bertrel/Jeantin* n°828; *Jeantin*, Jur Cl. Soc., Fasc. 164-B n°4

197 *Bessenich*, Die grenzüberschreitende Fusion S. 83 schlägt vor, den Wechselkurs am Stichtag der Fusionsbilanz zu nehmen und daneben einen Spitzenausgleich vorzusehen, um auf Schwankungen reagieren zu können.

198 vgl. oben C. I. 1. c)

in Frankreich nach Art. 374 L.1966 ein sogenannter *projet de fusion / scission* (Verschmelzungs- oder Spaltungsplan) aufgestellt werden muß, bringt keine größeren Probleme mit sich, da letzterer sich der Sache nach nicht von dem deutschen Vertrag oder Vertragsentwurf unterscheidet[199]. Die Vereinbarung kann, wenn gewünscht, mit zwei Überschriften versehen werden, um beiden Rechtsordnungen gerecht zu werden.

Die Anforderungen an den jeweiligen Inhalt der Vereinbarung stimmen weitgehend überein. Während Art. 254 D.1967 jedoch nur die zwingenden Vorgaben der Richtlinien umsetzt, verlangen §§ 5 I, 126 I UmwG darüberhinaus Angaben über die Folgen der Umwandlung für die Arbeitnehmer und ihre Vertretungen sowie die insoweit vorgesehenen Maßnahmen. Diese Angaben müssen augrund der Kumulierung auch bei einer grenzüberschreitenden Operation aufgenommen werden.

Ein besonderes Formerfordernis gibt es in Frankreich nicht, in Deutschland hingegen bedarf der (endgültige) Verschmelzungs- oder Spaltungsvertrag nach § 6 UmwG der notariellen Beurkundung[200]. Fraglich ist, ob dies auch im internationalen Bereich gilt, oder ob man diese Formvorschrift[201] umgehen kann, indem der Vertrag in Frankreich geschlossen wird. Auf Art. 11 EGBGB, wonach die Formvorschrift des Ortes des Vertragsschlusses entscheidend ist, kann jedoch nicht zurückgegriffen werden, da der Verschmelzungs- bzw. Spaltungsvertrag als gesellschaftsrechtlicher Vorgang, der die Veränderung des rechtlichen Bestandes jeder Gesellschaft zum Gegenstand hat, nicht der „locus regit actum"-Regel unterliegt[202]. Vielmehr sind die jeweiligen Gesellschaftsstatuten anzuwenden und gegebenenfalls zu kumulieren, was dazu führt, daß auch bei grenzüberschreitenden Vorgängen der Vertrag immer nach § 6 UmwG notariell beurkundet werden muß[203].

---

199 *Loussouarn/Bredin*, Droit du commerce international n°303

200 vgl. Teil 1, B. II. Ziff. 3 a)

201 und die mit dieser verbundenen Kosten

202 *Beitzke*, FS Hallstein S. 14/23; *ders.*, Rev. crit. DIP 1967, 1/8; *MüKo*-Ebenroth, Nach Art. 10 EGBGB RN 496; *Loussouarn/Bredin*, Droit du commerce international n°303; LG Kiel, Beschl. v. 25.4.1997, EWiR 1998, 215 m. zust. Anm. *Horn*

203 Die Beurkundung kann i.d.R. nicht in Frankreich erfolgen, da der französische Notar regelmäßig keine inhaltliche Richtigkeitsgewähr hinsichtlich der nach deutschem Recht zu erfüllenden Voraussetzungen leisten kann; zur ausländische Beurkundung siehe oben Teil 1, B. II. Ziff. 3 a)

c) Vorbereitung und Durchführung der Hauptversammlung

Den Bericht der Leitungsorgane hat jede Gesellschaft nach ihrem Statut zu erstellen, da sie nur in ihrer Sphäre betroffen ist. Gleiches gilt für die Sachverständigenprüfung mit dem abschließenden Bericht. Zu beachten ist allerdings, daß in Frankreich auch bei Beteiligung einer *S.A.R.L.* an einer *fusion* oder *scission* zwingend in allen beteiligten Gesellschaften die Sachverständigenprüfung durchzuführen ist, während diese bei der GmbH nach § 48 UmwG nur auf Verlangen erfolgt. Andererseits ist in Deutschland bei einer GmbH der Bericht der Leitungsorgane zwingend, während dieser in Frankreich bei der *S.A.R.L.* nicht verlangt wird. In beiden Fällen sind die Rechte zu kumulieren und zwingend bei allen beteiligten Rechtsträgern die Sachverständigenprüfung durchzuführen bzw. der Vorstandsbericht zu erstellen. Denn nach Art. 258 D.1967 sind unter anderem die nach Artt. 376 und 377 L.1966 erforderlichen Berichte zur Vorbereitung der Hauptversammlung auszulegen, dies sind die Prüfungsberichte aller beteiligten Gesellschaften; in Deutschland kann von dem zwingenden Vorstandsbericht nach § 8 III UmwG nur bei Verzicht aller Gesellschafter aller beteiligten Rechtsträger abgesehen werden.

Die Beschlüsse sind von den Hauptversammlungen nach ihrem jeweiligen Gesellschaftsstatut zu fassen. Dies gilt nicht nur für den Verschmelzung- oder Spaltungsbeschluß, sondern auch für eine eventuell durchzuführende Kapitalerhöhung oder -herabsetzung.

Auch grenzüberschreitend kann die Konzernverschmelzung von großem Interesse sein[204]. Verfahrenserleichterungen können dabei nur insoweit gewährt werden, als das Zusammenspiel der Rechtsordnungen dies erlaubt. Da nach deutschem wie nach französischem Recht Verschmelzungsbericht und Sachverständigenprüfung bei Verschmelzung einer 100 %igen Tochter auf ihre Mutter entbehrlich sind[205], sind diese auch bei grenzüberschreitenden Verschmelzungen nicht erforderlich. Darüber hinaus ist nach deutschem Recht ein Beschluß der übernehmenden AG entbehrlich, wenn sie eine Kapitalgesellschaft aufnimmt, von der sie mindestens 90 % der Anteile hält. Ein Beschluß in der übertragenden Gesellschaft bleibt erforderlich[206]. Nach französischem Recht ist bei Aufnahme einer 100 %igen Tochtergesellschaft durch ihre Mutter kein Beschluß der übertragenden Gesellschaft erforderlich, zu fassen ist aber

---

204 vgl. im Teil 2, Kapitel 1 B. VII.; eine grenzüberschreitende Konzernverschmelzung einer französischen S.A. auf ihre deutsche Mutter um steuerliche Vorteile zu nutzen schildern *Rixen/Böttcher*, GmbHR 1993, 572 ff.

205 vgl. oben Teil 2, Kapitel 1 B. VII. 1. und C. VI.

206 vgl. oben Teil 2, Kapitel 1 B. VII. 2

ein Zustimmungsbeschluß in der übernehmenden Gesellschaft[207]. Da somit das deutsche Recht vom Zustimmungsbeschluß der übernehmenden Gesellschaft, das französische von dem der übertragenden dispensiert, der Beschluß in der jeweils anderen Gesellschaft aber zwingend bleibt, sind bei Verschmelzungen über die Grenze selbst bei 100 %iger Beteiligung in allen beteiligten Gesellschaften Zustimmungsbeschlüsse zu fassen. Die oben vorgeschlagene Änderung, auch in Deutschland bei der Konzernverschmelzung den Zustimmungsbeschluß bei der übernehmenden Muttergesellschaft vorzuschreiben, vom Beschlußerfordernis bei der übertragenden Tochtergesellschaft, bei der es ohnehin keine Minderheitsaktionäre gibt, deren Interessen beeinträchtigt werden könnten, jedoch abzusehen[208], würde somit auch grenzüberschreitende Umstrukturierungen wesentlich vereinfachen.

d) Aktienumtausch

Nach § 71 UmwG ist, wenn der übertragende Rechtsträger eine Aktiengesellschaft ist, ein Treuhänder zu bestellen, der den Aktienumtausch durchführt[209]. In Frankreich führt die übernehmende Gesellschaft den Umtausch in der Regel selbst durch. Dabei ist zu berücksichtigen, daß dort keine Aktienurkunden ausgegeben, sondern die Titel auf Konten gebucht werden, so daß effektiv kein Umtausch stattfindet[210]. Fraglich ist, ob bei grenzüberschreitenden Operationen ein Treuhänder zu bestellen ist.

Wenn eine deutsche Gesellschaft übertragender, eine französische Aktiengesellschaft übernehmender Rechtsträger ist, wäre dies nach § 71 UmwG der Fall. Nach französischem Verständnis führt jedoch die übernehmende französische Gesellschaft den Umtausch durch. Zum Schutz der Aktionäre der deutschen Gesellschaft ist der Treuhänder jedoch auch in diesem Fall zu bestellen. Zwar erhalten sie keine Aktienurkunden, die er in Empfang nehmen könnte, doch kann und muß er beaufsichtigen, daß die Kontenbuchungen ordnungsgemäß erfolgen[211]. Entsprechend § 71 I,2 UmwG muß er den nach französischem Recht vollzogenen Aktienumtausch dem Registergericht anzeigen, dann erst wird die Verschmelzung oder Spaltung ins deutsche Register eingetragen. Anders als bei einem rein nationalen Vorgang werden die Aktionäre der übertragenden Gesellschaft so zwar als Aktionäre der übernehmenden Gesellschaft geführt, noch be-

---

207 vgl. oben Teil 2, Kapitel 1 C. VI.

208 vgl. oben Teil 2, Kapitel 1 D. V. 1.

209 vgl. oben Teil 2, Kapitel 1 B. V.

210 vgl. oben Teil 2, Kapitel 1 C. IV. 3.

211 siehe oben Teil 2, Kapitel 1 C. IV. 3

vor die Operation nach deutschem Recht wirksam geworden ist[212]; die Alternative wäre jedoch, daß die Eintragung ins deutsche Register vor den Buchungen auf die Aktionärskonten erfolgt, was zu erheblichen Unsicherheiten führen würde. Die Person des Treuhänders ist dem französischen Recht auch nicht wesensfremd. Bis vor einiger Zeit haben auch in Frankreich außenstehende Dritte den Aktienumtausch durchgeführt, und auch heute noch wird nicht selten von der übertragenden Gesellschaft ein *mandataire* bestellt, der garantiert, daß das Verfahren ordnungsgemäß abläuft[213].

Ist eine französische Gesellschaft übertragender, eine deutsche Aktiengesellschaft übernehmender Rechtsträger, ist die Bestellung eines Treuhänders nicht zwingend vorgeschrieben, da § 71 I UmwG keine Anordnungen für die französische Gesellschaft treffen kann, die als Übertragerin den Treuhänder bestellen müßte. Da der Treuhänder jedoch auch im Interesse der Aktionäre der übernehmenden Gesellschaft tätig wird, indem er verhindert, daß die Aktien - die in diesem Fall von der deutschen Gesellschaft gewährt werden - vor Wirksamwerden der Operation an die Aktionäre ausgehändigt werden[214], ist auch in diesem Fall im Wege der Anpassung zu fordern, daß die französische Gesellschaft einen Treuhänder bestellt.

e) Registrierung und Publizierung

Die Registrierung und Publizierung wirkt grundsätzlich nur in der Sphäre einer Gesellschaft, daher ist das jeweilige Personalstatut maßgeblich. In Deutschland muß daher die Verschmelzung oder Spaltung am Sitz der deutschen Gesellschaft zur Eintragung angemeldet und die Unbedenklichkeitserklärung abgegeben werden, § 16 I und II UmwG[215]. In Frankreich ist der Umschreibungsantrag zu stellen und dabei die *déclaration de conformité* nach Artt. 374 L.1966, 265 D.1967 einzureichen[216].

Bei Beteiligung einer deutschen und einer französischen Gesellschaft an einer Umwandlung steht man jedoch vor dem Problem, daß in Deutschland die Eintragung ins Register untrennbar mit dem Wirksamwerden der Operation verbunden ist: Grundsätzlich erfolgt bei der Verschmelzung zunächst die Eintra-

---

212 Nach deutschem Recht erhält der Treuhänder die Aktien vom übernehmenden Rechtsträger, dann erfolgen die Eintragungen ins Handelsregister, dann gibt er den neuen Aktionären die Aktien heraus; vgl. oben Teil 2, Kapitel 1 B. V. 1.

213 siehe oben Teil 2, Kapitel 1 C. IV. 3

214 vgl. oben Teil 2, Kapitel 1 B. V. 1.

215 vgl. Teil 1, B. II. Ziff. 18

216 vgl. Teil 1, C. II. Ziff. 15

gung bei der übertragenden, bei der Spaltung die bei der übernehmenden Gesellschaft; diese Eintragung ist Voraussetzung für die Eintragung des Vorgangs bei der jeweils anderen oder der neuen Gesellschaft, mit der die Operation wirksam wird und die übertragende Gesellschaft gegebenenfalls[217] erlischt[218]. In Frankreich hingegen ist die Eintragung nur bei der Neugründung konstitutiv. Das Problem stellt sich somit vor allem bei der Verschmelzung einer französischen auf eine deutsche Gesellschaft oder bei der Spaltung einer deutschen Gesellschaft zugunsten von französischen Gesellschaften: Für die Eintragung ins deutsche Register ist eigentlich eine Voreintragung erforderlich, die aber in Frankreich erfolgen müßte, wo diese Eintragung unbekannt ist. Eine Anpassung kann in diesem Fall durch Substitution erfolgen[219]: Man begnügt sich ersatzweise damit, daß die nach französischem Recht erforderlichen Publizitätserfordernisse erfüllt sind, also die *déclaration de conformité* beim Registergericht hinterlegt wurde.

3. Wirksamwerden und Wirkungen

Da dieselben Wirkungen zu einem einheitlichen Zeitpunkt eintreten müssen, kann die grenzüberschreitende Operation nur wirksam werden, wenn die betroffenen Rechtsordnungen sich weitgehend entsprechen.

a) Wirksamkeitszeitpunkt

Eine Verschmelzung oder Spaltung zur Neugründung wird in Deutschland wie in Frankreich erst mit Eintragung der neuen Gesellschaft wirksam[220]. Dieser Vorgang ist insoweit unproblematisch. Bei einer Verschmelzung oder Spaltung zur Aufnahme jedoch treten die Wirkungen in Deutschland erst mit der letzten erforderlichen Eintragung ins Handelsregister ein[221], während diese Operation in Frankreich mit dem Fassen des letzten erforderlichen Generalversammlungsbeschlusses wirksam wird, Art. 372-2 n°2 L.1966[222]. Der Wirksamkeitszeitpunkt ist somit kein einheitlicher. In Deutschland kann dieser Wirksamkeitszeitpunkt auch nicht vertraglich festgelegt werden, er ist zwingend vom Gesetz

---

217 bei Verschmelzung und Aufspaltung

218 vgl. oben Teil 1, B. III. 2 am Anfang

219 vgl. oben C. I. 1. b)

220 vgl. Teil 1, B. III. 1. und C. III. 1. b)

221 vgl. Teil 1, B. III. 1 sowie II. Ziff. 19

222 vgl. Teil 1, C. III. 1. a)

vorgegeben[223]. In Frankreich jedoch kann nach Art. 372-2 n°2 L.1966 auch ein anderer Wirksamkeitszeitpunkt bestimmt werden, dieser darf nur nicht nach Abschluß des laufenden Geschäftsjahres und nicht vor dem Abschluß des letzten abgeschlossenen Geschäftsjahres liegen[224]. Dies läßt insbesondere zu, einen nach der Beschlußfassung liegenden Zeitpunkt zu bestimmen[225]. Im übrigen können die Zustimmungsbeschlüsse unter einer aufschiebenden Bedingung gefaßt werden: In der Praxis wird in der Regel der erste Zustimmungsbeschluß unter der aufschiebenden Bestimmung der Zustimmung der Gesellschafter der anderen Gesellschaft gefaßt[226]. Wegen der weitgehenden Vertragsfreiheit in Frankreich kann der Wirksamkeitszeitpunkt somit kein unüberwindbares Problem darstellen[227]: Es ist so zu verfahren, daß der Generalversammlungsbeschluß der französischen Gesellschaft unter der aufschiebenden Bedingung der Eintragung der Operation im deutschen Handelsregister gefaßt wird. Der Verschmelzungs- oder Spaltungsstichtag, zu dem die Wirkungen im Innenverhältnis eintreten sollen, kann frei vereinbart werden.

b) Wirkungen

Deutschland wie Frankreich ordnen die Gesamtrechtsnachfolge mit automatischem Übergang der Schulden an, die Wirkungen der Verschmelzung und Spaltung stimmen somit weitgehend überein[228].

Allerdings hat in Deutschland die Eintragung der Operation ins Handelsregister auch die Folge, daß ab diesem Zeitpunkt Mängel der Verschmelzung oder Spaltung unbeachtlich sind[229]. So wird eine Rückabwicklung dieses Vorgangs verhindert. In Frankreich hingegen kann innerhalb von sechs Monaten die Nichtigkeitsklage gegen den Hauptversammlungsbeschluß erhoben werden[230]. Diese Klage ist beim Gericht am Sitz der Gesellschaft, deren Beschluß angefochten wird, zu erheben, also in Frankreich. Durch diese Anfechtungsmöglichkeit könnte die Gefahr bestehen, daß Operationen nachträglich rückgängig zu

---

223 *Becht*, Fusion und Spaltung von Kapitalgesellschaften S. 289; die Rede ist hier von einer Festsetzung der dinglichen Fusionswirkungen, im Innenverhältnis kann der Zeitpunkt in Deutschland abweichend vereinbart werden.

224 vgl. Teil 1, C. III. 1. a)

225 *Mercadal/Janin* n°3534/1

226 vgl. Teil 1, C. II. Ziff. 11 a)

227 ebenso *Bessenich*, Die grenzüberschreitende Fusion S. 131 f.

228 vgl. Teil 1, B. III. 2. und C. III. 2.

229 vgl. oben Teil 1, III. 2 b) bb)

230 vgl. oben Teil 2, Kapitel 1 C. V. 1. b)

machen sind, wovon auch die deutsche Gesellschaft betroffen wäre. Allerdings wird die Nichtigkeit der Verschmelzung oder Spaltung in Frankreich nahezu nie ausgesprochen, weil die Gerichte der Gesellschaft die Möglichkeit einräumen müssen, den Mangel zu beseitigen, was in der Regel auch geschieht[231], um eine Rückabwicklung zu vermeiden.

4. Zusammenfassung

Das Kollisionsrecht stellt damit insgesamt grenzüberschreitenden Verschmelzungen oder Spaltungen unter Beteiligung von deutschen und französischen Rechtsträgern keine unüberwindbaren Hindernisse in den Weg, so daß unter diesem Aspekt sowohl Verschmelzungen oder Spaltungen, bei denen die aufnehmende oder neue Gesellschaft in Deutschland ihren Sitz hat als auch solche, bei denen dieser sich in Frankreich befindet, rechtstechnisch keine größeren Probleme bereiten. Sowohl auf der Ebene der Voraussetzungen als auch beim Verfahren und insbesondere bei den Wirkungen der Operation zeigt sich der Rechtsangleichungserfolg, den die Umsetzung der 3. und 6. gesellschaftsrechtlichen Richtlinie bewirkt hat.

II. Materielles Recht

1. Mitgliederinteressen

a) Beschlüsse der Mitglieder

Die Gesellschafter der übertragenden Gesellschaft werden mit dem Wirksamwerden der grenzüberschreitenden Operation Mitglieder einer ausländischen Gesellschaft, ihre Rechte richten sich fortan nach dem ausländischen Personalstatut und sie sind gezwungen, diese im Ausland wahrzunehmen und geltend zu machen. Aus diesem Grund ist in Frankreich nach überwiegender Auffassung der Umwandlungsbeschluß bei der Übertragerin wie ein Nationalitätenwechsel nach Artt. 31 und 60 L.1966 einstimmig zu fassen[232]. Dies wird teilweise auch in Deutschland gefordert[233].

---

231 vgl. oben Teil 2, Kapitel 1 C. V. 1. b) bb) + cc)

232 *Mercadal/Janin* n°3575; a.A. wohl *Tilquin*, Joly Soc. n°21; *H/T/M* III n°800 schlagen stattdessen ein Austrittsrecht gegen Barabfindung vor, das aber in Frankreich nicht anerkannt ist.

233 *KK*-Kraft, § 339 AktG RN 41; *Beitzke*, FS Hallstein S. 14/25; differenzierend *Züllig*, Die internationale Fusion S. 64, der im Einzelfall untersuchen will, ob die Gesellschafterrechte im Aufnahmeland denen im Herkunftsland entsprechen.

Ein Einstimmigkeitserfordernis widerspricht jedoch dem Mehrheitsprinzip des Kapitalgesellschaftsrechts, das vermeiden will, daß wirtschaftlich vernünftige Entscheidungen durch eine Minderheit verhindert werden[234,235]. So müssen sich Aktionäre auch tiefgreifende Änderungen ihrer Rechte durch die Mehrheit gefallen lassen[236], nur in Ausnahmefällen wird eine einstimmige Entscheidung verlangt. Bei der grenzüberschreitenden Verschmelzung oder Spaltung kommt dazu, daß die Gesellschafterrechte durch verschiedene Vorkehrungen weitestgehend gewahrt werden: Zunächst besteht die zwingende Anteilsgewährungspflicht. Hinzu kommt der sehr weitgehende a-priori-Schutz durch den Vertrag mit zwingendem Inhalt, der offenzulegen ist, durch den Bericht der Leitungsorgane, der bei einer grenzüberschreitenden Operation Informationen über die künftigen Rechte im Ausland enthalten sollte und durch die Sachverständigenprüfung. Innerhalb der EG gewährleistet die PrüferbefähigungsRL[237], daß nur vergleichbar qualifizierte Prüfer die Sachverständigenprüfung durchführen[238]. Inhaltlich ist eine ausländische Prüfung der deutschen gleichwertig, da die 3. und 6. RL hinsichtlich des Inhalts der Prüfung zwingende Vorgaben enthalten, die umzusetzen waren, so daß die deutschen Gesellschafter sich auf den ausländischen Prüfbericht verlassen können[239]. Ergänzt wird dieser Vorab-Schutz durch die Haftung der verantwortlichen Organe sowie die Möglichkeit, Klage gegen den Beschluß zu erheben[240]. Auch kann das Spruchverfahren eingeleitet werden, um ein fehlerhaftes Umtauschverhältnis überprüfen zu lassen. Die Klage gegen den Beschluß der deutschen Gesellschaft ist nach §§ 246 AktG, 306 UmwG an deren Sitz in Deutschland zu erheben, die gegen den Beschluß der französische Gesellschaft in Frankreich. Dies gilt auch, wenn sie jeweils die übertragende Gesellschaft ist, also im ursprünglichen Sitzstaat gar nicht mehr existiert[241]. Eine Spruchstellenentscheidung[242] eines deutschen Gerichts ist ge-

---

234 *Becht*, Fusion und Spaltung von Kapitalgesellschaften S. 290

235 Überdies ist zu beachten, daß ein einstimmiger Beschluß in einer kleinen Gesellschaft erreichbar sein kann, nicht jedoch in einer großen Publikumsgesellschaft; *Kruse*, Internationale Sitzverlegung S. 180; *Pohlmann*, Französisches Internationales Gesellschaftsrecht S. 154.

236 BVerfG, Urt. v. 7.8.1962, BVerfGE 14, 263/271

237 RL des Rates Nr. 84/253/EWG vom 10.4.1984 über die Zulassung der mit der Pflichtprüfung der Rechnungsunterlagen betrauten Personen, Abl.EG 1984 Nr. L 126/20

238 unbegründet daher die Bedenken von *Eyles*, Niederlassungsrecht der Kapitalgesellschaften in der EG S. 467

239 zweifelnd noch *Großfeld/Jasper*, RabelsZ 53 (1989), 52/66

240 *Becht*, Fusion und Spaltung von Kapitalgesellschaften, S. 290; *O. Meyer*, Besteuerung grenzüberschreitender Verschmelzungen S. 44

241 insoweit zutreffend *Eyles*, Niederlassungsrecht der Kapitalgesellschaften S. 467 f.

gen die übernehmende französische Gesellschaft durch die Regelungen in Artt. 31 ff. EuGVÜ[243] durchsetzbar[244]. Der Minderheitsgesellschafter ist somit gegen einen Machtmißbrauch des Mehrheitsgesellschafters wirksam geschützt[245].

Im übrigen sind die Rechte der Aktionäre innerhalb der EG schon so weit harmonisiert[246], daß diesbezüglich eine Schmälerung durch eine grenzüberschreitende Umwandlung nicht zu befürchten ist[247]. Die Rechte der Gesellschaften mit beschränkter Haftung sind zwar aufgrund europarechtlicher Vorgaben nur wenig angeglichen[248], doch sind die deutsche GmbH und die französiche *S.A.R.L.* weitgehend vergleichbar[249], so daß auch insoweit eine Beeinträchtigung der Gesellschafterrechte allein aufgrund der Internationalität des Sachverhaltes nicht zu befürchten ist. Daher ist grundsätzlich weder ein einstimmiger Beschluß der übertragenden Gesellschaft zu fassen, noch deren Gesellschaftern ein allgemeines Austrittsrecht einzuräumen[250].

---

242 vgl. oben Teil 2, Kapitel 1 B. VI. 2.

243 Brüsseler Übereinkommen über die gerichtliche Zuständigkeit und die Vollstreckung von Entscheidungen in Zivil- und Handelssachen vom 27.9.1968 in der Fassung des 3. Beitrittsübereinkommens vom 26.5.1989.

244 *MüKo*-Ebenroth, Nach Art. 10 EGBGB RN 509; warum *Eyles*, Niederlassungsrecht der Kapitalgesellschaften S. 467 f. bezweifelt, daß die Spruchstellenentscheidung im Ausland grundsätzlich anerkannt wird, ist nicht ersichtlich; ein Verstoß gegen den französischen ordre public liegt in einer solchen Entscheidung jedenfalls nicht, eine sachliche Überprüfung haben die Gerichte nicht durchzuführen, Art. 34 EuGVÜ.

245 BVerfG, Urt. v. 7.8.1962, BVerfGE 14, 263/283 f.

246 vor allem durch die 2. RL des Rates vom 13.12.1976, Nr.77/91/EWG, ABl.EG 1977 Nr. L 26

247 *MüKo*-Ebenroth, Nach Art. 10 EGBGB RN 506; hiervon geht auch der Vorschlag der 10. RL aus, der in Art. 7 S.2 verbietet, für die grenzüberschreitende Fusion eine größere Beschlußmehrheit zu verlangen als für die nationale.

248 Eine Angleichung ist vor allem hinsichtlich der Registerpublizität erfolgt, dazu *Junge*, GmbHR 1992, 225/226 f.

249 vgl. Maier-Bridou in: *Centrale für GmbH* S. 77 ff.; dies liegt nicht zuletzt daran, daß dieses Rechtsinstitut über die Hintertür des vom Deutschen Reich annektierten Elsaß-Lothringen nach Frankreich gelangte, von wo aus es nach dem Ersten Weltkrieg aufgrund seiner Beliebtheit als *S.A.R.L.* im ganzen Land eingeführt wurde; Maier-Bridou, a.a.O. S. 79.

250 Für ein allgemeines Austrittsrecht *Lutter*-Lutter, UmwG, § 1 RN 15; ihm folgend *Kruse*, Internationale Sitzverlegung S. 180.

b) Austrittsrecht

In Deutschland haben die Gesellschafter der übertragenden Gesellschaft nach § 29 UmwG unter bestimmten Voraussetzungen ein Recht zum Austritt gegen Barabfindung. Bei einer reinen GmbH-Verschmelzung oder -Spaltung kann zudem nach der hier vertretenen Auffassung[251] den Gesellschaftern aller beteiligten Gesellschaften ein Austrittsrecht aus wichtigem Grund zukommen. In Frankreich ist ein Austrittsrecht in jedweder Form nicht nur gesetzlich nicht vorgesehen, es wird sogar ausdrücklich abgelehnt[252]. Nach den Vorgaben des Umwandlungsgesetzes wird ein austrittswilliger Gesellschafter zunächst Anteilsinhaber der übernehmenden Gesellschaft, die ihm den Erwerb seiner Anteile gegen Barabfindung anzubieten hat[253]. Damit steht man, wenn die deutsche Gesellschaft die Übertragerin ist, vor dem Problem, daß die französische Übernehmerin einen Austritt gegen Barabfindung nicht anbieten kann, auch wenn dessen Voraussetzungen nach deutschem Recht vorliegen.

Hier ist im Wege der Anpassung zum Schutz der Anteilsinhaber in allen Fällen, in denen ein Austrittsrecht gewährt werden müßte, ein einstimmiger Beschluß auf Seiten der übertragenden Gesellschaft zu fassen. Das Einstimmigkeitserfordernis besteht somit bei Mischverschmelzungen oder -spaltungen[254] sowie wenn bei der übernehmenden französischen Gesellschaft die Anteile Verfügungsbeschränkungen unterliegen. Dann aber ist bei jeder reinen GmbH-Verschmelzung oder -Spaltung, bei der die Übernehmerin eine französische Gesellschaft ist, ein einstimmiger Beschluß zu fassen, weil nach Art. 45 I,VI L.1966 die Abtretung der Anteile an einer *S.A.R.L.* an Nichtgesellschafter immer der Zustimmung durch die Gesellschaft bedarf, diese somit immer Beschränkungen unterliegen[255]. Da es somit in diesen Fällen keine überstimmten Minderheitsaktionäre gibt, ist das Austrittsrecht aus wichtigem Grund bedeutungslos.

---

[251] vgl. oben Teil 2, Kapitel 2 B. II. 3. b)

[252] vgl. oben Teil 2, Kapitel 1 C. I. 3.

[253] siehe oben Teil 2, Kapitel 1 B. II. 4

[254] Soweit eine AG übertragende Gesellschaft ist dürfte dieser einstimmige Beschluß Schwierigkeiten bereiten, zumindest innerhalb von Publikumsgesellschaften, vgl. *Kruse*, Internationale Sitzverlegung S. 180.

[255] Nach der Neufassung des § 29 I,2 UmwG werden auch national solche gesetzlichen Verfügungsbeschränkungen den vertraglichen gleichgestellt; vgl. oben Teil 2, Kapitel 1 B. II. 1. b).

2. Gläubigerinteressen

a) Rechtsverfolgung

Kraft Gesamtrechtsnachfolge gehen alle Aktiva und Passiva der übertragenden Gesellschaft mit Wirksamwerden der Operation auf die übernehmende ausländische Gesellschaft über, § 20 I Nr. 1 UmwG, Art. 372-1 I L.1966. Diese wird damit Schuldnerin aller bis dahin entstandenen Forderungen, die Gläubiger der übertragenden Gesellschaft müssen ihre Ansprüche künftig gegenüber der äusländischen Übernehmerin geltend machen.

Allein aufgrund der Tatsache, daß die Gläubiger nunmehr die Befriedigung ihrer Forderungen im Ausland suchen müßten, was ihnen nicht zumutbar sei, lehnen einige Autoren die Zulässigkeit grenzüberschreitender Umwandlungen ab[256]. Diese Haltung überzeugt jedoch nicht, denn die Mitgliedsstaaten haben durch Transformation des auf der Grundlage von Art. 220 4. Unterabsatz EGV konzipierten Europäischen Gerichtsstands- und Vollstreckungsübereinkommens (EuGVÜ) in innerstaatliches Recht inzident die Gleichwertigkeit aller innerhalb der Gemeinschaft ergangenen Gerichtsentscheidungen im Hinblick auf eine objektive Zuständigkeitsordnung sowie die Anerkennung und Vollstreckung von Urteilen zum Ausdruck gebracht[257]. Dieses Übereinkommen sieht Lösungen für solche internationalen Sachverhalte vor.

Nach Art. 2 EuGVÜ ist bei internationalen Sachverhalten eine Klage zwar grundsätzlich in dem Staat zu erheben, in dem der Beklagte seinen Sitz hat, das wäre in dem hier zu untersuchenden Fall im Ausland; von dieser Regel gibt es jedoch mehrere Ausnahmen, die zu einem Gerichtsstand im Inland führen können. So besteht nach Art. 5 Nr. 1 EuGVÜ bei vertraglichen Ansprüchen ein Gerichtsstand am Erfüllungsort. Nach Art. 5 Nr. 5 EuGVÜ besteht ein Gerichtsstand im Inland, wenn der ausländische Beklagte im Inland eine Zweigniederlassung, eine Agentur oder sonstige Niederlassung hat, die das Geschäft getätigt hat. Um von den Vorteilen der FusionsbesteuerungsRL zu profitieren, muß der übernehmende ausländische Rechtsträger im Inland zumindest eine Betriebsstätte belassen[258]. Eine unselbständige Betriebsstätte ist für einen Gerichtsstand zwar nicht ausreichend[259], wenn sie jedoch mit gewisser Selbständigkeit aus-

---

256 *Wiedemann*, Gesellschaftsrecht I S. 874; ähnlich *Staudinger*-Großfeld, IntGesR RN 694

257 vgl. *Becht*, Fusion und Spaltung von Kapitalgesellschaften S. 482

258 siehe in diesem Kapitel A. II. 3.

259 *Schack*, Internationales Zivilverfahrensrecht RN 318; das österreichische Recht läßt in § 87 I der Jurisdiktionsnorm eine inländische Betriebsstätte ausdrücklich genügen.

gestattet ist[260], greift diese Ausnahmeregel. Im übrigen gehen nach Art. 17 EuGVÜ Gerichtsstandsvereinbarungen den gesetzlichen Gerichtsständen vor; solche werden bei Geschäftsbeziehungen häufig in Allgemeinen Liefer- oder Einkaufsbedingungen enthalten sein.

Sollte doch kein Gerichtsstand im Inland gegeben sein, erwächst dem Gläubiger hieraus kein großer Nachteil, da sich das Verhältnis, auch wenn es vor ein ausländisches Gericht kommt, nach inländischem Recht beurteilt. Denn nach Art. 28 II,2 EGBGB[261] gilt aufgrund der objektiven Anknüpfung[262] bei Verträgen aus geschäftlicher Tätigkeit das Recht des Staates, in dem die Partei, welche die charakteristische Leistung zu erbringen hat, ihre Hauptniederlassung hat[263]. Dieses Recht wird für den Zeitpunkt des Vertragsschlusses ermittelt[264]. Ein einmal begründetes Vertragsstatut kann somit grundsätzlich nicht verändert werden[265]; ansonsten wäre die objektive Anknüpfung immer durch den drohenden Statutenwechsel gefährdet[266]. Da im Zeitpunkt des Vertragsschlusses aber beide Parteien ihren Sitz im Inland hatten, gilt auch beim Wegzug des Schuldners inländisches Recht fort.

Die Vollstreckung bereitet aufgrund der Vorschriften des EuGVÜ auch keine unüberwindbaren Hindernisse. Soweit eine Betriebsstätte im Inland ausreichend Befriedigungsmöglichkeit bietet, kann in deren Vermögen vollstreckt werden. Die Vollstreckung kann aufgrund eines inländischen Titels oder aufgrund eines ausländischen erfolgen. Letzterer muß nach Art. 31 EuGVÜ ohne Prüfung des Inhalts für vollstreckbar erklärt werden, wenn er nicht gegen den ordre public verstößt. Eine Vollstreckung im Ausland ist ebenso entweder aufgrund eines dort erwirkten Titels möglich, oder aber, wenn ein Gerichtsstand im Inland ge-

---

260 EuGH, Urt. v. 9.12.1987, Rs. 218/86, RIW 1988, 136

261 Diese Vorschrift regelt das auf vertragliche Schuldverhältnisse anwendbare Recht; um solche Ansprüche aus Vertrag wird es sich in der Regel handeln, so daß diese Untersuchung sich darauf beschränken soll.

262 Eine grundsätzlich zulässige und dann vorrangige Rechtswahl wird in der Regel nicht getroffen sein, da im Zeitpunkt des Vertragsschlusses beide Parteien inländischem Recht unterstehen, so daß eine Rechtswahl überflüssig erscheint.

263 Aus Sicht der Gläubiger einer franzöischen übertragenden Gesellschaft gilt dies entsprechend, da es sich bei der Regel des Art. 28 EGBGB um die Umsetzung zwingender europäischer Regelungen handelt, die auch von Frankreich transformiert wurden; vgl. *Jayme/Kohler*, IPRax 1996, 377.

264 *MüKo*-Martiny, Art. 28 EGBGB, RN 37; *Mansel*, ZVglRWiss 86 (1987), 1/8 f.; *Ferid*, IPR, RN 6-46

265 unrichtig in diesem Punkt daher *Bessenich*, Die grenzüberschreitende Fusion S. 155

266 vgl. Bericht *Giuliano-Lagarde*, BT-Drs. 10/503, S. 33/53; *MüKo*-Martiny, Art. 28 EGBGB, RN 37; *Ferid*, IPR, RN 6-46

geben war, aufgrund eines inländischen Titels, der im Ausland nach Art. 31 EuGVÜ für vollstreckbar erklärt wird[267]. Auch die Vollstreckung aus einem Titel, den der Gläubiger noch gegen die übertragende Gesellschaft erwirkt hatte, ist möglich: Gläubiger einer deutschen übertragenden Gesellschaft, die aus einem Titel gegen die übertragende Gesellschaft in eine im Inland gelegene Betriebsstätte vollstrecken wollen, können nach § 727 ZPO eine vollstreckbare Ausfertigung gegen den Rechtsnachfolger beantragen. Wenn sie die Vollstrekkung in Vermögen betreiben wollen, das in Frankreich belegen ist, wird die Rechtsnachfolge vom *huissier* geprüft[268], so daß nur der gegen den Rechtsvorgänger erwirkte Titel für vollstreckbar erklärt werden muß. Ein von französischen Gläubigern in Frankreich gegen die ehemalige französische Schuldnerin erwirkter Titel ist in Deutschland ohne Titelumschreibung nach § 6 I AVAG[269] gegen die Rechtsnachfolgerin für vollstreckbar zu erklären[270].

Zweifelsohne ergeben sich für die Gläubiger der übertragenden Gesellschaft aus der Tatsache, daß ihre Schuldnerin nunmehr eine ausländische Gesellschaft ist, gewisse Erschwerungen in der Rechtsverfolgung. Diese wiegen insgesamt jedoch nicht so schwer, daß allein deshalb grenzüberschreitende Umwandlungen verboten werden müßten. Denn das anwendbare Recht bleibt erhalten, die Rechte können vielfach trotz des internationalen Sachverhalts im Inland geltend gemacht werden. Wenn eine Rechtsverfolgung im Ausland notwendig ist, bietet das Europäische Gerichtsstands- und Vollstreckungsübereinkommen ausreichend Schutz[271].

---

[267] Vorsicht ist allerdings bei deutschen Versäumnisurteilen geboten, die im Rahmen der Vollstreckung in Frankreich einer Begründung bedürfen; um eine Versagung der Anerkennung in Frankreich unter Berufung auf den *ordre public international* zu vermeiden, sollten die Versäumnisurteile nicht in abgekürzter Form, sondern mit Tatbestand und Entscheidungsgründen dem Antrag auf Vollstreckung beigefügt werden; Bericht des Präsidenten des LG Saarbrücken in den Mitteilungen der Rechtsanwaltskammer Freiburg vom 6.2.1998 S. 8 f.; *Schlosser*, EuGVÜ, Art. 27-29 RN 2 a.E.

[268] Gerichtsvollzieher, der aber selbständig die Vollstreckungsvoraussetzungen prüft; vgl. hierzu OLG Hamburg, Beschl. v. 5.8.1993, NJW-RR 1995, 191 f.

[269] Gesetz zur Ausführung zwischenstaatlicher Anerkennungs- und Vollstreckungsverträge in Zivil- und Handelssachen vom 30.5.1988, BGBl. I S. 622

[270] OLG Hamburg, Beschl. v. 5.8.1993, NJW-RR 1995, 191 f.

[271] so auch *Eyles*, Niederlassungsrecht der Kapitalgesellschaften S. 482

b) Gläubigersicherung

aa) Grenzüberschreitende Verschmelzung

(1) Grundsätze

Nach dem Wirksamwerden der grenzüberschreitenden Verschmelzung ist nur noch die aufnehmende ausländische Gesellschaft vorhanden, nur an diese können die Gläubiger sich wenden, wenn sie für ihre Forderungen Sicherheiten verlangen wollen. Deutschland und Frankreich haben die 3. gesellschaftsrechtliche Richtlinie umgesetzt, die auch Vorgaben bezüglich der Sicherung der Gläubiger enthält. Insofern könnte man davon ausgehen, daß die Rechte auch in diesem Punkt soweit angeglichen sind, daß sie einen vergleichbaren Schutz bieten[272].

Allerdings verfolgen beide Länder bei der Gläubigersicherung Konzepte, die zwar ähnlich ausgestaltet sind, in wesentlichen Punkten jedoch stark divergieren: Übereinstimmend haben in beiden Ländern alle Gläubiger, sowohl die der übertragenden als auch die der übernehmenden Gesellschaft einen Sicherungsanspruch, wenn die Erfüllung ihrer Forderung aufgrund der Verschmelzung gefährdet ist; die Gefährdung ist dabei nicht zu beweisen, sondern wird im Einzelfall überprüft[273]. Die unterschiedliche Ausgestaltung des Verfahrens - in Frankreich ist Widerspruch bei Gericht einzulegen[274], in Deutschland Sicherheit bei der übernehmenden Gesellschaft zu verlangen[275] - spricht nicht gegen einen gleichwertigen Schutz. Allerdings können die Gläubiger in Frankreich primär Rückzahlung verlangen, Sicherheit kann das Gericht nur anordnen, wenn der Schuldner diese anbietet[276]. Dies entspricht zwar nicht immer den Interessen der Gläubiger, aber vor einem Forderungsausfall sind sie auch so effektiv geschützt. Die von der französischen Rechtsprechung aufgestellte Voraussetzung, daß nur Gläubiger Widerspruch einlegen können, deren Forderungen vor der Verschmelzung fällig waren[277], schränkt den Schutz in Frankreich jedoch unbillig ein. Gerade die Gläubiger nicht fälliger Forderungen haben ein Sicherungsbedürfnis, da sie ihre Forderung noch nicht geltend machen können. Daher

---

[272] so *O. Meyer*, Besteuerung grenzüberschreitender Verschmelzungen S. 45; *Becht*, Fusion und Spaltung von Kapitalgesellschaften S. 290

[273] siehe oben Teil 2, Kapitel 3 B. I. 1. a) aa) und C. I. 1. a) aa)

[274] siehe oben Teil 2, Kapitel 3 C. I. 1. a) bb)

[275] siehe oben Teil 2, Kapitel 3 B. I. 1. a) cc)

[276] siehe oben Teil 2, Kapitel 3 C. I. 1. a) cc)

[277] siehe oben Teil 2, Kapitel 3 C. I. 1. a) aa)

sind in Deutschland ausschließlich sie geschützt[278]. Nachdem dies neuerdings auch in Frankreich erkannt wird[279], bleibt zu hoffen, daß diese europarechtswidrige Rechtsprechung bald wieder aufgegeben wird. Bis dahin gewährt das französische Recht inhaltlich keinen dem deutschen Recht entsprechenden Gläubigerschutz.

Doch selbst wenn dieses inhaltliche Problem gelöst wird, bleibt ein verfahrensrechtliches: Nach § 22 UmwG können sicherungsbedürftige Gläubiger ihren Anspruch innerhalb von sechs Monaten nach dem Tag, an dem die Eintragung der Verschmelzung in das Register des Sitzes desjenigen Rechtsträgers, dessen Gläubiger sie sind, nach § 19 III UmwG als bekanntgemacht gilt, schriftlich anmelden. Diese Frist ist zwingend, sie kann weder verkürzt, noch verlängert werden. In Frankreich ist der Widerspruch gemäß Art. 261 D.1967 innerhalb von 30 Tagen nach der letzten Veröffentlichung nach Art. 255 D.1967 beim *tribunal de commerce* einzulegen. Nach Art. 255 III D.1967 ist der *projet* spätestens einen Monat vor der Generalversammlung, die über die Operation beschließen soll, zu veröffentlichen. Der Widerspruch ist somit einzulegen, bevor überhaupt über die Verschmelzung beschlossen wurde. Was dies für die Gläubiger der beteiligten Gesellschaften bedeutet, ist getrennt für die Herein- und die Hinaus-Verschmelzung zu untersuchen.

(2) Verschmelzung einer französischen auf eine deutsche Gesellschaft

Wenn eine deutsche Gesellschaft die aufnehmende ist, stellt sich die Situation wie folgt dar:

Die Gläubiger der französischen Gesellschaft legen vor der Beschlußfassung durch die Anteilsinhaber beim zuständigen französichen *tribunal de commerce* Widerspruch ein. Wenn das Gericht den Widerspruch nicht zurückweist, trifft es die Anordnung, daß die übernehmende - mithin die deutsche - Gesellschaft die Verbindlichkeit zu erfüllen oder - soweit angeboten - Sicherheit zu stellen hat. Kommt die Gesellschaft dieser Anordnung nicht nach, kann die *fusion* dem widersprechenden Gläubiger nach Art. 381 III L.1966 nicht entgegengehalten werden. Bei einer nationalen *fusion* kann dieser Gläubiger sich bevorzugt aus dem Vermögen der untergegangenen übertragenden Gesellschaft befriedigen, er hat im Konkursfall ein Vorzugsrecht[280].

---

278 siehe oben Teil 2, Kapitel 3 B. I. 1. a) bb) und D. I. 2. a)

279 *Coquelet*, Joly Soc. n°124; *Caillaud/Le Cannu*, Anm. zu Cass. com., 15.7.1992, Bull. Joly 1992, n°22, S. 1118

280 vgl.Teil 2, Kapitel 3 C. I. 1. a) cc)

Fraglich ist daher insbesondere, wie sicher dieser Gläubigerschutz ist, wenn die übernehmende (deutsche) Gesellschaft kurz nach der Übernahme in Konkurs fällt, ohne eine gerichtliche Anordnung nach Art. 381 L.1966 ausgeführt zu haben. Nach deutschem internationalem Konkursrecht[281] wird im Fall des Inlandskonkurses die gesamte Schuldenregelung einheitlich dem deutschen Konkursstatut zugewiesen[282]. Das deutsche materielle Konkursrecht regelt, welches Vermögen den Gläubigern zur Verteilung zur Verfügung steht und in welchem Umfang Sonderrechte der Gläubiger zu berücksichtigen sind[283]. Das inländische Recht entscheidet auch über die Frage der Vorwegbefriedigung von Massekosten und -schulden sowie über die Bedienung der Konkursforderungen (§§ 57 ff. KO) und deren Rangfolge im Rahmen von § 61 KO[284]. § 5 KO gewährleistet, daß die einheitliche Schuldenregelung unter in- und ausländischen Gläubigern gleichermaßen ohne Vorrechte oder Benachteiligungen stattfindet[285]. Dem deutschen Konkursbeschlag unterliegt nach § 1 KO das gesamte Vermögen des Gemeinschuldners, auch soweit es im Ausland belegen ist[286], wie beispielsweise eine Betriebsstätte in Frankreich[287]. Nach deutschem Recht aber fallen die französischen Gläubiger unter die Kategorie „übrige Konkursforderung" nach § 61 I Nr. 6 KO und damit in der Regel mit ihrer Forderung aus. Ein Sonderrecht auf Aus- oder Absonderung steht ihnen nicht zu. Auch eine Anerkennung des Gläubigerrechts im Rahmen einer vergleichenden Analyse[288] scheint nicht möglich, da sich das Recht der französischen Gläubiger nicht

---

281 dazu einführend *Kuhn/Uhlenbruck*-Lüer, KO, §§ 237,238 RN 1 f.

282 *Kuhn/Uhlenbruck*-Lüer, KO, §§ 237,238 RN 34

283 *Kuhn/Uhlenbruck*-Lüer, KO, §§ 237,238 RN 67

284 *Mohrbutter*-Wenner, Hdb. Insolvenzverwaltung RN XXIII 57

285 *Kuhn/Uhlenbruck*-Lüer, KO, §§ 237,238 RN 34; *Gottwald*, Grenzüberschreitende Insolvenzen S. 10

286 *Mohrbutter*-Wenner, Hdb. Insolvenzverwaltung RN XXIII 57

287 Auch die Neuregelung in Art. 102 EGInsO v. 5.10.1994, BGBl. I S. 2911 ändert an dieser Rechtslage nichts.

288 dazu *Mohrbutter*-Wenner RN XXIII 216

auf einen bestimmten Gegenstand bezieht und daher einem deutschen Aus- oder Absonderungsrecht nicht vergleichbar ist[289].

Damit ist der Schutz der französischen Gläubiger bei einer Verschmelzung nach Deutschland unzureichend. Dem kann jedoch begegnet werden, indem man diesen Gläubigern die Rechte aus § 29 UmwG gewährt. Diese sind erst nach Wirksamwerden der Fusion geltend zu machen, zu diesem Zeitpunkt sind die Gläubiger der übertragenden Gesellschaft Gläubiger einer deutschen Gesellschaft. Die Regelung des Art. 381 L.1966 muß modifiziert werden, um Überschneidungen zu vermeiden. Ein wichtiges Element im französischen Verschmelzungsrecht ist, daß die Generalversammlungen in Kenntnis der Reaktion der Gläubiger abstimmen[290]; daher kann auf den Widerspruch nicht gänzlich verzichtet werden. Da eine gerichtliche Entscheidung jedoch nicht erforderlich ist, ist der Widerspruch direkt bei der Gesellschaft einzulegen; darauf ist in der Bekanntmachung hinzuweisen. Die widersprechenden Gläubiger können nach dem Wirksamwerden der Fusion nach § 29 UmwG vorgehen.

(3) Verschmelzung einer deutschen auf eine französische Gesellschaft

Wenn die französische Gesellschaft die aufnehmende ist, stellt sich die Situation für die Gläubiger der deutschen Gesellschaft wie folgt dar: Zu dem Zeitpunkt, in dem sie nach § 29 UmwG ihre Rechte geltend machen könnten, ist die Verschmelzung bereits wirksam, so daß sie Gläubiger einer französischen Gesellschaft sind und deren Gesellschaftsstatut auch für sie gilt[291]. Nach diesem jedoch können sie keinen Anspruch mehr geltend machen, da sie den Widerspruch nach Art. 381 L.1966 bereits vor der Beschlußfassung hätten einlegen müssen. Zu diesem Zeitpunkt waren sie jedoch noch Gläubiger einer deutschen Gesellschaft und hatten gar nicht die Möglichkeit, in Frankreich Widerspruch einzulegen. Diese Diskrepanz beim Zeitpunkt der Geltendmachung des An-

---

289 Internationale Insolvenzverfahren sollen sich künftig nach dem Europäischen Übereinkommen über Insolvenzverfahren richten, abgedruckt in ZIP 1996, 976 ff.; auch danach bestimmen sich die Gläubigerrechte nach der lex forum concursus. Nur dingliche Rechte eines Gläubigers an Sachen, die sich im Ausland befinden, sollen von der Konkurseröffnung nicht erfaßt werden. Dieses EuIÜ wurde von allen Mitgliedsstaaten bis auf Großbritannien unterzeichnet, dessen Unterzeichnung läßt wegen des Streits über die Rinderseuche BSE weiter auf sich warten; *Gottwald*, Grenzüberschreitende Insolvenzen S. 15 f. und *Smid*, DZWir 1998, 432/433.

290 *H/T/M* III n°846; vgl oben Teil 2, Kapitel 3 C. 1. a) bb)

291 Unrichtig *Bessenich*, Die grenzüberschreitende Fusion S. 153 f., der annimmt, daß das Gläubigerstatut der übertragenden Gesellschaft insoweit auf die ausländische Gesellschaft übergehe, da sie in die kollisionsrechtliche Stellung der Übertragerin eintrete; damit würde man aber die Geltung deutschen Rechts im Ausland anordnen, was nach allgemeiner Auffassung nicht möglich ist; vgl. *Kronke*, ZGR 1994, 27/35.

spruchs auf Sicherheitsleistung führt somit dazu, daß die Gläubiger der deutschen Gesellschaft bei einer Hinaus-Verschmelzung keine Möglichkeit der Sicherung haben. Sollten aber die Interessen der Gläubiger bei einer grenzüberschreitenden Verschmelzung nicht gewahrt werden, muß diese unterbleiben.

Fraglich ist, ob bei Regelungen, die sich derartig widersprechen, eine Angleichung im Wege der Anpassung möglich ist. Problematisch ist dabei insbesondere, daß sowohl die deutsche als auch die französische Frist zur Geltendmachung des jeweiligen Anspruchs zwingend ist. Somit kann die Frist des § 29 UmwG von sechs Monaten ab dem Zeitpunkt der Eintragung nicht dem französischen Recht aufgezwungen werden[292], sondern es muß versucht werden, im deutschen Recht eine Lösung zu finden.

Möglich wäre, vor der Anmeldung der Verschmelzung zur Eintragung entsprechend der Regelungen der § 267 AktG und § 58 I Nr.1-4 GmbHG die Gläubiger in einem Gläubigeraufruf von der bevorstehenden Verschmelzung ins Ausland zu benachrichtigen; dabei wären sie darauf hinzuweisen, daß sie - entsprechend § 29 UmwG - innerhalb von sechs Monaten Sicherheit bei ihrer Schuldnerin verlangen können[293]; erst nach Ablauf dieser Frist würde die Verschmelzung eingetragen. Wenn dieser Aufruf jedoch noch vor der Anmeldung zur Eintragung erfolgen soll, ist diese Lösung unpraktikabel, da nach § 17 II,4 UmwG bei der Anmeldung zur Eintragung eine Schlußbilanz beigefügt werden muß, die auf einen höchstens acht Monate vor der Eintragung liegenden Stichtag aufgestellt worden ist. Damit verblieben der Gesellschaft nach Aufstellung der Bilanz gerade zwei Monate, um die Verschmelzung vorzubereiten und zu beschließen; unter Abzug der einmonatigen Einberufungsfrist der Hauptversammlung bliebe bei einer Aktiengesellschaft gerade ein Monat für alle vorausgehenden Verfahrensschritte[294].

Ein solcher „Gläubigeraufruf" könnte jedoch zeitlich nach der Anmeldung der Verschmelzung zur Eintragung in das Handelsregister erfolgen: Die übertragende Gesellschaft meldet die Verschmelzung nach § 17 UmwG unter Vorlage

---

292 so aber *Beitzke*, FS Hallstein S. 14/29 f.: „Dann muß bei internationalen Fusionen das System des Gläubigerschutzes der übertragenden Gesellschaft sich gegenüber der aufnehmenden Gesellschaft durchsetzen und von dieser im Wege der Anpassung übernommen werden."

293 ähnlich *Züllig*, Internationale Fusion S. 116 f.

294 Hinzu kommt, daß Verschmelzungen, vor allem wenn sie aus steuerlichen Gründen erfolgen, ohnehin in der Praxis erst nach Aufstellen des Jahresabschlusses im 1. Quartal des Folgejahres in Erwägung gezogen und dann rückwirkend auf den 1.1. (Verschmelzungsstichtag) beschlossen und vor dem 31.8. angemeldet werden, so daß insgesamt nicht einmal 8 Monate zur Verfügung stehen.

eines Jahresabschlusses zur Anmeldung an, wodurch sie die Frist des § 17 II,4 UmwG wahrt. In Anlehnung an die Regelungen der §§ 267 AktG und 58 GmbHG erfolgt ein Aufruf an die Gläubiger, ihre Forderungen innerhalb von sechs Monaten anzumelden - damit ist die zwingende Frist nach § 29 UmwG eingehalten. Nach Ablauf von sechs Monaten kann die Eintragung vorgenommen werden, wenn die Leitungsorgane der übertragenden Gesellschaft versichern, daß alle Gläubiger, die Forderungen angemeldet haben, sichergestellt oder vorzeitig befriedigt wurden oder auf Sicherstellung verzichtet haben[295]. Problematisch bei dieser Lösung könnte allerdings sein, daß die Registereintragung sich grundsätzlich zügig an die Anmeldung anschließen soll, damit sichergestellt ist, daß die Vermögensverhältnisse des übertragenden Rechtsträgers, so wie sie sich aus der Schlußbilanz ergeben, zum Zeitpunkt der Eintragung zumindest noch eine gewisse Aktualität haben[296]. Eine Eintragung kann aber auch nach längerer Zeit noch möglich sein, wie ein Urteil des OLG Hamm[297] zeigt: In dem dieser Entscheidung zugrundeliegenden Fall war die Verschmelzung am 24.7.1987 angemeldet, danach der Beschluß angefochten worden; das gerichtliche Verfahren endete mit einem Vergleich, woraufhin die Verschmelzung am 9.3.1990 rückwirkend auf den 1.1.1987 eingetragen wurde. Diese Eintragung wurde vom Gericht nicht beanstandet; es wurde allerdings darauf hingewiesen, daß die zu verschmelzenden Unternehmen, solange die Eintragung nicht erfolgt ist, getrennte Jahresabschlüsse ohne Rücksicht auf die Fusion aufstellen müssen.

Mit der Anmeldung sind weiterhin alle erforderlichen Unterlagen abzugeben[298]. Dies kann bei der hier vorgeschlagenen Lösung nicht erfüllt werden, weil die

---

295 Ähnlich *Scholz*-Winter, GmbHG 6. Aufl., Einl. RN 163 zur internationalen Sitzverlegung sowie *Kruse*, Internationale Sitzverlegung S. 179; das schweizerische Recht enthält eine vergleichbare Regelung in Art. 164 I IPRG zur internationalen Sitzverlegung, vgl. *Bessenich*, Die grenzüberschreitende Fusion S. 156 ff.; das italienische Recht kennt auch für interne Verschmelzungen in Art. 2503 c.ci. eine dreimonatige Sperrfrist nach der Hinterlegung der Fusionsbeschlüsse beim Handelsregister, innerhalb derer die Gläubiger widersprechen können und nach deren Ablauf die Operation erst wirksam werden kann; dazu *Züllig*, Internationale Fusion S. 92.

296 AG Duisburg, Urt. v. 4.1.1996, GmbHR 1996, 372; das LG Frankfurt a.M. hat in seinem Beschluß vom 19.12.1997, DB 1998, 410 hingegen die Auffassung vertreten, die Schlußbilanz diene ohnehin nur den Interessen der Gläubiger, die sich einen zeitnahen Einblick in die Vermögensverhältnisse verschaffen sollen, um sich zu überlegen, ob sie Sicherheit verlangen wollen; dies ist sicher ein wichtiger Punkt, gegen die Auffassung, daß die Schlußbilanz ausschließlich Gläubigerinteressen dient, spricht jedoch, daß sie nicht bekanntgemacht wird, so daß die Gläubiger beim Handelsregister Einblick verlangen müssen.

297 Urt. v. 11.12 1991, WM 1992, 946

298 AG Duisburg, Urt. v. 4.1.1996, GmbHR 1996, 372

Leitungsorgane die Versicherung hinsichtlich der Sicherstellung der Gläubiger erst nach Ablauf von sechs Monaten abgeben können. Auch in sonstigen Verschmelzungsfällen ist jedoch ein Nachreichen von Unterlagen grundsätzlich jederzeit möglich[299]; ein Eintragungsantrag kann erst zurückgewiesen werden, wenn dem Anmelder durch Zwischenverfügung nach § 26 S. 2 HRV eine angemessene Frist zur Vorlage der fehlenden Unterlage gesetzt wurde, die erfolglos verstrich[300].

Auf dem hier vorgeschlagenen Lösungsweg ist eine Sicherung der Gläubiger einer deutschen Gesellschaft bei deren Verschmelzung auf einen französischen Rechtsträger ohne größeren Aufwand möglich, indem zwischen die Anmeldung der Operation zur Eintragung ins Handelsregister und die Eintragung selbst eine Art Gläubigeraufruf geschaltet wird. Diesem stehen keine zwingenden Regelungen entgegen. Die Verschmelzung zieht sich auf diese Weise zwar über einen längeren Zeitraum hin; da sie rückwirkend eingetragen wird, dürfte dies für die Gesellschaften jedoch nicht von großem Nachteil sein.

bb) Grenzüberschreitende Spaltung

Bei einer Spaltung sind die Gläubiger der gespaltenen Gesellschaft nach deutschem Recht durch die zwingende gesamtschuldnerische Haftung aller an der Spaltung beteiligten Gesellschaften nach § 133 I,1 UmwG vor allem vor einer Verschiebung des Aktivvermögens zu ihren Ungunsten geschützt[301]. Zudem haben alle Gläubiger einen Anspruch auf Sicherheit nach § 22 UmwG[302]. Allerdings ist die unmittelbare, der Höhe nach unbeschränkte gesamtschuldnerische Haftung zeitlich auf fünf Jahre beschränkt, § 133 III UmwG; danach kann der Gläubiger nur noch die Gesellschaft in Anspruch nehmen, der die Verbindlichkeit zugewiesen wurde.

Auch nach französischem Recht haften grundsätzlich die aus einer *scission* hervorgehenden Gesellschaften den Gläubigern der gespaltenen Gesellschaft unmittelbar und unbeschränkt als Gesamtschuldner, Art. 385 L.1966. Die gesamtschuldnerische Haftung kann jedoch im *projet de scission* abbedungen und die Verbindlichkeiten nur jeweils einer Gesellschaft zugewiesen werden, Art. 386 I L.1966. Dann haben die Gläubiger ein Widerspruchsrecht[303].

---

299 *Widmann/Mayer*-Schwarz, UmwR, § 17 UmwG RN 11

300 *Widmann/Mayer*-Schwarz, UmwR, § 17 UmwG RN 11

301 siehe oben Teil 2, Kapitel 3 B. I. 2. a) aa)

302 siehe oben Teil 2, Kapitel 3 B. I. 2. b)

303 siehe oben Teil 2, Kapitel 3 C. I. 2. a)

Bei einer grenzüberschreitenden Spaltung, bei der die übertragende Gesellschaft eine deutsche ist, kann die gesamtschuldnerische Haftung allerdings nicht ausgeschlossen werden, da dies nach deutschem Recht unzulässig ist und der Spaltungsvertrag auch den Ansprüchen des deutschen Rechts genügen muß. Die Gläubiger der übertragenden Gesellschaft stehen somit sogar besser als bei einer nationalen Spaltung, da für die an der Spaltung beteiligten französischen Gesellschaften die Nachhaftungsbegrenzung des § 133 III UmwG nicht gilt.

Anders jedoch die Gläubiger einer übertragenden französischen Gesellschaft: Durch die Nachhaftungsbegrenzung stehen sie schlechter als bei einer nationalen *scission*, bei der sie sich, wenn von der Möglichkeit des Art. 386 I L.1966 kein Gebrauch gemacht wurde, zeitlich unbegrenzt an alle an der *scission* beteiligten Gesellschaften halten können. Allerdings schreibt Art. 12 III der 6. RL nicht nur ein Modell zur Gläubigersicherung vor, sondern gibt mehrere zur Auswahl. Wenn bei einer Hinaus-Spaltung die Regelung der ausländischen Rechtsordnung den Vorgaben der 6. RL entspricht, so ist diese als gleichwertig anzuerkennen[304]. Eine zeitliche Begrenzung der Haftung ist in der 6. RL jedoch nicht vorgesehen[305], sie ist damit im Hinblick auf die Gläubiger der übertragenden französischen Gesellschaft keinesfalls gleichwertig. Auf die Nachhaftungsbegrenzung kann auch nicht zugunsten der Gläubiger verzichtet werden, da es sich hierbei nicht um eine Verjährungsregel, sondern um eine Ausschlußfrist handelt, die im Streitfall vom Gericht objektiv zu beachten ist[306]. Die hier bevorzugte Konzeption einer Ausfallhaftung[307] wäre richtlinienkonform. Auch im Hinblick auf die Möglichkeit grenzüberschreitender Spaltungen sollte dieses Konzept daher überdacht werden.

Derzeit sind im Hinblick auf die Interessen der Gläubiger grenzüberschreitende Spaltungen unter Beteiligung von deutschen und französischen Rechtsträgern ohne rechtstechnische Probleme möglich, wenn die übertragende Gesellschaft eine deutsche ist. Da die Gläubiger auch hier einen Anspruch auf Sicherheit nach § 22 UmwG haben können, ist mit der Eintragung wie bei einer Verschmelzung sechs Monate abzuwarten. Soll eine französische Gesellschaft Übertragerin sein, werden die Interessen ihrer Gläubiger jedoch durch die Nachhaftungsbegrenzung nach § 133 III UmwG beeinträchtigt, so daß eine Herein-Spaltung von Frankreich nach Deutschland derzeit nicht möglich ist.

---

304 *Kallmeyer*-Kallmeyer, UmwG, § 133 RN 20

305 zur Europarechtswidrigkeit dieser Regelung siehe oben Teil 2, Kapitel 3 B. I. 2. a) bb)

306 *Baumbach/Hopt*, HGB, § 26 RN 3; *MüKo HGB*-Lieb § 26 RN 4

307 siehe oben Teil 2, Kapitel 3 B. I. 2. a) bb) (2)

3. Schutz der Arbeitnehmer

Für die Arbeitnehmer einer Gesellschaft, die sich als übertragender Rechtsträger an einer grenzüberschreitenden Verschmelzung oder Spaltung beteiligt, zieht diese Operation in aller Regel die Folge nach sich, daß sie künftig in einer Betriebsstätte oder Zweigniederlassung eines ausländischen Unternehmens arbeiten[308]. Ihr Arbeitsplatz ändert sich nicht[309].

a) Übergang der Arbeitsverhältnisse

Die Arbeitsverhältnisse der Arbeitnehmer der übertragenden Gesellschaft setzen sich mit der übernehmenden Gesellschaft fort. Dabei ist an das jeweilige Arbeitsvertragsstatut anzuknüpfen[310]. Der Übergang richtet sich daher bei einer Umwandlung, bei der die deutsche Gesellschaft die übertragende ist, nach § 613 a BGB und wenn die französische Gesellschaft die übertragende ist, nach Art. 122-12 II C.T.[311].

Da die Arbeitnehmer somit künftig einen ausländischen Arbeitgeber haben, liegt ein Fall mit Auslandsberührung vor, so daß das fortan auf die übergegangenen Arbeitsverhältnisse anwendbare Recht zu ermitteln ist. Dieses bestimmt sich gemäß Art. 6 II des Übereinkommens über das auf vertragliche Schuldverhältnisse anwendbare Recht[312] nach dem gewöhnlichen Arbeitsort (sogenannte „lex loci laboris“)[313]. Für die Arbeitnehmer, die in der inländischen Betriebsstätte verbleiben, ändert sich damit grundsätzlich nichts, inländisches Recht bleibt anwendbar[314]. Von diesem Grundsatz wird jedoch eine Ausnahme gemacht, wenn sich „aus der Gesamtheit der Umstände ergibt, daß der Arbeitsver-

308 *Däubler*, DB 1988, 1850

309 Zumindest nicht aufgrund des internationalen Sachverhalts. Umstrukturierungen, wie sie auch bei einer nationalen Umwandlung vorkommen, sollen hier nicht betrachtet werden.

310 *Franzen*, Betriebsinhaberwechsel im internationalen Arbeitsrecht S. 74 ff.

311 Anders *Däubler*, DB 1988, 1850, der Art. 3 I Unterabs. 1 der RL 77/187/EWG direkt zur Anwendung bringen will, was aber überflüssig ist, da die nationalen Regelungen sich weitgehend entsprechen und damit trotz des internationalen Sachverhalts zur Anwendung kommen können; umfassend zur kollisionsrechtlichen Behandlung des Betriebsinhaberwechsels *Franzen*, Betriebsinhaberwechsel im internationalen Arbeitsrecht S. 59 ff.

312 EVÜ, ABl.EG 1980 Nr. L 266

313 Diese Vorschrift wurde in Deutschland durch Art. 30 II EGBGB umgesetzt, in Frankreich wurde sie ratifiziert; *Jayme/Kohler*, IPRax 1985, 65/69; *dies.*, IPRax 1996, 377; *Lyon-Caen*, Relations de Travail Internationales n°91.

314 *Däubler*, DB 1988, 1850/1851

trag oder das Arbeitsverhältnis eine engere Verbindung zu einem anderen Staat aufweist“[315]. Solche Umstände können sich beispielsweise aus dem Wohnsitz des Arbeitnehmers, der Staatsangehörigkeit der Parteien oder der Vertragssprache und -währung ergeben[316]. Insbesondere wenn die übertragende Gesellschaft sich im grenznahen Gebiet befindet und viele Grenzgänger beschäftigt, kann es vorkommen, daß deren Arbeitsverhältnisse sich infolge der grenzüberschreitenden Umwandlung nach ausländischem Recht richten, daß also ein Wechsel des Vertragsstatuts stattfindet. Dann arbeiten in einem Betrieb Arbeitnehmer, die unterschiedlichen Rechten unterworfen sind. Dies ist jedoch kein umwandlungsspezifisches Problem und spricht daher nicht gegen die Zulässigkeit solcher Operationen.

Verfahrensrechtlich ändert sich für die Arbeitnehmer nichts: Nach Art. 5 Nr.1 2.HS EuGVÜ[317] besteht bei Streitigkeiten um einen individuellen Arbeitsvertrag oder wegen eines Anspruchs daraus ein Gerichtsstand an dem Ort, an dem der Arbeitnehmer gewöhnlich seine Arbeit verrichtet. Eine Gerichtsstandsvereinbarung ist in diesem Fall nur sehr eingeschränkt möglich. § 17 EuGVÜ verlangt eine Parteivereinbarung, eine Vereinbarung in Tarifverträgen scheidet somit aus[318]. Nach Art. 17 Abs. 5 EuGVÜ[319] haben solche Vereinbarungen nur Wirkung, wenn sie nach der Entstehung der Streitigkeit getroffen werden oder dem Arbeitnehmer einen zusätzlichen Gerichtsstand gewähren[320]. Die Möglichkeit, daß der neue Arbeitgeber allen Arbeitnehmern durch einheitsvertragliche Abmachung die Zuständigkeit eines ausländischen Gerichts aufoktroyiert[321] ist damit jetzt ausgeschlossen.

b) Verlust kollektiver Rechte?

Tarifverträge binden Arbeitgeber und Arbeitnehmer nur, soweit diese tarifgebunden sind oder der Tarifvertrag nach § 5 IV TVG für allgemeinverbindlich

---

315 Art. 6 II EVÜ, Art. 30 II EGBGB

316 *Palandt*-Heldrich, § 30 EGBGB RN 8

317 In der Fassung des 3. Beitrittsabkommens vom 26.5.1994, BGBl. II 1994, S. 518, in Deutschland in Kraft seit dem 1.12.1994, in Frankreich seit dem 1.2.1991, BGBl. II 1994, S. 3707; dazu *Jayme/Kohler*, IPRax 1996, 377/382.

318 *Birk*, RdA 1983, 143/151; *MüKo* ZPO-Gottwald, IZPR Art. 17 RN 44

319 Diese Vorschrift wurde durch das 3. Beitrittsübereinkommen 1989 neu aufgenommen.

320 Diese Einschränkungen galten zuvor nur zugunsten von Verbrauchern nach Art. 15 EuGVÜ und von Versicherungsnehmern, Art. 12 EuGVÜ; die Ausführungen von *Däubler*, DB 1988, 1850/1851 und von *Heinze*, ZGR 1994, 47/56 sind insoweit überholt.

321 so die Befürchtung von *Däubler*, DB 1988, 1850/1851

erklärt worden ist[322]. Bei einer grenzüberschreitenden Umwandlung ist der neue ausländische Arbeitgeber in aller Regel nicht Mitglied des inländischen Arbeitgeberverbandes, so daß die bestehenden Verbandstarifverträge ihn nicht binden[323]. Dasselbe gilt, wie bei einem nationalen Betriebsübergang, für Firmentarifverträge[324]. Die für das ausländische Unternehmen abgeschlossenen Tarifverträge hingegen gelten nicht für die Arbeitnehmer des übertragenden Unternehmens, die weiterhin in einer Betriebsstätte im Inland tätig sind; denn die Tarifzuständigkeit endet an der Grenze[325]. In dem übergegangenen Betrieb gilt somit keine tarifvertragliche Regelung. Bei einem Betriebsübergang von Deutschland nach Frankreich werden wie bei einem nationalen Betriebsübergang die Rechte und Pflichten aus dem Tarifvertrag Inhalt der Individualarbeitsverhältnisse nach § 613 a I,2-4 BGB[326] und sind für ein Jahr unkündbar. Wird der französische Betrieb übertragen, gilt der alte Tarifvertrag nach Art. L. 132-8 VII C.T. für maximal ein Jahr weiter. Ein neuer Tarifvertrag ist vom jeweils ausländischen Arbeitgeber mit der inländischen Gewerkschaft abzuschließen.

An die im übertragenden Betrieb geltenden Betriebsvereinbarungen ist kraft Gesamtrechtsnachfolge auch der ausländische Übernehmer gebunden, denn diese sind zwischen dem Betriebsrat und dem Arbeitgeber als Betriebsinhaber geschlossen, in diese Stellung rückt der Übernehmer ein[327].

---

322 siehe oben Teil 2, Kapitel 4 B. I. 3. c); ebenso im französischen Recht, siehe Teil 2, Kapitel 4 C. II. 1.

323 *Lyon-Caen*, Relations de Travail Internationales, n°251

324 siehe oben Teil 2, Kapitel 4 B. I. 3 c)

325 *Lyon-Caen*, Relations de Travail Internationales, n°253; Cass. soc., 29.5.1963, JCP 1964, II, 13523 (note Simon-Depitre)

326 Die Anknüpfung an das Statut des Arbeitsverhältnisses ergibt sich daraus, daß § 613 a I, 2-4 BGB einer individualrechtlichen Konzeption folgt, daher ist Gleichlauf mit dem Arbeitsverhältnis herzustellen; *Franzen*, Betriebsinhaberwechsel im internationalen Arbeitsrecht S. 85.

327 BAG, Beschl. v. 5.2.1991, EzA § 613 a BGB Nr.93 (Gründe Ziff. 2 c) cc); Beschl. v. 27.7.1994, AP zu § 613a BGB Nr. 118 (Gründe Ziff. II, Anm. Gussen); auch h.M. in der Lit., vgl. *Gussen*, Weitergeltung von Betriebsvereinbarungen S. 45 ff./63 sowie S. 31 mit umfangreichen Nachweisen.

c) Arbeitnehmer-Mitbestimmung

aa) Betriebsebene

Der Betriebsinhaberwechsel als solcher verändert das Mandat des Betriebsrats nicht, solange die Identität des Betriebes fortbesteht[328]. Das BetrVG erfaßt sämtliche in seinem räumlichen Geltungsbereich befindlichen Betriebe, gilt daher auch für ausländische Betriebsinhaber von im Inland gelegenen Betriebsstätten[329]. Die Rechte des Betriebsrates bleiben somit erhalten, wenn der Betrieb erhalten bleibt[330]. Bei Spaltung eines deutschen Rechtsträgers, bei der auch ein Betrieb gespalten wird, hat der Betriebsrat nach § 321 UmwG gegebenenfalls ein Übergangsmandat[331], soweit die gespaltenen Betriebe in Deutschland verbleiben, da auch insoweit das Territorialitätsprinzip gilt. Die Arbeitnehmer stehen somit in betriebsverfassungsrechtlicher Hinsicht bei einer grenzüberschreitenden Umwandlung nicht schlechter als bei einer nationalen.

Unter Umständen ist zusätzlich nach der RL über Europäische Betriebsräte[332], die mit Wirkung vom 1.11.1996 in deutsches Recht umgesetzt worden ist[333], ein Europäischer Betriebsrat zu bilden, der in grenzübergreifenden Angelegenheiten zu unterrichten und anzuhören ist. Voraussetzung ist allerdings, daß das gemeinschaftsweit operierende Unternehmen mindestens 1.000 Arbeitnehmer in den Mitgliedsstaaten hat, davon jeweils mindestens 150 in mindestens zwei Mitgliedsstaaten[334]. Wenn vor der grenzüberschreitenden Operation bereits ein

---

328 *Fitting*, BetrVG, § 21 RN 35 f., *Gaul*, Betriebsübergang S. 307; BAG, Beschl. v. 28.9.1988, NZA 1989, 188

329 „Territorialitätsprinzip", BAG, Urt. v. 9.11.1977, DB 1978, 451; *Fitting*, BetrVG, § 1 RN 9; *Schlüpers-Oehmen*, Betriebsverfassung S. 86; *Agel-Pahlke*, Internationaler Geltungsbereich S. 19; *GK BetrVG*-Kraft, § 1 RN 13; BAG, Urt. v. 9.11.1977, EzA § 102 BetrVG 1972 Nr. 31; für das französische Recht: Conseil D'Etat, 29.6.1973, Dr. social 1974, 52 (mit. Anm. Savatier S. 50) = Rev. crit. DIP 63 (1974), 344; dazu *Simitis*, FS Kegel S. 153/175 ff.

330 BAG, Urt. v. 9.11.1977, DB 1978, 451

331 vgl. oben Teil 2, Kapitel 4 A. III. 1.

332 RL 94/45/EG über die Einsetzung eines Europäischen Betriebsrats oder die Schaffung eines Verfahrens zum Unterrichtung und Anhörung der Arbeitnehmer in gemeinschaftsweit operierenden Unternehmen und Unternehmensgruppen, ABl.EG 1994, Nr. L 254/64

333 Gesetz über Europäische Betriebsräte (EBR-Gesetz), BGBl. 1996 I, 1548 ff.; in Frankreich scheint die RL bis heute nicht umgesetzt zu sein, obgleich die Umsetzungsfrist am 22.9.1996 ablief; hierzu *Lyon-Caen*, Dr. Social 1997, 352/359 ff.

334 dazu insg. *Schiek*, Europäisches Arbeitsrecht S. 238 ff.; *Sandmann*, Euro-BetriebsratsRL S. 137 ff.; *Rademacher*, Europäischer Betriebsrat S. 83 ff.

Europäischer Betriebsrat besteht, so dürfte dieser zu unterrichten sein[335]; er hat aber nur Mitwirkungs-, keine Mitbestimmungsbefugnisse[336].

bb) Unternehmensebene

Bei der Übertragung eines Unternehmens auf einen ausländischen Rechtsträger geht die Mitbestimmung im übertragenden Rechtsträger auf Unternehmensebene verloren, da das überbetriebliche Mitbestimmungsrecht an den Sitz der Hauptverwaltung des Unternehmens anknüpft[337] Es gilt daher künftig das Mitbestimmungssystem des aufnehmenden Rechtsträgers. Nur bei einer Abspaltung - die aber zwischen Deutschland und Frankreich nicht durchführbar ist - und bei Ausgliederungen mit einem deutschen Unternehmen als übertragendem Rechtsträger kann § 325 I UmwG zur Folge haben, daß die Mitbestimmungsregeln noch für fünf Jahre Anwendung finden, auch wenn die Voraussetzungen entfallen sind; dies gilt allerdings nicht, wenn im deutschen Unternehmen weniger als ein Viertel der für die Mitbestimmung gesetzlich vorgeschriebenen Arbeitnehmer-Mindestzahl verbleibt.

Die Schwierigkeiten innerhalb der EG, die verschiedenen Mitbestimmungsmodelle zu vereinheitlichen, wurden dargestellt[338]. Der anfängliche Vereinheitlichungswille ist der Erkenntnis gewichen, daß eine Vereinheitlichung nicht durchsetzbar ist, weil die nationalen Regelungen zu unterschiedlich sind. Daher setzt man heute eher auf eine individuelle vertragliche Lösung[339]. Obgleich die Harmonisierung noch nicht weit gediehen ist, ist dieser Weg ist auch heute schon gangbar[340]. Wie kann oder muß eine solche Vereinbarung aussehen?

Wenn das französische Unternehmen das übertragende ist, ist ein Verlust der Mitbestimmung nicht zu befürchten. Probleme bestehen allerdings insoweit, als man zwar in Frankreich von Gewerkschaftsseite aus mit dem bestehenden Mitbestimmungssystem nicht zufrieden ist, weil eine Einflußnahme auf Entscheidungsprozesse nicht möglich ist[341]. Eine Studie zur Gesellschaftsrechtsreform,

---

335 vgl. *Sandmann*, Euro-BetriebsratsRL S. 215 f.

336 *Rademacher*, Europäischer Betriebsrat S. 131 f.

337 *Heinze*, ZGR 1994, 47/53; *Reuter*, Internationale Reichweite der Mitbestimmung S. 62+102

338 siehe in diesem Kapitel A. II. 1 + 2

339 siehe oben A. II. 2.

340 und wird bei anderen Formen internationaler Umstrukturierungen schon beschritten, vgl. *Heinze*, ZGR 1994, 47/63 und insb. BGH, Urt. v. 16.11.1981, NJW 1982, 933 - Hoesch/Hoogovens-

341 *Figge*, Mitbestimmung auf Unternehmensebene S. 83

die sich auch mit dem Ausbau der Arbeitnehmervertretung in den Leitungsorganen befaßte, kam jedoch 1975 zu dem Ergebnis, daß eine Mitbestimmung wie in Deutschland für Frankreich ungeeignet sei[342]. Daher wurde eine Mitbestimmung bislang nicht gesetzlich verankert[343]. Die großen Gewerkschaften in Frankreich sind offensichtlich gegen unternehmerische Mitbestimmung, weil sie keine Verantwortung für das Unternehmen tragen wollen[344].

Wenn ein deutscher Rechtsträger der übertragende ist, stellt sich die Situation wie folgt dar: Beschäftigt dieser weniger als 500 Arbeitnehmer, ist die Übertragung mitbestimmungsrechtlich unerheblich, so daß keine Vorkehrungen getroffen werden müssen. Oberhalb dieser Schwelle ist im Wege der Vereinbarung ein Mitbestimmungssystem zu finden, das dem deutschen im wesentlichen entspricht. Dies ist nur der Fall, wenn die Verteilung der Sitze im Leitungsorgan der in deutschen Unternehmen entspricht und die Arbeitnehmervertreter gleichberechtigtes Stimmrecht haben. Ansonsten würden die Rechte der Arbeitnehmer infolge der grenzüberschreitenden Umwandlung nachteilig verändert, so daß diese Operation nicht zuzulassen wäre. Die Vereinbarung muß auch regeln, wie die deutschen Arbeitnehmervertreter bestimmt werden[345]; diese Regelung muß sich nach den Grundsätzen des § 76 BetrVG 1952 richten. Anders als bei dem derzeit aktuellen Vorschlag zur Mitbestimmung in der SE[346] dürfte eine Eintragung erst erfolgen, wenn die Verhandlungen zu einem Ergebnis geführt haben, weil es keine Auffanglösung gibt. Bis zur nächsten mitbestimmungsrechtlich relevanten Schwelle von 2.000 Arbeitnehmern bedeutet dies, daß im aufnehmenden französischen Unternehmen die Drittel-Mitbestimmung gelten müßte. Das dürfte allerdings kein unüberwindbares Problem darstellen, da in französischen Staatsunternehmen die Drittel-Mitbestimmung Pflicht ist[347]; diese ist damit nicht systemwidrig. Ob allerdings hinsichtlich der paritätischen Mitbestimmung, die bei Unternehmen gilt, die mehr als 2.000 Arbeitnehmer beschäftigt, eine Verhandlungslösung erreicht werden kann, ist fraglich[348].

---

342 *Figge*, Mitbestimmung auf Unternehmensebene S. 83

343 *Kommission*, Mitbestimmung der Arbeitnehmer, Bull. Beil. 8/75, S. 76

344 *Staehelin*, Mitbestimmung in Europa S. 389; *Ranke*, Arbeitsrecht in Frankreich n°290

345 vgl. *Heinze*, ZGR 1994, 47/58

346 siehe oben A. II. 2.

347 *Blanc-Jouvan* in: Gamillscheg u.a. S. 33/54

348 Wenngleich dies nicht ausgeschlossen ist, wie die Fusion der amerikanischen Chrysler Corp. mit der deutschen Daimler Benz AG zeigt, wo man sich auf die deutsche Mitbestimmung geeinigt hat; vgl. FAZ Nr. 107 vom 9.5.1998 S.18: „Daimler Chrysler AG wird mitbestimmt sein".

Die Problematik der Arbeitnehmermitbestimmung bei grenzüberschreitenden Umstrukturierungen sollte allerdings nicht überbewertet werden. Sie stellt sich wie gezeigt überhaupt nur bei Unternehmen mit mehr als 500 Arbeitnehmern, § 76 VI BetrVG 1952. In Deutschland beschäftigen aber nur ca. 3 % aller Gesellschaften mit beschränkter Haftung mehr als 500 Arbeitnehmer[349]; die Zahl der Aktiengesellschaften ist ohnehin gering[350], außerdem gibt es nunmehr die mitbestimmungsfreie „Kleine AG". Die Mehrzahl der potentiell verschmelzungs- und spaltungsfähigen Gesellschaften erreicht die Mitbestimmungsgrenze somit gar nicht[351].

Grenzüberschreitende Verschmelzungen und Spaltungen sollten daher nicht von vornherein im Hinblick auf die auf europäischer Ebene nicht gelöste Mitbestimmungsfrage verboten werden. Vielmehr ist im Einzelfall zu prüfen, ob durch die geplante Operation die unternehmerische Mitbestimmung beeinträchtigt werden kann. Ist dies der Fall, so ist eine Lösung im Verhandlungswege zu suchen. Nur wenn die Verhandlungen erfolglos enden, hat die Umwandlung über die Grenze zu unterbleiben.

E. Zusammenfassung

Aus dieser Untersuchung wurde deutlich, daß einer grenzüberschreitenden Verschmelzung oder Spaltung keine unüberwindbaren rechtstechnischen Probleme entgegenstehen. Das Beispiel Deutschland / Frankreich zeigt, daß solche Umstrukturierungen auf kollisionsrechtlichem Weg in vielen Fällen möglich sind, teilweise unter Zuhilfenahme bekannter rechtlicher Konstruktionen aus dem Gesellschaftsrecht, wie dem Gläubigeraufruf[352]. Für die Berater, die heute ohnehin mehr und mehr international tätig sind, dürfte es keine großen Probleme darstellen, eine grenzüberschreitende Umwandlung vorzubereiten. Den Registerbeamten ist es zuzumuten, die Eintragungsvoraussetzungen zu überprüfen. Es wird Mitgliedsstaaten geben, deren Umwandlungsrecht weniger gut mit dem deutschen harmoniert als das französische, so daß auch im Wege der Anpassung eine Angleichung nicht möglich ist und eine grenzüberschreitende Verschmelzung eines deutschen Unternehmens mit einem Unternehmen aus diesem Staat unterbleiben muß. Gleichzeitig wird es Länder geben, deren Rechtsordnung der deutschen noch ähnlicher ist als die französische, so daß kaum Anpassungen vorgenommen werden müssen. Dies läßt sich im Einzelfall feststellen.

---

349 *Junge*, GmbHR 1992, 225/226

350 Im Jahr 1993 gab es nur 2.934 Aktiengesellschaften in Deutschland; Quelle: Statistisches Bundesamt (Statistik wird nicht weitergeführt).

351 *Becht*, Fusion und Spaltung von Kapitalgesellschaften S. 256 f.

352 vgl. oben D. II. 2. b) aa) (3)

Ein Verbot grenzüberschreitender Umwandlungen läßt sich daher mit rechtstechnischen Problemen ebensowenig rechtfertigen wie mit politischen. In § 1 Abs. 1 UmwG sollte daher die Passage „mit Sitz im Inland“ gestrichen werden.

Zusammenfassung und Ausblick

A. Rechtsangleichung und nationale Unterschiede

Das UmwG 1995 hat in Deutschland im Interesse der Unternehmen die Umwandlungsmöglichkeiten wesentlich erweitert: Alle Rechtsträger können an Umwandlungen teilnehmen, insbesondere die für die Praxis wichtige Umwandlung unter Beteiligung von Gesellschaften mit beschränkter Haftung ist jetzt umfassend geregelt[1]. Mit der Möglichkeit der Spaltung eines Unternehmens mittels partieller Gesamtrechtsnachfolge in Form der Auf- und Abspaltung sowie der Ausgliederung[2] wurde den Bedürfnissen der Praxis Rechnung getragen, nachdem insoweit das Steuerrecht dem Gesellschaftsrecht vorausgeeilt war und die Steuerneutralität solcher Vorgänge bereits anerkannt hat, als diese noch mittels Einzelübertragungen durchzuführen waren[3].

Gleichzeitig wurden die Interessen der Anteilsinhaber, Gläubiger und Arbeitnehmer erheblich verbessert. Diese sind in der Regel diametral entgegengesetzt und zu einem gerechten Ausgleich zu bringen.

Der wesentliche Ausbau der Rechte der Anteilsinhaber kann insoweit als Zentralstück des aufgrund der 3. RL neu gefaßten Verschmelzungsrechts angesehen werden[4]: Durch den obligatorischen Vertrag mit zwingendem Inhalt[5], den Bericht der Leitungsorgane, der eine Plausibilätsprüfung ermöglicht[6] und die Sachverständigenprüfung, die die Angemessenheit des Umtauschverhältnisses gewährleistet[7], wurde der a-priori-Schutz erheblich gestärkt. Abgerundet wird dieser Schutz durch ein an das Aktienrecht angelehntes Rechtsschutzsystem, das den Anteilsinhabern die Möglichkeit der Anfechtung fehlerhafter Umwandlungsbeschlüsse und der Überprüfung des Umtauschverhältnisses in einem Spruchverfahren gibt[8]. Durch dieses Spruchverfahren wird zudem die Parallele

---

1 Zur Bedeutung der GmbH-Verschmelzung siehe Teil 2, 2. Kapitel A, zur Entwicklung des GmbH-Verschmelzungsrechts in Deutschland Teil 2, 2. Kapitel B. I.

2 Dazu eingehend Teil 1 B. I. 1. b)

3 vgl. Einleitung C.

4 Die 3. RL war bereits durch das VerschmelzungsRL-Gesetz mit Wirkung vom 1.1.1983 ins deutsche Recht umgesetzt worden, mit dem UmwG 1995 wurden diese Regelungen aber nochmals überarbeitet.

5 Teil 1 B. II Ziff. 3

6 Teil 1 B. II. Ziff. 5 und Teil 2, 1. Kapitel B. III. 1.

7 Teil 1 B. II. Ziff. 7 und Teil 2, 1. Kapitel B. IV.

8 vgl. Teil 2, 1. Kapitel B. VI.

zum Konzernrecht hergestellt[9] und es wird erhebliches Störpotential von beabsichtigten Umwandlungen genommen, weil das Umtauschverhältnis zuvor bevorzugter Angriffspunkt „räuberischer" Anfechtungsklagen war[10]. Die Ausdehnung dieser größtenteils seit 1983 für die Verschmelzung von Aktiengesellschaften geltenden Regelungen auf das Institut der Spaltung und - mit rechtsformspezifischen Anpassungen[11] - auf die GmbH-Umwandlung im UmwG 1995 ist für die Praxis von großer Bedeutung.

Durch die Regelungen des UmwG 1995 zum Schutz der Anteilsinhaber wurde im Vergleich zum französischen Recht eine weitgehende Rechtsangleichung erreicht. Dabei mußte der französische Gesetzgeber bei Umsetzung der 3. und 6. RL nur wenige Änderungen vornehmen, weil die nationale Regelung im wesentlichen den europäischen Vorgaben entsprach[12]: Schon vor Inkrafttreten des Gesetzes von 1988[13] galten weitreichende Informations- und Prüfungspflichten[14]. Auch hier gelten die zwingenden Vorschriften zur Verschmelzung von Aktiengesellschaften auch für die Spaltung, die schon seit Inkrafttreten des L. 1966 geregelt ist, sowie für die Umwandlung unter Beteiligung von *S.A.R.L.* Allerdings sind die speziellen Vorschriften zum Schutz der Anteilsinhaber - wie auch die zum Schutz der Gläubiger - nur anwendbar, wenn ausschließlich *S.A.* und / oder *S.A.R.L.* an einer *fusion* oder *scission* beteiligt sind[15]. Da der französische Gesetzgeber diese Operationen unter Beteiligung von Gesellschaften verschiedener Rechtsform zuläßt, sollte er den Anteilsinhabern und Gläubigern einer *S.A.* und einer *S.A.R.L.* auch immer denselben Schutz gewähren, gleich welche Rechtsform die Umwandlungspartner haben[16].

Allerdings bestehen beim Schutz der Anteilsinhaber auch noch einige Unterschiede im französischen und deutschen Recht. Diese resultieren teilweise daraus, daß die nationalen Gesetzgeber Regelungen getroffen haben, die über die

---

9 §§ 305, 306 AktG sehen dasselbe Spruchverfahren für den Abschluß eines Beherrschungs- oder Gewinnabführungsvertrages vor.

10 vgl. Teil 2, 1. Kapitel B. VI. 2.

11 So ist insbesondere eine Sachverständigenprüfung nur auf Antrag erforderlich, weil die GmbH-Gesellschafter ihrer Gesellschaft in der Regel nahestehen und deren Wert somit aus eigener Anschauung beurteilen können; vgl. Teil 2, 2. Kapitel, B. II. 4. b)

12 *Jeantin*, JCP éd. E 1988, II, n°15169

13 siehe Einleitung E.

14 vgl. Teil 2, 1. Kapitel C. II. 1. und III. 1.

15 vgl. Teil 1, C. I. 2. c)

16 vgl. Teil 2, 1. Kapitel D. I. und 2. Kapitel D. I. 1.

Richtlinien hinausgehen[17], weil diese zu einigen Punkten keine oder weniger strenge Vorgaben enthalten, teilweise beruhen sie darauf, daß die Richtlinien den nationalen Gesetzgebern einen Umsetzungsspielraum gelassen haben, den der deutsche und der französische Gesetzgeber auf unterschiedliche Weise genutzt haben[18], teilweise auf einer Umsetzung, die nicht richtlinienkonform ist[19]. Strengere Regeln konnten die Mitgliedsstaaten vorsehen. Zwar ist eines der Ziele der gesellschaftsrechtlichen Richtlinien nach Art. 54 III lit. g EWGV die Koordinierung der nationalen Rechte. Ein anderes Ziel ist jedoch die Verbesserung des Schutzes der Beteiligten, dieses kann durch strengere Regeln besser erreicht werden. Diese Regeln stehen daher zur Ratio einer Richtlinie nicht in Widerspruch, solange sie nicht gegen deren zwingenden Wortlaut verstoßen[20].

Da für das französische Recht das Erlöschen des übertragenden Rechtsträgers als essentieller Bestandteil einer *fusion* und *scission* angesehen wird, ist die Spaltung in Form der Abspaltung unbekannt[21]. Für die Teileinbringung, *apport partiel d'actif*, gelten die *scission*-Regeln nur, wenn die beteiligten Gesellschaften dies vereinbaren, wozu sie nicht verpflichtet sind[22]. Dies hat gravierende Folgen für die Beteiligung der Hauptversammlung: In Deutschland liegt die Entscheidungszuständigkeit für jede Spaltung nach dem Umwandlungsgesetz bei den Anteilsinhabern. Zudem ist im Fall der Ausgliederung von wesentlichen Vermögensteilen mittels Einzelrechtsnachfolge in Fortführung der „Holzmüller-Rechtsprechung" des BGH[23] eine Ausstrahlungswirkung des UmwG 1995 anzunehmen. Die Anteilsinhaber profiteren daher ebenfalls von den speziellen Schutzvorschriften. Diese Gleichbehandlung ist interessengerecht, da auch die klassische Ausgliederung steuerneutral möglich ist und es aus Sicht der Anteilsinhaber keinen Unterschied macht, welchen Weg die Geschäftsleitung wählt. In Frankreich hingegen ist auch die Ausgliederung des wichtigsten Teils eines Unternehmens ohne Beteiligung der *assemblée générale extraordinaire* mög-

---

17 so beispielsweise das Austrittsrecht nach § 29 UmwG und das in Frankreich bestehende Zustimmungserfordernis bei Leistungserhöhung

18 so insbesondere bei der Regelung der Konzernverschmelzung, vgl. Teil 2, 2. Kapitel. B. VII., C. VI. und D. V.

19 Insbesondere die im französischen Recht bestehende Nachbesserungsmöglichkeit eines fehlerhaften Beschlusses, die der deutsche Gesetzgeber nicht vorgesehen hat, vgl. Teil 2, 2. Kapitel, D. IV. 2.; dazu sogleich nochmals.

20 vgl. oben Teil 2, 1. Kapitel B. I. 1. b) bb) (2)

21 Teil 1, C. I. 1. b) und D. I. 1.

22 vgl. Teil 1, C. I. 1. c)

23 Urt. v. 25.2.1982, BGHZ 83, 122 ff., vgl. Teil 1, B. I. 1. c)

lich[24]. Der Vorstand ist somit flexibler als in Deutschland. Allerdings kann auch hier die Ausgliederung von Vermögensteilen, die nicht das wesentliche Vermögen ausmachen, mittels Einzelrechtsnachfolge ohne Zustimmung der Anteilsinhaber erfolgen. Die Flexibilität des Vorstandes ist somit bei Ausgliederung kleinerer Vermögensteile gegeben. Bei größeren Vermögenswerten sind die Interessen der Anteilsinhaber, an der Entscheidung beteiligt zu werden, höher zu bewerten als die Unternehmensinteressen. Insoweit sollte der französische Gesetzgeber die zwingende Geltung der *scission*-Regeln zumindest bei Übertragung wesentlicher Vermögensteile anordnen[25].

Der Schutz der Anteilsinhaber wird in Frankreich vielfach durch Einstimmigkeitserfordernisse gewahrt, insbesondere bei Leistungserhöhung[26]. Einstimmige Beschlüsse bieten jedoch erhebliches Pressionspotential und sollten daher nur ausnahmsweise vorgesehen werden. Stattdessen sollte überstimmten Minderheitsgesellschaftern entsprechend der Regelung des § 29 UmwG der Austritt aus der Gesellschaft gegen Barabfindung ermöglicht werden[27]. Dieses Austrittsrecht sollte in Deutschland im Wege der Gesetzesänderung auf den Fall der Leistungserhöhung ausgedehnt werden, der bisher unbefriedigend gehandhabt wird[28]. Außerdem sollten Gesellschafter einer *S.A.R.L.* ein Austrittsrecht aus wichtigem Grund haben. Durch die Möglichkeit der Auflösungsklage, wenn einem Gesellschafter die Fortsetzung der Gesellschaft unzumutbar ist, wird unnötig Gesellschaftsvermögen zerschlagen[29].

Unterschiede bestehen auch hinsichtlich der Regelung des nachträglichen Rechtsschutzes. Die deutsche Regelung stellt auf den ersten Blick einen gelungenen Kompromiß zwischen den Interessen der Unternehmer, der Anteilsinhaber und der Gläubiger dar: Die Anteilsinhaber haben die Möglichkeit, fehlerhafte Beschlüsse anzufechten[30]. Dafür gilt allerdings die kurze Monatsfrist[31], was im Interesse der Unternehmen liegt, da die konstitutive Eintragung der Operation erst nach Ablauf der Anfechtungsfrist erfolgt[32]. Mit Eintragung ins Handels-

---

24 vgl. Teil 1, C. I. 1. c) und Teil 2, 1. Kapitel C. I. 1. b)

25 vgl. Teil 1, D. I. 1.

26 Teil 2, 1. Kapitel C. I. 2. b) aa) und 2. Kapitel D. II. 2.

27 vgl. Teil 2, 1. Kapitel B. II; C. I. 3 und D. II. 6.

28 vgl. Teil 2, 1. Kapitel B. I. 3. b) und D. II. 3.

29 vgl. Teil 2, 2. Kapitel C. II. 3. und D. II. 3.; zum Sonderaustrittsrecht aus wichtigem Grund nach der hier vertretenen Konzeption vgl. Teil 2, 2. Kapitel B. II. 3. b)

30 Teil 2, 1. Kapitel B. VI. 1.

31 Teil 2, 1. Kapitel B. VI 1. b)

32 Teil 2, 1. Kapitel B. VI 1. b); zur Wirksamkeit durch Eintragung Teil 1, B. III. 1.

register tritt Bestandskraft ein, so daß die Gläubiger sich auf die Wirksamkeit einer einmal eingetragenen Verschmelzung oder Spaltung verlassen können[33]. Eine Anfechtung bewirkt eine faktische Registersperre[34]. Durch das Zusammenspiel dieser Regelungen wird verhindert, daß Operationen rückabgewickelt werden müssen. Insoweit scheinen sie der französischen Rechtslage überlegen: Danach werden die Beschlüsse, wenn keine Neugründung damit verbunden ist, mit der Beschlußfassung wirksam[35]. Die Anteilsinhaber können den Beschluß binnen sechs Monaten anfechten[36], bei Erfolg der Klage muß eine praktisch schwierige Rückabwicklung erfolgen[37]. Allerdings tritt dieser Fall in der Praxis selten ein, da die Gerichte den Gesellschaften die Möglichkeit geben müssen, den Fehler zu beheben, welche diese in der Regel nutzen[38]. Eine solche Nachbesserungsmöglichkeit, die in der 3. und der 6. RL zwingend vorschrieben ist, sollte für behebbare Beschlußmängel auch ins deutsche Recht eingeführt werden. Die Interessen der Unternehmen werden unbillig beeinträchtigt, wenn eine Verschmelzung oder Spaltung wegen eines Fehlers, der in einer zusätzlichen Hauptversammlung behoben werden könnte, insgesamt für nichtig erklärt wird[39]. Interessen der Anteilsinhaber werden durch diese Nachbesserung nicht verletzt. Da nach geltendem Prozeßrecht eine separate Mangelfeststellung nicht möglich ist, sollte eine entsprechende Regelung ins UmwG 1995 aufgenommen werden. Dies wäre auch im Hinblick auf grenzüberschreitende Umstrukturierungen wünschenswert, denn von der derzeit in Deutschland zwingenden Nichtigerklärung der gesamten Operation wäre auch der ausländische Vertragspartner betroffen, der zur Rückabwicklung verpflichtet wäre, obwohl nach seiner Konzeption ein behebbarer Mangel vorliegt.

Beim Gläubigerschutz ist der Rechtsangleichungserfolg insgesamt geringer, da die Richtlinien hier einen großen Umsetzungsspielraum gelassen haben. Die Konzepte sind jedoch ähnlich: Grundsätzlich haftet die übernehmende Gesellschaft für die Verbindlichkeiten der übertragenden Gesellschaft. Wenn eine Forderung aufgrund einer Verschmelzung gefährdet ist, haben die Gläubiger einen Sicherungsanspruch, die Gefährdung wird im Einzelfall geprüft. Insoweit

---

33 vgl. Teil 1, B. III. 2. b)

34 Teil 2, 1. Kapitel B. VI 1. c)

35 Teil 1, C. III. 1.; *fusions* und *scissions* zur Neugründung spielen in der Praxis in Frankreich kaum eine Rolle, weil Eintragungserfordernisse sehr selten sind und man vor dem Formalismus zurückschreckt, Teil 1, C. III. 1. b).

36 Teil 2, 1. Kapitel C. V. 1. b) aa)

37 Teil 2, 1. Kapitel C. V. 1. b) cc)

38 Teil 2, 1. Kapitel C. V. 1. b) bb) + cc)

39 Teil 2, 1. Kapitel D. IV. 2.

wurden in Deutschland die Unternehmensinteressen durch das UmwG 1995 beträchtlich gestärkt: Zuvor hatten die Gläubiger der übertragenden Gesellschaft unabhängig von einer Gefährdung ihrer Forderung einen Anspruch auf Sicherheiten[40]. In Frankreich jedoch werden die Unternehmensinteressen noch höher bewertet: Die Gläubiger können innerhalb von nur 30 Tagen nach Bekanntmachung des *projet* Widerspruch gegen die Operation einlegen, um ihren Anspruch zu sichern. Die Anteilsinhaber kennen dadurch bei Beschlußfassung bereits die Reaktion der Gläubiger[41]. Ob diese Kenntnis allerdings die im Vergleich zur deutschen Regelung sehr kurze Widerspruchsfrist rechtfertigt, muß bezweifelt werden[42]. Das deutsche Konzept, das den Gläubigern einen Sicherungsanspruch gibt, den diese innerhalb von sechs Monaten nach dem Wirksamwerden der Operation geltend machen können, beeinträchtigt die Unternehmen nicht wesentlich, stellt die Gläubiger aber wesentlich besser und ist daher vorzugswürdig. Dies gilt auch für den Kreis anspruchsberechtigter Gläubiger: Während in Deutschland die Gläubiger solcher Forderungen sicherungsberechtigt sind, die bei Wirksamwerden der Verschmelzung noch nicht fällig sind[43], haben in Frankreich nach neuerer Rechtsprechung nur Gläubiger fälliger Ansprüche ein Widerspruchsrecht[44]. Diese können jedoch, anders als die Gläubiger nicht fälliger Forderungen, Klage erheben und sind daher nicht schutzbedürftig[45]. Diese Einschränkung ist zudem nicht richtlinienkonform[46].

Bei Spaltungen werden in Deutschland die Gläubigerinteressen höher bewertet als die der Unternehmer: Die an der Spaltung beteiligten Gesellschaften haften noch fünf Jahre lang gesamtschuldnerisch für alle vor der Spaltung begründeten Forderungen, dann tritt für die Mithafter eine Nachhaftungsbegrenzung ein[47]. Über den Haftungsverband bleiben die rechtlich getrennten Unternehmen somit für fünf weitere Jahre verbunden. Dies ist zum Schutz der Gläubiger vor einer bewußt benachteiligenden Verschiebung von Vermögensmassen nicht erforderlich. Hierfür reicht vielmehr eine gesamtschuldnerische Ausfallhaftung[48]. Diese ähnelt der französischen Regelung: Danach haben die Gesellschaften die Möglichkeit, ihre Haftung auf die übernommenen Verbindlichkeiten zu beschrän-

---

40 vgl. Teil 2, 3. Kapitel B. I. 1. a) aa)

41 vgl. Teil 2, 3. Kapitel C. I. 1. a) bb)

42 Teil 2, 3. Kapitel D. I. 2. a)

43 Teil 2, 3. Kapitel B. I. 1. a) bb)

44 Teil 2, 3. Kapitel C. I. 1. a) aa)

45 Teil 2, 3. Kapitel D. I. 1. a)

46 Teil 2, 3. Kapitel D. I. 1. a)

47 Teil 2, 3. Kapitel B. I. 2 a) aa) + bb)

48 Teil 2, 3. Kapitel B. I. 2. a) bb) (2)

ken. Wenn ein Gläubiger widerspricht und die Schuldnerin einer gerichtlichen Anordnung nicht nachkommt, kann er wieder auf alle Gesellschaften zugreifen[49]. Diese Konzeption ist, im Gegensatz zur deutschen Nachhaftungsbegrenzung, richtlininenkonform; insoweit ist der deutsche Gesetzgeber aufgerufen, eine richtlinienkonforme Regelung zu treffen[50]. Eine solche ist nicht zuletzt deshalb erforderlich, weil die derzeitige Regelung grenzüberschreitende Spaltungen, bei denen deutsche Gesellschaften als übernehmende Rechtsträger fungieren sollen, verhindert[51].

Die Regelungen zum Schutz der Arbeitnehmer haben in Deutschland und Frankreich aufgrund der Umsetzung der 3. und der 6. RL wenig Änderungen erfahren, weil insoweit auf die ArbeitnehmerschutzRL von 1977 verwiesen wird[52].

Eine Rechtsangleichung ist jedoch dadurch erfolgt, daß § 324 UmwG nunmehr klarstellt, daß § 613 a BGB bei Verschmelzungen Anwendung findet[53], wie dies in Frankreich schon seit 1928 der Fall war[54]. Durch diese Regelung wurde das deutsche Recht an die Vorgaben der ArbeitnehmerschutzRL angepaßt.

Große Unterschiede bestehen nach wie vor im Bereich der unternehmerischen Mitbestimmung. Diese ist in Deutschland sehr ausgeprägt[55], in Frankreich nur ansatzweise vorhanden[56]. Eine Rechtsangleichung in diesem Bereich ist jedoch nicht zu erwarten, da die großen Gewerkschaften in Frankreich offensichtlich keine unternehmerische Verantwortung tragen wollen und sich daher gegen die Einführung einer unternehmerischen Mitbestimmung wehren[57].

B. Ausblick

Insgesamt wurde in wesentlichen Bereichen eine Rechtsangleichung erreicht: Deutschland und Frankreich sehen übereinstimmend die Verschmelzung und die Spaltung zumindest in Form der Aufspaltung nicht nur für Aktiengesell-

---

49 Teil 2, 3. Kapitel C. I. 2. a)

50 Teil 2, 3. Kapitel B. I. 2. a) bb) (1) + D. I. 3.

51 Teil 3, D. II. 2. b) bb)

52 RL 77/187/EWG, vgl. Teil 2, 4. Kapitel A.

53 vgl. Teil 2, 4. Kapitel B. I. 2.

54 vgl. Teil 2, 4. Kapitel C. I. 1.

55 siehe Teil 2, 4. Kapitel B. IV

56 siehe Teil 2, 4. Kapitel C. III.

57 vgl. Teil 3 D. II. 3. c) bb)

schaften, sondern auch für Gesellschaften mit beschränkter Haftung vor. Voraussetzungen und Wirkungen entsprechen sich weitgehend.

Dieser Rechtsangleichungserfolg läßt grenzüberschreitende Verschmelzungen und Spaltungen ins Blickfeld rücken, zumal auch auf europäischer Ebene das Steuerrecht dem Gesellschaftsrecht vorausgeeilt ist[58]: Obwohl es noch keine gesellschaftsrechtliche Regelung der grenzüberschreitenden Verschmelzung und Spaltung gibt[59], sind diese Vorgänge nach der Fusionsbesteuerungsrichtlinie steuerneutral möglich[60]. Eine gemeinschaftsweite Regelung ist nicht in Sicht. Mit den Mitteln des Kollisionsrechts sind solche grenzüberschreitenden Operationen jedoch heute schon möglich. Viele Mitgliedsstaaten gestatten deren Durchführung ausdrücklich oder konkludent[61]. Der deutsche Gesetzgeber hingegen verbietet sie ausdrücklich, weil er meint, ihnen stünden erhebliche rechtstechnische und politische Probleme entgegen[62]. Diese Einschätzung des Gesetzgebers ist jedoch unzutreffend. Daher ist das Verbot grenzüberschreitender Umwandlungen in § 1 Abs. 1 UmwG im Wege der Gesetzesänderung aufzuheben.

Trotz der Möglichkeit, grenzüberschreitende Umstrukturierungen unter Zuhilfenahme des Kollisionsrechts durchzuführen, wäre eine gemeinschaftsweite Regelung wünschenswert. Damit würden solche Operationen einfacher und auch für kleinere Unternehmen attraktiver. Spezielle Regeln sollten allerdings nur dort geschaffen werden, wo sie aufgrund der Internationalität des Sachverhaltes erforderlich sind[63].

Dies ist insbesondere der Fall beim Gläubigerschutz: Wegen der vom Ansatz her unterschiedlichen Ausgestaltung der Gläubigersicherung sollte diesbezüglich eine einheitliche Sachnorm den Schutz gewährleisten. Eine solche sieht der Entwurf der 10. RL allerdings nicht vor, dieser begnügt sich mit einer Verweisung auf das anwendbare nationale Recht. Das Beispiel Deutschland / Frankreich hat jedoch gezeigt, daß eine solche Verweisungsnorm den Gläubigerinteressen nicht in vollem Maße gerecht wird[64]. Die Regelung sollte vorsehen, daß

---

58 Zur Vorreiterrolle des deutschen Steuerrechts hinsichtlich der Spaltung siehe Einleitung C.

59 vgl. Teil 3, A. II. 3.

60 RL Nr. 90/434/EWG vom 23.7.1990, ABl.EG Nr. L 225, vgl. dazu Teil 3, A. II. 3.

61 siehe oben Teil 3, A. II. am Anfang

62 siehe oben Teil 3, B. I. 2. b) bb)

63 Ansonsten kann das angeglichene nationale Recht angewandt werden, auf das durch Kollisionsnormen zu verweisen ist.

64 vgl. Teil 3, D. II. 2. b)

sicherungsbedürftige Gläubiger nach Wirksamwerden der Verschmelzung oder Spaltung von der aufnehmenden Gesellschaft Sicherheit verlangen können. Damit wird die Umstrukturierung nicht durch widersprechende Gläubiger blockiert oder verzögert. Den Gläubigern entsteht aufgrund der Regelungen des EuGVÜ kein Nachteil dadurch, daß sie ihre Rechte nach dem Wirksamwerden der Operation im Ausland geltend machen müssen[65].

Auch eine Regelung der Mitbestimmungsfrage wäre zu begrüßen, wenngleich diese nicht so virulent ist, wie man aufgrund der langwierigen Diskussionen im Zusammenhang mit der Europa AG vermuten könnte[66]. Sie wird überhaupt erst relevant, wenn ein Unternehmen mehr als 500 Arbeitnehmer hat. Durch Einführung der mitbestimmungsfreien „Kleinen AG" und die verstärkte Beteiligung kleiner und mittlerer Unternehmen an Umwandlungen, wird in vielen Fällen diese Schwelle gar nicht erreicht[67]. Erst ab 2.000 Arbeitnehmern gilt in Deutschland die hälftige unternehmerische Mitbestimmung, der mancher Unternehmer sich eventuell entziehen möchte. Daß dies jedoch keineswegs der Fall sein muß, zeigt die Fusion der Daimler Benz AG mit der amerikanischen Chrysler Corporation[68]: Die beiden Partner haben sich dafür entschieden, die künftige Daimler Chrysler AG als mitbestimmte Gesellschaft nach deutschem Recht zu führen[69].

Der Ansatz, eine Lösung individuell im Verhandlungsweg zu finden, ist zu begrüßen. Für den Fall, daß die Verhandlungen scheitern, muß eine Auffangregel gelten, um eine „Null-Lösung" zu verhindern. Wenn diese jedoch so aussieht, daß die weitestgehenden nationalen Mitbestimmungsregeln sich durchsetzen, werden deutsche Unternehmen auf Dauer von solchen Umstrukturierungen ausgegrenzt werden. Eine „Flucht aus der Mitbestimmung" ist auch für den Fall, daß eine Auffanglösung ein niedrigeres Mitbestimmungsniveau vorsieht, wie es

---

65 vgl. Teil 3, D. II. 2. a)

66 siehe Teil 3, A. II. 2.

67 vgl. Teil 3, D. II. 3. c) bb)

68 Bei diesem Zusammenschluß weden in einem 1. Schritt die Anteile der Daimler Benz AG und der Chrysler Corp. in solche der neuen Daimler Chrysler AG umgetauscht, so daß beides Tochtergesellschaften werden; in einem 2. Schritt wird die Daimler Benz AG auf die Daimler Chrysler AG verschmolzen, die Daimler Chrysler Corp. wird 100 %ige Tochter der Daimler Chrysler AG bleiben; vgl. FAZ Nr. 105 vom 7.5.1998 S. 1: „Daimler-Benz und Chrysler planen die größte Fusion der Automobilgeschichte".sowie Verschmelzungsbericht 1998 S. 1 ff.

69 FAZ Nr. 107 vom 9.5.1998 S.18: „Daimler Chrysler AG wird mitbestimmt sein"

beispielsweise im *Davignon*-Bericht der Fall war[70], nicht zu befürchten: Für die Standortwahl ist nicht nur die künftige Mitbestimmungsregelung von Bedeutung. Hierbei spielen vielmehr eine Vielzahl von Faktoren eine Rolle. Vor allem sind dies steuerliche Gründe[71]. Gleichzeitig ist zu berücksichtigen, daß in anderen Ländern andere Instrumente die Rechte der Arbeitnehmer sichern, wie ein stärkerer Einfluß der Gewerkschaften. Ein niedrigeres Mitbestimmungsniveau muß daher nicht größere unternehmerische Freiheit bedeuten.

---

70 Dieser sieht bei Scheitern der Verhandlungen eine zwingende Mitbestimmung dergestalt vor, daß die Arbeitnehmer 1/5 der Sitze im Aufsichtsrat erhalten, vgl. Teil 3, A. II. 2..

71 FAZ Nr. 107 vom 9.5.1998 S.18: „Daimler Crysler AG wird mitbestimmt sein"; so wäre beim Tausch einer deutschen in eine amerikanische Aktie die Differenz zwischen Buchwert und Kurswert der deutschen Aktie als Buchgewinn zu versteuern gewesen, während der grenzüberschreitende Aktientausch in den USA bei einer Zustimmung von mindestens 80 % der Aktionäre steuerfrei ist; FAZ Nr. 109 vom 12.5.1998 S. 25: „Die Deutsche Bank spart viel Geld". Die Frage der Mitbestimmung und des deutschen Arbeitsrechts haben hingegen nach Aussage der Berater nur eine untergeordnete Rolle gespielt, vgl. FAZ Nr. 128 vom 5.6.1998 S. 29: „Bei der Fusion Daimler Chrysler leisten die Anwälte Schwerarbeit".

Literaturverzeichnis

Agel-Pahlke, Cornelia: Der internationale Geltungsbereich des Betriebsverfassungsgesetzes, Frankfurt am Main/Bonn/N.Y./Paris 1988

Aha, Christof: Einzel- oder Gesamtrechtsnachfolge bei der Ausgliederung?, AG 1997, 345

Ahrendt, Martina: Der Kündigungsschutz bei Arbeitsverhältnissen in Frankreich, Baden-Baden 1995

von Alvensleben, Constantin: Die Rechte der Arbeitnehmer bei Betriebsübergang im Europäischen Gemeinschaftsrecht, Baden-Baden 1992

Annuß, Georg: Der Betriebsübergang in der neuesten Rechtsprechung des Bundesarbeitsgerichts, BB 1998, 1582

Arbeitskreis Umwandlungsrecht: Vorschläge zum Referentenentwurf eines Umwandlungsgesetzes, ZGR 1993, 321

Audrieux, Philippe / Ravel, Jaques: Code annoté des sociétés commerciales, 2. éd. Paris 1991

Auger, Bernard: La Fusion, Rev. Soc. 1925, 49 (Teil 1) + 89 (Teil 2)

Bachner, Michael: Individualarbeits- und kollektivrechtliche Auswirkungen des neuen Umwandlungsgesetzes, NJW 1995, 2881

ders.: Das Übergangsmandat des Betriebsrats bei Unternehmensumstrukturierungen, DB 1995, 2068

Bärmann, Johannes: Die Unternehmensspaltung nach französischem Recht, ZVglRWiss 81 (1982), 251

Bärwaldt, Roman / Schabacker, Joachim: Ein Dauerbrenner: Die Verschmelzung einer Kapitalgesellschaft mit dem Vermögen ihres Alleingesellschafters, NJW 1997, 93

v. Bar, Christian: Internationales Privatrecht
Bd. 1: Allgemeine Lehren, München 1987
Bd. 2: Besonderer Teil, München 1991

Bartodziej, Peter: Reform des Umwandlungsrechts und Mitbestimmung, ZIP 1994, 580

Baudeu, Guy / Bellargent, Guy: Fusions de sociétés, Paris 1970

Bauer, Jobst-Hubertus / Lingemann, Stefan: Das neue Umwandlungsrecht und seine arbeitsrechtlichen Auswirkungen, NZA 1994, 1057

Baumbach, Adolf: GmbHG, 16. Aufl. München 1996

Baumbach, Adolf / Hopt, Klaus: Handelsgesetzbuch, 29. Aufl. München 1995

Baumbach, Adolf / Hueck, Alfred: Aktiengesetz, 13. Aufl. München 1968

Bayer, Walter: 1000 Tage neues Umwandlungsrecht - eine Zwischenbilanz, ZIP 1997, 1613

ders.: Informationsrechte bei der Verschmelzung von Aktiengesellschaften, AG 1988, 323

ders.: Kein Abschied vom Minderheitenschutz durch Information – Plädoyer für eine restriktive Anwendung des § 16 Abs. 3 UmwG, ZGR 1995, 613

Becht, Bernhard: Fusion und Spaltung von Kapitalgesellschaften im Europäischen Binnenmarkt unter besonderer Berücksichtigung der Folgerungen aus der Verabschiedung der Fusionsrichtlinie und ihrer nicht ordnungsgemäßer Umsetzung, Stuttgart 1996

Becker, Michael: Der Austritt aus der GmbH, Kehl/Straßburg/Arlington 1985

Becker, Robert: Die gerichtliche Kontrolle von Maßnahmen bei der Verschmelzung von Aktiengesellschaften, AG 1988, 223

Behrens, Peter: Die Umstrukturierung von Unternehmen durch Sitzverlegung oder Fusion über die Grenze im Lichte der Niederlassungsfreiheit im Europäischen Binnenmarkt, ZGR 1994, 1

Beitzke, Günther: Les conflits de lois en matière de fusion de sociétés, Rev. crit. DIP 1967, 1

ders.: Internationalrechtliches zur Gesellschaftsfusion, FS für Walter Hallstein 1966, S. 14

Berndt, Joachim / Boin, Kai: Zur Rechtsnatur der Gesellschaft bürgerlichen Rechts, NJW 1998, 2854

Bertrel, J.-P. / Jeantin, M.: Acquisitions et fusions de sociétés commerciales, Paris 1991

Bessenich, Balthasar: Die grenzüberschreitende Fusion nach den Bestimmungen des IPRG und des OR, Basel/Frankfurt a.M. 1991

Bézard; Pierre: La Société Anonyme, Paris 1986

Binnewies, Burkhard: Formelle und materielle Voraussetzungen von Umwandlungsbeschlüssen - Beschlossen ist beschlossen? -, GmbHR 1997, 727

Birk, Rolf: Die internationale Zuständigkeit in arbeitsrechtlichen Streitigkeiten nach dem Europäischen Gerichtsstands- und Vollstreckungsübereinkommen, RdA 1983, 143

Blanc-Jouvan, Xavier: La participation des travailleurs à la gestion des entreprises en droit francais, in: Gamillscheg, Franz u.a.: Mitbestimmung der Arbeitnehmer S. 33

Blaurock, Uwe: Handbuch der Stillen Gesellschaft, 5. Aufl. Köln 1998

Boecken, Wilfried: Der Übergang von Arbeitsverhältnissen bei Spaltung nach dem neuen Umwandlungsrecht, ZIP 1994, 1087

Bösert, Bernd / Braun, Anton / Jochem, Hans Rudolf: Leitfaden zur Partnerschaftsgesellschaft, Weinheim/N.Y./Basel/Cambridge/Tokyo 1996

Bokelmann, Gunther: Eintragung eines Beschlusses: Prüfungskompetenz des Registerrichters bei Nichtanfechtung, rechtsmißbräuchlicher Anfechtungsklage und bei Verschmelzung, DB 1994, 1341

Bolze, Christian: Fusion et scission in: Dalloz, Encyklopédie des societés (Stand 1990)

Bork, Reinhard: Beschlußverfahren und Beschlußkontrolle nach dem Referentenentwurf eines Gesetzes zur Bereinigung des Umwandlungsrechts, ZGR 1993, 343

ders.: Zuständigkeitsprobleme im Spruchverfahren, ZIP 1998, 550

Borngräber, Helmut: Arbeitsverhältnisse bei Betriebsübergang, Düsseldorf/Frankfurt 1977

Boucourechliev, Jeanne: Les voies de l'Europe des sociétés, JCP éd. E 1996, I, n°560

Breit, James: Fusion und Aktienrechtsreform, ZHR 94 (1929), 356 + ZHR 95 (1930), 1

Brun, André / Galland, Henri: Droit du Travail, tome 1: Les apports individuels de travail, Paris 1978

Bungert, Hartwin: Ausgliederung durch Einzelübertragung und analoge Anwendung des Umwandlungsgesetzes, NZG 1998, 367

Butzke, Volker: Gesetzliche Neuregelung beim Erwerb eigener Aktien, WM 1995, 1389

Camerlynck, G. H.: Traité de Droit du Travail: Contrat de Travail, Paris 1968 + Mise à Jour 1973

Centrale für GmbH Dr. Otto Schmidt (Hrsg.): Die GmbH-Rechte in den EU-Staaten, Köln 1993

Coquelet, Marie-Laure: Fusion, Scission , Apport partiel d'actif in: Joly Sociétés Traité 3 (Stand 1996)

Cordes, Albrecht: Die Gesellschaft bürgerlichen Rechts auf dem Weg zur juristischen Person?, JZ 1998, 545

Couturier, Gérard: Droit du travail, tome 2: Les relations collectives de travail, 2. éd. Paris 1993

Cozian, Maurice / Viandier, Alain: Droit des sociétés, 7. éd. Paris 1994

Dalsace, André: Fusion in: Dalloz, Encyclopédie des Sociétés (Stand 1958)

Dalsace, André / Bernard, Nicole: Fusion et scission in: Dalloz, Encyklopédie des Sociétés (Stand 1978)

Däubler, Wolfgang: Das Arbeitsrecht im neuen Umwandlungsgesetz, RdA 1995, 136

ders.: Grenzüberschreitende Fusion und Arbeitsrecht, DB 1988, 1850

ders.: Tarifvertragsrecht, 3. Aufl. Baden-Baden 1993

Debong, Bernhard: Die EG-Richtlinie über die Wahrung der Arbeitnehmeransprüche beim Betriebsübergang, Pfaffenweiler 1988

Decher, Christian: Die Überwindung der Registersperre nach § 16 Abs. 3 UmwG, AG 1997, 388

Dehmer, Hans: Umwandlungsrecht, München 1994 (zit: Dehmer, UmwR)

ders.: Umwandlungsgesetz, Umwandlungssteuergesetz, 2. Aufl. München 1996 (zit: Dehmer, UmwG)

Dehmer, Hans / Stratz, Rolf-Christian: Nochmals: Die Verschmelzung auf den Alleingesellschafter, DB 1996, 1071

Déprez, Jean: Le consentement des salariés à la remise en cause d'un usage d'entreprise non régulièrement dénoncé par l'employeur, JCP éd. E 1992, I, n°178

Despax, Michel: La mesure de l'application de la loi sur les conventions collectives à la négociation d'entreprise: les accords en marge de la loi, Dr. Social 1982, 672

Dirrigl, Hans: Die Angemessenheit des Umtauschverhältnisses bei einer Verschmelzung als Problem der Verschmelzungsprüfung und der gerichtlichen Überprüfung, WPg 1989, 413 + 454

Dörfler, Wolfgang / Gahler, Wolfgang / Unterstraßer, Stefan / Wirichs, Robert: Probleme bei der Wertermittlung von Abfindungsangeboten, BB 1994, 156

Drygala, Anja: Die Reichweite der arbeitsrechtlichen Angaben im Verschmelzungsvertrag, ZIP 1996, 1365

Ducouloux-Favard, Claude: La réforme francaise des fusions et l'harmonisation des législations européennes, D. 1990, Chronique, 242

Duden, Konrad / Schilling, Wolfgang: Die Spaltung von Gesellschaften, AG 1974, 202

Düwell, Josef: Umwandlung von Unternehmen und arbeitsrechtliche Folgen, NZA 1996, 393

ders.: Umstrukturierung von Unternehmen - legislatorische Defizite und rechtspolitische Forderungen, ArbuR 1994, 357

Ebenroth, Carsten / Wilken Oliver: Entwicklungstendenzen im deutschen internationalen Gesellschaftsrecht (Teil 2), JZ 1991, 1061

Ebenroth, Carsten / Offenloch, Thomas: Kollisionsrechtliche Untersuchung grenzüberschreitender Ausgliederungen, RIW 1997, 1

Emmerich, Volker / Sonnenschein, Jürgen: Konzernrecht, München 1993

Engelmeyer, Cäcilie: Das Spaltungsverfahren bei der Spaltung von Aktiengesellschaften, AG 1996, 193

dies.: Die Spaltung von Aktiengesellschaften nach dem neuen Umwandlungsrecht, Köln 1995

dies.: Informationsrechte und Verzichtsmöglichkeiten im Umwandlungsgesetz, BB 1998, 330

Erman, Walter: Handkommentar zum Bürgerlichen Gesetzbuch 1. Bd., Münster 1993

Eyles, Uwe: Das Niederlassungsrecht der Kapitalgesellschaften in der Europäischen Gemeinschaft, Baden-Baden 1990

Falcke, Günther: Konzernrecht in Frankreich, Baden-Baden 1996

Feddersen, Dieter / Kiem, Roger: Die Ausgliederung zwischen „Holzmüller" und neuem Umwandlungsrecht, ZIP 1994, 1078

Ferid, Murad: Das französiche Zivilrecht Bd. I, Frankfurt a.M./Berlin 1971

ders.: Internationales Privatrecht, 3. Aufl. Frankfurt a.M. 1986

Figge, Jutta: Mitbestimmung auf Unternehmensebene in Vorschlägen der Europäischen Gemeinschaften, Baden-Baden 1992

Fitting, Karl / Kaiser, Heinrich / Heither, Friedrich / Engels, Gerd: Betriebsverfassungsgesetz, 18. Aufl. München 1996

Franzen, Martin: Der Betriebsinhaberwechsel nach § 613 a BGB im internationalen Arbeitsrecht, Heidelberg 1994

Fritz, Christian: Die Gesellschaft mit beschränkter Haftung in der EU: Ein praktischer Leitfaden für die Gründung und Verwaltung in allen Mitgliedsstaaten der EU, Wien 1996

Fritz, Michael: Die Spaltung von Kapitalgesellschaften, Köln 1991

Gäbelein, Wolfgang: Die Unternehmensspaltung, BB 1989, 1420

Gallot, Irene: Contrat de Travail: Modification de la situation de l'employeur: Code de Travail, art. L 122-12, al.2, in Dalloz: Répertoire de Droit du Travail

Ganske, Joachim: Änderungen des Verschmelzungsrechts, DB 1981, 1551

ders.: Berufsrelevante Regelung für Wirtschaftsprüfer im neuen Umwandlungsrecht, WPg 1994, 157

ders. (Hrsg.): Gesetz zur Bereinigung des Umwandlungsrechts, Referentenentwurf vom 15. April 1992 (zit.: RefE, bei *Ganske*)

ders.: Internationale Fusion von Gesellschaften in der Europäischen Gemeinschaft – ein neuer Ansatz -, DB 1985, 581

ders.: Reform des Umwandlungsrechts – Ein Bericht -, WM 1993, 1117

ders. (Hrsg.): Umwandlungsrecht: Regierungsentwürfe des Gesetzes zur Bereinigung des Umwandlungsrechts und des Gesetzes zur Änderung des Umwandlungssteuerrechts, Texte mit amtlicher Begründung, Düsseldorf 1994 (zit.: RegE, bei *Ganske*)

Gaul, Björn: Beteiligungsrechte von Wirtschaftsausschuß und Betriebsrat bei Umwandlung und Betriebsübergang, DB 1995, 2265

ders.: Das Schicksal von Tarifverträgen und Betriebsvereinbarungen bei der Umwandlung von Unternehmen, NZA 1995, 717

Gaul, Dieter: Der Betriebsübergang, 2. Aufl. Köln 1993

Gemeinschaftskommentar zum Betriebsverfassungsgesetz Bd. 1, 6. Aufl. Berlin 1997 (zit.: *GK - BetrVG*/Bearbeiter)

Geßler, Ernst / Hefermehl, Wolfgang / Eckardt, Ulrich / Kropff, Bruno: Aktiengesetz, Kommentar (zit.: *G/H/E/K*-Bearbeiter)
Bd. 1, München Stand 1984
Bd. 5, München Stand 1986
Bd. 6, München Stand 1994

Giuliano, Mario / Lagarde, Paul: Bericht über das Übereinkommen über das auf vertragliche Schuldverhältnisse anzuwendende Recht, BT-Drs. 10/503, S. 33

Godin, Freiherr von / Wilhelmi, Hans: Aktiengesetz Bd. II, 4. Aufl. Berlin/N.Y. 1971

Goette, Wulf: Auslandsbeurkundungen im Kapitalgesellschaftsrecht, FS für Karlheinz Boujong 1996, S. 131
ders: Auslandsbeurkundungen im Kapitalgesellschaftsrecht, MittRhNotK 1997,1
Gottwald, Peter: Grenzüberschreitende Insolvenzen, München 1997
Goutier, Klaus / Knopf, Rüdiger / Tulloch, Anthony: Kommentar zum Umwandlungsrecht, Heidelberg 1996
Grossfeld, Bernhard: Praxis des Internationalen Privat- und Wirtschaftsrechts, Hamburg 1975
Grossfeld, Bernhard / Jasper, Dieter: Identitätswende Sitzverlegung und Fusion von Kapitalgesellschaften in die Bundesrepublik Deutschland, RabelsZ 53 (1989), 52
Großkommentar zum Aktiengesetz Bd. 4, 3. Aufl. Berlin/N.Y. 1975 (zit: *Großkomm.*-Bearbeiter)
Grunewald, Barbara: Austrittsrechte als Folge von Mischverschmelzungen und Verfügungsbeschränkungen (§ 29 UmwG), FS für Karlheinz Boujong 1996, S. 175
Günther, Walter: Konzernverschmelzung und Schutz außenstehender Aktionäre, AG 1968, 98
Gussen, Heinz / Dauck, Andreas: Die Weitergeltung von Betriebsvereinbarungen und Tarifverträgen bei Betriebsübergang und Umwandlung, 2. Aufl. Berlin 1997
Haase, Karsten: Das Recht des aktienrechtlichen Abfindungsergänzungsanspruchs als notwendiger Bestandteil der §§ 305, 306 AktG, AG 1995, 7
Hachenburg: Gesetz betreffend die Gesellschaften mit beschränkter Haftung, Großkommentar
1. Bd., 8. Aufl. Berlin/N.Y. 1992
3. Bd., 7. Aufl. Berlin/N.Y. 1984
Hamel, Joseph / Lagarde, Gaston: Traité de Droit Commercial, Paris 1954
Hamiaut, Marcel: La réforme des sociétés commerciales, loi n° 66 – 537 du 24 juillet 1966, tome III: Complément commun aux divers sociétés commerciales, Paris 1966
Hanau, Peter: Arbeitsrecht und Mitbestimmung in Umwandlung und Fusion, ZGR 1990, 507
ders.: Neuer Anlauf zur mitbestimmten SE, RdA 1998, 231
Hanau, Peter / Vossen, Reinhard: Die Auswirkungen des Betriebsinhaberwechsels auf Betriebsvereinbarungen und Tarifverträge, FS für Marie Luise Hilger und Hermann Stumpf 1983, S. 270
Hansen, Herbert: Gründungen, Auflösungen und Anzahl von GmbH, GmbHR 1998, 582
Hauptfachausschuß des Instituts der Wirtschaftsprüfer: Stellungnahme 2/1983, WPg 83, 468 (zit.: *HFA des IDW*)
ders.: Stellungnahme 6/1988, WPg 1989,42
Hauschka, Christoph E.: Die Europäische Aktiengesellschaft (SE) im Entwurf der Kommission von 1991: Vor der Vollendung?, EuZW 1992, 147
Heckschen, Heribert: Die Entwicklung des Umwandlungsrechts aus Sicht der Rechtsprechung und Praxis, DB 1998, 1385
ders.: Fusion von Kapitalgesellschaften im Spiegel der Rechtsprechung, WM 1990, 377
ders.: Die Verschmelzung auf den Alleingesellschafter – eine mißglückte gesetzliche Regelung, ZIP 1996, 450
ders.: Verschmelzung von Kapitalgesellschaften, Stuttgart 1989
Heidenhain, Martin: Fehlerhafte Umsetzung der Spaltungsrichtlinie, EuZW 1995, 327
ders.: Sonderrechtsnachfolge bei der Spaltung, ZIP 1995, 801
ders.: Spaltungsvertrag und Spaltungsplan, NJW 1995, 2873

Heinze, Meinhard: Ein neuer Lösungsweg für die Europäische Aktiengesellschaft, AG 1997, 289

ders.: Probleme der Mitbestimmung und Betriebsverfassung bei einer grenzüberschreitenden Umstrukturierung von Unternehmen im Binnenmarkt, ZGR 1994, 47

Heiss, Manuela: Gläubigerschutz bei der Unternehmensspaltung, DZWiR 1993, 12

Hémard, Jean / Terré, Francois / Mabilat, Pierre: Société commerciales (zit.: *H/T/M*)
tome II, Paris 1974
tome III, Paris 1978

Henn, Günter, Handbuch des Aktienrechts, 5. Aufl. Heidelberg 1994

Hennrichs, Joachim: Zum Formenwechsel und zur Spaltung nach den neuen Umwandlungsgesetz, ZIP 1995, 794

ders.: Formwechsel und Gesamtrechtsnachfolge bei Umwandlungen einschließlich Verschmelzung und Spaltung, Berlin 1995

Henze, Hartwig: Die „zweistufige" Konzernverschmelzung, AG 1993, 341

Herzig, Norbert / Förster, Guido: Grenzüberschreitende Verschmelzung von Kapitalgesellschaften, DB 1994, 1

Hirte, Heribert: Bezugsrechtsausschluß und Konzernbildung: Minderheitenschutz bei Eingriffen in die Beteiligungsstruktur des Aktiengesetzes, Köln/Berlin/Bonn/München 1986

ders.: Bezugsrechtsfragen bei Optionsanleihen, WM 1994, 321

Hoffmann-Becking, Michael: Der materielle Gesellschafterschutz: Abfindung und Spruchverfahren, ZGR 1990, 482

ders.: Das neue Verschmelzungsrecht in der Praxis, FS für Hans-Joachim Fleck 1988, S. 105

Hofmann, Harald: Mitbestimmung der Arbeitnehmer in Gesellschaftsorganen und grenzüberschreitende Unternehmenszusammenschlüsse in der Europäischen Gemeinschaft, Bonn 1976

Hommelhoff, Peter: 100 Bände BGHZ: Aktienrecht, ZHR 151 (1987), 493

ders.: Zur Kontrolle strukturändernder Gesellschafterbeschlüsse, ZGR 1990, 447

ders.: Minderheitenschutz bei Umstrukturierungen, ZGR 1993, 452

Hopt, Klaus: Europäisches Gesellschaftsrecht – Krise und neue Anläufe, ZIP 1998, 96

Houin, Roger: Sociétés commerciales (Chronique), RTD com 1975, 104

Houpin, C.: De la fusion. - Pouvoirs de l'assemblée générale., Journ. Soc. 1910, 290

ders.: De la situation des actionnaires et des créanciers, en cas de fusion de sociétés, en ce qui corncerne le règlement du passif de la société absorbée., Journ. Soc. 1933, 449

Hübner, Ulrich: Die Ausgliederung von Unternehmensteilen in aktien- und aufsichtsrechtlicher Sicht, FS für Walter Stimpel 1985, S. 791

Hübner, Ulrich / Constantinesco, Vlad: Einführung in das französiche Recht, 3. Aufl. München 1994

Hüffer, Uwe: Aktiengesetz (Kommentar)
2. Aufl. München 1995
3. Aufl. München 1997

Hügel, Hans F.: Verschmelzung und Einbringung: Unternehmensübertragung auf verbandsrechtlicher Grundlage im österreichischen und deutschen Gesellschafts-, Bilanz- und Ertragssteuerrecht der Kapitalgesellschaften, Wien/Köln 1993

Hüpper, Bernd-Hagen: Frankreich – Die Stellung des Aktionärs in der Hauptversammlung, AG 1973, 330

Ihrig, Hans-Christoph: Gläubigerschutz durch Kapitalaufbringung bei Verschmelzung und Spaltung nach neuem Umwandlungsrecht, GmbHR 1995, 622

Jaeger, Carsten: Die Europäische Aktiengesellschaft – europäischen oder nationalen Rechts, Baden-Baden 1994

ders.: Sicherheitsleistung für Ansprüche aus Dauerschuldverhältnissen bei Kapitalherabsetzung, Verschmelzung und Beendigung eines Unternehmensvertrages, DB 1996, 1069

Jäger, Christophe: Die Spaltung von Aktiengesellschaften zwecks Privatisierung im Vergleich Deutschland – Frankreich, Pfaffenweiler 1995

Javillier, Jean-Claude: Droit du Travail, 3. éd. Paris 1990

Jayme, Erik / Kohler, Christian: Europäisches Kollisionsrecht 1996 – Anpassung und Transformation der nationalen Rechte, IPRax 1996, 377

dies.: Zum Stand des internationalen Privat- und Verfahrensrechts der Europäischen Gemeinschaft, IPRax 1985, 65

Jeantin, Michel: Droit des sociétés, 2. éd. Paris 1992 (zit.: *Jeantin* n°)

ders.: Le nouveau régime des fusions et scissions de sociétés, J.C.P. éd. E 1988, II, n°15169

ders.: Fusions – Scissions in: Juris – Classeur, Traité des Sociétés tome 7, Fasc. 164 (Stand 1996) (zit.: *Jeantin*, Jur. Cl. Soc.)

Joost, Detlev: Arbeitsrechtliche Angaben im Umwandlungsvertrag, ZIP 1995, 976

Jung, Peter: Die stille Gesellschaft in der Spaltung, ZIP 1996, 1734

Junge, Werner: Die Zukunft der GmbH in der Europäischen Gemeinschaft, GmbHR 1992, 225

Jura Europae: Das Recht der Länder der Europäischen Gemeinschaft, Bd. II, München/Paris 1994

Kallmeyer, Harald: Grenzüberschreitende Verschmelzungen und Spaltungen?, ZIP 1996, 535

ders.: Die Mobilität der Gesellschaften in der Europäischen Union, AG 1998, 88

ders.: Das neue Umwandlungsgesetz, ZIP 1994, 1746

ders.: Spaltung: Wie man mit § 132 UmwG leben kann, GmbHR 1996, 242

ders.: Umwandlungsgesetz: Kommentar, Köln 1997

Kiem, Roger: Die Eintragung der angefochtenen Verschmelzung, Köln/Berlin/Bonn/München 1991

ders.: Das neue Umwandlungsrecht und die Vermeidung „räuberischer" Anfechtungsklagen, AG 1992, 430

Kindler, Peter: Die sachliche Rechtfertigung des aktienrechtlichen Bezugsrechtsausschlusses im Lichte der zweiten Gesellschaftsrechtlichen Richtlinie der Europäischen Gemeinschaft, ZHR 158 (1994), 339

Kleindieck, Detlef: Vertragsfreiheit und Gläubigerschutz im künftigen Spaltungsrecht nach dem Referentenentwurf Umwandlungsgesetz, ZGR 1992, 513

Knobbe-Keuk, Brigitte: Die beiden Unternehmenssteuerrichtlinien, EuZW 1992, 336

Kölner Kommentar zum Aktiengesetz (zit.: *KK*-Bearbeiter)
Bd. 1, 2. Aufl. Köln/Berlin/Bonn/München 1988
Bd. 7, 2. Aufl. Köln/Berlin/Bonn/München 1990

Kohlegger, Gerhard / Knoflach, Heinz: Gemeinschaftsrechtliche Auslegungs- und Umsetzungsprobleme am Beispiel von Fusions- sowie Spaltungs-RL und EUGesRÄG, öRdW 1996, 97

Kolvenbach, Walter: Neue Initiative zur Weiterentwicklung des Europäischen Gesellschaftsrechts?, EuZW 1996, 229

ders.: Statut für die Europäische Aktiengesellschaft, DB 1988, 1857

ders.: Statut für die Europäische Aktiengesellschaft (1989), DB 1989, 1957

Kommission der Europäischen Gemeinschaften: Entwurf eines Übereinkommens über die internationale Verschmelzung von Aktiengesellschaften, Bulletin der Europäischen Gemeinschaften, Beilage 13/73 (zit.: *Kommission*, Bull. EG, Beil. 13/73)

Kommission der Europäischen Gemeinschaften: Mitbestimmung der Arbeitnehmer und Struktur der Gesellschaften in Europäischen Gemeinschaft, Bulletin der Europäischen Gemeinschaften, Beilage 8/75 (zit.: *Kommission*, Bull. EG, Beil. 8/75)

Kommission der Europäischen Gemeinschaften: Vollendung des Binnenmarkts, Weißbuch der Kommission an den Europäischen Rat, Juni 1985 (zit.: *Kommission*, Weißbuch)

Kommission der Europäischen Gemeinschaften: Vorschlag einer zehnten Richtlinie des Rates nach Artikel 54 Absatz 3 Buchstabe g EWG-Vertrag über die grenzüberschreitende Verschmelzung von Aktiengesellschaften, Bulletin der Europäischen Gemeinschaften, Beilage 3/85 (zit.: *Kommission*, Bull. EG, Beil 3/85)

Koppensteiner, Hans-Georg: Internationale Unternehmen im deutschen Gesellschaftsrecht, Frankfurt a.M. 1971

Kornblum, Udo: Weitere Rechtstatsachen zum Unternehmens- und Gesellschaftsrecht, GmbHR 1983, 29

Krause, Gisela: Die Verschmelzung von Kapitalgesellschaften im Deutschen und Französischen Recht, Berlin 1966

Krause, Rüdiger: Das Übergangsmandat des Betriebsrats im Lichte der novellierten Betriebsübergangsrichtlinie, NZA 1998, 1201

Krebs, Hans-Joachim: Steuerorientierte Umstrukturierung, BB 1998, 2082

ders.: Unternehmensbesteuerung in der EG 2. Teil: Die Fusionsrichtlinie als Grundlage eines europäischen Umwandlungsrechts und ihre Umsetzung in der Bundesrepublik Deutschland, ZGR 1992, 346

Kreß, Simone: Gerichtliche Beschlußkontrolle im Kapitalgesellschaftsrecht, München 1996

Kreßel, Eckhard: Arbeitsrechtliche Aspekte des neuen Umwandlungsbereinigungsgesetzes, BB 1995, 925

Kreuzer, Karl: Grenzüberschreitende Restrukturierung von Gesellschaften im Gemeinsamen Markt, EuZW 1994, 73

Krieger, Gabriel: Das französiche Tarifvertragsrecht, Heidelberg 1991

Krieger, Gerd: Der Konzern in Fusion und Umwandlung, ZGR 1990, 517

ders.: Sicherheitsleistung für Versorgungsrechte?, FS für Rudolf Nirk 1992, S. 551

Kronke, Herbert: Deutsches Gesellschaftsrecht und grenzüberschreitende Strukturänderungen, ZGR 1994, 26

Kropholler, Jan: Internationales Privatrecht, 3. Aufl. Tübingen 1997

Kruse, Viola: Sitzverlegung von Kapitalgesellschaften innerhalb der EG, Köln/Berlin/Bonn/München 1997

Küting, Karlheinz / Zündorf, Horst: Die konzerninterne Verschmelzung und ihre Abbildung im konsolidierten Abschluß, BB 1994, 1383

Kuhn, Georg / Uhlenbruck, Wilhelm: Konkursordnung, 11. Aufl. München 1994

Lamy Sociétés commerciales, par Mestre, Jacques / Blanchard-Sébastien, Christine, Paris 1998 (zit.: *Lamy Soc. Com.*)

Larenz, Karl: Methodenlehre der Rechtswissenschaft, 6. Aufl. Berlin/Heidelberg/N.Y./ Tokyo 1991

Latscha, Jacques: La Pratique des Fusions, Scissions et Apports partiels, 3. éd. Paris 1972

Lawall, Lars: Umwandlungsrecht: Grenzüberschreitende Verschmelzungen innerhalb der Europäischen Wirtschaftsgemeinschaft, IStR 1998, 345

Le Fèvre, Alain: Le nouveau régime des fusions et des scissions de sociétés commerciales institué par la loi n° 88 – 17 du 5 janvier 1988 et le décret n° 88 – 418 du 22 avril 1988, Rev. Soc. 1988, 207

Lempenau, Gerhard: Steuerorientierte Gestaltung von Unternehmensstrukturen im Binnenmarkt, StbJb 1992, 237

Lenz, Carl-Otto: EG-Handbuch Recht im Binnenmarkt, 2. Aufl. Herne/Berlin 1994

Limbach, Jutta: Theorie und Wirklichkeit der GmbH, Berlin 1966

Löwisch, Manfred: Betriebsratsamt und Sprecherausschußamt bei Betriebsübergang und Unternehmensänderung, BB 1990, 1698

ders.: Taschenkommentar zum Kündigungsschutzgesetz, 7. Aufl. Heidelberg 1997

Löwisch, Manfred / Rieble, Volker: Tarifvertragsgesetz, München 1992

Loussouarn, Yvon / Bredin, Jean-Denis: Droit du commerce international, Paris 1969

Loussouarn, Yvon / Trochu, Michel: Droit international commercial: Conflits de lois en matière de sociétés, in: Juris-Classeur de Droit international tome 9, Fasc. 564 - 30

Lüttge, Jörg: Das neue Umwandlungs- und Umwandlungssteuerrecht, NJW 1995, 417

Lutter, Marcus: Die Auslegung angeglichenen Rechts, JZ 1992, 593

ders.: Empfehlen sich für die Zusammenfassung europäischer Unternehmen neben oder statt der europäischen Handelsgesellschaft und der inernationalen Fusion weitere Möglichkeiten der Gestaltung auf dem Gebiete des Gesellschaftsrechts ? – Gutachen für den 48. Deutschen Juristentag in: Verhandlungen des 48. Deutschen Juristentags, Bd. I, 1970 (zit.: *Lutter*, DJT 1970)

ders.: Europäisches Unternehmensrecht, ZGR Sonderheft 1, 4. Aufl. Berlin 1995

ders.: GmbH-Gesetz: Kommentar (zit.: *Lutter-Hommelhoff*)
13. Aufl. Köln 1991
14. Aufl. Köln 1995

ders.: Zur inhaltlichen Begründung von Mehrheitsentscheidungen, ZGR 1981, 171

ders.: Zur Reform von Umwandlung und Fusion – Das Konzept und seine Verwirklichung im Diskussionsentwurf – ZGR 1990, 392

ders.: Zum Umfang der Bindung durch Richtlinien, FS für Ulrich Everding 1995, Bd. I, S. 765

ders.: Umstrukturierungen von Unternehmen über die Grenze: Versuch eines Resümees, ZGR 1994, 87

ders.: Umwandlungsgesetz (Kommentar), Köln 1996 (zit.: *Lutter*–Bearbeiter, UmwG)

ders.: (Hrsg): Verschmelzung – Spaltung – Formwechsel nach neuem Umwandlungsrecht und Umwandlungssteuerrecht / Kölner Umwandlungsrechtstage, Köln 1995 (zit.: Bearbeiter in: *Lutter*, Kölner Umwandlungsrechtstage)

ders.: Zur Vorbereitung und Durchführung von Grundlagenbeschlüssen in Aktiengesellschaften, FS für Hans-Joachim Fleck 1988, S. 169

Lutter, Marcus / Drygala, Tim: Wie fest ist der feste Ausgleich nach § 304 Abs. 2 S. 1 AktG ?, AG 1995, 49

Lyon-Caen, Antoine: La négociation collective dans ses dimensions internationales, Dr. Social 1997, 352

Lyon-Caen, Gérard: Les relations de Travail internationales, Paris 1991

Mansel, Heinz-Peter: Kollisions- und zuständigkeitsrechtlicher Gleichlauf der vertraglichen und deliktischen Haftung, ZVglRWiss 86 (1987), 1

Martens, Klaus-Peter: Der Erwerb eigener Aktien zum Umtausch im Verschmelzungsverfahren, FS für Karlheinz Boujong 1996, S. 335

ders.: Kontinuität und Diskontinuität im Verschmelzungsrecht der Aktiengesellschaft, AG 1986, 57

ders.: Die GmbH und der Minderheitenschutz, GmbHR 1984, 265

Mayer, Dieter: Spaltungsbremse? Ein Vorschlag zur sachgerechten Auslegung des § 132 UmwG, GmbHR 1996, 403

Meilicke, Wienand: Zum Vorschlag der Europäischen Kommission für die 14. EU-Richtlinie zur Koordinierung des Gesellschaftsrechts, GmbHR 1998, 1053

Mercadal, Barthélémy / Janin, Philippe: Mémento Pratique Francis Lefebvre, Sociétés Commerciales 1998, Paris 1997

Merkt, Hanno: Europäische Aktiengesellschaft: Gesetzgebung als Selbstzweck?, BB 1992, 652

Mertens, Hans-Joachim: Die Gestaltung von Verschmelzungs- und Verschmelzungsprüfungsbericht, AG 1990, 20

Mertens, Kai: Umwandlung und Universalsukzession, Heidelberg 1993

ders.: Zur Universalsukzession in einem neuen Umwandlungsrecht, AG 1994, 66

Meyer, Oliver: Die Besteuerung grenzüberschreitender Verschmelzungen, Berlin 1995

Meyer-Landrut, Andreas / Kiem, Roger: Der Formwechsel einer Publikumsgesellschaft - Erste Erfahrungen aus der Praxis -, WM 1997, 1361

Meyer zu Lösebeck: Zur Verschmelzungsprüfung, WPg 1989, 499

Micheler, Eva-Maria: Spaltung und Teileinbringung von Gesellschaften nach französischem Recht: Scission und Apport Partiel D'Actif, RIW 1993, 15

Mohrbutter, Harro: Handbuch der Insolvenzverwaltung, 7. Aufl. Köln/Berlin/Bonn/München 1996

Mozet, Peter: Kündigungsschutz in Arbeitsverhältnissen - Ein Überblick über die Rechtslage in den Mitgliedsstaaten der Europäischen Union, NZA 1998, 128

Müller, Hans-Friedrich: Das Austrittsrecht des GmbH-Gesellschafters, Köln/Berlin/Bonn/München 1996

Müller, Klaus: Die Zuleitung des Verschmelzungsvertrages an den Betriebsrat nach § 5 Abs. 3 UmwG, DB 1997, 713

Münchener Handbuch zum Arbeitsrecht: Bd. 3: Kollektives Arbeitsrecht, München 1993 (zit.: *MünchArbR*/Bearbeiter)

Münchener Handbuch des Gesellschaftsrechts, Bd. 4: Aktiengesellschaft, München 1988 (zit.: *MünchHdb.AG*/Bearbeiter)

Münchener Kommentar zum Bürgerlichen Gesetzbuch

Bd. 7: Einführungsgesetz, 2. Aufl. München 1990

Bd. 10: Internationales Privatrecht, 3. Aufl. München 1998

Münchener Kommentar zum Handelsgesetzbuch Bd. 1, München 1996
Münchener Kommentar zur Zivilprozeßordnung
Bd. 1, München 1992
Bd. 3, München 1992
Neye, Hans-Werner: Die Änderungen im Umwandlungsrecht nach den handels- und gesellschaftsrechtlichen Reformgesetzen in der 13. Legislaturperiode, DB 1998, 1649
ders.: Die Ausgliederung bei Aktiengesellschaften nach französichem Gesellschaftsrecht, DB 1982, 365
ders.: Kurzkommentar zu OLG Zweibrücken, Beschluß vom 27. 12. 1995, EwiR 1996, 277
ders.: Das neue Umwandlungsrecht vor der Verabschiedung im Bundestag, ZIP 1994, 917
ders.: Partnerschaft und Umwandlung, ZIP 1997, 722
ders.: Der Regierungsentwurf zur Reform des Umwandlungsrechts, ZIP 1994, 165
ders.: Umwandlungen von Unternehmen werden „billiger", GmbHR 1997, R 153
Neye, Hans-Werner / Limmer, Peter / Frenz, Norbert: Handbuch der Unternehmenszusammenschlüsse, Herne/Berlin 1996
Nirk, Rudolf: Der Verschmelzungsbericht nach § 340 a AktG – Gedanken zur Harmonisierung des Gesellschaftsrechts in Europa, FS für Ernst Steindorff 1990, S. 187
Noack, Ulrich: Gesellschaftervereinbarungen bei Kapitalgesellschaften, Tübingen 1994
Ossadnik, Wolfgang / Maus, Stefan: Die Verschmelzung im neuen Umwandlungsrecht aus betriebswirtschaftlicher Sicht, DB 1995, 105
Palandt, Bürgerliches Gesetzbuch, 57. Aufl. München 1998
Paschke, Mariam: Die fehlerhafte Korporation (Zwischen korporationsrechtlicher Tradition und europarechtlicher Entwicklung), ZHR 155 (1991), 1
Pelissier, Jean: Le licenciement et les autres modes de rupture du contrat de travail, Dr. Social 1978, Sonderheft April, S. 6
ders.: La réforme du Licenciement, Paris 1974
Philipp, Wolfgang: Ist die Verschmelzung von Aktiengesellschaften nach dem neuen Umwandlungsrecht noch vertretbar? AG 1998, 264
ders.: Les restructurations d'entreprise et leurs effets sur l'emploi, RIDC 1990, 149
Pieroth, Johannes: Schutz von Minderheitsgesellschaftern bei nicht verhältniswahrender Spaltung von Kapitalgesellschaften, Frankfurt a.M. 1994
Pietzko, Joachim: Der Tatbestand des § 613 a BGB, 1988
Pinoteau, Charles: A propos de l'évaluation des entreprises en cas de fusion ou d'apport partiel, J.C.P. éd. C.I. 1973, n° 11134
Pohlmann, Jens: Das französiche internationale Gesellschaftsrecht, Berlin 1988
Priester, Hans-Joachim: Das neue Verschmelzungsrecht, NJW 1983, 1459
ders.: Die „Umwandlung" einer GmbH auf ihren nicht-vollkaufmännischen Alleingesellschafter, DB 1996, 413
ders.: Strukturänderungen- Beschlußvorbereitung und Beschlußfassung, ZGR 1990, 420
Prüfer, Christopher B.: Rechtliche Besonderheiten bei Unternehmenskäufen im deutsch – französischen Kontext, NZG 1998, 49 (Teil I) + 86 (Teil II)
Quander, Thomas: Betriebsinhaberwechsel bei Gesamtrechtsnachfolge, München 1990
Raiser, Thomas: Recht der Kapitalgesellschaften, 2. Aufl. 1992
Rademacher, Ulf: Der Europäische Betriebsrat, Baden-Baden 1996
Ranke, Fritz: Arbeitsrecht in Frankreich, München 1995

Ray, Jean-Emmanuel, Restructurations et statut collectif, Dr. Social 1989, 56

Recordon, Pierre-Alain: La protection des actionaires lors des fusions et scissions de sociétés (Thèse Genève), 1974

Reichert, Jochem: Folgen der Anteilsvinkulierung für Umstrukturierung von Gesellschaften mit beschränkter Haftung und Aktiengesellschaften nach dem Umwandlungsgesetz 1995, GmbHR 1995, 176

ders.: Das Zustimmungserfordernis zur Abtretung von Geschäftsanteilen in der GmbH, Heidelberg 1984

Reichert, Jochem / Winter, Martin: Vinkulierungsklauseln und gesellschafterliche Treuepflicht, FS 100 Jahre GmbH-Gesetz 1992, S. 209

Reinhard, Yves: Application de la procédure d'agrément à une cession d'actions comprises dans un apport-fusion (note: Cass. com., 3.6.1986), Rev. Soc. 1987, 54

ders.: Clause d'agrément. Application au transfert d'actions résultant d'une fusion, RTD com 1987, 209

Rétail, L.: Fusions et scissions de sociétés, 4. éd. Paris 1968

Reuter, Alexander: Keine Auslandsbeurkundung im Gesellschaftsrecht?, BB 1998, 116

Reuter, Michael: Zur internationalen Reichweite der Mitbestimmung im Unternehmen, (Diss. Münster) 1988

Rieble, Volker: Verschmelzung und Spaltung von Unternehmen und ihre Folgen für Schuldverhältnisse mit Dritten, ZIP 1997, 301

Ripert, Georges / Roblot, René: Traité de droit commercial, 15. éd. par Michel Germain, Paris 1993

Rixen, Siegfried / Böttcher, Reinhard: Erfahrungsbericht über eine transnationale Verschmelzung, GmbHR 1993, 572

Rosenberg, Leo / Schwab, Karl-Heinz / Gottwald, Peter: Zivilprozeßrecht, 19. Aufl. München 1993

Roth, Günter / Altmeppen, Holger: GmbHG, 3. Aufl. München 1997

Routier, Richard: Les fusions de sociétés commerciales, Paris 1994

Sagasser, Bernd / Bula, Thomas: Umwandlungen, München 1995

Sagasser, Bernd / Swienty, Claus: Die Gründung einer Europäischen Aktiengesellschaft im Wege der Verschmelzung, DStR 1991, 1188 (Teil I) + 1222 (Teil II)

Sandmann, Bernd: Die Euro-Betriebsrats-Richtlinie 14/45/EG, Heidelberg 1996

Sarrazin, Viktor: Die steuerliche Fusionsrichtlinie – Was ist erreicht?, ZGR 1994, 66

Saß, Gert: Probleme der Umsetzung der steuerlichen EG-Fusionsrichtlinie in Deutschland, Frankreich, Belgien, Niederlande, Großbritannien, DB 1993, 1892

Savatier, Jean: Cession d'entreprise et statut collectif des salariés, Dr. Social 1993, 156

ders.: Accords d'entreprise atypiques, Dr. Social 1985, 188

Schack, Haimo: Internationales Zivilverfahrensrecht, München 1996

Schaffland, Hans-Jürgen: Verschmelzung von Genossenschaften und Notarkosten insbesondere bei Auslandsbeurkundungen, DB 1997, 863

Schaub, Bernhard: Das Abfindungsangebot nach § 29 UmwG, NZG 1998, 626

Schaumburg, Harald: Grenzüberschreitende Umwandlungen (Teil I), GmbHR 1996, 501

Schiefer, Bernd: Kollektivrechtliche Probleme des Betriebsübergangs, FA 1998, 270

Schiek, Dagmar: Europäisches Arbeitsrecht, Baden-Baden 1997

Schlosser, Peter: EuGVÜ, München 1996

Schlüpers-Oehmen, Reinhold: Betriebsverfassung bei Auslandstätigkeit, Köln/Berlin/Bonn/ München 1984

Schmid, Christoph: Das umwandlungsrechtliche Unbedenklichkeitsverfahren und die Reversibilität registrierter Verschmelzungsbeschlüsse, ZGR 1997, 493

Schmidt, Karsten: Die fehlerhafte Verschmelzung nach dem Aktiengesetz, AG 1991, 131

ders.: Fehlerhafte Verschmelzung und allgemeines Verbandsrecht - Eine Analyse nach geltendem und kommendem Recht -, ZGR 1991, 373

ders.: Die freiberufliche Partnerschaft, NJW 1995, 1

ders.: Gesellschaftsrecht (zit.: *K. Schmidt*, GesR)
2. Aufl. Köln/Bonn/München 1991
3. Aufl. Köln/Bonn/München 1997

ders.: Zur gesetzlichen Befristung der Nichtigkeitsklage gegen Verschmelzungs- und Umwandlungsbeschlüsse, DB 1995, 1849

ders.: Gesetzliche Gestaltung und dogmatisches Konzept eines neuen Umwandlungsgesetzes – Überlegungen zu legislatorischer Praxis und Theorie -, ZGR 1990, 580

ders.: Gläubigerschutz bei Umstrukturierungen – Zum Referentenentwurf eines Umwandlungsgesetzes-, ZGR 1993, 366

ders.: Universalsukzession kraft Rechtsgeschäfts, AcP 191 (1991), 495

Scholz, Franz: Kommentar zum GmbH-Gesetz Bd. 1
6. Aufl. Köln 1978/1983
7. Aufl. Köln 1986
8. Aufl. Köln 1993

Schöne, Torsten: Das Aktienrecht als „Maß aller Dinge" im neuen Umwandlungsrecht?, GmbHR 1995, 325

ders.: Die Klagefrist des § 14 Abs. 1 UmwG: Teils Rechtsfortschritt, teils „Aufforderung" zu sanktionslosen Geheimbeschlüssen?, DB 1995, 1317

ders.: Die Spaltung unter Beteiligung von GmbH, Köln 1998

Schwedhelm, Rolf / Streck, Michael / Mack, Alexandra: Die Spaltung der GmbH nach neuem Umwandlungsrecht, GmbHR 1995, 7 (Teil 1) + 100 (Teil 2)

Seibert, Ulrich: Die Partnerschaft für die Freien Berufe, DB 1994, 2381

Seiter, Hugo: Betriebsinhaberwechsel, 1980

Sick, Ulrich / Schwarz, Andreas: Auslandsbeurkundungen im Gesellschaftsrecht, NZG 1998, 540

Siméon, Bernard: Fusions et scissions de sociétés: Régime juridique et fiscal, Paris 1971

Simitis, Spiros: Internationales Arbeitsrecht – Standort und Perspektiven, FS für Gerhard Vogel 1977, S. 153

Smid, Stefan: Das Deutsche Internationale Insolvenzrecht und das Europäische Insolvenz-Übereinkommen, DZWir 1998, 432

Soergel, Kommentar zum Bürgerlichen Gesetzbuch
Bd. 1: Allgemeiner Teil, 12. Aufl. Stuttgart/Berlin/Köln/Mainz 1987
Bd. 4/1: Schuldrecht III71, 12. Aufl. Stuttgart/Berlin/Köln/Mainz 1997

Sonnenberger, Hans-Jürgen / Damann, Reinhard: Französisches Handels- und Wirtschaftsrecht, 2. Aufl. Heidelberg 1991

Staehelin, Rudolf M.: Mitbestimmung in Europa, Zürich 1979

Staub, Herrmann: Kommentar zum Allgemeinen Deutschen Handelsgsetzbuch, 3. + 4. Aufl. Berlin 1896

Staudinger, Kommentar zum Bürgerlichen Gesetzbuch

Zweites Buch: Recht der Schuldverhältnisse, §§ 611-619, 12. Aufl. Berlin 1993

Drittes Buch: Sachenrecht, §§ 925-984, Anh. zu §§ 929 ff., 13. Bearb. Berlin 1995

Internationales Gesellschaftsrecht, Berlin 1998

Steiger, Axel: Grenzüberschreitende Sitzverlegung von Kapitalgesellschaften in Spanien und Portugal, RIW 1998, 695

Stein, Friedrich: Kommentar zur Zivilprozeßordnung Band III, 21. Aufl. Tübingen 1997 (zit.: *Stein-Jonas*-Bearbeiter)

Teichmann, Arndt: Die Spaltung von Rechtsträgern als Akt der Vermögensübertragung, ZGR 1993, 396

ders.: Die Spaltung einer Aktiengesellschaft als gesetzgeberische Aufgabe, AG 1980, 85

Terré, Francois / Simler, Philippe / Lequette, Yves: Droit civil: Les obligations, 5. éd. 1993

Thaller, E. / Percerou, J.: Traité Elémentaire des droit commercial, 8. éd. Paris 1931

Thömmes, Otmar: Die steuerliche Fusionsrichtlinie – Was bleibt zu tun?, ZGR 1994, 75

Thomas, Heinz / Putzo, Hans: Zivilprozeßordnung mit Gerichtverfassungsgesetz und Einführungsgesetz, 19. Aufl. München 1995

Tilquin, Thierry: Fusions et Scissions – Aspects Transfrontalières in: Joly sociétés, Traité 3 (Stand 1995)

Timm, Wolfram: Einige Zweifelsfragen zum neuen Umwandlungsrecht, ZGR 1996, 247

ders.: Minderheitenschutz im GmbH-Verschmelzungsrecht, AG 1982, 93

ders.: Zur Bedeutung des „Hoesch"-Urteils für die Fortentwicklung des Konzern- und Verschmelzungsrechts, JZ 1982, 403

ders.: Zur Sachkontrolle von Mehrheitsentscheidungen im Kapitalgesellschaftsrecht, ZGR 1987, 403

Tubiana, Hubert M.: Fusion et scission des sociétés commerciales: Les commissaires à la fusion, les commissaires aux apports et les commissaires aux comptes, Gaz. Pal. 1988. 2, Doct. 575

Veil, Rüdiger: Aktuelle Probleme im Ausgliederungsrecht, ZIP 1998, 361

Viandier, Alain / Caussain, Jean-Jacques: Chronique, Droit des Sociétés, JCP éd. E 1993, I, n°288

dies.: Chronique, Droit des Sociétés, JCP éd. E 1997, I, n°676

dies.: Chronique, Droit des Sociétés, JCP éd. E 1997, I, n°710

Wardenbach, Frank: Aktiengesellschaften im Zielfeld räuberischer Aktionäre, BB 1991, 485

de Weerth, Jan: Die „Verschmelzung" von Personengesellschaften und das neue Umwandlungs(steuer)recht, WiB 1995, 625

Weitnauer, Wolfgang: Die grenzüberschreitende Gesellschaft, EWS 1992, 165

Wertenbruch, Johannes: Partnergesellschaft und neues Umwandlungsrecht, ZIP 1995, 712

Widmann, Siegfried / Mayer, Dieter: Umwandlungsrecht (Loseblatt-Kommentar), Stand Februar 1997

Wiedemann, Herbert: Das Abfindungsrecht - ein gesellschaftsrechtlicher Interessenausgleich, ZGR 1978, 477

ders.: Gesellschaftsrecht Bd. 1: Grundlagen, München 1980

ders.: Rechtsethische Maßstäbe im Unternehmens- und Gesellschaftsrecht, ZGR 1980, 147

Wiener: Umwandlung und Fusion von Gesellschaften, ZHR 27 (1882), 333
Wiesen, Heinrich: Der materielle Gesellschafterschutz: Abfindung und Spruchverfahren, ZGR 1990, 503
Wiesner, Peter M.: Europäisches Unternehmensrecht im Umbruch, AG 1996, 390
ders.: Stand des Europäischen Unternehmensrechts, EuZW 1995, 821
ders.: Überblick über den Stand des Europäischen Unternehmensrechts, EuZW 1998, 619
Willemsen, Heinz-Josef: Arbeitsrechtliche Aspekte der Reform des Umwandlungsrechts, RdA 1993, 133
ders.: Die Beteiligung des Betriebsrats im Umwandlungsverfahren, RdA 1998, 23
Winter, Heinz: Übersicht über die Ergebnisse der Umfrage zur rechtstatsächlichen Struktur der GmbH, GmbHR 1969, 145
Wißmann, Helmut: Zur Mitbestimmung der Arbeitnehmer in der Europäischen Aktiengesellschaft, RdA 1992, 320
Wirth, Gernot: Auseinanderspaltung als Mittel zur Trennung von Familienstämmen und zur Filialabspaltung, AG 1997, 455
Wlotzke, Otfried: Arbeitsrechtliche Aspekte des neuen Umwandlungsrechts, DB 1995, 40
Woopen, Herbert: Zwangsvollstreckung und Arrest in Forderungen nach französischem Recht unter besonderer Berücksichtigung der Vollstreckung in Bankkonten, Köln 1989
Worzalla, Michael; Neues zum Betriebsübergang, FA 1998, 44
Zimmermann, Klaus: Verschmelzungsprüfung bei GmbH-Verschmelzung, FS für Hans Erich Brandner 1996, S. 167
Zöllner, Wolfgang: Zur positiven Beschlußfeststellungsklage im Aktienrecht (und andere Fragen des Beschlußrechts), ZGR 1982, 623
Züllig, Robert-Emil: Die internationale Fusion im schweizerischen Gesellschaftsrecht, Basel/Stuttgart 1975

Peter Lang · Europäischer Verlag der Wissenschaften

Martin F. Polaschek / Anita Ziegerhofer (Hrsg.)

Recht ohne Grenzen Grenzen des Rechts

Europäisches Forum Junger Rechtshistorikerinnen und Rechtshistoriker Graz 1997

Frankfurt/M., Berlin, Bern, New York, Paris, Wien, 1998. 190 S., zahlr. Abb.
ISBN 3-631-32441-3 · br. DM 69.–*

Im Rahmen des Europäischen Forums Junger Rechtshistorikerinnen und Rechtshistoriker 1997 in Graz stellten Referentinnen und Referenten aus verschiedenen europäischen Staaten ihre Forschungsschwerpunkte vor.

Aus dem Inhalt: M. Kainzbauer: Zum idem debitum bei der Novation: D 45.1.18 · R. Gamauf: Sex und crime im römischen Recht. Zu einem Fall nichtsanktionierter sexueller Gewalt · F. Meissel: Wieackers Beitrag zur Geschichte der societas · M. Meccarelli: Arbitrium iudicis und officialis im ius commune. Ein Instrument für die Vermittlung zwischen einem allgemeinen Recht und der örtlichen Realität · B. Kannowski: Widerstand de facto und de jure. Die Grenzen kommunaler Herrschaft im Spätmittelalter · B. Marquardt: Thesen zur Verfassungsgeschichte der lokalen Kleinstgesellschaften des Alten Reiches (1400 - 1800) · L. Montazel: La répression du port d'armes prohibées en France et en Allemagne (XVIème-XVIIIème siècles): un cas de „rupture" entre normes et doctrine · A. Görgen: Wortschatzentwicklungen in der Gesetzessprache der Frühen Neuzeit · J. Balogh: Österreichisches Recht in Ungarn und in Siebenbürgen – Westeuropäische Einflüsse auf das ungarische Zivilrecht im 19. Jahrhundert · T. Olechowski: Europäische Modelle der Verwaltungsgerichtsbarkeit im 19. Jahrhundert · M. Wechsler: Die Zukunft des gemeinen Rechts im europäischen Privatrecht · H. Hirsch: Justizalltag im Dritten Reich, dargestellt an einem Sitzungstag des Sondergerichtes Darmstadt · M. Luminati: Richterliches Selbstverständnis in Italien nach 1945

Frankfurt/M · Berlin · Bern · New York · Paris · Wien
Auslieferung: Verlag Peter Lang AG
Jupiterstr. 15, CH-3000 Bern 15
Telefax (004131) 9402131
*inklusive Mehrwertsteuer
Preisänderungen vorbehalten

For the avoidance of doubt, input of the whole or any part of this publication
into any generative artificial intelligence model, chatbot, program, software or technology
is expressly prohibited without the prior written consent of the publisher.

Printed by
CPI books GmbH, Leck

FSC
www.fsc.org
MIX
Papier | Fördert
gute Waldnutzung
FSC® C083411

Kolibri 360 GmbH
Ferdinand-Jühlke-Straße 7
99095 Erfurt, Deutschland
produktsicherheit@kolibri360.de